이야기 고려왕조실록 下

이야기 고려왕조실록 下

초판 1쇄 인쇄 | 2009년 4월 23일
초판 1쇄 발행 | 2009년 4월 27일
초판 2쇄 발행 | 2009년 8월 7일
초판 3쇄 발행 | 2014년 1월 10일

편저 | 한국인물사연구원
펴낸이 | 최수자

기획 편집 | 고수형
기획 제작 | 지해영
마케팅 | 신명선
표지 · 본문 디자인 | 블룸

펴낸곳 | 도서출판 타오름
주소 | 서울 은평구 통일로 52길 3. 2층
전화 | 02)383-4929
팩스 | 02)3157-4929
전자우편 | taoreum@naver.com
http:// blog.naver.com/taoreum

값 | 18,500원
978-89-962008-4-0 04900
978-89-962008-2-6 04900(set)

이야기 고려왕조실록

한국인물사연구원 편저

타오름

◉ 차례 |하권|

◉ 고려 왕실 세계도 高麗王室世系圖

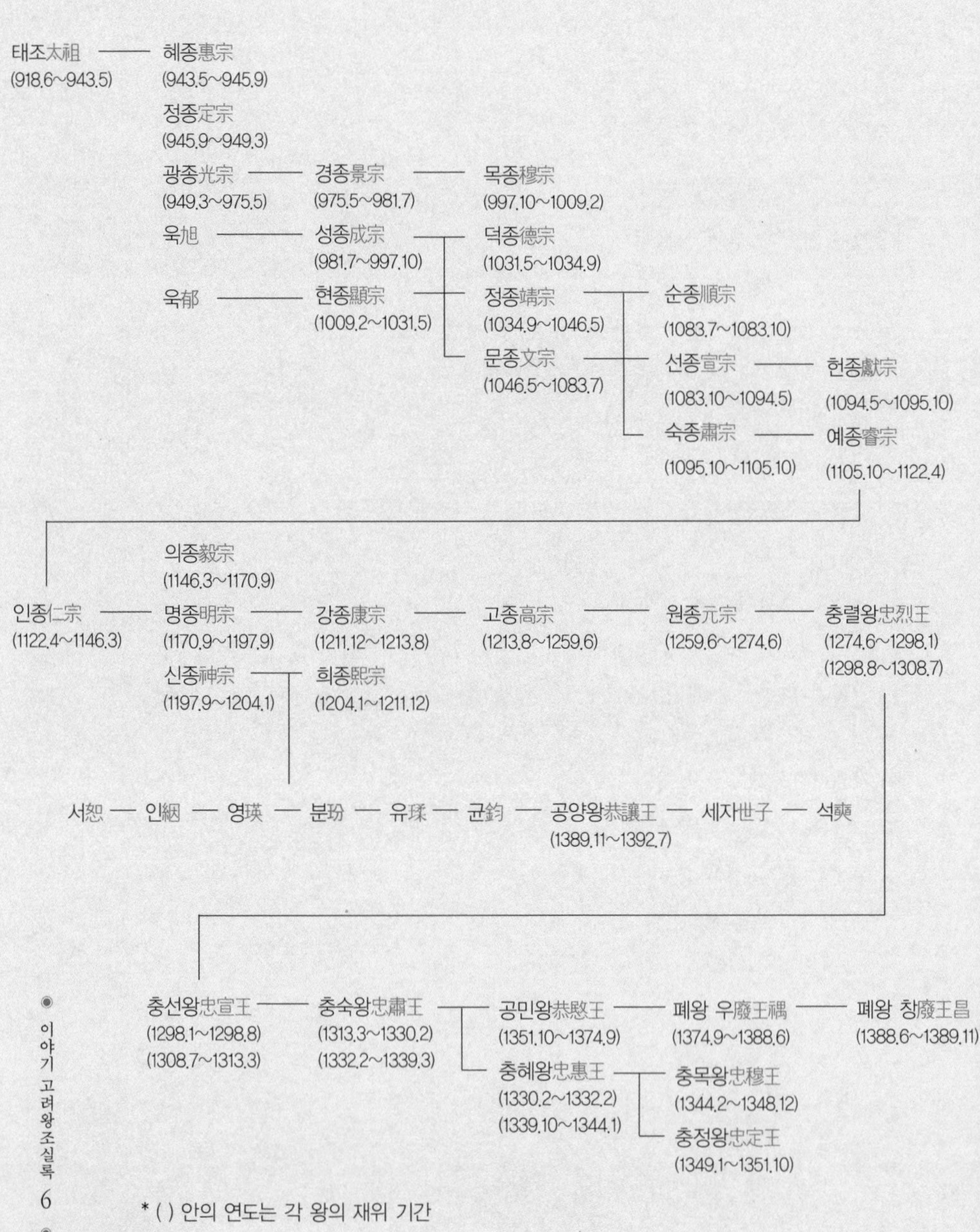

* ( ) 안의 연도는 각 왕의 재위 기간

◉ 고려 34대 475년

대	왕명	이름	자	재위년수	즉위시 나이(만)	능	생몰년
01	태조太祖	건建	약천若天	918.6~943.5	41세	현릉顯陵	877~943
02	혜종惠宗	무武	승건承乾	943.5~945.9	31세	순릉順陵	912~945
03	정종定宗	요堯	천의天義	945.9~949.3	22세	-	923~949
04	광종光宗	소昭	일화日華	949.3~975.5	24세	헌릉憲陵	925~975
05	경종景宗	주伷	장민長民	975.5~981.7	20세	영릉榮陵	955~981
06	성종成宗	치治	온고溫古	981.7~997.10	21세	강릉康陵	960~997
07	목종穆宗	송訟	효신孝伸	997.10~1009.2	17세	공릉恭陵	980~1009
08	현종顯宗	순詢	안세安世	1009.2~1031.5	17세	선릉宣陵	992~1031
09	덕종德宗	흠欽	원량元良	1031.5~1034.9	15세	숙릉肅陵	1016~1034
10	정종靖宗	형亨	신조申照	1034.9~1046.5	16세	주릉周陵	1018~1046
11	문종文宗	휘徽	촉유燭幽	1046.5~1083.7	27세	경릉景陵	1019~1083
12	순종順宗	휴烋, 훈勳	의공義恭	1083.7~1083.10	36세	성릉成陵	1047~1083
13	선종宣宗	증蒸, 운運	계천繼天	1083.10~1094.5	34세	인릉仁陵	1049~1094
14	헌종獻宗	욱昱	?	1094.5~1095.10	10세	온릉穩陵	1084~1097
15	숙종肅宗	희熙, 옹顒	천산天常	1095.10~1105.10	41세	영릉英陵	1054~1105
16	예종睿宗	우俁	세민世民	1105.10~1122.04	26세	유릉裕陵	1079~1122
17	인종仁宗	구構, 해楷	인표仁表	1122.4~1146.3	13세	장릉長陵	1109~1146
18	의종毅宗	철徹, 현晛	일승日升	1146.3~1170.9	19세	희릉禧陵	1127~1173
19	명종明宗	흔昕, 호晧	지단之旦	1170.9~1197.9	39세	지릉知陵	1131~1202
20	신종神宗	민旼, 탁晫	지화至華	1197.9~1204.1	53세	양릉陽陵	1144~1204
21	희종熙宗	덕悳, 영韺	불피不陂	1204.1~1211.12	23세	석릉碩陵	1181~1237
22	강종康宗	숙璹, 정貞, 오祦	대화大華	1211.12~1213.8	59세	후릉厚陵	1152~1213
23	고종高宗	진瞋, 철瞮	대명大明	1213.8~1259.6	21세	홍릉洪陵	1192~1259
24	원종元宗	전倎, 식植, 진禃	일신日新	1259.6~1274.6	40세	소릉韶陵	1219~1274
25	충렬왕忠烈王	심諶, 춘賰, 거昛	?	1274.6~1298.1 1298.8~1308.7	38세 /62세	경릉慶陵	1236~1308
26	충선왕忠宣王	원謜, 장璋	중앙仲昻	1298.1~1298.8 1308.7~1313.3	23세 /33세	덕릉德陵	1275~1325
27	충숙왕忠肅王	도燾, 만卍	의효宜孝	1313.3~1330.2 1332.2~1339.3	19세 /38세	의릉毅陵	1294~1339
28	충혜왕忠惠王	정禎	?	1330.2~1332.2 1339.3~1344.1	15세 /24세	영릉永陵	1315~1344
29	충목왕忠穆王	흔昕	?	1344.2~1348.12	7세	명릉明陵	1337~1348
30	충정왕忠定王	저?	?	1349.1~1351.10	11세	총릉聰陵	1337~1352
31	공민왕恭愍王	기祺, 전?	이재怡齋	1351.10~1374.9	21세	현릉玄陵	1330~1374
32	우왕禑王	우禑	?	1374.9~1388.6	9세	-	1365~1389
33	창왕昌王	창昌	?	1388.6~1389.11	8세	-	1380~1389
34	공양왕恭讓王	요瑤	?	1389.11~1392.7	44세	고릉高陵	1345~1394

(? : 미상)

◉ 고려시대 능의 위치

명칭	묘호	형식	소재지	문화재 지정 사항
가릉嘉陵	순경 태후(원종의 비)	단릉單陵	경기 강화군 양도면 능내리	경기 기념 5
강릉康陵	성종		경기 개풍군 청교면 배야리	
경릉景陵	문종		경기 장단군 진서면 경릉리	
고려 고종 홍릉 高麗 高宗 洪陵	고종		경기 강화군 강화읍 국화리	사적 224
고려 공양왕 高麗 恭讓王	공양왕		경기 고양시 원당읍 원당리	사적 191
고릉高陵	순비 노씨			
곤릉坤陵	원덕 왕후(강종의 비)		경기 강화군 양도면 길정리	
명릉明陵	충목왕		경기 개풍군 토성면 여릉리	
석릉碩陵	희종		경기 강화군 양도면 능내리	경기 기념 4
선릉宣陵	현종		경기 개풍군 토성면 여릉리	
성릉成陵	순종		경기 개풍군 상도면 풍천리	
소릉韶陵	원종		경기 개풍군 영남면 소릉리	
순릉順陵	혜종		경기 개성시 자하동	
실직군 왕릉 悉直君 王陵	금종		강원 삼척시 성북동	강원 기념 15
안릉安陵	정종		경기 개풍군 청교면 양릉리	
양릉陽陵	신종		경기 개풍군 청교면 양릉리	
영릉榮陵	경종		경기 개풍군 진봉면 탄동리	
영릉英陵	숙종		경기 장단군 진서면 눌목리	
유릉裕陵	예종		경기 개풍군 청교면 유릉리	
정릉正陵	공민왕비(노국 공주)		경기 개풍군 토성면 여릉리	
지릉智陵	명종		경기 장단군 장도면 두매리	
총릉聰陵	충정왕		경기 개풍군 청교면 유릉리	
칠릉七陵			경기 개풍군 토성면 여릉리	
헌릉憲陵	광종		경기 개풍군 영남면 반정리	
현릉顯陵	태조		경기 개풍군 토성면 여릉리	
현릉玄陵	공민왕		경기 개풍군 토성면 여릉리	

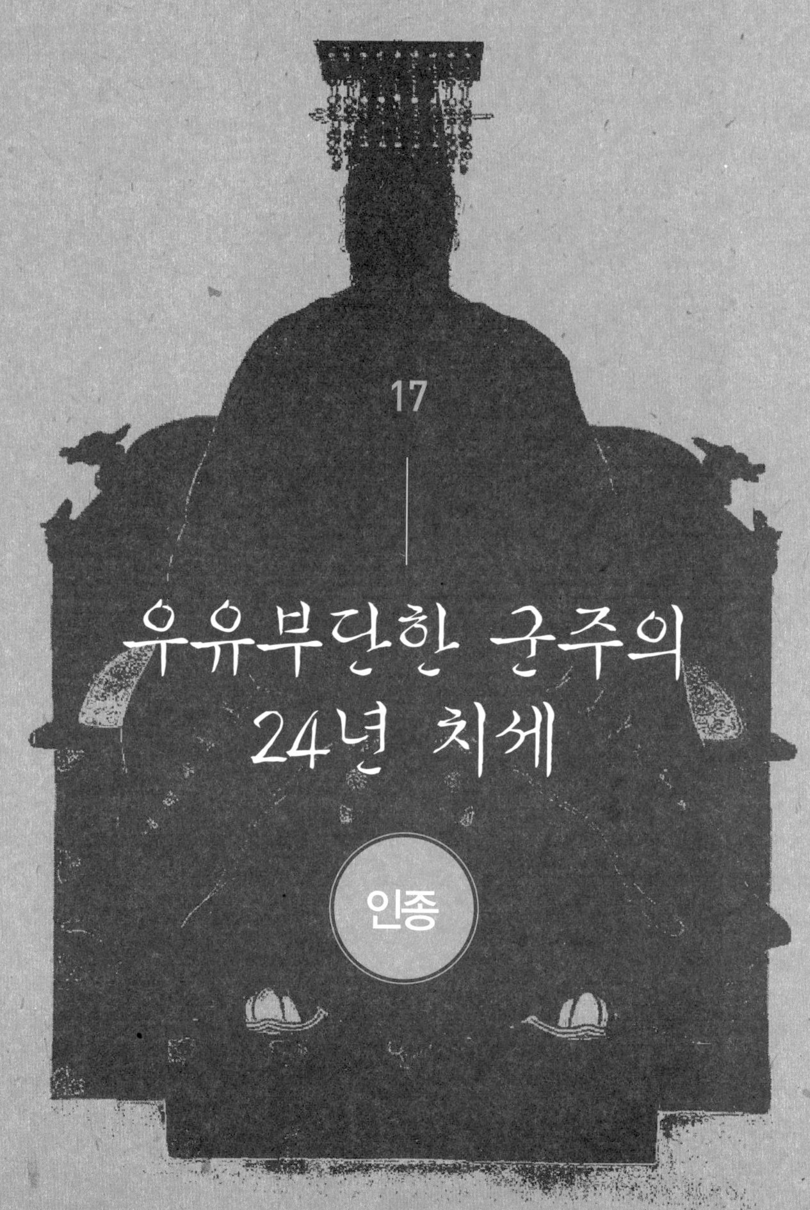

17

유유부단한 군주의 24년 치세

인종

高麗王朝實錄

움트는 분쟁의 씨앗

1122년 4월에 예종이 죽자, 인종이 부왕의 유지를 받들어 14세의 나이로 왕위에 오른다. 인종의 이름은 해楷요, 자는 인표仁表이며 초명은 구構이니 예종의 맏아들이고, 어머니는 순덕 왕후 이씨이다. 인종은 성품이 어질고 효성이 있었으며 너그럽고 인자하였는데, 왕위에 올랐다는 화려한 겉모습과 달리 그 내면에는 숱한 갈등과 염려가 똬리를 틀고 있었을 것으로 사료된다.

예종에게는 여러 아우들이 있었는데 그들은 인종의 나이가 어리다는 이유로 은근히 임금의 자리를 엿보고 있었다. 과거에도 삼촌 되는 자가 조카의 왕위를 찬탈한 예가 있었기 때문에 인종은 더더욱 근심이 많고 겁이 났을 것이 틀림없다.

당시 고려의 조정을 살펴보면 어느 한 편으로 권력이 집중되는 것을 극히 경계하였던 예종 임금의 정치 덕분에 이자겸을 중심으로 한 세력과, 임금의 총애를 바탕으로 세력을 키워온 한안인을 축으로 한 관료 세력이 서로 경계하며 힘을 나눠 갖고 있었다. 그 중 한안인은 공공연히 예종의 동생 대방공 왕보를 왕위에 앉히고자 애썼다. 이 때문에 인종은 즉위와 함께 두려운 마음으로 한안인을 멀리하며 자신의 외할아버지이기도 한 이자겸에게 의지를 많이 하였다.

이자겸은 자신의 종형제 되는 이자의가 자기 누이 소생 한산후를 내세우다가 숙종에게 패배한 것을 거울삼아 이번에는 처음부터 단단히 주선하여, 전왕 예종의 아우되는 사람들을 감히 그 근처에도 오지 못하게 단속하고 외조로서 수완을 부리기 시작하였다.

상황이 이렇게 전개되자 이자겸은 한안인이 가지고 있던 권력까지 빼앗아 일거에 나라의 중심으로 우뚝 설 수 있었다. 많은 것을 누리다가 빼앗긴 한안인은 박탈감과 함께 사람이면 누구나 그렇듯 잃어버린 것을 되찾고자 하는 욕망에 사로잡혔다.

이로 인해 인종은 즉위하자마자 심각한 분쟁의 씨앗을 남긴 꼴이 되었고, 꼬리를 물고 이어지는 권력 쟁투의 그늘에 숨어 숨 막히는 세월을 보내게 된다.

왕보의 역모 사건

우선 한안인을 중심으로 벌어진 왕보의 역모 사건을 자세히 살펴보기로 한다.

한안인의 자는 자거子居, 이전 이름은 교여皦如로 단주 사람이다. 한안인은 일찍이 과거에 급제하고 한림원으로 있었다. 예종의 태자 시절 한안인은 이영, 이여림 등과 함께 태자의 시학侍學을 맡았는데 예종이 즉위한 후 전일의 은정으로 인해서 은총을 입었다. 이에 따라 한안인의 형제들과 친척들은 모두 연줄을 당기어 요직을 차지하였다. 사정이 이러하다 보니 사대부 중에서 권세와 이익을 추종하는 자는 모두 한안인에게 붙으려 하였다.

그러나 인종이 즉위하면서 상황은 많이 달라졌다. 이자겸을 중심으로 한 외척 세력이 득세하면서 그간 왕의 총애를 믿고 부와 권세를 누린 한안인과 문공미를 위시한 관료 세력은 움츠러들 수밖에 없었다.

달변으로 이름 높았던 한안인은 기회 있을 때마다 이자겸을 시기하여 비방을 일삼곤 하였다. 뿐만 아니라 한안인은 예종이 죽었을 때 태의太醫(왕의 전속 의사) 최사전이 병 치료에 조심하지 않았다는 이유로 그를 처벌하려 한 적이 있었다. 그 때문에 최사전은 한안인을 매우 원망하였고, 그러한 원망이 훗날 역모 혐의를 받는 빌미가 되었다.

어느 날, 이자겸은 최유적을 급사중으로 임명하였는데 이 문제를 둘러싸고 뒷공론이 분분하였다. 최유적이 이자겸에게 노비 20명을 뇌물로 주고 급사중 벼슬을 얻었다는 소문이 퍼졌던 것이다. 이 소문을 듣고 한안인이 성 안에서 공공연히 이자겸을 비방하며 소문을 더 널리 퍼뜨렸다.

한편, 소문의 진상을 파악한 최유적은 이자겸에게 찾아가 눈물로 억울함을 호소하였다. 이에 이자겸이 크게 성을 내며 이 문제를 어사대에서 해명할 것을 왕에게 요청하였다. 한안인은 무안하기도 하고 겁이 나기도 하여 그만 휴가를 신청하고 집에 머물면서 문공미와 그의 사촌 정극영, 매부 지어사대사 이영 등과 자주 만나 밤까지 지내다가 헤어지곤 하였다.

공교롭게도 한안인의 심상치 않은 동향이 최사전의 눈에 띄었다.

최사전은 이 기회에 숙감을 풀고자 음험한 사람 채석과 함께 이자양과 최홍재에게 한안인의 동향을 날조하여 고변하였다.

"한안인과 문공미가 붕당을 맺고 음모를 꾸미고 있으니 장차 이자겸 공에게 불리한 일이 있을 것입니다."

이 말을 전해 들은 이자겸은 정신이 번쩍 들며 의심이 생겼다. 한동안 고민하던 이자겸은 드디어 그들의 죄목을 크게 꾸며서 왕에게 고하였다. 한안인이 대방공 왕보를 추대하고자 역모를 일으키려 한다는 이야기였다.

이로 인해 참으로 많은 사람들이 희생되었고, 궁궐에는 한차례 피바람이 휘몰아쳤다. 왕보는 경산부로 추방되었고, 한안인은 승주 감물도로 귀양 보낸 뒤에 바다 속에 던져 죽였으며, 문공미는 충주로 귀양을 보냈다. 이들 외에도 한주와 이영, 정극영, 한안인의 형 상서우승 한안중, 아우 한영륜, 종제 예부 낭중 한충과 처의 동생 시어사 임존, 사위 합문지후 이중약 등이 귀양을 가게 되었다. 그중 이중약은 의술이 능하다는 이유로 의심을 하고 사람을 뒤쫓아 보내어 물속에 던져 죽였다.

허수아비로 전락한 임금

한안인 세력이 몰락하자, 고려는 온전히 이자겸의 세상이 되었다. 이자겸의 권력이 굳건해질수록 인종은 설 자리를 잃고 뒤로 물러설 수밖에 없는 입장이었지만 그는 그때까지만 해도 이자겸을 진심으로 믿으며 의지하고 있었다. 1124년(인종 2) 7월 이자겸을 조선국공朝鮮國公으로 책봉한데 이어 8월 경오일에 내린 교서를 보면 알 일이다.

'외가 어른들을 높여 돌아가신 어머니의 혼령을 위로하려 한다. 더군다나 조선국공은 성심성의로 나를 도와 공적이 이미 높았기에 사신을 보내어 공과 그 부인을 책봉하는 동시에 그의 아들과 사위들을 등용하였으니 이 은택을 안팎에 보급시켜야 할 것인바 참형, 교형 이하 죄수들은 전부 죄를 면죄하여 놓아주고…….'

인종의 어머니 순덕 왕후 이씨가 이자겸의 딸인 것은 이미 앞에서 밝힌 바 있다. 순덕 왕후 이씨의 소생 인종은 이자겸의 집에서 성장하며 외가 식구들과 정이 많이 들었다. 그러니 이자겸을 믿고 의지하는 것은 어찌 보면 당연한 일이었다.

이렇듯 이자겸이 속한 인주(인천) 이씨 가문은 왕실과의 혼인을 통해 권력 기반을 확고하게 다졌다. 이자연이 자신의 세 딸을 문종에게 시집보낸 이래 인주 이씨 가문은 인종 때까지 80년이 넘는 세월 동안 외척으로 굳건하게 자리를 잡고 있었다.

그들은 왕실과 중복하여 혼인을 맺음으로써 후비, 귀인 자리를 거의 독점하다시피 하였고, 그에 따라 왕실의 왕자나 그 소생들이 인주 이씨의 외손 아닌 자가 드물 정도였다. 이런 가문의 대표 주자이다 보니 이자겸은 명문 가문으로 발돋움하는 방법을 정확하게 알고 있었다.

즉, 어느 가문이든 인종과 혼인 관계를 맺는 순간 권력의 중심으로 떠오를 수 있었던 것이다. 이를 경계한 이자겸은 자신의 셋째 딸과 넷째 딸을 1124년 8월과 1125년 정월에 연달아 인종에게 바쳤고, 이를 통해 보다 확고한 권력 기반을 구축하였다. 뿐만 아니라 중서시랑 평장사 척준경과도 사돈을 맺어 측근 세력을 튼튼하게 다지기까지 하였다.

이로써 이자겸은 왕이 초라해 보일 정도로 권세가 드높아졌고, 그에 걸맞은 행동으로 인종을 허수아비 같은 존재로 만들어 나갔다. 자신의 자식과 친척들을 요직에 앉혔을 뿐만 아니라 뇌물을 받고 관직을 파는 행위까지 서슴지 않았다. 또한 아들인 승려 의장義莊을 수좌首座로 삼는 등 불교 세력과도 유대 관계를 맺는 한편 자신의 생일을 인수절仁壽節이라 부르게 하여 많은 이의 반발을 샀다.

뿐만 아니라 이자겸은 궁중에도 부하를 배치시켜 어디서 누가 무슨 말을 하더라도 전부 자신의 귀에 들어오도록 하였다. 외조부이자, 장인이기까지 한 이자겸을 믿는 마음이 아무리 강했다 해도 왕이나 된 것처럼 사사로이 송나라에 표를 올리거나 토산물을 바치기까지 하는 이자겸의 행위를 인종은 더는 두고 볼 수 없었다. 그리하여 이자겸을 멀리하기 시작했다.

이자겸을 처단하라

아무리 허수아비에 불과한 왕이지만 인종 곁에 사람이 아주 없었던 것은 아니었다. 내시 지후內侍祗侯 김찬金粲과 내시 녹사內侍錄事 안보린安甫鱗이 바로 그들이었다. 인종의 참담한 심경을 헤아린 그들은 1126년(인종 4) 2월, 동지 추밀원사 지녹연智祿延과 상장군 최탁崔卓, 오탁吳卓, 대장군 권수權秀와 장군 고석高碩 등과 함께 이자겸 일파를 제거하자는 뜻을 세우고 인종을 찾아간다.

인종은 기쁨을 감추지 못하며 김찬을 이자겸의 6촌 형제인 평장사 이수李壽와 이자겸의 처남인 전 평장사 김인존金仁存에게 보내 의논하도록 하였다. 이수와 김인존은 계획 자체에 대해서는 반대하지 않으나 다만 이자겸의 세력이 막강하므로 거사를 늦추고 적당한 때를 노리자고 건의하였다.

그러나 치욕을 씻고자 하는 마음이 강했던 인종은 이자겸 세력을 척결할 수 있다는 김찬의 주장을 좇아 명령을 내린다.

"역적, 이자겸과 그 일파를 척결하라!"

이리하여 최탁, 김찬 등이 군사를 이끌고 궁으로 들어가 병부상서 척준신拓俊臣(척준경의 아우)과 내시 척순拓純(척준경의 아들)을 죽인 다음 시체를 궁궐 밖으로 내던졌다.

이 소식을 전해 들은 이자겸과 척준경은 당황한 와중에도 재추宰樞와 백료百寮들을 자신의 집으로 불러들여 대책을 논의하였다. 그러나 모두 허둥대기만 할 뿐 적절한 대책을 내놓는 자가 없었다.

보다 못한 척준경이 일이 급하므로 앉아서 기다릴 수만은 없다고 소리치면서 수십 명의 군사만 거느린 채 궁궐로 달려갔다. 왕을 호위하는 군사들과 척준경의 군사들이 대치한 채 시간을 끌고 있을 때, 이자겸의 아들이자 승려인 의장이 승려 3백 명을 이끌고 달려왔다. 기세가 오른 척준경은 활을 쏘면서 총공격을 퍼부으며 궁궐에 불을 질렀고, 곧이어 오탁과 최탁이 숨을 거두었다. 이에 전세가 기울기 시작하여 결국 이자겸과 척준경의 군사가 궁궐을 장악하였다. 이자겸은 인종 앞으로 달려가 주모자를 내놓으라고 고래고래 소리쳤다.

결국 빼앗긴 왕권을 되찾고자 일으킨 거사는 실패로 돌아간 셈이었다. 주동자라 할 만한 지녹연과 김찬 등은 곧바로 유배 길에 올랐고, 인종은 남궁으로 옮겨 앉았다가 이자겸의 집인 중흥택重興宅에 연금되는 신세가 되었다. 이자겸은 인종을 집에 가둔 채 행동은 물론이고 음식까지 통제하며 자신이 왕이 되려는 꿈을 키워가기 시작했다.

금나라를 상국으로 받들다

금나라가 거란을 멸망시키자 1126년(인종 4) 3월, 조정에서는 금나라를 섬기는 문제에 대해 가부를 의논하였다. 고려에 조공을 하던 여진족을 상국으로 섬길 수 없다는 생각에 모든 대신이 반대하였지만 이자겸과 척준경은 달랐다. 금나라를 섬김으로 해서 대외 관계를 평안하게 다지고, 그것을 통해 자신들이 거머쥔 권력을 탈 없이 유지하자는 것이 그들의 속셈이었다.

"금나라가 이전에는 작은 나라여서 거란과 우리나라를 섬겼지만 지금은 홍왕하여 송나라와 거란을 없애고 강대한 국가가 되었습니다. 우리 국경과 인접되어 있으니 형편상 섬기지 않을 수 없고, 또한 작은 나라로서 큰 나라를 섬기는 것은 마땅한 도리이니 우선 사신을 보내어 예빙하여야 합니다."

이자겸과 척준경이 이런 주장을 펴자, 그들에게 억압되어 있던 인종은 어쩔 수 없이 좇을 수밖에 없었다. 고려 스스로 신하의 나라라 칭하며 사신을 파견하니 금나라에서는 싫어할 리 없었다.

한편, 이자겸을 없애려다가 실패하여 그의 저택에 감금된 인종은 겁에 질린 채 이자겸에게 왕위를 넘겨주고자 조서를 내렸다. 이자겸으로서는 꿈에도 그리던 일이었으나 양부兩府의 눈이 두려워 감히 그 조서에 응낙할 수 없었다. 아마도 인종의 조서를 품에 간직한 채 시일을 끌다가 슬그머니 즉위하고 싶은 것이 그의 마음이었을 것이다.

그런데 바로 그때 이수가 이자겸을 비난하고 나섰다. 인종이 조서를 내렸다고 해도 신하 된 입장에서 이자겸이 어찌 감히 이럴 수 있느냐는 것이었다. 이에 이자겸은 내키지 않지만 인종에게 조서를 반납하였다.

그렇다고 해서 이자겸이 왕이 되고자 하는 욕망을 완전히 버린 것은 아니었다. 이씨가 왕이 된다는 '십팔자도참설'十八子圖讖說을 굳게 믿는 자가 이자겸이었기 때문이다.

이간책에 희생당한 이자겸

그해 5월 인종을 연경궁延慶宮으로 옮겨 앉게 하고, 여전히 척준경과 더불어 정사를 농단하며 권력을 나눠 갖고 있었지만 이자겸은 왕이 되기 전에는 만족할 수가 없었다.

그는 음식에 독을 넣어 인종을 두 번이나 죽이려고 하였으나 공교롭게도 이자겸의 넷째 딸인 왕비가 이를 알아차리고 방해하는 바람에 인종은 간신히 목숨을 건질 수 있었다.

이런 일이 있고 나서 잃어버린 왕권을 회복하는 것보다 자신의 목숨을 부지하는 것이 더 급하다는 사실을 깨달은 인종은 대책 마련에 부심해졌고, 급기야 내의內醫 최사전崔思全을 은밀하게 불러들여 다음과 같이 명했다.

"이자겸이 권력을 농단하며 왕실의 위엄을 땅에 떨어뜨린 것이 어제 오늘의 일이 아니다. 아직 늦지 않았으니 척준경으로 하여금 왕실에 충성하도록 하라 이르라."

최사전이 인종의 조서를 보이자 척준경은 호의적인 태도를 보이며 충성을 맹세한다.

그즈음 척준경과 이자겸은 사이가 좋지 않았다. 이자겸의 아들 이지언의 종이 척준경의 종에게 전날 척준경이 궁궐을 불태우고 화살을 쏜 일을 힐난했는데 이것이 척준경의 귀에 들어가면서 불화가 생기기 시작한 것이다. 척준경은 아무것도 모르는 종의 입에서 나온 말이 그 주인의 속내임을 누구보다 잘 알고 있었던 것이다.

인종이 다시 한 번 최사전을 보내 회유하자, 척준경은 인종의 뜻에 따라 이자겸을 치기로 약속하며 재차 충성을 다짐했다. 이에 인종이 친히 교서를 다시 내려 이자겸의 제거를 당부하였다.

마침내 척준경이 군사를 동원하여 이자겸을 기습한 것은 1126년 5월이었다. 척준경은 이자겸과 그 가족들을 죽이는 대신 결박하여 궁으로 끌고 갔다. 이에 인종은 이자겸과 그의 아내 최씨, 그리고 아들 이지윤李之允과 그 일파들을 모두 귀양 보냈다. 이어서 인종의 비이자 이자겸의 셋째, 넷째 딸들도 사가로 쫓겨나고 만다.

비록 죽음을 면하고 영광으로 유배되었으나 이자겸은 그해 12월에 유배지에서 쓸쓸하게 죽음을 맞이했다. 이자겸을 제거하는 데 공을 세운 척준경은 추충정국협모동덕위사공신推忠靖國協謀同德衛社功臣에 책봉되고 변함없는 권세를 누렸지만 이듬해 3월 좌정언左正言 정지상鄭知常 등으로부터 탄핵을 받아 암타도巖墮島로 유배되었다.

척준경까지 몰락함으로써 정치를 농단하던 무리들이 모두 정리되고 인종은 빼앗겼던 왕권을 되찾았지만 잃은 것이 너무 많았다. 궁궐이 소실되었는가 하면 무수한 인명이 살상되었기 때문이다. 이러한 상처들을 보듬으며 왕으로서 결단성 있는 정치를 펼쳤더라면 이후 전개될 비극의 역사는 만들어지지 않았을 수도 있다. 그러나 우유부단한 인종은 정치 질서가 문란해지고, 문벌 귀족들 사이에 분열과 대립이 노골화되는 모습을 그저 지켜보기만 하다가 묘청의 무리가 제기하는 서경 천도론에 귀를 기울인다.

묘청의 난

정치가 권력이라는 단물을 내포하고 있는 한 그것을 더 많이 차지하기 위한 반목과 대립은 피할 수 없는 일이던가. 이자겸의 난이 정리된 후 정계에는 다시 문벌 귀족 세력과 신흥 세력이 등장하여 팽팽하게 대립한다. 김부식金富軾을 중심으로 한 개경의 문벌 귀족이 유교 이념을 바탕으로 한 합리적인 정치를 지향한다면 지방, 특히 서경의 신흥 세력은 도교의 풍수지리설과 유교 사상을 결합시켜 고려의 자주성과 개혁정치를 주장하고 있었다. 묘청과 정지상, 백수한白壽翰 등이 그 중심을 이루고 있었는데, 이들은 서경 천도론과 함께 고려도 황제 칭호를 사용할 것과 금나라 정벌을 내세우고 있었다. 즉, 개경은 지덕地德이 다했으므로 서경으로 천도하여 고려를 다시 중흥시키고, 국왕을 황제라 부르면서 연호를 사용하여 자긍심을 높이고, 이를 바탕으로 금나라를 정벌하자고 주장한 것이었다. 물론 이들이 이런 주장을 하면서 노린 것은 문벌 귀족을 누르고 서경으로 천도하여 제반 정치의 주도권을 장악하려는 데 있었다.

인종은 이들의 주장 중 특히 서경 천도론에 귀를 기울였다. 아버지로부터 왕위를 물려받은 이래 고초만을 겪어온 인종이고 보면 개경을 버리고 다른 곳에 수도를 정하여 새로운 분위기 속에서 왕권을 강화하고픈 열망이 강렬했을 터였다. 결국 인종은 묘청, 백수한 등의 주청을 받아들여 임원역林原驛 근처에 대화궁을 짓도록 명령한다.

인종은 가끔 서경에 행차하여 공사가 진척되는 과정을 보았으며, 묘청은 태일옥장보법太一玉帳步法이라는 술법으로 새 대궐을 개기開基하였다.

궁궐 공사가 시작되자 천도는 고려의 당면 과제로 떠올랐고, 이에 따라 개경의 문벌 귀족들이 대대적으로 들고 일어나 서경 천도론에 반발한다. 문벌 귀족들 입장에서 보면 서경 천도는 하나의 거대한 정치적 도전이 분명했다.

그런데 때마침 서경에서 재이災異가 자주 일어나고 인종의 서경 행차시에도 천재지변으로 가슴을 쓸어내릴 만한 일이 벌어지자 천도론에 대한 인종의 지지가 주춤거리기 시작한다. 기세가 오른 문벌 귀족들은 김부식을 중심으로 더욱 격렬하게 천도를 반대하며 묘청 처단을 요구한다.

"금년 여름에 서경 대화궁에 30여 개소나 벼락불이 떨어졌으니 만약 그곳이 길한 땅이라면 하늘은 반드시 이렇게 할 리가 없을 터인데 그런 곳으로 재난을 피하러 간다는 것은 잘못이 아닙니까? 하물며 서경 지방은 아직 추수가 끝나지 않았는데 만약 거동하신다면 반드시 농작물을 짓밟을 것이니 이것은 백성을 사랑하고 물건을 아끼는 본의가 아닙니다."

김부식이 이러한 말로 서경 천도의 부당함을 고하자, 간관들도 함께 상소하여 극력 간언하였다. 결국 인종은 오랜 고민 끝에 서경 천도를 포기하기에 이른다.

서경 천도가 무위로 돌아가자 묘청은 분사 시랑分司侍郞 조광趙匡, 병부상서 유참柳昌 등과 함께 1135년(인종 13) 서경을 점령하며 반란을 일으킨다. 이들은 국호를 대위大爲, 연호를 천개天開, 군대 이름을 천견충의군天遣忠義軍이라 정한 뒤 개경 출신 인물들을 옥에 가두고 군사 교통의 요지인 절령(황해 자비령)을 차단하며 결사 항전을 다짐했다.

한편, 인종은 반란군을 진압할 총책임자로 김부식을 임명하고 출정을 명하였다.

"서경의 반란에 정지상, 김안, 백수한 등이 공모하였으므로 우선 이

자들을 제거하지 않으면 서경을 평정할 수 없습니다."

김부식은 서경으로 떠나기에 앞서 이렇게 주장하며 백수한과 정지상, 김안 등과 같은 서경 천도파를 죽였다. 이윽고 평산과 관산을 거쳐 서경으로 향한 김부식은 1년여 간 완강하게 저항하던 묘청의 반란군을 1136년(인종 14) 2월에 완전히 붕괴시키고 난을 진압하였다.

고난 끝에 맞이한 평화, 그리고 죽음

한 나라의 왕이 되었으나 하루도 마음 편할 날이 없었던 인종은 묘청의 난이 진압된 다음에야 안도하며 평화로운 시기를 맞이한다.

일찍이 주현에 학교를 세운 바 있고, 1129년(인종 7)에는 서적소書籍所를 설치하여 임금이 학문을 닦는 모범을 보이고자 했던 인종은, 말년의 평화기가 찾아오자 김부식에게 명하여 『삼국사기』三國史記 50권을 편찬하도록 명한다.

그러나 인종은 즉위 후 고난을 너무 많이 겪은 탓인지 한창 일할 나이인 38세에 그만 병을 얻고 만다. 병세가 위독하여지자 인종은 태자 현晛에게 왕위를 물려주고 곧 숨을 거둔다. 재위 연수는 24년이요, 시호는 공효恭孝, 묘호는 인종仁宗이다. 왕성 남쪽에 장사 지냈으며 능호는 장릉長陵이다.

사신 김신부의 평

예종은 말년에 처가에 대한 배려가 지나쳤던 까닭에 외척들의 탐욕스럽고 방자한 행동이 있게 하였고, 인종이 어린 몸으로 왕위에 오른 후 재상 한안인 등이 장구한 앞날을 예견하지 못하고 한갓 외척의 권력을 은밀히 빼앗으려다가 분란과 사단을 일으켜서 도리어 귀양살이와 살육을 당했으며 간사하고 흉악한 무리들이 발호하게 하였고 그 해독이 전국에 파급되었던 것이다. 뿐만 아니라 임금의 수레에 활을 쏘고 궁전과 종묘에 불을 지르며 임금을 위협하여 자기 집에 데려다 두고 왕의 좌우 시종들을 함부로 살육했으며 나라의 정권을 송두리째 탈취하려고까지 하여 하마터면 조상들의 유언이 땅에 떨어질 뻔했으니 후세의 거울로 삼아야 할 일이었다.

또한 묘청, 백수한 등의 음양설에 반하여 마침내 서경에서의 반란을 야기한 것은 무엇 때문인가? 그것은 인종의 천성이 지나치게 인자하여 매사에 우유부단하였던 까닭이다. 이로 인해 병오년 역도들에 대한 벌이 정당치 못했고, 서경 반란자들에 대한 처치가 공정하지 못하였으며 게다가 불교를 독실하게 믿어서 백성들에게 폐해를 더욱 증대시켰던 것이다.

애석하다!

그가 유람과 주연을 즐기지 않고 환관 내시의 수를 줄이며 일상생활에서 검박하고 이웃 나라와의 외교에 성심과 신의를 다한 것 등등은 비록 옛날 제왕인들 이에서 더하였으랴!

인종의 후비와 종실들

인종에게는 후비 넷과 아들 다섯, 딸 넷이 있었다.

폐비 이씨는 조선국공 이자겸의 셋째 딸이다. 이자겸은 다른 사람이 왕비가 되면 자신에 대한 권세와 총애가 갈릴 것을 두려워 한 나머지 왕에게 강요하여 자신의 딸을 또 바치려 하였으므로 인종은 부득이 맞아들여 연덕延德 궁주로 책봉하였다. 이자겸이 패망한 후 간관이 누차 글을 올려

"궁주는 왕의 종모從母가 되는 까닭에 배필로 삼을 수 없다."

고 간언하므로 왕은 이에 그녀를 내보냈다. 비록 이자겸 때문에 내보내기는 하였으나 예우를 다하였으며, 이씨는 1139년(인종 17) 죽었다.

폐비 이씨 또한 이자겸의 넷째 딸이다. 이자겸이 인종을 죽이고자 음식에 독약을 넣은 사실을 알고 인종의 목숨을 구하였기 때문에 폐위 후에도 그 공을 생각하고 토지와 저택, 노비를 주는 등 은총이 컸다. 그 후 의종과 명종 역시 이씨를 성실하게 섬겼다. 1195년(명종 25) 죽었으며 왕후의 예식으로 장례하였다.

공예恭睿 왕후 임씨는 중서령 임원후任元厚의 딸이자 문하시랑 이위李瑋의 외손녀이다.

임씨가 탄생한 날 밤 이위는 황색의 큰 깃발을 그 집의 중문에 세우고 깃발의 꼬리는 선경전宣慶殿 치미鴟尾를 싸고돌며 휘날리는 꿈을 꾸었다. 비가 출생하자 이위는 임씨를 특별히 아끼면서

"이 아이가 후일 선경전에서 놀게 될 것이다."

라고 말하였다.

성년인 15세가 되어 평장사 김인규金仁揆의 아들 김지효金之孝와 약혼하였는데 혼례를 치르기로 한 날 밤 김지효가 신부 집 대문에 이르자 임씨가 갑자기 병이 나서 거의 죽을 지경이 되었다. 그래서 결혼을 사절하고 신랑을 돌려보낸 후 점쟁이에게 점을 쳐보았더니

"근심할 것 없소. 이 처녀는 비할 바 없이 귀하니 반드시 왕후가 될 것이오"

라고 말하였다. 당시 이자겸은 이 소문을 듣고 즉시 왕에게 고하여 임

원후를 개성 부사로 강직시켰다. 일 년쯤 후에 개성부 막료幕僚의 꿈에 태수 청사의 대들보가 벌어지며 큰 구멍이 생기더니 황룡이 그 구멍에서 나왔다. 아침이 되자 막료는 예복을 갖추어 입고 임원후를 방문하여

"댁에서는 반드시 큰 경사가 있을 것입니다."

라고 말한 일도 있었다.

어느날 인종이 들깨 5승升과 황규黃葵 3승을 얻는 꿈을 꾸고는 이 이야기를 척준경에게 말하니 해몽하기를

"들깨(荏임)란 임任입니다. 임씨 성을 가진 후비를 맞으실 징조이고 그 수가 다섯이니 다섯 왕자를 낳을 길조입니다. 또한 황규의 황黃은 임금 황皇자와 같으며 규葵는 도규道揆라는 규揆와 같으니 이른바 '황규'란 임금이 도규를 잡고 국가를 통치하는 조짐이며 그 수가 셋이니 다섯 아들 중에서 세 아드님이 국왕으로 될 조짐입니다."

라고 하였다. 인종은 이자겸의 두 딸을 내보낸 후 1126년(인종 4) 임씨를 선택하여 궁중에 들여 연덕延德 궁주라고 불렀다.

1138년(인종 16) 궁주의 어머니 이씨가 죽으니 왕은 소복을 입고 정전을 피하였으며 백관들은 글을 보내어 위문하고 3일간 소복을 입었다. 그리고 이씨에게 진한국 대부인의 칭호를 추증하였다.

왕후는 의종毅宗, 대녕후大寧侯 경暻, 명종明宗, 원경 국사元敬國師 충희冲曦, 신종神宗과 승경承慶, 덕녕德寧, 창락昌樂, 영화永和 네 궁주를 낳았다. 의종이 왕위에 오르자 왕태후로 존칭하고 그의 궁전을 후덕전厚德殿이라고 하였으며 부를 설치해 선경부善慶府라 하고 관속을 두었다.

인종과 공예 왕후 임씨에게서 태어난 원경 국사元敬國師 충희冲曦의 다른 이름은 현희玄曦이다. 1177년(명종 7)에 흥왕사의 승려가 급변이 있다며 승통僧統 충희가 은밀하게 승려들과 결탁하여 반란을 음모한다고 고하여 충희의 시종하는 사람을 국문하였으나 증거가 나타나지 않아 석방하였

다. 1180년(명종 10)에 왕후가 유종乳腫을 앓아서 충희를 불러 병을 간호하게 하였는데 충희가 많은 궁녀들을 간음하고 공주와 간통하여 추악스런 소문이 밖에까지 퍼졌다. 그리하여 우사간 최선崔詵이 글을 올려 그를 대궐에서 내보낼 것을 요청하였으나 왕은 형제를 이간질한다고 판단하고 최선을 파면시켰다. 그후부터 대간에서 간언하지 못하고 여러 신하들이 모두 다 충희에게 아첨하여 뇌물을 주고 받는 것이 공공연하게 되었다. 충희는 명종 13년에 죽었다.

1182년(명종 12) 충희가 죽자 왕은 왕후가 비통해 할 것을 염려하여 알리지 않았으나 몇 달 후 이 소식을 들은 왕후는 장군들이 충희를 죽인 것으로 짐작하고 병을 얻고 말았다. 당시 신종은 평량공平諒公으로 있었는데 그도 치질을 앓아 오래도록 태후에게 문안을 드리러 오지 못하자 왕후는 신종도 충희와 같은 화를 당한 것이 아닐까 불안해하였다. 그러나 그 후 신종을 만나보고 기뻐하며 마음의 안정을 얻었으나 얼마 지나지 않아 또 다시 위독해져서 사망하였는데 그때 나이가 향년 75세였다. 순릉純陵에 안장하였으며 시호는 공예 태후라고 하였고 그 이듬해 금나라에서 사신을 보내어 조상하였다.

대녕후 왕경은 1148년(의종 2)에 후候로 책봉되었는데 도량이 있어서 많은 사람들의 신망을 얻고 있었다. 내관 정함鄭諴은 대간臺諫을 모함할 것을 꾀하고 비밀리에 산원散員 정수개鄭壽開를 유인하여 대성臺省 및 대리臺吏 이분李汾 등이 왕을 원망하면서 왕경을 추대하여 임금으로 삼으려 한다고 무고하였다. 왕이 그의 말을 믿고 그들을 내쫓으려 하였으나 증거가 나오지 않았다. 정함은 죄를 모면하기 위해서 외척과 대신들이 대녕후의 집에 출입하는 것으로 보아 틀림이 없다며 또 다시 참소하였다. 의종은 평소에 도참圖讖을 믿으며 여러 동생들과 우애가 없었기에 여전히 의심을 하며 몰래 간관들을 시켜 대녕후와 임극정 등의 죄를 추궁하게 하였다. 그리고 왕후가 그를 구원할 것을 걱정하여 먼저 왕후를 보제사로 옮겨 놓고 이 사건을 부득이 승인하는 것처럼 가장하였다.

선평宣平 왕후 김씨는 병부상서 김선金璿의 딸로 1127년(인종 5) 맞아들여 둘째 왕후로 삼았다. 의종이 김씨를 왕태비 연수延壽 궁주로 존칭하였으며 1179년(명종 9) 죽으니 시호를 선평 왕후라고 하였다.

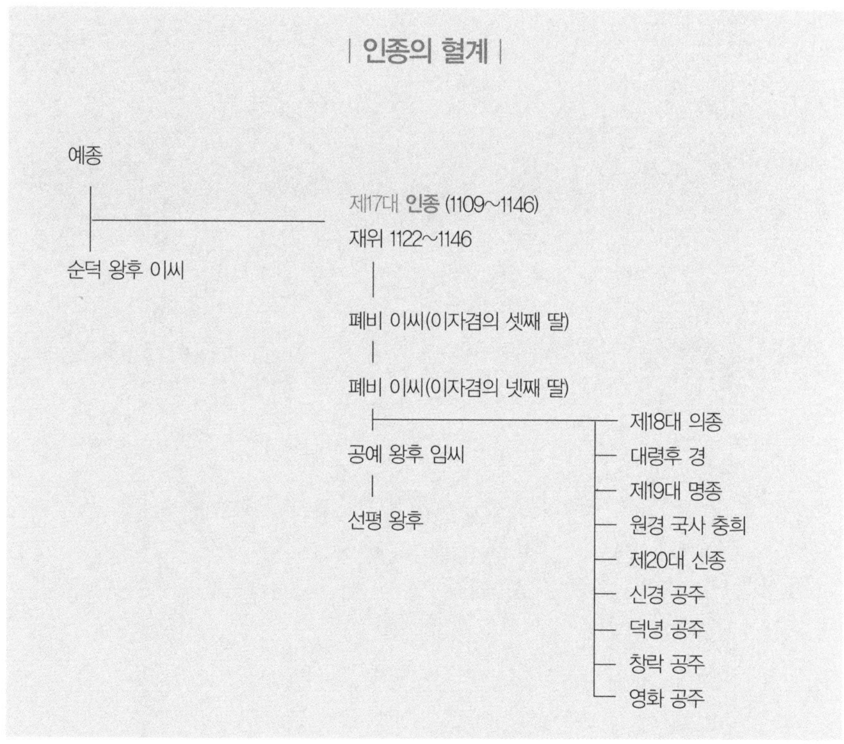

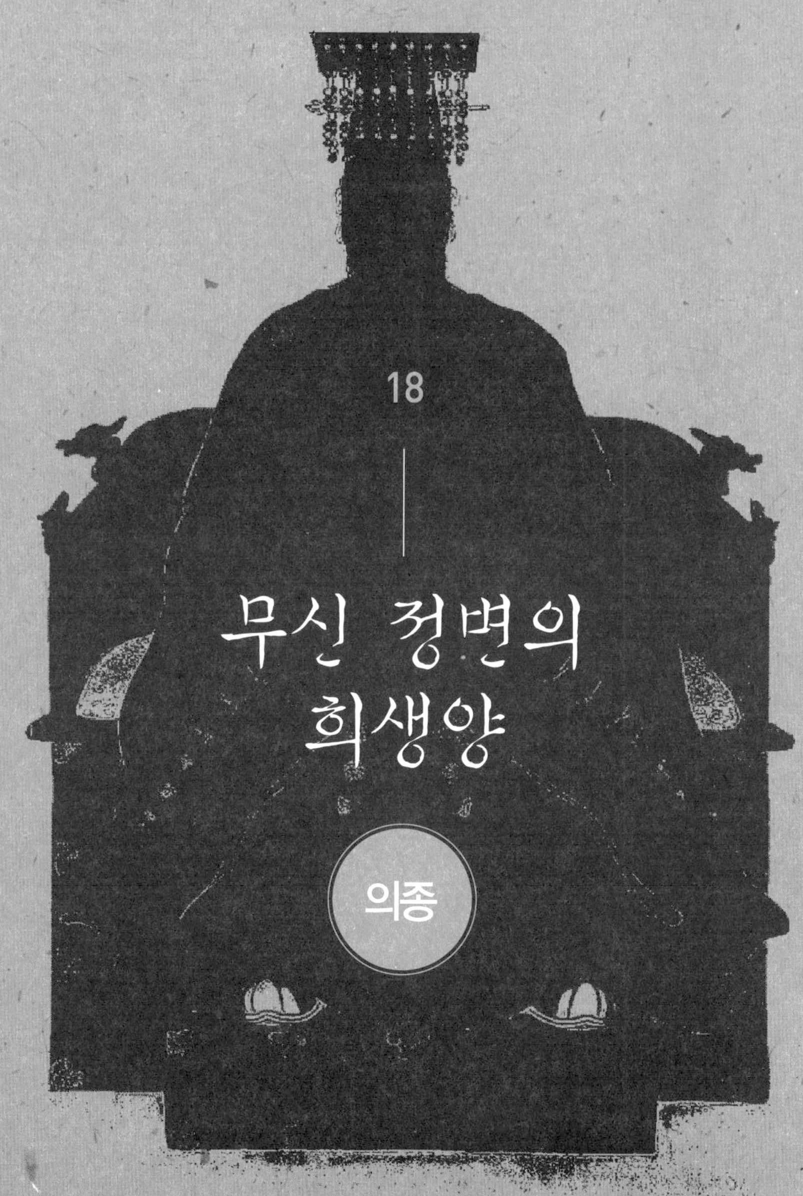

18

무신 정변의 희생양

의종

高麗王朝實錄

우여곡절 끝에 왕이 되었으나

1146년 2월, 인종이 숨을 거두자 20세의 의종이 왕위를 이어받는다. 그는 인종과 공예 왕후 임씨의 맏아들로서 초명은 철徹이고, 이름은 현晛이며, 자는 일승日升으로 1127년(인종 5) 출생하였다.

인종에게는 4명의 비가 있었으나 5남 4녀의 자녀들은 모두 공예 왕후 임씨의 소생이다. 인종은 1143년(인종 21)에 맏아들 현을 태자로 책봉하면서 못내 걱정스러움을 떨쳐내지 못하였다. 맏아들 현은 총명하여 글을 잘 읽고 시문에도 남다른 재주가 있었으나 놀이와 잔치를 좋아하여 아무리 봐도 임금이 될 만한 자격이 충분치 못한 것 같아서였다. 어머니 공예 왕후 임씨 또한 이러한 점을 느끼고 있었던지 맏아들 현 대신 둘째 아들 대령후 왕경(명종)을 태자로 삼자고 하였다.

바보가 아닌 이상 태자도 자신을 미더워하지 않는 부모의 마음을 알고 있었을 것이다. 그래선지 현은 왕위를 이어받은 뒤에도 아우 왕경을 이유 없이 미워하며 반목을 일삼는다.

인종은 공예 왕후 임씨의 거듭되는 청을 이기지 못하고 태자로 이미 책봉된 현을 폐하고 왕경을 새로이 세자로 책봉할 마음을 먹는다. 이때 인종 앞으로 나아가 적극적으로 태자 현을 변호한 인물이 정습명鄭襲明이었다. 오랜 기간 간관의 직무에 있으면서 바른 말로 서슴없이 간하는 기풍이 있으므로 인종은 정습명을 심히 소중히 여겨 태자 현의 스승(시독侍讀)으로 삼은 바 있었다. 그런 정습명이 적극적으로 현을 보호하며 자신이 끝까지 곁에서 보필할 것임을 밝히자 인종은 마침내 마음을 바꿔 현을 태자에서 폐위하지 않았다.

"나라를 다스리는 데는 마땅히 정습명의 말을 들어야 한다."

병이 위독하여 목숨이 경각에 달렸을 때 인종은 현을 친히 불러 놓고 이런 유훈을 남겼다.

어찌 보면 정습명은 현에게 있어 평생 잊지 못할 은인인 셈이었다. 실제로 현은 왕위에 오른 뒤 정습명을 한림학사로 임명하고 추밀원지주사로 올려 주며 중하게 여겼다. 이는 아버지의 유훈을 받들고 임금의 자리에 오른 이상 제대로 된 정치를 펼쳐 보려는 의지의 반영이라고도 할 수 있었다.

사실 의종이 즉위한 당시의 상황은 대내외적으로 많은 어려움이 산적해 있었다. 문벌 귀족들이 득세하면서 왕권 경시 풍조가 만연해 있었고, 대륙의 지배자로 떠오른 금나라가 날로 강대해지면서 고려는 위축될 수밖에 없는 상황이었다.

의종은 자신이 해야 할 일 중 첫 번째를 왕권 회복이라고 생각하였다. 그러자면 무엇보다 개경에 기반을 둔 문신 세력을 찍어 눌러야 할 필요성이 있었다. 이 때문에 의종은 일이 잘못될 때마다 적극적으로 나서서 바른 말을 하곤 하는 정습명을 미워하여 멀리하게 되었다.

의종이 잘못된 길로 들어선 이유

서경 천도가 무위로 돌아가고 묘청의 난이 진압되자 고려의 정권은 개경의 문벌 귀족들이 장악하였다. 정치와 경제, 사회 등 여러 방면에 걸쳐 특권을 독점한 문벌 귀족들에 관한 문제는 이미 인종 대에서 노골화된 바 있었다. 백성과 나라의 안위를 망각한 채 자신들의 이권 획득에만 혈안이 된 문벌 귀족을 퇴치하기 위해 고려의 민족주의자들이 들고 일어난 것이 묘청의 난이었다. 난의 형태로 발전하여 인종이 그를 진압하라고 명하기는 하였으나 인종의 일관된 태도는 문벌 귀족들에 대한 적대감이었다.

부왕의 그러한 태도를 이어받은 의종은 나라를 좌지우지하는 문벌 귀족들로부터 왕권을 되찾고자 무던히 애썼다. 기실 자신이 즉위할 수 있도록 결정적인 역할을 한 사람이 정습명이지만 의종의 눈에 비친 그는 문벌 귀족의 앞자리에 서서 자신의 왕권 행사를 방해하는 인물에 지나지 않았다. 그러나 인종이 정치 자문역을 해 달라고 정습명에게 유훈을 남긴 것에서 알 수 있듯 정습명은 의종이 기꺼운 마음으로 취해야 할 인물이었다.

그러나 의종은 정습명을 위시하여 문벌 귀족들을 멀리하면서 자신의 친위 세력을 키워 가려고 노력하였다. 이것이 바로 의종이 선택한 문벌 귀족 퇴치, 왕권 회복의 길이었다. 여기서 우리는 의종의 서글픈 처지를 읽어낼 수 있다. 환관과 내시를 중심으로 친위 세력을 키워 갈 수밖에 없었던 의종의 외로운 처지 말이다. 그만큼 의종 곁에는 쓸 만한 인재가 없었다는 이야기가 된다. 이는 바꿔 이야기하면 의종이 해결하고자 했던 당면 과제들을 성취해 내기가 무던히도 어려운 조건이었다는 뜻이기도 하다.

아무튼 환관과 내시를 측근으로 끌어들이며 의종이 행동에 나서자 문벌 귀족들은 다 같이 들고 일어나 의종의 처사를 비판한다.

이미 예상하고 있었던 일이기 때문에 의종은 나 몰라라 하며 어릴 때부터 즐겼다던 격구 경기를 관람하며 정사를 등한시한다.

뿐만 아니라 『고려사절요』 의종 5년을 보면 하루가 멀다하고 간신들에게 싸여 불사佛寺에 여념이 없는 의종을 보다 못한 정습명이 불사를 삼갈 것을 간하자, 이 말을 들은 임금은 왕후가 자기를 폐할 것을 원하셨는데 무슨 염려가 그리 대단하느냐고 못마땅해 하였으며 여기에 더해 다른 아들을 내세워 정사를 맡기라고까지 말하였다.

이처럼 어수선한 정국이 이어지자 1147년 11월과 1148년 10월에 심상치 않은 변고가 발생한다. 그 내용을 간단히 살펴보면 다음과 같다.

1147년 11월 병자일에 서경 사람들인 이숙, 유혁, 숭황 등이 금나라에서 온 제천사가 돌아갈 때에 밀서를 건넸다.

밀서에는 '귀국 군사가 직접 서경으로 쳐들어온다면 우리들이 내응內應하겠다' 는 내용이 실려 있었다.

다행스럽게 이 사실이 발각되어 관련자들이 전부 처단되었지만 흔들리는 고려의 정국을 상징적으로 보여주는 사건이라 할 만하였다.

그런데 이듬해 10월에 위와 유사한 사건이 또다시 발생하였다. 이심, 지지용 등이 송나라 사람 장철과 공모하여 심은, 동방흔이라는 가명으로 송나라 태사 진회에게 편지를 보낸 것이다.

'만약 당신이 금나라를 정벌한다는 명목으로 고려에 길을 빌리고 우리가 여기서 내응한다면 고려를 점령할 수 있을 것이다.'

지지용은 이러한 내용이 적힌 편지와 고려 지도를 송나라 상인 팽인에게 주어 진희에게 전달하게 하였다. 그러나 이번에도 송나라 도강都綱 임대유林大有가 그 편지와 지도를 가져와서 고려 조정에 고발했다. 이로 인해 이심과 지지용은 옥 중에서 죽고, 장철은 사형을 당하였으며 그들의 아내는 모두 먼 섬으로 귀양 갔다.

이에 대해 지어사대사 문공유文公裕와 좌정언 정지원鄭知源이 합문 밖으로 나가 사흘 동안 버티면서 방만한 정치의 원인을 제공한 환관 내시들에게 벌을 내리라고 요구하였다. 이에 의종은 고집스럽게 버티다가 그들의 요구대로 7명의 환관 내시들을 유배 보냈다.

문관 관료들의 기세에 밀려 잠시 주춤하는 듯하였지만 의종은 다시 김존중金存中과 정서鄭敍를 측근으로 불러들이면서 친위 세력을 키워 나간다. 김존중은 밤낮으로 정습명이 잘못한다고 흠을 잡아온 인물이었다. 마침 정습명이 병으로 휴가를 청하니 항상 맨 앞에 서서 임금의 행동을 규제하려 드는 정습명이 미웠던 의종은 김존중 등 간신들의 말을 곧이듣고 관직을 빼앗아 버린다. 김존중으로 하여금 자신의 직무를 임시로 대행하게 하는 것을 보고 왕의 의도를 짐작한 정습명은 그대로 자살함으로써 세상을 떠나고 만다.

이로 인해 문관 관료들이 위축된 모습을 보이자, 아첨쟁이들이 날마다 왕 곁으로 몰려들었고, 이에 왕은 더욱 방만해져서 놀이만 일삼게 되었다.

한번은 왕이 귀법사에 갔다가 말을 달려 달령의 다원까지 가서 보는데 시종하는 신하들이 아무도 따라오지 못하였다. 의종은 홀로 기둥에 의지하여 서서 측근자들이 다가오기를 기다렸다가 이렇게 이야기했다.

"만약 정습명이 살아 있었다면 어찌 내가 이렇게 행동하게 되었겠는가?"

길은 이미 예정되어 있었다

아무리 높은 뜻을 세웠다한들 제반 여건이 충분치 못하면 사람들은 대개 실의에 빠져들기 마련이다. 1152년(의종 6) 정월 의종은 벽두부터 강안전康安殿에 거둥하여 채붕綵棚을 관람하였다. 양부악은 전날 밤에 연등 대회를 지냈기 때문에 벌써 철거하였는데도 불구하고 임금의 명으로 급히 서둘러 다시 설치하여 춘정에서 잔치를 베풀고 광대俗人로 하여금 잡희를 하게 하고 의종은 이를 관람하였다.

의종이 유희를 즐길 때면 간간이 우간의 신숙申淑 등이 합문에 엎드려 간하였는데, 평장사 문공원文公元과 거문하성사 최자영은 처음에는 논의에 참여하였으나 이때만은 오지 않았다.

한편 내시 윤언문尹彦文은 괴석怪石을 모아 수창궁 북쪽 동산에 가산假山을 쌓고 그 곁에 조그마한 정자를 세우고 이름하여 만수정萬壽亭이라 하였다. 여기에 황색 능견綾絹으로 벽을 발라 그 사치스러움이 사람의 눈을 휘황찬란하게 하였다.

『고려사절요』 의종 6년 4월조를 보면 잔치를 피하려 할 때 가산이 무너지고 암탉이 울었다고 한다. 임금이 나가 유흥할 때 초저녁부터 밤중까지 사면에 촛불을 켜놓고 시녀들과 어울려 음탕한 놀이를 즐겼는데, 새벽이 되자 별안간 벼락이 치고 지진이 발생해 가산이 무너지는 일이 발생했다.

이 일이 있은 후 어사중승 고영부高瑩夫, 시어사 한정韓靖과 최균심崔均深 등은 사흘 동안이나 합문에 엎드려서 상주하였다. 그러나 의종은

오히려 용안이 변하기까지 하면서

"저 옛날 진나라 사안은 동산에서 휴가를 즐기며 유홍하였고, 당나라 이백도 도리원에서 병촉야유하지 않았소? 하물며 한 나라의 왕자로 이 정도의 유홍이 뭐 그리 대단하다고 이리들 소란하오?"

라고 말하였다.

그럼에도 이들이 초지를 굽히지 않자 임금은 마지못해 윤언문 등 네 명을 내쫓았다. 왕이 비록 이들을 추방하기는 하였으되 야반의 놀이는 결코 그치지 아니하였다.

친위 세력을 만든다는 명목 하에 환관과 내시들을 측근으로 불러들여 정사를 팽개쳐둔 채 유홍과 오락에 빠져 있다가 간관들이 농성하면 요구를 들어주는 척하고, 다시 이와 같은 일을 반복한 것이 의종의 치세였다. 또한 유교적 정치 이념을 의도적으로 외면하며 불교를 지나치게 숭상하고, 영의를 불러들여 점을 치게 하는 등 온갖 폐단을 초래하기도 하였다.

특히 의종은 도참사상에 매혹되어 있었기 때문에 주위에는 이를 기화로 온갖 거짓 간언이 뒤따르고 있었다. 그중에서도 대시인 복자卜者 영의榮儀가 임금에게

"나라를 태평하게 만들고 장수하시려면 영통사, 경척사, 천수사, 홍왕사 네 절에 일 년간 불공을 드리고 재앙을 멀리 하소서. 국사 기업의 영원과 임금 수명의 장단은 불사의 빈도와 양회禳禬의 반복에 있사옵니다. 폐하께서 연년익수延年益壽 하시려면 천제석과 관음보살을 섬기시고 처처에 이궁離宮을 건립하소서."

라고 권하자 임금은 이 말을 혹신하여 여러 절에 다니며 불공을 드리고, 천제석과 관음보살의 상을 그려 각처의 절에 모셔 두고 법회를 하게 명령하였다. 의종은 이를 축성 법회祝聖法會라 하여 각 지방에 있

는 창고에서 그 비용을 내도록 하였다. 영위가 한번 지방에 내려오면 각 지방의 방백 수령들은 뇌물을 다투어가며 바쳤다.

또한 영위는 각처의 이궁과 별장을 지으려고 여러 곳을 물색하여 다니면서 민폐를 끼쳤다. 먼저 대궐 동쪽에 있는 왕제 익양후의 집을 빼앗아 이궁을 지었는데 이 이궁은 일 년간이나 걸려 완공한 것으로 당시 제일 호화로운 궁궐이었다. 이 궁궐을 짓기 위하여 왕제의 집은 물론 왕시중, 김정순, 유필, 김거공의 집은 물론 민가 50여 호를 헐어야만 했다.

그의 재임 시기가 국제적으로 안정된 시대였던 것도 의종의 방만한 생활이 가능했던 하나의 이유였음을 알 수 있다. 의종 14년간은 평화로운 시대였다. 금나라에서는 동방의 요순이라는 세종이 치세하였고, 송나라에서는 효종이 치세하여 고려는 두 나라와의 통상 교역을 통해 윤택한 나라로 등장할 수 있었던 것이다. 안으로는 국부國富를 증진할 수 있고 밖으로는 원만한 국제 관계로 우환이 없게 되자 자연히 임금은 호유豪遊에 마음을 빼앗겼으며 그가 왕위에 오른 해인 1147년 정묘년에는 4월부터 외제석원外帝釋院에 거동하였는데 기록에서는 사원에 행행行幸하여 노니는 것을 모두 기록할 수 없다고 할 정도였다. 의종은 재위 24년간을 거의 빼놓지 않고 착석하였는데 그의 재임 후기에는 그 정도가 더하였다.

의종은 대체 왜 이러한 행위를 한 것일까. 놀기 좋아하는 성격도 한몫 거들긴 했겠지만 이것이야말로 의종이 가진 한계라고 보는 편이 옳을 것이다. 각종 미신을 조장하거나 놀이로 소일하며 문관들에게 자기 과시를 하는 것 외에 미약한 왕권을 가진 의종이 할 수 있는 일이 없었던 것이다.

1157년(의종 11) 김존중과 정함이 대령후 왕경과 가까이 지낸다는 이유로 정서가 역모를 꾸미려 한다고 고변하자, 의종은 왕경과 정서를 귀양 보내 버린다.

고향으로 내려간 정서는 호를 과정瓜亭이라 하고 임금의 부르심을 기다렸으나 의종은 과정을 오래도록 부르지 않았다. 과정은 자신의 신세를 한탄하며 가사를 만들어 한 곡조 읊으며 울분과 원한을 달래었다. 거문고를 타며 읊는 그 소리가 매우 처량하고 참담하여 듣는 사람으로 하여금 애간장을 끊게 하였는데 뒷날 이 가사를 그의 호를 따서 「정과정곡」鄭瓜亭曲이라 하였다.

憶君無日不霑衣 억군무일불점의
政似春山蜀子規 정사춘산촉자규
爲是爲非人莫問 위시위비인막론
只應殘月曉星知 지응잔월효성지

내 임이 그리워서 울었더니
산접동새 또한 나와 비슷하오이다.
시비를 묻지 마라, 잔월효성이 아시리로다.
넋이라도 임과 함께 가고져라.
아! 항언하시던 이 누구시던가.
죄도 허물도 없소이다.
여럿의 참언을랑 듣지 마소서.
슬프구나, 아! 임이 벌써 나를 잊으셨사옵니까.
아서라 임아, 내 간곡한 정곡을 들으사 날 총애하여 주옵소서.

이 한시는 후에 익재 이제현이 「정과정곡」을 한문으로 번역해 놓은 것이다. 묵죽화에 능한 정서는 그 뒤 말년에 용서받고 김이영, 이작승 등과 같이 왕의 부름을 받아 직전을 회복케 되었다.

의종은 계속해서 불교에 심취하고, 놀이와 미신을 즐기는 등 비뚤어진 행태를 보이다가 마음에 맞는 측근의 문관들을 끌어들여 주연을 자주 베풀면서 그간 적대시해 온 문관들과 대적케 하였다. 이런 과정에서 환관과 내시는 물론이고 아부와 아첨을 즐기는 자들이 득세하게 되었으니 의종 앞에 놓인 길은 이미 결과가 정해져 있는 것이었다.

무신 정변으로 세상을 갈아엎다

고려는 분명 문반과 무반 양반 체제로 구성되어 있었으나 정치와 경제의 특권은 물론이고 군대의 지휘 통수권까지 문신들에게 내준 채 무신들은 상대적 박탈감과 소외감에 시달려야 했다.

이러한 상황에서 의종이 문신들과 어울려 자주 주연을 베풀고 환관과 내시들을 중하게 여기면서 무신들에 대한 천대는 극에 달할 정도였다. 의종의 방만한 정책으로 국가 기강은 문란해졌고, 문관 귀족들이 부를 독점하여 축적해 가는 과정에서 무신들은 설 자리를 잃었으며, 백성은 생활고를 견디지 못하고 떠돌아다니는 이가 많았다. 한마디로 당시의 고려는 문관 귀족들만을 위한 세상이었다.

무신들은 한낱 내시에게조차 천대받는 신세로 전락하였으며 주연이 벌어질 때면 왕과 문신들을 지키기 위해 수고로움을 감수하면서도 지위에 걸맞은 대우를 받지 못하였다. 심지어 김부식의 아들 김돈중이 대장군 정중부의 수염을 촛불로 태운 일까지 있을 정도였으니, 당시에 무신을 경시하는 풍조가 얼마나 뿌리 깊고 위험천만한 것인지

알 수 있다.

견디다 못한 무신들은 결국 반역을 계획하기에 이른다. 왕이 보현원으로 향하기를 기다렸다가 일을 벌이기로 약속한 것이다.

마침내 문제의 날인 1170년(의종 24) 8월 정축일이 밝았다. 왕은 보현원으로 가는 길에 오문 앞에 다다라 시신侍臣들을 불러 놓고 술을 마셨다. 의종은 술이 거나해지자 좌우 시종들을 돌아보면서 이렇게 외쳤다.

"훌륭하구나. 이곳은 군사 기술을 연습할 만하다."

의종은 이런 말과 함께 무신들에게 명령하여 오병五兵 수박희手搏戲를 하게 하였다. 무신들의 불평불만을 어느 정도 알고 있었기 때문에 후하게 상품을 내림으로써 그들의 마음을 위무하려는 생각에서 이루어진 것이었다. 그런데 이때 놀라운 일이 벌어졌다. 대장군 이소응이 젊은 장수와 수박희로 겨루던 중 견디지 못하고 슬그머니 달아나자 젊은 문신 한뢰가 이소응의 뺨을 때린 것이다. 김부식의 아들에게 수염을 상하는 봉변을 당한 적이 있는 정중부가 노하여 소리쳤다.

"이소응은 비록 무인이지만 벼슬이 3품인데 어찌 그리 욕을 보일 수 있느냐!"

그때 술에 취한 왕과 문신들은 정중부와 무신들의 이글이글 타오르는 눈빛을 미처 알아보지 못했을 것이다. 그 자리에서 결판을 낼 수도 있었으나 무신들은 미리 약속한 바가 있었기 때문에 꾹 눌러 참았다.

이윽고 저녁 무렵이 되자 왕이 탄 가마는 보현원 근처에 이르렀다. 이때 이고와 이의방이 앞질러 가서 왕의 명령을 위조하여 순검군을 모아 놓았다.

마침내 의종이 원문에 막 들어서고 여러 신하들이 물러서려 할 때 이고 등이 임종식, 이복기, 한뢰 등을 죽였으며 모든 호종 문관과 대소 관료, 환관들을 살해하였다.

그동안 맺힌 한이 많았기에 무신들의 행동은 거침이 없었다. 정중부는 잠시 후 개경으로 군사들을 보냈다.

"문관을 쓴 자는 서리라도 씨를 남기지 말고 모조리 죽여라!"

이때 서울에 남아 있던 문신들은 50여 명이었는데 모두 남김없이 학살되었다.

왕을 끼고 궁으로 돌아온 정중부는 9월 초하루 해가 기울 무렵에 다시 의종을 수행한 내시 10명과 환관 10명을 수색해서 죽였다. 공포에 사로잡힌 의종은 그러나 겉으로는 태연자약한 태도를 잃지 않으며 술을 마셨다. 이때 이고, 채원 등이 왕을 죽이려고 하였으나 양숙이 이를 저지하였고, 왕은 곧 정중부에게 협박을 받은 끝에 군기감으로 옮겼다가 홀몸으로 거제현으로 추방당하는 신세가 된다. 이때 태자 또한 진도현으로 추방되었다.

그 이전에 아무리 숭문 억무책을 썼다고는 하나 고려 초기로부터 상승되어 온 무반의 지위는 서서히 성장하고 있었고 그것이 그들의 저력이 되어 이번 무신 정변을 성공시키는 원동력이 된 것이다.

고려는 법적 대우를 통하여 정치 권력과 경제력을 증대시키고 사회 신분상의 지위를 향상시킬 수 있는 시대였다. 고려의 무반에 높은 양반 계급과 토호층이 편입되어 사회적 지위를 성장시켜 나간 것이다. 이렇게 무신들이 누적된 불만을 쏟아내고 급격한 혁명에 성공할 수 있었던 것도 무반의 현실적 세력 신장이 큰 배경으로 작용했다고 볼 수 있다.

의종이 추방되자마자 정중부, 이의방, 이고 등은 군사를 거느리고 가서 의종의 아우인 익양공 호晧를 맞아다가 왕위에 앉혔다. 그러나 익양공 호는 명목상 왕에 불과할 뿐 나라의 정권은 무신들이 독차지하고 있었다. 바야흐로 백 년에 걸친 무신 집권기가 시작된 것이었다.

의종의 비참한 죽음

무신 정권에 비판적이었던 우간의 김보당이 동계에서 군사를 일으킨 것은 1173년(명종 3)이었다. 그는 정중부, 이의방 등을 몰아내고 의종을 다시 세우고자 하였다. 그리하여 장순석과 유인준을 시켜 의종을 계림으로 옮겨 오게 하였다.

조정에서는 김보당이 군사를 일으키자 북계의 군대를 풀어 이를 진압토록 하였다. 이때 장군 이의민과 산원散員 박존위가 함께 군사를 이끌고 남로로 내려가 김보당이 지휘하는 반군 세력을 완전히 진압하였다. 난을 진압한 이의민은 같은 해 10월 경신일에 곤원사 북쪽 연못가에서 의종에게 술을 권한 뒤 손으로 등뼈를 눌러 꺾어서 죽였다. 그리고는 의종의 시체를 연못에 그대로 던져 버렸다.

권좌에서 쫓겨난 임금의 최후는 대개 비참함을 면키 어려운 법이지만 의종의 최후만큼 비참하고 끔찍한 예는 찾아보기 어려울 것이다.

의종의 향년은 47세이며, 재위 연수는 25년이었다. 시호는 장효莊孝, 묘호는 의종毅宗이며, 능호는 희릉禧陵이다.

사신 김양경의 평

옛날 당나라 명종 때에 대리 소경 강증이 명종에게 글을 올려 당면 대책을 말하기를,

'국가를 경영함에 있어서 두렵게 생각할 나위가 없는 것이 다섯 가지요, 매우 두렵게 생각해야 할 것이 여섯 가지입니다. 즉, 삼진(해, 달, 별)이 제 궤도를 어기는 것은 두렵게 생각할 나위가 없으며, 하늘에 변괴가 나타나는 것은 두렵게 생각할 나위가 없으며, 소인들이 퍼뜨리는 거짓말은 두렵게 생각할 나위가 없으며, 산이 무너지고 냇물이 고갈되는 것은 두렵게 생각할 나위가 없으며, 수해 · 한재 · 충해는 두렵게 생각할 나위가 없으되, 어진 사람이 자취를 감추는 것을 매우 두렵게 생각해야 하며, 사람들의 염치와 도의가 없어지는 것을 매우 두렵게 생각해야 하며, 윗사람과 아랫사람이 잘못을 서로 감싸주는 것을 매우 두렵게 생각해야 하며, 비방과 칭찬이 공정하지 못함을 매우 두렵게 생각해야 하며, 바른 말이 들리지 않음을 매우 두렵게 생각해야 합니다.'

라고 하였는데 구양공이 이에 대하여 말하기를

"무릇 국가를 경영하는 이로서 어찌 경계하지 않을 수 있으랴?"

라고 하였으니 참으로 옳은 말이로다.

대체 의종 왕은 불교를 숭봉하고 귀신을 받들어 경색이니 위의색이니 기은색이니 대초색이니 하는 것들을 특별히 만들어 놓고 제를 올리며 기도를 하는 데 드는 비용을 대중없이 거두어 들여서 부처와 귀신을 섬기기에 몰두하였으며 게다가 이복기, 임종식, 한뢰 등과 같이 간악하고 아첨하는 자들을 축조 신하로 두었고, 정함, 왕광취, 백자단 등과 같이 간사한 자들을 내시로 두었으며 영의, 김자기 등과 같이 아유구용하는 자들을 술사로 두었으며, 왕이 총애하는 첩 무비가 궁내에서의 모든 일을 주간하면서 왕의 비위를 맞추기에 갖은 아첨을 다하였고 감언이설이 조정에 충만되고 충직한 말은 들을 수 없게 되어 변란이 임금의 눈앞에서 일어났건만 마침내 알지 못했으니 이것이 바로 두려워하지 않을 데 두려워하고 두려워할 데는 두렵게 여기지 않아서 그렇게 된 것 아닌가?

또한 환란이 발생한 초기에 단 한 사람도 왕을 위해서 목숨을 바친 사람이 없었으니 더욱 탄식할 만한 일이로다.

의종의 후비와 종실들

의종에게는 후비 둘과 아들 하나, 딸 셋이 있었다.

장경莊敬 왕후 김씨는 종실 강릉공江陵公 김온金溫의 딸이다. 의종이 태자로 있을 때에 비로 맞아들였는데 인종이 사신을 파견하여 조서를 내리고 예물을 주었다. 의종이 왕위에 오르자 흥덕興德 궁주로 봉하였다. 장경왕후는 효령孝靈 태자 기祈와 경덕敬德, 안정安貞, 화순和順 세 궁주를 낳았다. 1253년(고종 40) 10월 혜자惠資라는 시호를 추가하였다.

장선莊宣 왕후 최씨는 참지정사 최단崔端의 딸이다.

| 의종의 혈계 |

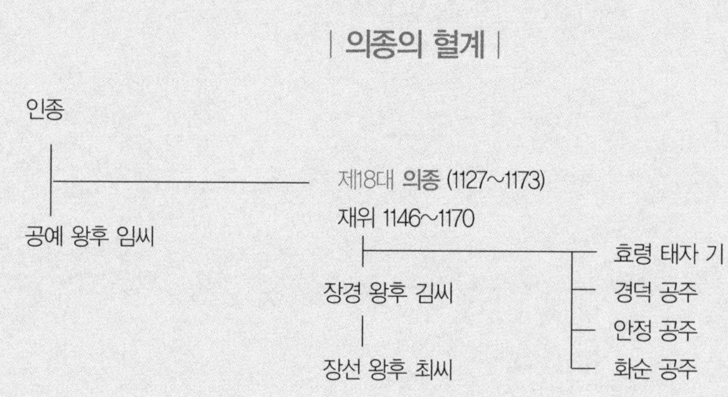
인종
공예 왕후 임씨
제18대 의종 (1127~1173)
재위 1146~1170
장경 왕후 김씨
장선 왕후 최씨
효령 태자 기
경덕 공주
안정 공주
화순 공주

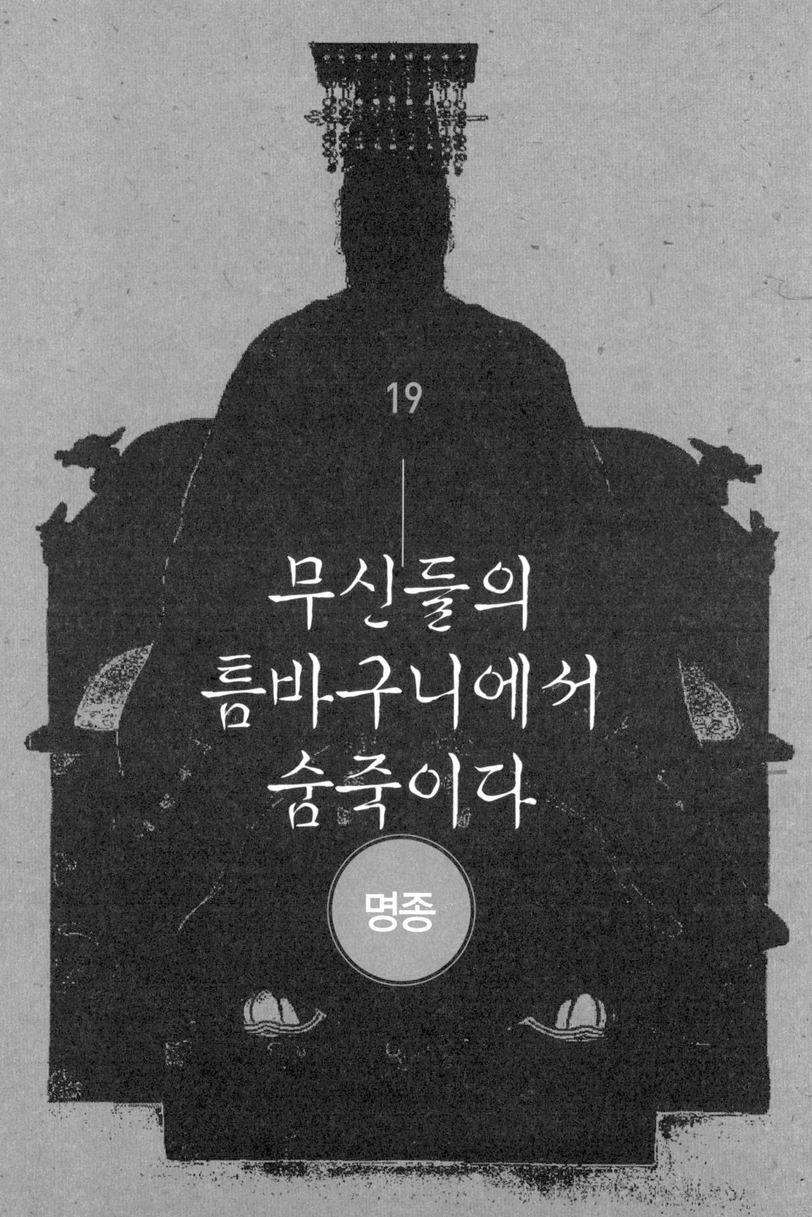

19

무신들의 틈바구니에서 숨죽이다

명종

高麗王朝實錄

임금의 꿈

정중부, 이고, 이의방을 위시한 무관들이 난을 통해 정권을 잡은 뒤 의종을 내쫓고 새로 임금으로 추대한 사람이 명종이다. 명종은 이름이 호皓, 자는 지단之旦이며, 초명은 흔昕이다. 인종의 셋째 아들이자 의종의 친동생으로 1170년(의종 24) 9월 기묘일에 대관전에서 40세의 나이로 즉위하였다.

전 임금 의종은 도참설을 믿어 모든 아우들을 꺼렸다. 그런데 명종이 임금이 되기 전 전첨典籤 최여해崔汝諧가 신기한 꿈을 꾸었다며 찾아온 적이 있었다. 자신과 관련된 꿈이라는 것을 눈치챈 명종은 관심있게 최여해의 이야기를 들었다. 그런데 최여해가 들려준 꿈 내용이 명종의 가슴을 덜컥 내려앉게 만들었다. 최여해가 꿈에서 명종에게 홀笏(벼슬아치가 임금을 만날 때 손에 쥐던 물건)을 주니 명종이 그것을 받아

가지고 용상에 올라앉았다는 것이다. 한마디로 명종이 장차 왕이 되리라는 꿈이었다.

"그 꿈을 다시는 말하지 말라! 이는 중대한 일이니 임금이 이 말을 들으면 반드시 나를 해칠 것이다."

명종은 정색을 하고 이렇게 타이르면서도 그리 싫은 기분만은 아니었을 것이다. 비록 셋째 아들로 태어났으나 왕자의 신분이다 보니 권좌에 오르고자 하는 욕망이 전혀 없지는 않았기 때문이었다.

어쨌든 신기하게도 최여해의 꿈이 맞아떨어져 명종은 왕이 된다. 훗날 이의민을 극구 개경으로 청한 사건에서 알 수 있듯 무능력하고 우유부단한 인물이었지만 명종은 왕위에 대한 욕심만은 누구 못지않았던 듯 하다.

왕은 설 자리를 잃고

돌이켜 보면 인종과 의종은 문벌 귀족들에게 빼앗긴 왕권을 되찾기 위하여 갖은 노력을 기울인 바 있다. 그러나 그토록 염원하던 일이 왕의 힘이 아닌 무장들의 반란을 통해 이루어지다 보니 명종은 무신들에게 모든 것을 내준 채 궁궐의 용상만을 일없이 지키는 외로운 처지가 되어 버렸다.

정중부는 참지정사가 되어 정치에 참여하고, 이의방은 대장군이 되었으며 전중감을 겸하여 궁내에서 세력을 잡고, 이고 역시도 대장군이 되어 위위시경衛尉寺卿이 되었다. 그들은 전 임금의 사제를 하나씩 나누어 차지하였는데 관북댁館北宅은 정중부가 차지하고, 천동댁泉洞宅과 곽정댁藿井宅은 이의방과 이고가 각각 차지했다.

전왕들은 왕권을 되찾기 위해 스스로 노력을 하거나 문신들에게 자기 과시라도 할 수 있었다지만 명종 앞에는 그저 숨죽이며 살아가는 삶만이 남아 있었다. 권력을 장악하기 위해 의종을 잔인하게 살해한 그들이고 보면 한시도 마음을 놓을 수 없는 상황이었던 것이다.

이렇게 허수아비가 되어 버린 명종이 정중부와 이의방, 이고의 초상을 벽에 붙여 벽상 공신으로 삼아 놓고 눈치를 살피는 동안 모든 권력을 독차지한 무신들은 중방重房을 설치하여 국가의 크고 작은 문제를 공동으로 처리하며 그 권한과 기능을 확대해 나가고 있었다.

그러나 인간사가 대부분 그러하듯 최고의 자리에 올라 권력의 단맛에 흠뻑 취해 버린 그들은 서로 더 많은 것을 차지하고자 다툼을 벌이기 시작한다. 결국 욕심이 그들의 틈을 벌어지게 만들고, 모든 것을 잃게 만든 셈이었다.

이고와 채원의 무너진 꿈

산원 이의방 등과 모의한 후 정중부에게 거사할 뜻을 비치고 동의를 얻은 뒤에 무신 정변을 주도적으로 이끈 이고는 대장군 위위경 겸 집주에 임명되었고, 벽상 공신이 될 정도로 높은 자리에 올랐지만 같은 벽상 공신들에 비해 얻은 것이 미약하다고 판단했던지 정권 독단을 노리고 있었다. 그리하여 은밀하게 행실이 불량한 젊은이들과 어울리며, 또 개국사의 승려 현소 등과도 연이 닫자 모의 끝에 이의방에 관한 거짓 제서를 꾸몄다. 이를 알아차린 이의방은 이고를 극도로 미워하였고 이에 겁을 먹은 이고는 난을 일으키기로 마음먹는다. 태자에게 원복을 가할 때 여정궁에서 베풀어진 잔치에 이고도 참석하게 되었는데 악소들로 하여금 소매 속에 칼을 품고 있다가 난을 일으키도록 계획한 것이다. 그러나 이고의 노복이던 교위校尉 김대용의 아들이 이고가 반란을 일으키려 한다는 사실을 알리자, 김대용은 다시 내시 장군 채원과 함께 이의방 앞으로 달려가 모든 사실을 고변해 버렸다.

그렇지 않아도 이고에게 미운털이 박혀 있던 이의방은 궁문 밖에서 철퇴를 휘둘러 이고를 죽였다. 이어서 순검군巡檢軍을 풀어 이고의 어머니와 잔당을 잡아들여 살해하였다. 다만 이고의 아버지는 그 자식을 불초자식으로 여기며 미워한 바가 있어 귀양을 보내는 데 그쳤다.

그런데 오래지 않아 이고를 없애는 데 공을 세운 채원 또한 이의방에게 살해되고 만다. 전날 이고와 함께 이의방을 비난한 것이 탄로 난 까닭이었다.

이고와 채원이 죽자 벽상 공신 정중부와 이의방, 그리고 양숙梁淑에게 더 많은 권력이 집중될 수밖에 없었다. 그중에서도 이고와 채원을 살해한 이의방은 최고의 실력자로 떠올라 모든 이에게 두려움을 안겨주고 있었다. 또한 이의방은 자신의 힘을 더욱 양성하기 위해서는 궁중과 결탁해야 함을 알고는 자신의 딸을 태자에게 출가시켰다. 갈수록 이의방의 행동은 방약무인傍若無人 해졌고 이것을 눈꼴사납게 본 정중부의 아들 정균은 자신의 부친과 상의하였다.

정중부는

"그럼 나는 세상에 나가지 않겠다. 문신들이 나라를 망칠 듯하여 세력 부리던 자를 죽였는데 또 새로운 세력가가 생기는구나."

하며 모든 관직을 사퇴하였다.

그러나 이의방의 형 이준의는 물론 이의방까지 몸소 찾아와 다시 정치 일선으로 나올 것을 청하자 결국 이의방과 부자의 의를 맺고 문하시중이 되었다.

그러나 불만을 품은 정중부의 아들 정균과 사위 송유인은 기회를 보아 이의방의 세력을 꺾고자 하였다. 그럴수록 겉으로는 이의방과 친하게 지냈고 그의 행동을 감시하며 기회를 엿보았다.

예나 지금이나 옳지 않은 방법으로 권력을 차지한 자들은 권력에 버금가는 폐해를 끼치기 마련이다. 나라 안 곳곳에서 전란이 끊이지 않고 일어난 것은 이의방의 독단과 비리, 나아가 무신 집단의 권력 농단을 응징하려는 하나의 거대한 물결이었음을 부인할 수 없다.

전란에 휩싸인 고려

명종 시대에는 크고 작은 전란이 끊이지 않았는데 그 시작을 알린 것이 귀법사 승려들이 일으킨 사건이었다. 이 사건을 이해하려면 무신 정권과 불교의 관계를 먼저 살펴볼 필요가 있다. 무신들이 난을 일으켜 정권을 잡기 전까지만 해도 불교는 왕실은 물론이고 일반 백성과 귀족들의 생활에 강하게 밀착되어 있었다. 즉, 고려 사회 자체가 불교를 기반으로 삼고 있었던 것이다. 무신 정권에 의해 자신들의 기반이 무너져 내리자 불교, 특히 교종 세력은 문신 귀족들과 결탁하여 무신 정권에 저항하기 시작한다.

그리하여 1172년(명종 2) 귀법사의 승려 백여 명이 실력 행사에 들어가게 되는데, 이들은 도성 북문으로 침입하여 선유 승록宣諭僧錄 언선을 살해하였다. 이에 이의방이 군사 천여 명을 거느리고 나가 승려 수십 명을 죽이자 봉기한 승려들은 뿔뿔이 흩어지고 만다. 이의방의 무자비한 진압에 분개한 승려들은 이튿날 중광사, 홍호사, 귀법사, 홍화사 등 여러 절에서 2천여 명이 몰려나와 성 동문 밖에 집결했다. 이의방은 승려들의 엄청난 숫자를 보고 성문을 닫아걸었다. 이에 승려들은 성 밖 인가에 불을 질렀다. 불길은 무섭게 번져 올라 숭인문까지 태워 버렸다. 승려들은 숭인문이 타면서 길이 열리자, 돌진하여 이의방 형제를 죽이려 하였다. 이의방은 이를 눈치채고 부병을 징집하여 백여 명을 다시 죽이며 승려들을 성 밖으로 몰아냈다. 이어서 그는 부병을 풀어 각 성문을 수비하게 하고 승려의 출입을 일체 금지시켰을 뿐만 아니라 한 발 더 나아가 승려들의 봉기와 관련된 절, 즉 중광사와 홍호사, 귀법사, 용흥사, 묘지사, 복흥사 등을 파괴해 버리고 기명을 약탈했다. 이렇게 해서 승려들이 일으킨 난은 진압되었지만 잔인하고 무자비한 진압 때문에 이의방은 더더욱 민심으로부터 멀어졌다.

승려들의 봉기에 이어 1173년(명종 3) 8월에는 김보당이 의종의 복위를 부르짖으며 난을 일으켰다. 이 사건으로 인해 의종은 이의민에게 살해되었고, 수많은 문신들이 희생 당했다.

이때까지만 해도 이의방은 눈도 꿈쩍 않고 끊임없이 일어나는 난을 막아냈으며 지위를 더욱 굳건하게 다지기 위하여 자신의 딸을 태자비로 삼기까지 하였다. 그러나 하늘 높은 줄 몰랐던 이의방의 몰락을 알리는 사건이 터졌으니 바로 서경 유수 조위총趙位寵이 1174년 9월에 일으킨 난이었다.

조위총은 의종 말년에 병부상서로서 서경 유수에 임명된 사람인데 이의방 등이 김보당의 난을 진압하는 과정에서 기어코 의종을 살해하자, 나라의 정권을 독차지한 무신들을 토벌할 계획을 세우고 동북 양계의 각 고을 군대에 격문을 보내 호소하였다. 이에 절령(자비령) 이북 40여 성이 모두 호응하였으나 오직 연주만은 성문을 굳게 닫고 고수하였다.

조위총이 군사를 일으켰다는 소식을 접한 이의방은 윤인첨에게 3군을 통솔하고 반란군을 진압하게 하였다. 또한 내시 예부 낭중 최균을 동북로 도지휘사로 임명하여 각 성을 회유하라 하였다.

윤인첨이 절령역에 이르렀을 때, 조위총은 군대를 파견하여 갑자기 관군을 급히 쳐서 대파하였다. 기세를 탄 조위총의 군사들은 서울 서쪽까지 파죽지세로 밀고 내려갔다.

이의방은 적이 개경 근처까지 몰려오자 직접 출전하여 격파하였고 첫 패배 앞에서 당황한 조위총의 군대는 뿔뿔이 흩어진 채 서경으로 도망쳤다. 조위총이 패잔병을 수습한 것은 대동강에 이르고 나서였다. 조위총은 이내 서경 성 안으로 들어가서 진을 쳤다.

이윽고 서경 성 밖에 이른 이의방은 싸움을 독촉하며 군대를 주둔시켰다. 그러나 조위총이 성을 지키기만 하니 싸움이 되지 않았고 날까지 추워지자 이의방은 더이상 견디지 못해 개경으로 돌아갔다.

이의방은 1174년 12월, 전열을 정비한 후에 다시 출전하였다. 그러나 칩거하며 때를 기다리던 정중부의 지시를 받은 아들 정균과 승려 종감에게 이의방은 살해당하고 만다. 이의방과 그 측근들이 모두 꺾이자, 이의방이 차지하고 있던 모든 권력은 정중부에게로 넘어갔다.

정중부 세상에서도 난은 끊이지 않고

정중부는 『삼국지』三國志에 등장하는 관우를 연상시킬 정도로 체구가 우람하고 수염이 아름다웠으며 자존심이 강한데다 행동 하나하나가 신중하기 이를 데 없는 사람이었다.

1170년(의종 24) 상장군으로서 무신들의 수장으로 있던 정중부는 이의방, 이고, 채원, 양숙 등과 같은 젊은 무사들이 정변을 일으킬 것임을 알려왔을 때, 동조도 그렇다고 질책도 하지 않은 채 침묵으로 일관하였다. 그 결과 무신들이 정권을 잡은 뒤에 이고, 이의방 등과 함께 일등 공신의 대열에 섰지만 권력의 중심으로 나설 수는 없는 입장이었다. 그렇다고 욕심이 전혀 없는 인물은 아닌 터라 늘 권력의 중심으로 올라서고픈 마음을 품고 있었다. 실제로 아들 정균과 사위 송유인이 이의방을 제거하자고 주장한 적이 있었으나 정중부는 아직 때가 되지 않았다고 이르며 몸을 움츠린 채 적당한 기회가 올 때까지 기다리자고 타일렀다.

그랬던 정중부가 정균에게 군사를 모으고, 이의방에게 반감을 품은 승려들을 규합하라고 이른 것은 조위총의 난으로 나라 안이 어수선할 때였다.

결국 이의방을 제거하고 그 측근 세력까지 쓸어버린 정중부는 이의방을 제거한 명분을 얻기 위해 1년 7개월 전에 살해된 바 있는 의종의 국상을 반포하고, 그를 고려 제 18대 왕으로 복권시켰다. 이로 인해 고려의 정국은 다소 안정을 되찾는 듯하였다.

그러나 1176년(명종 6) 1월 망이 · 망소이의 난이 일어나면서 고려의 정국은 다시 어지러운 안개 속으로 휘말려 들고 만다.

당시 고려는 사회질서가 극도로 문란해진데다 지방의 관리들은 탐학이 심하여 삶의 기반을 잃고 유랑하는 사람들이 속출하였다. 이러한 상황을 견디지 못하고 공주에 딸린 천민 부락 명학소에 살던 망이와 망소이는 도당을 모아 자칭 '산행 병마사'山行兵馬使라 일컬으며 공주를 공격하여 함락시켰다. 당시 고려의 정예군은 조위총의 반란을 진압하기 위해 출병한 상태였다. 이러한 때에 새로이 민란이 발생하자 정중부와 조정에서는 지후祗候 채원부와 낭장郎將 박강수를 급히 보내 망이와 망소이를 회유하려고 하였다. 그러나 그들은 회유에 응하지 않았다. 이에 정중부는 정황재로 하여금 군사를 이끌고 가서 난을 진압하게 하였으나 결과는 참패였다. 당황한 정중부와 조정은 명학소鳴鶴所를 충순현忠順縣으로 승격시켜 주겠다며 또다시 회유책을 쓴다. 그러나 망이, 망소이는 이 또한 받아들이지 않고 예산현과 충주를 공격하여 점령한다. 이렇게 정국이 위태로운 상황으로 치닫고 있을 때 아주 반가운 소식이 날아든다. 윤인첨과 두경승이 이끄는 고려의 정예군이 조위총을 참수하고, 난을 진압하였다는 낭보였다.

정중부는 정예군을 공주 지방으로 투입하여 망이·망소이의 난을 진압하는 대신 마지막 회유책을 쓴다. 난을 종결하고 생업으로 돌아간다면 죄를 묻지 않겠다는 제안이었다. 개경으로 직접 올라간 망이·망소이는 이러한 회유책을 받아들여 생업으로 돌아가기로 약속한다.

그런데 공주 지역에 주둔하고 있던 군사들이 망이의 어머니와 아내를 인질로 잡아들이며 토벌을 감행한다. 이에 망이와 망소이는 다시 봉기하였고 토벌군과 전투를 벌이던 중 잡히고 만다. 이로써 망이·망소이의 난은 종결되었지만 사회질서가 극도로 문란해진 상황에서 백성의 삶이 무너진 지 오래인 때였기 때문에 크고 작은 민란이 계속하여 일어났다.

또다시 무신 정권의 주인은 바뀌고

앞에서도 이미 밝혔듯 강력한 권력의 그늘에는 불법과 무리한 권력 남용 등과 같은 독버섯이 상존하고 있기 마련이다. 정중부도 예외는 아니어서 그의 부당한 치부와 권력 남용에 민심이 들끓을 정도였다. 이러한 틈바구니에 끼어 정중부를 쓰러뜨리고 권력을 독차지하고자 야망을 불태우는 젊은 장수가 한 명 있었으니 바로 경대승慶大升이었다.

경대승은 청주 사람으로 중서시랑평장사 벼슬을 지낸 경진의 아들이다. 경대승은 힘이 장사였는데, 15세에 문음門蔭으로 교위에 보용되었고 여러 번 승직되어 장군으로 임명되었다. 그의 부친 경진은 본래 탐욕스러워서 타인의 토지를 많이 강탈하였는데 아버지가 죽은 후 경대승은 강탈한 토지를 모두 원래 임자들에게 돌려주었다. 그의 청렴함에 많은 사람들이 탄복한 것은 당연한 일이었다.

경대승은 일찍이 정중부가 권력을 독점하는 모습을 분하게 여겨 오던 중 정중부의 아들 정균을 죽이기로 마음먹는다. 때는 1179년(명종 9) 9월이었는데 평상시 사이좋게 지내던 견룡牽龍 허승許升을 찾아간 경대승이 자신의 뜻을 밝혔다.

"내가 흉적들을 처치하려는데 당신이 협력한다면 성사가 될 것이요."

이 말에 허승이 흔쾌히 승낙하자 경대승은 덧붙여 말하였다.

"장경회가 끝나는 날 밤에 야간 숙위하는 사람들은 필시 피곤하여 잠들 것이니 내가 결사 대원 30여 명을 화의문 밖에 매복하여 두었다가 당신이 먼저 안에서 정균을 죽이고 휘파람을 불어 신호하면 내가 매복조를 발동시켜 호응하겠소."

이렇게 각자 해야 할 바를 정하고 두 사람은 때가 되기를 기다렸다. 그리고 장경회가 끝나는 날 밤 사경四更에 정균이 숙직하는 집으로 들어간 허승이 그를 죽였다. 잠시후 휘파람 소리가 들려오자 경대승은 결사대원을 인솔하고 왕궁 담을 넘어 들어가서 대장군 이경백과 지유指諭 문공려를 죽이고 사람을 보는 대로 죽이니 궁중이 소란해졌다.

침전에서 잠들었던 명종이 놀라 소리치자 경대승은 정중부 등 흉적들을 없애려는 것뿐이라며 왕을 안심시켰다. 곧이어 경대승은 금군을 출동시켜 정중부와 송유인 부자를 체포하게 해달라고 명종에게 요청하였다. 겁에 질린 명종이 그렇게 하라고 승낙하니 경대승은 곧바로 금군을 출동시켜 정중부와 송유인 등을 잡아 죽였다.

이리하여 고려의 정권을 경대승이 장악하자 조정 관리들이 일제히 대궐로 들어와서 축하 인사를 건넸다. 그러나 경대승의 반응은 시큰둥했다.

"임금을 죽인 자가 아직도 남아 있는데 무슨 축하인가?"

이것은 바로 이의민을 두고 한 말이었으므로 이의민은 이 말을 듣고 대단히 무서워하였다.

비록 무력을 동원하여 정권을 잡았으나 경대승은 관리를 등용할 때에 문신과 무신을 고루 기용하려고 노력하였다. 이에 여러 무신들로부터 반감을 사 충돌 위험성이 높아지자 경대승은 무신들의 최고 권력 기구 기능을 담당했던 중방을 무력화시키고 결사대 백 수십 명을 모집하여 집안에 두고 불의의 사변에 대비케 하였다. 이것이 곧 자신의 사적 집단인 도방인데, 도방은 경대승이 정권을 유지해 나가는 바탕이 되었다.

한편 정중부 제거에 공을 세운 허승, 김광립 등은 자신들의 공을 믿고 교만을 부리면서 은밀하게 불량배들을 양성하고 있었다. 또 왕태자에게 친근하게 시종하면서 태자궁 후면 벽에서 누워 자며 밤새도록 노래를 부르고 풍악가를 치는 등 방약무인의 행동을 하였다. 이로 말미암아 그들을 꺼리게 된 경대승은 허승을 자기 집으로 불러서 죽이고, 김광립을 도중에서 만나 선 자리에서 죽였으며 군대의 호위를 강화하였다.

1181년(명종 11)에는 대정을 지낸 바 있는 한신충, 채인정, 박돈순 등이 반란을 음모하였다. 이때 영사 동정 대공기가 그들의 모의를 알아채고 경대승에게 밀고하였다. 경대승은 명종에게 고하고 나서 그들을 잡아 국문하였다. 석화와 별장別將 박화, 주부注簿 이돈실도 반란 음모에 관련된 것을 안 경대승은 한신충, 채인정, 박돈순은 섬으로 귀양을 보냈고, 석화는 남해 현령, 박화는 하산도 구당사로 강직시켰으며 이돈실은 광주로 귀양 보냈다.

이처럼 경대승은 비록 유언비어라 할지라도 자신에게 해가 되는 이야기면 무조건 관련자를 잡아 가두고는 국문하는 등 형벌을 무자비하게 적용하였다. 그가 집권한 기간은 5년여였는데 그 동안 도방의 무리라 자처하는 도둑들이 횡행하였고, 사회가 매우 어지러웠다.

이렇게 고려 사회를 혼란 속으로 몰아가던 경대승이 죽은 것은 1183년(명종 13) 7월이었다. 잠을 자던 중 정중부가 칼을 들고 호통치며 달려드는 꿈을 꾸고 나서 병을 얻은 것이다. 그때 얻은 병을 끝내 떨쳐내지 못하고 경대승은 30세의 나이로 죽었다.

유약한 임금의 선택

경대승의 죽음은 무신들에게 짓눌린 삶을 살아온 명종에게 더없이 좋은 기회였다. 임금을 살해한 자라 하여 경대승이 위협을 가하곤 하였기에 때마침 이의민마저 개경을 떠나 경주에 머물고 있었다. 권력을 농단할 만한 무신들이 없는 틈에 왕권의 기틀을 다지고 이제라도 고려를 제대로 된 나라로 일으켜 세우면 될 터였다.

그러나 명종은 이의민이 반란을 일으켜 권력을 장악한 뒤 자신을 폐위시킬지도 모른다는 생각에서 그를 개경으로 불러올린다. 그 즈음 이의민은 비록 천민 출신이었으나 경주를 뿌리로 하고 있었기 때문에 신라 재건을 부르짖으며 군사력을 키워가고 있었다. 스스로 욕심을 버리고 탐관오리를 쳐부수며 신라의 재건을 외치니 경주의 민심은 곧 이의민에게 뜨겁게 모여들었다.

경대승의 도방과 일대 격전을 준비하고 있던 이의민은 곧 경대승이 죽었다는 소식을 접하고는 잠시 할 바를 잊는다. 명종이 개경으로 올라오라고 명한 것도 바로 그때였다. 망설이는 그에게 명종이 다시 병부상서 벼슬을 내리며 개경으로 올라와 달라고 부탁한다. 주변에서는 개경의 고려군과 전쟁을 벌일 적기이니 어서 출병하자고 성화가 대단했으나 이의민은 명종의 청을 뿌리치지 못하고 결국 개경으로 올라간다.

이렇게 해서 명종은 왕권 회복 기회를 놓치고 무인 정권 시대를 스스로 재차 열어젖혔다.

왕손은 12대에서 끝나고, 다시 십팔자가 나온다

호랑이 입으로 저절로 굴러 들어온 고기라고 표현해도 무리가 아닐 터였다. 소금 장수의 자식에 불과한 이의민이 개경으로 올라가 보니 그를 위해 잔칫상이 차려져 있었다. 독단과 부정부패, 온갖 만행을 저질러도 상관없는 절대 권력이 이의민을 기다리고 있었던 것이다.

힘 한번 써보지 않고 고려의 모든 권력을 장악한 이의민은 쏟아져 들어오는 뇌물과 아첨, 아부를 일삼는 사람들 때문에 입이 귀에 걸렸고, 권력의 달콤함에 푹 빠져든 채 토지 강탈과 양가 처녀 강탈, 폭행과 살인 등을 제멋대로 자행하였다.

세상은 이의민의 것이었다. 임금은 정치에 아무 힘이 없으니 궁중 안에서 궁녀나 데리고 노는 형편이었다. 그러던 중 자신이 사랑하던 궁녀 둘이 일 년을 두고 연이어 죽자 소리 내어 통곡하며 애도의 글을 지었으며 6개월 동안 육식을 금하기까지 하였다.

이를 보고 사람들은 왕후의 상을 당하고는 석 달 만에 육식을 하더니 후궁이 죽은 후에는 여섯 달 동안 육식을 하지 않았음을 비아냥댔다. 어떤 이는 명종의 글을 보고 임금은 글을 잘 하나 그 밑에 있는 장군들이 문장은 할 줄 모르고 권력 다툼만 해댐을 안타까워하였으며 다음과 같은 시로 당시 이의민과 두경승의 주먹 자랑을 풍자하기도 하였다.

吾畏李與杜 오외이여두
屹然眞宰輔 흘연진재포
黃閣三四年 황각삼사년
拳風一萬古 권풍일만고

내 가장 두려워하는 이는 이씨와 두씨일세.
우뚝 서 있으면 과연 재상같이 보이네.
황각에 삼사 년 있는 동안
주먹 바람은 만고에 빛나리.

이런 생활을 13년 동안이나 해오던 중 이의민은 어느덧 '왕손은 12대에서 끝나고 다시 십팔자十八子(李의 파자)가 나온다' 는 말을 믿게 되었다. 왕이 되겠다는 참람한 뜻을 가슴에 품은 것이었다.

이런 생각에 사로잡힌 이의민은 1193년(명종 23) 경상도 청도와 초전草田(현 울산)에서 일어난 김사미와 효심의 농민 반란군을 뒤에서 은밀하게 지원해 준다. 새로운 왕조를 열기 위해 단지 과중한 수탈과 고된 생활고를 해결해 달라는 뜻에서 봉기한 농민반란을 이용하고 있었던 것이다.

이 때문에 반란군을 진압하는 것이 몹시 어려웠는데 11월이 되어 상장군 최인과 장군 고용지가 토벌군에 가세하면서 전세가 기울자, 이의민은 농민군으로부터 등을 돌리는 얄팍함까지 보인다.

난이 진압된 뒤에도 변함없이 고려를 장악한 채 탐학을 자행하던 그는 1196년 4월, 최충헌 일파에게 살해당하고 만다.

일거에 권력을 장악한 최충헌 형제는 1197년(명종 27) 9월 66세나 된 명종을 협박하여 단신으로 향성문을 나서게 하여 창락궁에 감금하고 태자 도는 강화도로 추방하였다. 그러고는 명종의 아우 평량공平艫公 민旼(탁晫)을 새로운 왕으로 세우고 그 아들 연淵을 태자로 삼았다.

창락궁에 갇힌 명종은 1202년(신종 5) 9월 이질에 걸렸다. 신종이 중사를 보내어 의원과 약을 보내려 하였지만 28년이나 왕위에 있었고, 나이가 72세이니 어찌 더 살기를 바라겠느냐며 명종이 이를 거절하였다. 그리하여 명종은 결국 11월 무오일에 창락궁에서 죽었다. 시호는 광효光孝, 묘호는 명종明宗이며 장단에 장사지내고 능호를 지릉知陵이라 하였다.

사신의 평

정중부, 이의방, 이의민 등이 작간作奸으로 의종을 죽이고 국권을 마음대로 뒤흔들었으니 명종의 입장으로는 마땅히 마음을 단단히 먹고 기어이 역적을 처단하고 말았어야 했을 것이다. 경대승은 왕실이 쇠약함을 분히 여기고 강신의 횡포를 증오하여 일조에 정의의 조치를 취하여 정중부 부자를 처단하기를 마치 여우나 토끼 자르듯 하였으며, 이의민이 목을 바치고 소소한 도적들은 도망을 쳐서 시골에서 숨도 크게 쉬지 못하였으니 이는 바로 현량한 사람들을 등용하고 국가의 규율을 확립함으로써 왕실을 부흥시킬 수 있는 기회였었다. 왕은 그렇게 하지 못하고 유흥과 안일에 사로잡혀서 보통 무사한 때처럼 아무런 대책도 취하지 않았다.

이의민 같은 자는 한갓 필부에 지나지 않았으니 사신 한 명을 보내어 그가 임금 죽인 죄가 있으니 목을 자르고 일족을 없애 버려야 할 것인데, 도리어 그를 초대하여 갑자기 높은 벼슬까지 줌으로써 그로 하여금 왕실을 짓밟고 조신들을 살육하며 벼슬과 옥을 팔아먹게 하여 나라의 정치를 혼란시켰으니 그 화단이야말로 참혹하였다. 최충헌은 이런 기회를 타고 일어나는 판에 왕은 도리어 추방을 당하고 자기 자손을 보전하지 못하게 되었다. 이때부터 권신들이 서로 꼬리를 물고 나서서 정권을 잡았으며 몇 백 년 동안 위험한 속에서 겨우 왕실을 유지하여 왔으니 슬프고 아픈 일이로다.

명종의 후비와 종실들

명종에게는 후비 하나에서 낳은 아들 하나와 딸 둘, 후궁에서 낳은 서자 10여 명이 있었다.

광정光靖 왕후 김씨는 강릉공 김온의 딸로 의정義靜 왕후로 봉하였다.

강종康宗과 연희延禧, 수안壽安 두 공주를 낳고 죽었으며 강종이 왕위에 오르자 광정光靖 태후로 추존하였다. 1253년(고종 40) 10월 공평恭平이라는 시호를 추가하였다.

후궁이 낳은 서자 10명인 선사善思, 홍기洪機, 홍추洪樞, 홍규洪規, 홍균洪鈞, 홍각洪覺, 홍이洪貽 등은 모두 다 머리를 깎고 승려가 되었으며 소군小君이라는 칭호를 주었다. 그 나머지 서자들은 사기에 전해지지 않았다.

선사는 나이 겨우 10살 때에 명종의 명령으로 승려가 되어 대우와 작위가 적자와 다름이 없었으며 궁중에 출입하면서 권세를 떨쳤다. 당시 여러 소군들에게 삼중 벼슬을 주었고 유명한 절을 선택하여 거주하게 하니 권세를 부리고 뇌물을 받아 요행을 바라는 자들이 주위에 많았다.

홍기, 홍추, 홍규, 홍균, 홍각, 홍이 등은 명종이 왕위에서 쫓겨나자 다 함께 섬으로 귀양을 보냈다.

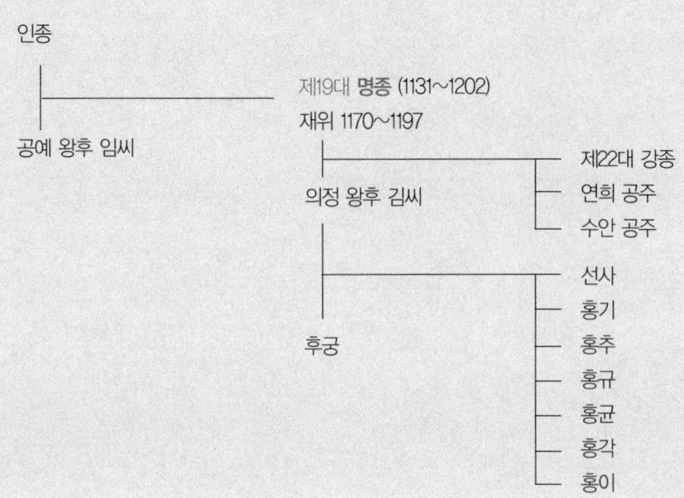
| 명종의 혈계 |
인종
공예 왕후 임씨
제19대 명종 (1131~1202)
재위 1170~1197
의정 왕후 김씨
제22대 강종
연희 공주
수안 공주
후궁
선사
홍기
홍추
홍규
홍균
홍각
홍이

20

난신의 그늘

신종

高麗王朝實錄

미타산에서 무너진 꿈

무신들이 나라를 장악한 의종 임금 시대 이래로 고려 왕실의 위엄과 체통은 찾아보기 어려워졌고, 백성의 삶은 무너져 내렸으며 힘이 곧 정의로 통하는 세상이 되어 버렸다. 힘이 있고, 어느 정도 지략만 갖추고 있으면 나라를 통째로 삼킬 수 있는 상황이다 보니 야욕을 가슴에 품은 자들이 많았고, 그래서 세상은 더더욱 어지러워졌다.

이의민이 고려의 정권을 장악한 채 제왕의 꿈을 키워가던 그때 최충헌 형제 또한 야심을 숨기지 않고 있었다. 전서구傳書鳩를 통해 측근 무장들과 은밀하게 연락을 취하며 때를 기다리고 있었던 것이다.

그랬던 최충헌이 기다리던 때가 아직 오지 않았음에도 부랴부랴 미타산 별장으로 달려가 이의민을 살해한 것은 이의민의 아들 이지영에게 전서구傳書鳩를 강탈당하면서 자신들의 모의가 발각될 위기에 처했기 때문이었다. 호위 병사도 없이 미타산으로 향했던 이의민은 결국 날랜 무장들과 함께 들이닥친 최충헌에게 목이 잘리고 말았다.

이의민이 죽자 아들 이지영을 위시한 측근 무장들이 결사대를 조직하여 반격했지만 하늘은 최충헌의 손을 들어주었다. 적을 모두 패퇴시킨 후 최충헌이 드디어 고려의 정권을 손아귀에 쥐게 되었던 것이다. 최충헌은 이의민을 떠받들어 온 문무관들을 대량 학살하였으며, 살아남은 자들은 귀양을 보냈다.

고려는 최씨의 손아귀에 들어가고

힘이 지배하는 세상에서 단지 힘으로 정권을 장악했을 뿐이지만 최충헌은 자신이 성공시킨 거사에 명분을 얻고 싶었다. 그리하여 명종 앞으로 나아가 다음과 같이 아뢰었다.

"적신 이의민이 일찍이 시역의 죄를 범하고 생민을 포악하게 침해하며 왕위를 엿보므로 신 등이 미워한 지 오래였습니다. 이제 국가를 위하여 그들을 토벌하였으나 다만 일이 누설될까 두려워서 감히 명을 청하지 못하였으니 죽을죄입니다."

오랜 집권 기간 동안 힘을 바탕으로 집권한 무신들의 틈바구니에서 숨죽인 세월을 살아온 명종은 이번에도 최충헌이 원하는 바를 정확하게 읽어 냈다. 최충헌의 거사가 나라를 위한 충정의 발로였음을 인정하며 명분을 실어 주었던 것이다.

최충헌은 회심의 미소를 지으며 이번 거사의 정당성을 대내외에 보다 확고하게 인식시키기 위해 '봉사십조' 封事十條를 명종에게 올렸다.

구기의 설을 믿을 것이 아니라 새로 짓고 사용하지 않는 궁궐에 입어入御할 것, 대토지 소유자가 겸병한 공사전을 문적에 비추어 환원할 것, 공사 조부의 공정을 기하고 권세가의 민산民産 침해를 금할 것, 승려의 왕궁 출입과 왕실의 민간에 대한 고리대업을 금할 것, 조신들의 사치 생활을 금할 것 등이었다.

최충헌은 왕의 측근을 지키는 자들을 50여 명 추방하고 나서 무신 독재 정치의 발판을 마련해 나갔다. 뿐만 아니라 좌우 승선左右承宣 벼슬에 오른 것을 시작으로 승진을 거듭하여 모든 권력을 자신의 손아귀 안으로 옮겨 왔다.

허수아비에 불과한 명종을 무시한 채 모든 정책을 자신의 손으로 주무르던 최충헌은 1197년(명종 27) 9월에 이르러 봉사십조를 제대로 지키지 않는다는 이유를 들어 명종을 창락궁에 가둬 버리고는 명종의 아우 평량공 민을 새로운 왕으로 즉위시킨다.

궁궐이라는 이름의 옥

최충헌과 그의 동생 최충수, 외종질 박진재의 뜻에 따라 54세 때 고려 제20대 왕으로 등극한 공예 왕후 임씨의 다섯 번째 아들 민(신종)은 6년 4개월여의 재위 기간 동안 힘과 권위를 잃은 왕의 비애를 통감하며 한숨으로 오랜 나날을 보내야 했다.

눈 한번 꿈쩍하지 않고 내키는 대로 왕을 폐위시킬 수 있었던 최충헌 일파는 더 이상 신하가 아니었다. 그들은 궁궐을 제 손바닥 위에 놓인 공깃돌처럼 장악한 채 임금을 그곳에 가두고 고려의 운명을 좌지우지했다.

최충헌 일파가 무언가 이야기할 때마다 억지웃음을 지으며 고개를 끄덕여 주면 그뿐인 왕. 자신의 생사여탈권을 최충헌 일파가 쥐고 있기에 앉으나 서나 가시 방석이었고, 행여 그들의 뜻에 거슬려 해코지를 당하는 것이나 아닌지 가슴 졸여야 하는 세월이었다.

그랬기에 왕권 회복을 위한 그 어떤 노력도 할 수 없었고, 왕실의 권위와 성스러움을 내팽개친 채 목숨을 부지하기 위해 급급할 따름이었다.

신종은 1197년 10월에 자기의 이름을 탁晫으로 고쳤다. 금나라 임금과 이름이 같아 개명코자 재상들에게 이름을 지어 바치라고 일렀는데 참지정사 최당이 '탁' 자를 택하여 바쳤던 것이다. 이 때문에 왕의 이름을 피하기 위하여 탁자 성을 가진 고려의 백성들은 외가의 성을 따르게 되었고, 본가와 외가의 성이 같을 경우에는 친조모나 외조모의 성을 따르게 하였다.

권력은 항상 분쟁을 낳는다

욕심이 욕심을 부른다는 말이야말로 동서고금에 두루 통용되는 이야기가 아닌가 싶다. 최충헌과 함께 거사를 성공시켜 권력을 장악하고 수성제란공신 삼한정광 중대부 응양군상장군 위위경 도성지사 주국이 된 최충수는 권력욕에 사로잡힌 나머지 더 큰 것을 쟁취하기 위해 자신의 딸을 태자비로 삼으려 한다.

이에 이의방이 자기 딸을 태자비로 삼았으나 살해되고 만 예까지 들며 최충헌이 동생 최충수를 만류했다. 그러나 욕심을 끝내 떨쳐내지 못한 최충수는 마음먹은 바를 실천에 옮기려 한다.

이 때문에 크게 노한 최충헌은 최충수의 딸이 궁궐로 들어가는 것을 막았고 이렇게 시작된 두 사람의 불화는 결국 군사 행동으로 이어진다.

홍국사에서 최충헌에게 패한 최충수는 임진강 이남에서 다시 거사하려는 뜻을 품고 도망치던 중 덜미를 잡히고 만다. 최충수가 살해된 장소는 파평현에 있는 금강사였다.

권력욕에 눈이 멀어 형제간에 벌어진 분쟁은 결국 한쪽의 목이 잘린 다음에야 끝이 났다. 세상 사람들은 권력 앞에서는 친동생의 목숨조차 간단하게 앗아 버릴 수 있는 최충헌의 잔인성과 야심에 진저리를 쳤다. 최충헌이 정권을 잡은 후에는 거의 해마다 싸움이 벌어졌다.

최충수가 죽은 때로부터 10년 뒤인 1207년(희종 3)에는 거사의 주역이자 최충헌의 외종질이기도 했던 박진재가 또다시 희생된다. 이 또한 욕심에서 비롯된 죽음이었다.

최충헌이 고려의 모든 권력을 장악한 이후 박진재는 은근히 최충헌에게 불만을 품고 있었다. 자신이 거느린 수백 명의 문객 중에 관직을 얻은 자가 적었기 때문이었다. 박진재가 반란을 일으켜 최충헌을 없애려고 마음먹었다는 익명서가 나붙은 것은 1201년(신종 4)이었다. 이때부터 두 사람은 서로 믿지 못하고 불편한 관계가 되었다.

비록 생질 간이지만 최고의 권력자 최충헌과 사이가 좋지 않다 보니 박진재는 불안했을 것이다. 그리하여 그는 만약의 경우에 대비하여 사람을 모으기 시작한다.

그러나 문제는 천하의 최충헌이 박진재의 움직임을 정확히 꿰뚫어 보고 있었다는 사실이었다. 결국 박진재를 불러들인 최충헌은 조카의 발뒤축 심줄을 잘라 버리고 백령진으로 유배를 보낸다. 박진재는 그곳에서 목숨을 잃었다.

들끓는 민심

임금 위에 군림하는 유일한 신하로서 국가 대사를 무엇이든 뜻대로 정할 수 있게 된 최충헌은 자기 집에서 중요한 정책을 결정하여 임금의 허락도 받지 않고 시행하기 일쑤였다. 그런가 하면 인사권을 틀어쥔 채 내키는 대로 대신들을 갈아 치우기도 하였다. 나라의 정치가 이러하다 보니 불만을 품지 않은 자가 드물 정도였고, 중앙에서 지방에 이르기까지 벼슬아치들은 정의라는 것을 망각한 채 자신의 이권에 따라 모든 일을 결정해 나갔다. 이런 상황에서 죽어나는 것은 오직 백성뿐이었다.

백성들은 살기 위해 곳곳에서 난을 일으켰고, 그것은 가뜩이나 어지러운 고려의 상황을 더욱 어려운 지경에 빠뜨렸다.

신종 임금 시대로 접어들어 처음으로 발생한 난은 공교롭게도 최충헌의 가노家奴 만적에 의해서였다. 만적은 한미한 집안에서 성장한 최충헌이 고려의 정권을 장악하고, 왕을 허수아비로 만들어 가는 과정을 누구보다 가까운 곳에서 지켜보았을 것이다. 일개 신하가 왕을 능멸하며 사회질서를 무너뜨렸는데, 천대받는 종의 신분에 불과한 나 또한 왕후장상이 되지 말란 법이 어디 있단 말인가. 하극상 풍조가 만연한 고려의 현실을 지켜보면서 만적은 이런 생각에 빠져들었고, 급기야 천인들의 봉기를 이끌어 내기에 이르렀다.

1198년(신종 1) 5월, 개경 북산으로 나무를 하러 간 만적은 역시 나무를 하러 온 효삼, 소삼 등과 같은 노비들을 모아 놓고 다음과 같이 부르짖었다.

"정중부와 김보당의 난 이래 고관이 천례賤隸에서 많이 나왔으니 장상이 어찌 씨가 따로 있으랴. 때가 오면 누구나 할 수 있는 것이다. 우리만 어찌 뼈 빠지게 일하며 매질 밑에서 곤혹을 당하겠는가."

그 자리에 모인 천노들로부터 동조를 얻어낸 만적은 거사 계획을 치밀하게 세워나간다. 그러나 율학박사律學博士 한충의 가내 노비 순정이 밀고를 하는 바람에 만적의 난은 실패로 돌아갔다.

최충헌은 그 뒤 문무관을 위시한 한량, 군졸 중에서 골라 뽑은 자들로 도방을 설치하여 6번番으로 나누고 돌아가면서 자신의 신변을 지키게 하였다. 들끓는 민심 속에서 자신을 원망하며 곳곳에서 기회를 노리는 자들이 많다는 사실을 최충헌도 모르지 않았던 것이다.

그러나 최충헌의 염려와 여러 조치를 비웃듯 이미 불붙은 민초들의 항쟁은 꼬리에 꼬리를 물고 맹렬하게 이어졌다. 1199년(신종 2)에 명주에서 일어난 농민 반란은 삼척과 울진 두 현으로 번져 성이 함락되었고, 동경(현 경주)에서도 난이 일어나 명주현의 반란군과 합류하여 주군을 노략질하였다. 이에 최충헌은 낭장 오응부와 차함 합문지후 송공작을 명주로, 장작소감將作少監 조통과 낭장 한지를 동경으로 보내어 반란군을 무마하였다.

그러나 이듬해 4월, 다시 진주에서 공사 노비들이 난을 일으켰다. 주리廚吏들의 횡포를 참다못한 노비들이 성난 파도처럼 들고 일어난 것이었다. 주리들의 집으로 몰려간 노비들은 가옥 50여 호를 불태우며 울분을 토해냈으나 이들은 곧 출동한 병사들에게 진압되고 말았다.

그런데 이때 공교롭게도 주리 중 한 사람인 정방의가 역모 혐의를 받고 투옥되는 사건이 발생했다. 이에 그의 아우 정창대가 무력으로 형을 구하고, 사람들을 끌어 모아 다시 반란을 일으켰다. 소부감 조통과 중랑장 이당적이 난을 진압하려 하였으나 실패했고, 이듬해가 되어서야 간신히 난이 평정되었다.

이어서 1200년(신종 3) 8월에 동경에서 난이 일어나고, 1202년에는 탐라 독립 운동이 일어나는 등 고려의 상황은 악화 일로로 치닫았다.

그러나 최충헌은 이런 와중에도 흔들림 없이 일인 독재의 조건을 차근차근 마련해 가고 있었다. 벼슬은 날로 높아져 1203년 12월에는 중서시랑평장사 이부상서 판어사대사 태자소사에 올라 군사와 행정, 인사에 관한 모든 결정권을 틀어쥐었다. 이렇게 되자 왕은 최충헌이 결정한 사항을 알려오면 그저 머리만 끄덕일 뿐이었다.

신종의 죽음

노쇠한 나이에 왕위에 올라 최충헌의 기세에 억눌려 지내던 중에 신종이 병을 얻어 자리에 누운 것은 1203년 12월이었다. 신종은 자신의 아들 영䪹에게 왕위를 전하고 1204년 정월 정축일에 아들 덕양후의 저택으로 옮겨 가서 이내 죽었다.

신종의 재위 연수는 6년 4개월이고 향년은 61세였다. 시호는 정효靖孝, 묘호는 신종神宗이며 성 남쪽에 장사하고 능호를 양릉陽陵이라고 하였다.

사신의 평

신종은 최충헌이 세운 임금으로서 사람들을 살리고 죽이는 것과 임명하고 파직시키는 문제는 전부 최충헌에 의하여 좌우되었다. 신종은 허수아비처럼 왕이라는 이름으로 신민들의 위에 앉아 있었을 뿐이었으니 애석한 일이로다.

신종의 후비와 종실들

신종에게는 후비 하나와 아들 둘, 딸 둘이 있었다.

선정宣靖 태후 김씨는 강릉공 김온의 딸이다. 신종이 평량공으로 있을 때 맞아들였으며 왕위에 오르자 원비元妃로 책립하고 1200년(신종 3) 궁주로 봉하였다.

태후는 희종熙宗과 양양공襄陽公 서恕, 효회孝懷 공주, 경녕敬寧 궁주를 낳았다. 희종이 왕위에 오르자 왕태후로 높였으며 그의 부府를 경흥부慶興府라고 불렀으며 그 궁전을 장추전長秋殿이라고 불렀으나 이후 부를 응경부膺慶府, 궁전을 수복전綏福殿으로 고쳤다.

태후는 어려서부터 여공與共에 부지런하였으며 최충헌이 왕을 폐립하였을 때 갖은 고난을 겪었으나 오직 근신하며 스스로 지조를 지켰다.

1222년(고종 9) 죽으니 왕이 애도하였으며 주관 관리에게 명령하여 예의를 갖추어 진릉眞陵에 안장하게 하였다. 시호를 선정宣靖 태후라고 올렸으며 1253년(고종 40) 10월 신헌信獻이라는 시호를 추가하였다.

신종의 3대손인 서흥군 왕전王琠은 충렬왕 때에 볼모로 원나라에 가 있었다. 왕유소와 송방영이 왕에게 참소하여 충선을 폐위시키고 왕전을 보탑실리 공주에게 재취시켜 왕의 후계자로 삼으려는 음모를 꾸몄는데 왕전의 외모가 아름다워 왕이 그를 시켜 화려한 의복을 입고 자주 왕래하게 하여 공주의 눈에 띄게 하였다. 평소에 행실이 좋지 못했던 공주는 곧 왕전에게 뜻을 두게 되었다. 이후 왕유소 등이 처단될 때에 충선왕은 왕전을 용서하려 하였으나 재상들이 반대하여 형부刑部로 하여금 왕유소 등과 함께 문명문 밖에서 참형에 처하였다.

4대손인 왕향王珦은 처음에 학성후鶴城候로 책봉되었고 후에 학성부원군으로 책봉되었다. 1361년(공민 10)에 신년을 축하하러 원나라에 파견되어 가다가 길이 막혀서 가지 못했다. 이때 공민왕이 홍건적을 피하여 복주福州로 갔는데 왕향은 그의 동생 평안군平安君 등 두 사람과 더불어 행재소行在로 가서 공민왕을 만났다. 1377년(폐왕 우 3) 내관 김수만의 처가 왕향을 상대로 토지, 노비를 가지고 다투더니 왕향을 모해하기 위해 내시 김원로의 처와 더불어 왕향이 장차 왕에게 불리하리라는 무고를 하였다. 그래서 우왕은 순군에 명령하여 왕향의 집을 지키고 김수만과 김원로의 처를 국문하였다. 명덕 왕후의 청으로 이들을 처벌하지 않았으나 관계 관리에게 명령하여 종실들의 무단 출입을 금지하였다.

6대손인 영흥군永興君 왕환王環은 그의 처남 신순辛珣이 신돈의 세력에 빌붙어 살다가 처단될 때 함께 연류되어 무릉도로 귀양간 후 생사를 알지 못하고 19년이 흘렀다. 그의 처 신씨가 왕환이 폭풍에 표류되어 일본국에 갔다는 소문을 듣고 도당都堂에 청하여 자비로 금은을 준비하고, 자기 집 종을 시켜 희례사를 따라가 서너 차례 그를 찾아보게 하였다. 1388년(폐왕 창 원년)에 그 종이 왕환을 데려왔는데 용모가 본인과 같지 않고 바보 같이 자기 부친과 조부의 이름도 모르고 살던 고향조차도 몰랐다. 그를 보고 신씨의 종제從弟 전 판사 신극공과 그의 인척인 전 판 개성부사 박천상, 전 밀직부사 박가흥, 지밀직 이승인, 하륜 등이 그 사람은 왕환이 아니라고 말하였다. 그러나 신씨는 경산부로부터 와서 보고는 남편을 제일 잘 아는 것은 아내라면서 매우 기뻐하였다. 드디어 헌부憲府에서 소송하니 문하부 낭사, 전법사典法司, 순군巡軍과 합동 심사하면서 종실들과 박천상 등을 소집하여 대질시켰다. 왕환의 두 아들과 그의 형 승려 잠수 및 종실 여러 군들은 모두 다 영흥군이 맞다고 하였으나 왕환의 사위인 전판서 이숭문李崇文은 잘 모르겠다고 대답하였다. 그러나 국문을 당하자 나의 장인이 맞다고 자백하였으며 이리하여 박천상, 신극공, 박가흥, 하륜 등은 무고하였다는 죄로 먼 곳에 귀양을 보냈다.

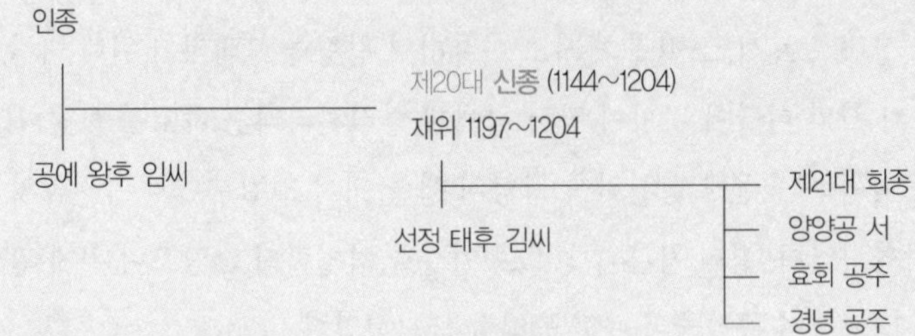
| 신종의 혈계 |
인종
공예 왕후 임씨
제20대 신종 (1144~1204)
재위 1197~1204
선정 태후 김씨
제21대 희종
양양공 서
효회 공주
경녕 공주

21

왕권을 회복하라

희종

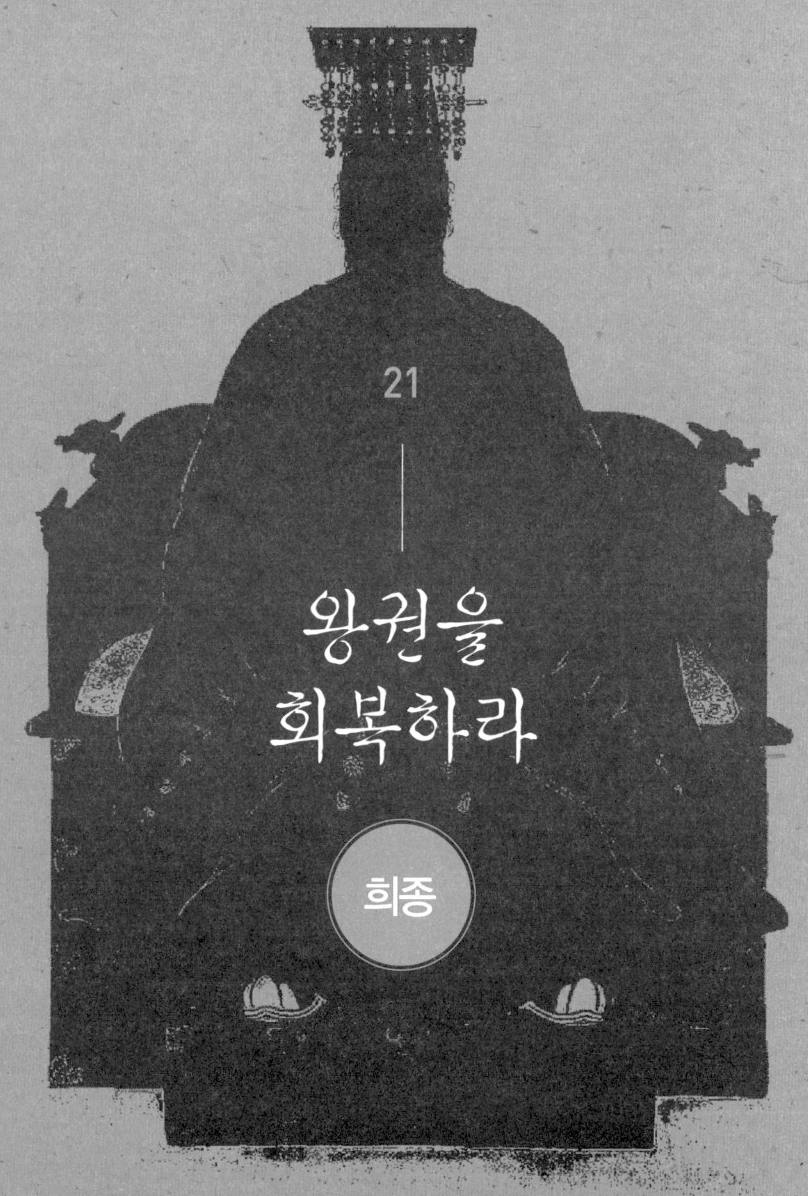

高麗王朝實錄

왕가의 전통을 이었으나

부왕 신종에 이어 왕위에 오른 희종은 무신들이 정권을 장악한 이래 사라졌던 왕가의 전통을 이은 임금이다. 의종은 무신들에 의해 쫓겨난 후 복위를 꿈꾸다가 이의민에게 살해되었고, 정중부 무리가 멋대로 즉위시킨 임금 명종은 무신들의 위세에 눌려 근근이 연명하여 오다가 최충헌 무리에 의해 폐위되고 신종이 즉위하였다. 따라서 명종과 신종은 왕가의 전통이 아니라 무신들의 뜻에 따라 즉위한 임금이었던 셈이다. 그러나 희종은 그 시작이 다르다. 죽음을 앞둔 신종의 노력으로 마침내 왕위를 이어받게 되었던 것이다.

희종은 이름이 영左, 자는 불피不陂, 처음 이름은 덕悳이며, 신종과 선정 태후 김씨의 맏아들이다. 다음 임금의 선택은 오로지 최충헌의 말 한 마디에 달린 일이라 희종에게 왕위를 물려주고자 신종은 거듭

거듭 선위의 뜻을 내보이며 간곡하게 청하였다 한다. 부왕의 그러한 노력을 잘 아는 희종은 눈물로써 선위를 굳이 사양하다가 끝내는 마지못해 즉위하였다.

희종은 7년 11개월이라는 짧은 치세 끝에 최충헌의 눈 밖에 나 유배지를 전전하다가 결국 강화 교동에서 죽고 만다. 희종에 대해 평한 사신의 글을 보면 왕가의 전통을 이은 사람으로서 경박한 모사에 휘말려 왕권 회복의 기회를 무산시킨 것에 대한 안타까움이 절절하게 묻어난다. 사신의 평을 잠시 살펴보기로 한다.

'이때에 최충헌이 나라의 권력을 잡은 지가 이미 여러 해 되어 패거리들이 재산을 불리고 사람들의 생사를 제 마음대로 하였으니 희종이 아무리 착한 일을 하려 한들 어떻게 하였겠는가! 왕이 취하여야 할 계책은 응당 자신이 정당한 입장에 서서 어질고 재능 있는 사람을 등용하여 왕실을 공고하게 꾸렸어야 할 것이었다. 이렇게 한다면 아무리 재멋대로 날뛰는 신하가 있더라도 나쁜 짓을 제 마음대로 할 도리가 없었을 것인데 왕이 이것을 알지 못하고 경박한 모사에 귀를 기울여 한때의 분을 풀려다가 마침내 추방을 당하였으니 슬프도다!'

사신의 평을 보면 최충헌이 나라의 권력을 잡은 채 사람의 생사를 마음대로 하였으며 이에 대해 희종은 분한 마음을 품고 있었다고 되어 있다. 최충헌과 희종의 관계가 이 짧은 문장 속에 모두 드러나 있다 해도 과언이 아닐 것이다.

꺾지 못할 바엔 높여 주자

희종은 즉위 후 최충헌을, 벽상삼한삼중대광 개부의동삼사 수태사

문하시랑동중서문하평장사 상장군 상주국 판 병부 어사 대사 태자 태사로 높여 주었다. 그뿐만 아니라 자신을 추대하여 왕위에 오르도록 해준 공로가 있다고 하여 최충헌을 언제나 특별하게 예우하였으며 '은문상국' 恩門相國이라고 불렀다.

희종은 이어서 1206년(희종 2)에 다음과 같은 조서를 내렸다.

'문하시중 진강후 최충헌은 선군先君의 재위在位 때는 물론이고 내가 왕통을 계승한 때로부터 오늘까지 충성을 다해서 나를 도운 큰 공적이 있다. 그러므로 부府를 세워 줌으로써 높이 표상할 것이다.'

희종은 조서의 내용대로 최충헌을 진강후晉康候에 책봉하고 홍녕부興寧府를 세우도록 하였다. 이로부터 최충헌의 권세는 더욱 드높아져 궁궐 출입시에 평상복을 입은 채 일산日傘을 드리우고 시종을 데리고 다녔다 한다.

1207년에는 최충헌의 청으로 유배자 3백여 명을 가까운 곳으로 옮겨 방면하기도 하였으며 그 다음해에는 개성 대시大市 좌우의 긴 행랑 1,080영楹을 다시 짓게 하였는데 오부 방리五部坊里와 양반의 집에서 미속米粟을 내게 하여 그 비용을 충당하였다.

희종은 여기서 그치지 않고 최충헌에게 중서령中書令 벼슬과 진강공晉康侯 작을 내리려 하였다. 그러나 최충헌은 이를 사양하였다. 최충헌을 꺾지 못할 바엔 차라리 높여 주자고 마음먹은 희종은 다음 해에 또 다시 중서령과 진강공 관작을 주었다. 희종의 속마음을 간파한 듯 최충헌은 이번에도 공이란 작위는 최고위이며, 중서령이란 벼슬은 신하로서 더 없는 고관이라고 하며 끝내 받지 않았다.

이처럼 모든 권력이 최충헌에게만 집중되자, 정권을 장악하기 위한 거사를 치를 때 주도적으로 앞장섰던 최충헌의 외종질 박진재는 노골적으로 불만을 토로하기 시작한다.

"우리 외숙은 마음으로부터 임금을 업신여긴다."

술에 취할 때마다 이런 말을 하며 비난을 하니 최충헌의 귀에 들어가지 않을 리가 없었다. 당시 박진재는 대장군으로 있었는데 드나드는 문객의 수가 최충헌에 비해 크게 뒤질 것이 없고 모두 용맹한 사람들이다 보니 최충헌으로서도 알게 모르게 위협을 느껴오던 터였다. 이런 상황에서 최충헌을 제거할 음모를 꾸미고 있다는 익명의 방이 나붙자, 최충헌은 참지 못하고 박진재를 불러들인다.

박진재가 뜰 아래 이르자 최충헌은 대뜸 언성을 높였다.

"네가 어찌하여 나를 해하려 하느냐?"

이 말과 함께 최충헌은 좌우에 명하여 그를 결박하게 한 후 다리 힘줄을 자르고는 백령진白翎鎭(현 백령도)으로 귀양을 보냈다. 그로부터 몇 개월 후 박진재는 병을 얻어 죽었으며 그의 문객들 중 용맹한 자는 무사한 이가 드물었다. 그러자 최충헌은 자신에게 반대하는 세력을 찾아내기 위해 1209년(희종 5) 교정도감을 설치하였다.

따로 기관을 만들어야 할만큼 최충헌에 반대하는 세력이 많았다는 뜻일 것이다. 조카로부터 시작된 최충헌에 대한 반발은 1209년과 1210년, 1211년의 크고 작은 사건으로 이어져 최충헌의 간담을 서늘케 만든다.

최충헌을 암살하라

바야흐로 무신 정권이 들어서서 고려의 정국을 농단한 지 39년째로 접어드는 해였다. 시간이 지날수록 최충헌의 권력은 하늘을 찌를 듯 높아지기만 하고, 왕국의 절대자 임금의 권한은 위축되어 뜻있는 백성이라면 누구나 울분을 느끼게 마련인 시절이었다.

이러한 때에 청교 역리 세 명이 최충헌 부자를 살해하고 나라를 바로잡고자 공첩公牒을 위조하여 각 절의 승도僧徒를 불러 모으려 하였다. 그런데 그 공첩이 귀법사歸法寺에 전달되었을 때 사건이 생겼다. 승려 하나가 문서를 가지고 온 자를 잡아다가 최충헌에게 고해 버린 것이었다. 최충헌은 즉시 교정별감敎定別監을 영은관迎恩館에 두고 성문을 굳게 닫아걸었다. 그러고는 청교 역리 일당을 대대적으로 수색하였다. 이로 인해 우복야 한기와 그의 아들 삼형제, 장군 김남보 등 아홉 명이 죽임을 당했으며 그에 동조한 사람들은 먼 섬으로 귀양을 가게 되었다.

또, 1210년(희종 6)에는 이름이 적히지 않은 심상치 않은 투서가 최충헌의 집으로 날아들었다.

'직장 동정直長同正 원서元諝와 재상 우승경于承慶이 최충헌을 암살코자 한다.'

투서의 내용을 확인한 최충헌은 즉시 수하 장수들을 보내 원서와 우승경을 체포하고는 문초하였다. 이에 원서가 하늘을 올려다보며 탄식하였다.

"이것은 반드시 나와 원수진 바 있는 유익겸庾益謙의 모함이다. 몇 해 전에 유익겸이 은병 2개를 꾸어간 일이 있는데 여러 해가 지나도록 갚지 않고 도망하여 그의 집을 빼앗았다. 이에 앙심을 품고 유익겸이 이런 짓을 저지른 것이다."

깜짝 놀란 최충헌이 유익겸의 집으로 사람을 보내보니 과연 투서의 초안이 있어, 최충헌은 유익겸을 귀양 보냈다.

최충헌의 권세와 위엄이 고려를 뒤흔들다

최충헌은 활동리에 자신의 저택을 지을 때 인근 민가 백여 채를 허물고, 북쪽 시가지 전방廛房에 십자각이라는 별당을 지었는데 토목 부역이 하도 극심하여 백성의 원성이 대단하였다. 집 둘레만 해도 몇 리에 이르렀으며 그 화려함이 오히려 대궐에 앞선다고 할 정도였으니 말이다. 게다가 백성 사이에서는 이상한 소문이 무성하게 나돌았다.

"최충헌이 토목土木의 나쁜 기운을 물리치기 위하여 동남童男, 동녀童女를 잡아다가 오색 옷을 입혀 집터의 네 귀퉁이에 생매장하였다."

이런 소문이 입에서 입으로 번지자 인근 주민들은 모두 어린아이를 깊이 감추었고, 심지어는 먼 곳으로 도망가는 사람까지 있었다. 이러한 분위기에 편승하여 무뢰배들이 어린아이를 잡아가는 척하며 놀란 부모에게 재물을 갈취하는 일이 빈발했다. 이에 최충헌은 어사대御史臺를 시켜 시가지에 방榜을 붙여

〈사람의 목숨이 가장 귀중한 것인데 어찌 어린 생명을 생매장하여 재앙을 물리치겠는가.〉

라며 백성의 마음을 안정시켰다.

입담 좋은 사람이 지어낸 것만 같은 이러한 이야기를 통해 당시 최충헌이 누리던 권세를 어느 정도 상상해 볼 수 있을 듯하다. 그야말로 위엄과 권세가 임금을 압도하고 고려 땅을 뒤흔들 정도였으리라. 이를 증명하듯 최충헌은 자신의 뜻을 거역하는 자가 있으면 파리 목숨 끊듯 모두 죽여 없애곤 하였다. 이런 상황이다 보니 불만이 있다 해도 모든 이가 입을 다물고 말하지 않았다.

그런데 대장군 노준盧俊의 아들 노인우盧仁祐는 달랐다. 그는 최충헌의 인척이라 늘 가까이 있었는데 여러 번에 걸쳐 미친 척하며, 바른말

을 했다. 이 때문에 미움을 받은 노인우는 인주(현 인천)의 골원으로 강직 당하기도 하였다.

임기가 다하여 노인우가 다시 최충헌 곁에 돌아와 있을 때였다. 한번은 최충헌이 세 번째 집을 짓고 금은보화며 돈과 양곡이 산처럼 쌓여 있는 것을 가리키며 좌우 사람들에게 물었다.

"부府의 창고에 저장해 둔 것만 남기고 금은보화는 왕부王府에 헌납하여 국가 비용에 보탬이 되도록 하는 것이 어떻겠는가?"

최충헌이 하는 말이다 보니 모두가 그저 좋다고 대답할 뿐인데 노인우가 앞으로 나서며 이렇게 대답했다.

"그럴 것 없이 기왕지사 있는 재물은 그대로 경비에 보태 쓰되 다시는 백성으로부터 필요 이상으로 재물을 긁어 들이지 않는 것이 좋겠습니다."

비꼬는 듯한 노인우의 이야기에 최충헌은 낯을 붉히고 말았다.

왕권 회복을 강렬하게 원한 희종

앞서 사신의 평을 소개하며 이미 밝혔듯 부왕으로부터 왕위를 이어받은 희종은 최충헌의 위세에 압도 당하여 늘 그를 높여주면서도 속으로는 분한 마음을 품고 있었다. 자리가 사람을 만든다는 말이 있듯 임금의 자리에 올랐으나 일개 신하에 불과한 최충헌이 자신을 허수아비 취급하며 나라의 정권을 오로지하고 있으니 비분한 마음 지울 길이 없었을 것이다.

큰아버지인 명종과 아버지 신종은 모두 무신들에 의해 왕이 된 사람들이라 정당하게 왕위에 오르지 못했다는 부담감을 갖고 있었으나 희종은 정식으로 태자로 책봉되었기에 무소불위로 권력을 휘두르는 최충헌과 같은 자들을 몰아낼 명분 또한 충분하였다.

최충헌에 반대하는 세력들도 점차 고개를 들기 시작하였다. 최충헌이 권력을 독점하는 것에 불만을 품은 장군들은 물론, 불교에 소속되어 있는 승려들까지 최충헌을 제거하기 위한 음모를 꾸몄던 것이다. 또한 최충헌이 왕을 우습게 여기는 것에 불만을 품은 사람들도 많았다.

속으로만 애를 태울 뿐 아무것도 하지 못하고 있던 희종은 1211년(희종 7) 12월, 측근 내시 왕준명 등과 최충헌을 제거할 계획을 짠다.

마침내 거사일이었다. 최충헌은 예상대로 수창궁으로 들어와 희종을 배알하였다. 희종은 미리 계획해 놓은 대로 최충헌의 배알이 끝나자마자 내전으로 들어가고, 중관中官이 나와서 최충헌의 측근들에게 말하였다.

"전하의 분부로 술과 음식이 준비되어 있으니 모두 같이 가서 드시지요."

중관이 최충헌의 측근들을 궁중 깊이 유인하여 데려가자마자 복도에서 승려와 속인俗人 10여 명이 갑자기 무기를 들고 뛰어나와 최충헌의 하인 몇 사람을 때려죽였다. 그 소리를 듣고 사변이 생겼다는 것을 알아차린 최충헌은 임금에게 달려가 다급하게 소리쳤다.

"전하, 저를 구원하여 주십시오."

그러나 희종은 잠자코 문을 닫은 채 최충헌을 들여놓지 않았다. 그 순간 최충헌은 희종이 자신을 없애려 한다는 사실을 눈치 챘다. 그러나 당장은 어찌할 도리가 없는 상황이라 최충헌은 사방을 두리번거리다가 지주사知奏事 방 문창지 틈으로 숨었다. 승려 한 명이 세 차례나 살기등등한 얼굴로 들이닥쳐 최충헌을 찾았으나 끝내 그를 발견하지 못했다.

사태가 이처럼 급박하게 돌아가는 것을 몰랐던 김약진과 최충헌의 아들, 최우의 장인 지주 정숙첨鄭淑瞻은 중방에 들어가 있었다. 그러나 그들도 오래지 않아 최충헌의 신변에 문제가 생겼다는 것을 알고는 즉시 달려와 최충헌을 구출하였다.

바로 이때 최충헌의 측근 신선주申宣胄, 기윤위奇允偉 등이 승려들과 뒤얽혀 격투를 벌이기 시작하였다. 곧바로 궁궐 밖에 남아 있던 최충헌의 도방 6번들이 내전으로 들어와 사태를 정리하였다. 김약진이 흥분하여 최충헌에게 소리쳤다.

"지금 즉시 궁중에 있는 사람을 모조리 죽이고 임금도 처단하겠습니다."

그러나 최충헌은 허락하지 않았다.

"그렇게 하면 장차 이 나라는 어찌 되겠느냐? 후세의 말거리가 될까 두려우니 경거망동하지 말라!"

최충헌은 이후 상장군 정방보鄭邦輔 등을 시켜서 사약司鑰 정윤시鄭允時와 중관中官을 체포하여 인은관仁恩館에 가두고 국문하였다. 그 결과 주모자는 내시 낭중 왕준명王濬明과 참정 우승경于承慶, 추밀 사홍적史弘績 장군 왕익王翊 등으로 밝혀졌다. 분노에 사로잡힌 최충헌은 왕준명과 우승경, 사홍적, 왕익 등을 외지로 귀양 보냈으며, 희종을 폐위시켜 버리고는 강화도로 쫓아 보냈다. 최충헌을 살해하려다가 자리마저 보전할 수 없게 된 희종은 오래지 않아 강화도에서 자연도紫燕島로 옮겨 갔다. 희종이 이런 처지가 되었으니 태자 왕지 또한 무사할 리가 없었다. 태자는 인주로 추방되었고, 덕양후 서(양양공)와 시녕후 위는 각각 교동과 백령도로 쫓겨 갔다.

이로써 최충헌의 무신 정권은 더욱 막강한 힘을 가지게 되었다. 희종은 1219년(고종 6) 다시 서울에 봉영奉迎되어 딸 덕창 궁주를 최충헌의 아들 성珹과 혼인시켰으나, 1227년(고종 14) 복위의 음모가 있다는 무고로 최우崔瑀에 의하여 다시 강화로 쫓겨났다. 이후, 유배지에서 낙심하여 살아가던 희종은 법천정사에서 지내던 중 1237년(고종 24) 8월 무자일에 죽고 말았다. 왕의 재위 연수는 7년 11개월이고 향년은 57세였다. 시호는 성효誠孝, 묘호는 정종貞宗으로 하였다가 뒤에 희종熙宗으로 고쳤으며 능호는 석릉碩陵이라 하였다.

희종의 후비와 종실들

희종에게는 후비 하나와 아들 다섯, 딸 다섯이 있었다.

성평成平 왕후 임씨任氏는 종실 영인후寧仁侯 진稹의 딸인데 본 성을 숨기고 임씨라고 하였다. 1211년(희종 7) 함평咸平 궁주로 봉하였다.

왕후는 창원공昌原公 지祉, 시녕후始寧侯 위禕, 경원공慶原公 조祚, 대선사大禪師 경지鏡智, 충명 국사沖明國師 각응覺膺, 안혜安惠 태후와 영창永昌, 덕창德昌, 가순嘉順, 정희貞禧 네 궁주를 낳았다. 1247년(고종 34) 죽으니 소릉紹陵에 안장하고 시호를 성평 왕후라고 하였으며 1253년(고종 40) 10월 정장貞章이라는 시호를 추가하였다.

경원공 왕조는 1279년(충렬 5)에 죽었다. 고전에 정통하여 세상에서는 그가 예법을 잘 안다고 칭송하였고 원종은 의심나는 일이 있으면 반드시 왕조에게 문의하였으며 그를 종실의 모범이라 불렀다. 그의 장사 때 왕이 홍대촉紅大燭을 사용하는 것을 허락하였으며 이때부터 양반이나 평민 모두 홍대촉을 사용할 수 있게 되었다.

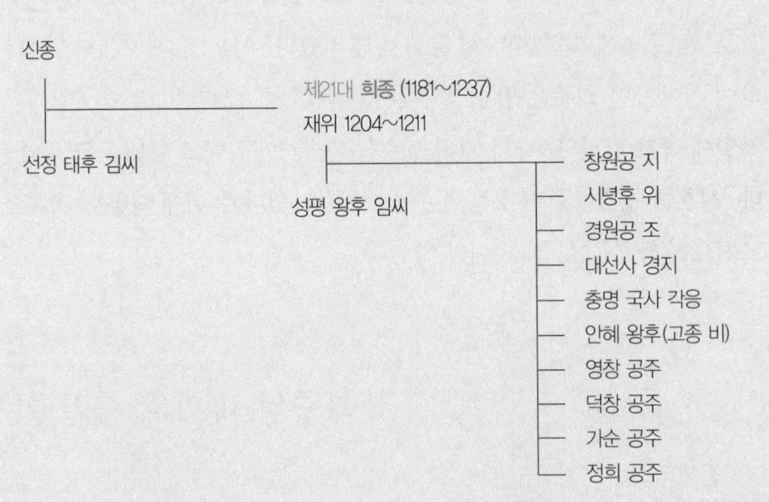
| 희종의 혈계 |
신종
선정 태후 김씨
제21대 희종 (1181~1237)
재위 1204~1211
성평 왕후 임씨
창원공 지
시녕후 위
경원공 조
대선사 경지
충명 국사 각응
안혜 왕후(고종 비)
영창 공주
덕창 공주
가순 공주
정희 공주

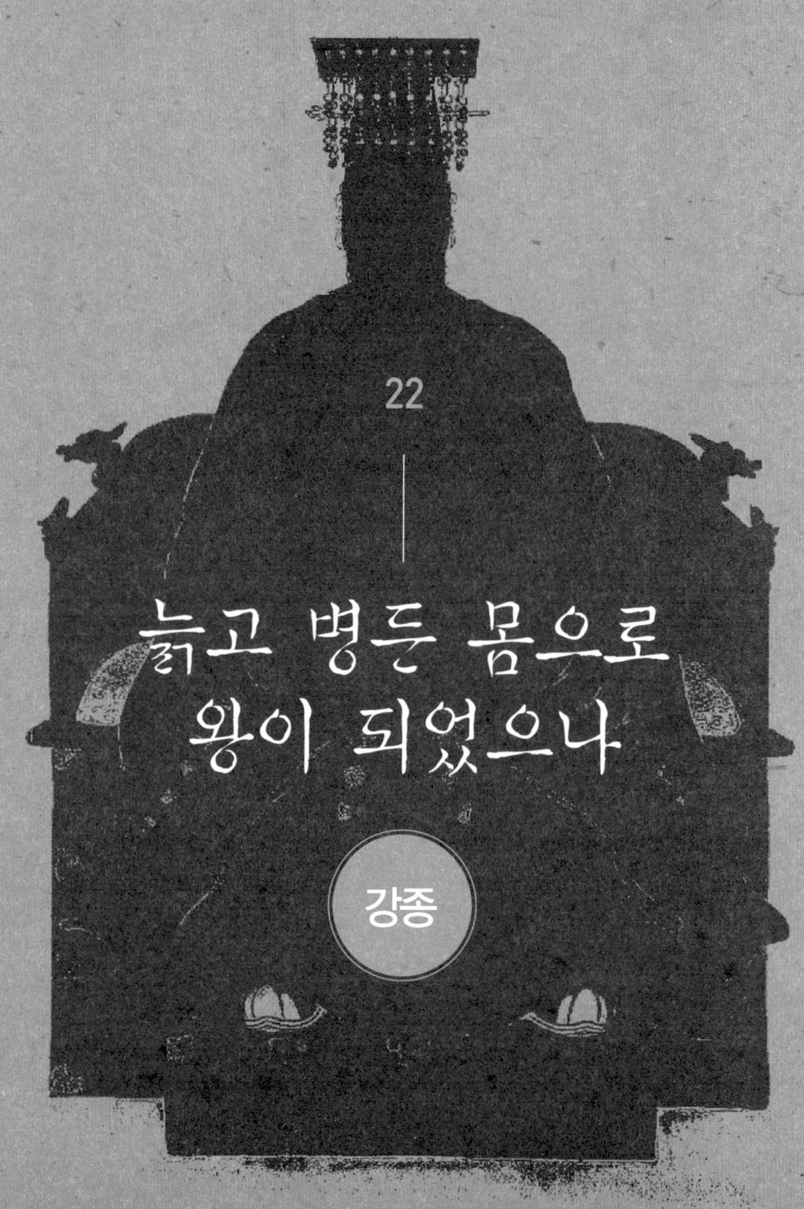

22

늙고 병든 몸으로 왕이 되었으나

강종

高麗王朝實錄

뒤바뀐 운명

희종이 왕권 회복을 위하여 최충헌을 살해하려다가 실패하면서 명종의 맏아들 왕오(강종)는 또 한 차례 급하게 밀려오는 운명의 파고를 맞이한다.

명종과 의정 왕후 김씨의 맏아들로 1152년(의종 6) 4월에 태어나 1173년(명종 3) 4월에 태자로 책봉되었던 왕오는 원래 고려의 제20대 왕이 되어야 할 몸이었다. 그러나 1197년(명종 27) 9월, 최충헌에 의해 명종이 강제 폐위되자 왕오 또한 강화도로 유배되어 1210년(희종 6) 12월 개경으로 다시 돌아올 때까지 기나긴 유배 생활을 견뎌내야 했다.

어쩌면 왕오는 왕이 되고 싶지 않았을는지도 모르겠다. 청년기에 겪은 무신 집권자들에 대한 공포가 그의 머릿속에 강렬하게 각인되어 있을 것이 분명하기 때문이었다. 그가 태자로 책봉된 1173년은 나라의 정권을 장악한 지 얼마 안 된 무신들의 기세가 날선 칼처럼 위압적인 시절이었다. 그러한 상황에서 명종과 마찬가지로 숨죽인 세월을 살아가면서 그는 왕실의 자손이라는 사실에 자괴감을 느꼈을지도 모른다.

그랬기에 그는 기나긴 유배 생활에서 풀려났을 때, 그저 편안한 노후를 보낼 수 있게 되기만을 소원했을 것이다. 그러나 운명은 그를 그냥 내버려두지 않았다. 희종이 폐위되자마자 최충헌의 아들 최우와 평장사 임유가 찾아와 그를 강안전으로 데려갔고, 곧 고려 제22대 왕으로 즉위케 하였으니 말이다. 강종의 나이 60세 때의 일이었다.

늙고 병든 임금의 치세

환갑이 머지않은 나이도 나이려니와 오랜 유배 생활 끝에 병약한 몸이 되어 버린 강종이 스스로 할 수 있는 일은 그다지 많지 않았다. 그저 날선 칼처럼 느껴지는 최충헌에게 모든 것을 일임한 채 저물어 가는 노년의 심회를 어루만질 따름이었다.

강종은 즉위 원년에 최충헌의 부인 임씨를 봉하여 수성택주綏成宅主로 삼았고, 왕씨는 정화택주靜和宅主로 삼았다. 또한 최충헌의 흥녕부를 고쳐 진강부晋康府라 하고, 문경무위향리조안공신文經武緯 嚮理措安功臣 호를 내려주며 크고 작은 나랏일을 모두 최충헌에게 일임하였다.

2년이 채 안 되는 강종의 치세 기간 동안 가장 눈에 띄는 것이 있다고 하면 1212년(강종 1) 7월 을축일에 아들 진瞋(질晊 · 철瞮)을 왕태자로 책봉하고, 이듬해 8월에 지병으로 몸져눕자, 다음과 같은 조서를 내리며 왕자 진에게 왕위를 물려주었다는 사실이다.

'내가 변변치 못한 사람으로 임금의 자리에 오른 지가 지금까지 수 년이 되었는데 덕은 박하고 책임이 중할 뿐만 아니라 병조차 위중하게 되었다. 생각하건대 임금의 자리는 잠시도 비울 수 없는데 태자 진의 덕행이 인방의 동의를 얻을 만하고 총명은 아래 사람들을 통솔할 만하므로 왕위를 주어 중대하고 어려운 일을 맡기노니 여러 백관들은 각기 직무를 수행함에 있어서 새 임금에게 복종하라! 내가 죽은 후 능묘 제도는 검박과 절약을 앞세우도록 하며 한 달 입을 상복을 3일 후에 벗게 하라!'

그날 밤 이경二更에 강종은 수창궁 화평전에서 죽었다. 왕의 재위 연수는 1년 8개월이요, 향년은 62세였다. 시호는 원효元孝, 묘호는 강종康宗, 능호는 후릉厚陵이다.

사신의 평

강종은 모든 나랏일을 처리하는 데 있어 최충헌의 통제를 받아야 했다. 그러다 갑자기 병에 걸려 한 나라의 임금으로서 누릴 수 있는 행복을 제대로 맛보지도 못하고 숨을 거두었으니, 참으로 슬픈 일이다.

강종의 후비와 종실들

강종에게는 후비 둘과 아들 하나, 딸 하나가 있었다.

사평思平 왕후 이씨는 이의방李義方의 딸이다. 강종이 태자로 있을 때에 이의방이 자신의 딸을 태자로 들여보내 수녕壽寧 궁주를 낳았으나 이의방이 처단되자 이씨도 쫓겨 나갔다.

원덕元德 왕후 유씨는 종실 신안후信安侯 유성柳城의 딸로서 고종을 낳았으며 1212년(강종 1) 연덕延德 궁주로 책봉되었다.

1239년(고종 26) 죽으니 곤릉坤陵에 안장하였다. 시호를 원덕 태후라고 하였으며 1253년(고종 40) 10월 정강貞康이라는 시호를 추가하였다.

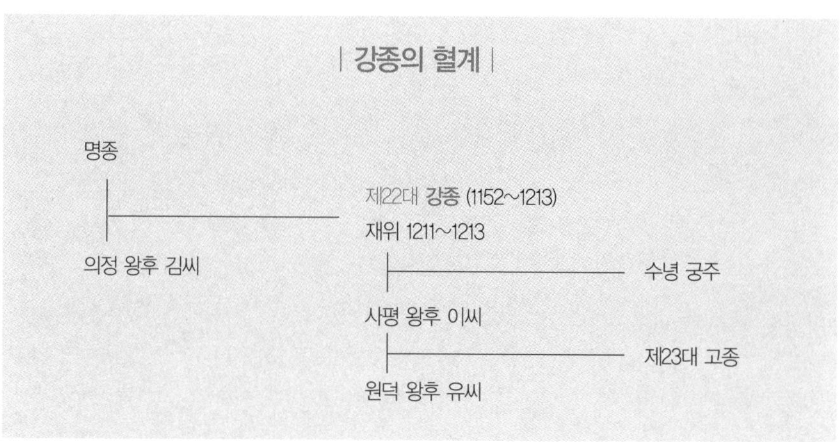

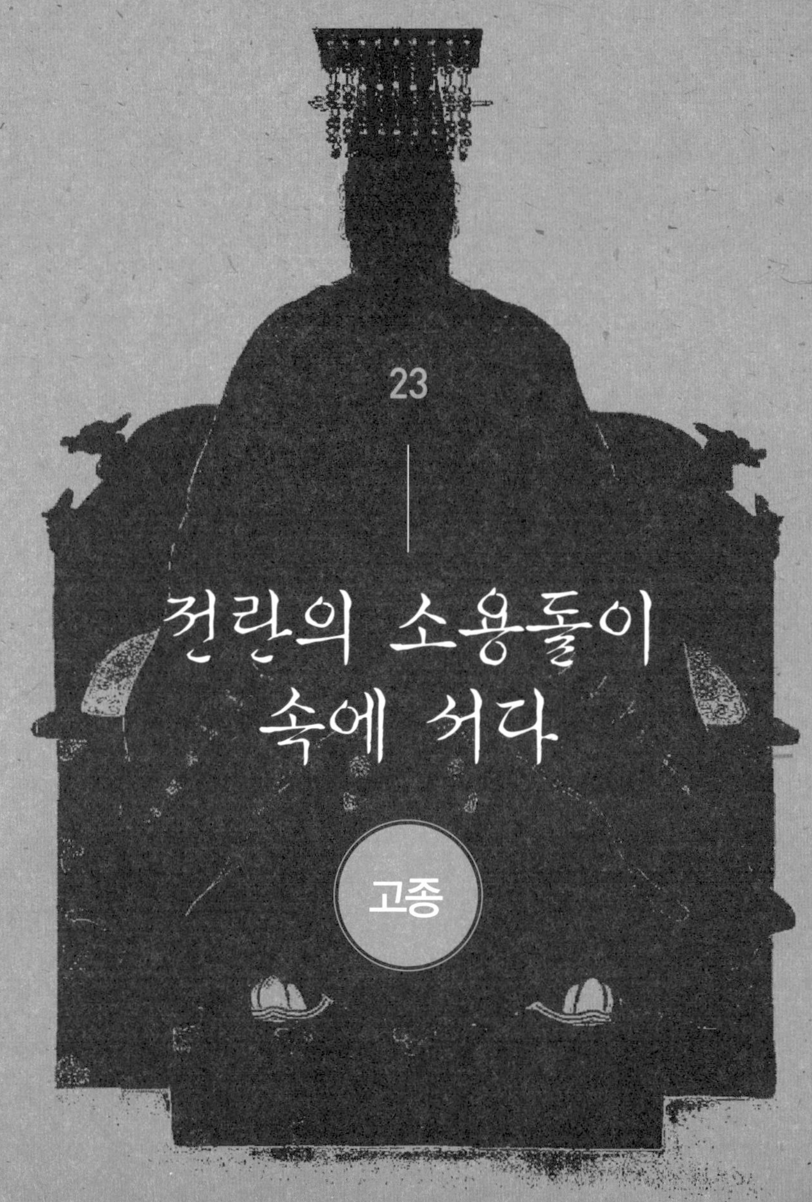

23

전란의 소용돌이 속에 서다

고종

高麗王朝實錄

단절의 세월을 넘어

1213년 8월 정축일, 아버지 강종의 선위로 왕위에 오른 고종의 당시 나이는 22세였다. 이름은 철皞, 자는 대명大明 또는 천우天祐이며, 처음 이름은 진瞋, 이후 질㒞로 고쳤으며 강종과 원덕 왕후 유씨의 맏아들로 1192년(명종 22) 정월에 태어났다.

고종은 1197년(명종 27) 할아버지 명종이 유배될 때 아버지 강종과 마찬가지로 8세의 나이로 유배 길에 올라야 했다. 그가 유배된 곳은 황해도 안악현이었는데, 그곳에서 강종이 즉위한 이듬해인 1212년(강종 1)에 개경으로 돌아왔다. 어린 나이에 아버지도 없이 14년이나 되는 기나긴 유배 생활을 견뎌온 고종으로서는 자신이 왕위에 오르게 되리라는 사실을 꿈에도 상상하지 못했기에 기쁨은 더더욱 컸다.

그러나 당시의 상황으로는 왕이 되었다고 해도 자신이 뜻한 바를 자유롭게 정사에 반영할 수 없었다. 고려를 실제로 통치하는 군주는 최충헌이었기 때문이다.

그러나 이미 노쇠한 최충헌을 바라보면서 젊은 고종은 일말의 기대 같은 것을 가슴에 품고 있었을 것이 틀림없다. 무신 정권이라는 반역의 세월을 끝내고 왕권 중심 국가로 재도약하겠다는 기대 말이다.

전운에 휩싸인 동북아

그러나 갓 즉위한 고종 앞에 가로놓인 주변 상황은 그리 만만한 것이 아니었다. 최충헌 일가의 무신 지배 체제는 바야흐로 안정기를 구가하고 있었고, 국외에서는 대제국 몽고가 위세 좋게 일어나 점점 위협적인 존재로 변해가고 있었으며, 엎친 데 덮친 격으로 거란이 다시 발호하여 금나라 변경에서 다툼을 벌이는 중이었다. 또한 금나라의 선무포선 만노는 반란을 일으켜 요동 지방을 차지한 채 나라 이름을 대진이라 하고 스스로 황제라는 칭호를 사용하기 시작했다.

무신 집권기를 거치면서 민심이 흉흉해지고, 나라의 기반이 흔들리던 중 급변하는 국제 정세 속으로 휘말려든 고려에 금나라로부터 공문이 날아든 것은 1216년(고종 3) 7월이었다. 밖에서는 거란이 국경을 침범하며 살상을 일삼고 안으로는 만노가 반란을 획책하며 나라를 어지럽히자, 금나라 왕이 고려에 식량 원조를 청한 것이다. 그러나 고려에서는 금나라의 요구를 거절하였고, 이에 따라 국경 지역에서 금나라와 고려 사람 간의 미곡米穀 무역이 성행하였다. 고려에서는 이 또한 금지시키기 위해 많은 노력을 하였고, 이에 금나라 장수가 군사를 거느리고 와서 전날의 우호 관계를 버리고 곡식을 빌려주지 않는 이유를 물으며 책망하기도 하였다.

한편 거란의 유족인 금산 왕자와 금시 왕자가 하河, 삭朔 지방에 압력을 가하면서 대료수국왕이라 자칭하고 천성이란 연호를 썼는데, 몽고가 대병력으로 그를 토벌하자 두 왕자는 근거지를 버리고 동으로 와서 금나라 군대 3만 명과 개주관에서 교전하였다. 금나라 군대는 승전하지 못하고 대부영으로 퇴각하여 방어만 하고 있었는데, 두 왕자가 사람을 보내어 고려 북계 병마사에게 다음과 같이 통고하였다.

"당신네가 식량을 보내 우리를 방조하지 않으면 우리는 꼭 너희 강토를 점령할 것이다. 우리가 며칠 후에 황색 깃발(황제 노릇을 한다는 뜻)을 올릴 것이니 너희들은 그곳으로 와서 황제의 명령을 들으라. 만약 오지 않으면 너희들에게 군사 행동을 취할 것이다."

지정한 날에 이르러 과연 황색 깃발이 올랐으나 고려의 병마사는 가지 않았다. 그러자 1216년 8월 을축일에 금산 왕자가 부하 장수 아아걸노로 하여금 군사 수만 명을 이끌고 고려를 공격하게 하였다. 거란병이 영덕 성을 무너뜨리고 안주, 의주, 구주 세 고을을 포위하고 연주, 용주 경계로부터 철주, 선주 두 고을을 침공하여 왔다. 그들은 모두 처자를 데리고 왔으며 산과 들로 돌아다니면서 마음대로 알곡을 거두고 말과 소를 잡아먹었다.

고려에서는 상장군 노원순盧元純을 중군 병마사로, 지어사대사 백수정白守貞을 지병마사로, 좌간의대부 김온주金蘊珠를 부사로, 상장군 오응부吳應夫를 우군병마사로, 최종준崔宗峻을 지병마사로, 시랑 유세겸을 부사로, 김취려金就礪를 후군 병마사로, 최정화를 지병마사로, 진숙을 부사로 각각 임명하여 13령의 군사와 신기군을 통솔하여 적을 막아내게 하였다.

거란군을 물리치기 위해 출병한 고려군은 조양진에 이르러 적 80여 명을 죽이고 20여 명을 포로로 잡으며 첫 승리를 거두었다. 이후 연주 동동과 구주 삼기역, 조종수와 개평역 등지에서 크고 작은 승리를 거두며 계속 전진하였다. 또한 청새진과 평로진, 도령, 녹진에서도 적을 포로로 삼거나 죽였으며, 적군이 거듭되는 패배 끝에 창주에서 잔당을 끌어 모아 무력시위를 벌이자 관군이 다시 출병하여 적병 150여 명을 죽이며 패주시켰다. 이렇듯 크고 작은 전투에서 계속 승리하는 듯 보였으나 수만 명에 이르는 거란군을 막아내기가 쉽지만은 않았다.

그런데 바로 이때 거란군이 밤을 이용하여 청천강을 건넌 다음 서경으로 몰려왔다. 관군은 위주 성 밖에서 적을 맞아 싸웠는데 패배하여 천여 명이 전사하자 위기감을 느낀 개경의 백성들은 통곡하였다. 이러는 동안 서경 성 밖까지 전진한 거란군은 사람들을 닥치는 대로 모조리 죽이고, 얼음을 이용하여 대동강을 건너 서해도로 들어간 뒤에는 황주마저 도륙하였다. 적군은 안양 도호부를 함락한 뒤 원주에 이르러 고을 사람들의 저항에 막혀 잠시 주춤하였으나 이내 성을 함락시켰다.

그러나 전열을 가다듬은 고려군이 양근, 지평에서 승리를 거두고 맥곡의 박달 고개에서 김취려, 신덕위, 이극인, 최문준, 주공예 등의 활약에 힘입어 대승을 거두자 거란군은 궁지에 빠졌다. 고려군은 기회를 놓치지 않고 계속 밀어붙여 거란군을 강동성으로 몰아넣었다. 강동성은 거란군이 거점으로 삼고 있는 지역이었다.

이때 몽고의 원수인 합진哈眞과 찰라札剌 두 장군은 군사 1만을, 동진東眞의 장군 완안자연完顔子淵이 군사 2만을 각각 인솔하고 서경에 있는 원수부 조충에게 사신을 보내 형제지국이 되어 거란병을 물리칠 뜻을 전하고 군대와 식량을 요청하였다. 이에 고려에서는 김취려와 조충 장군이 이끄는 군대와 식량을 지원하여 1219년(고종 6) 정월에 거란군을 공격함으로써 2년여에 걸친 거란과의 전쟁은 끝이 났다.

거란을 멸한 후에 몽고의 합진이 포리 대완 등 10여 명에게 조서를 보내며 강화를 청하였다. 말이 강화이지 이는 고려를 몽고의 속국으로 만들겠다는 저의가 내포된 행동이었다. 그럼에도 고종은 시어사 박시윤을 보내 그들을 맞이하였다.

이때 포리 대완 등은 관 밖에 이르러 머뭇거리면서 들어오지 않고 고려 왕이 나와서 자신들을 맞아야 한다고 버텼다. 박시윤이 통역을 통해 그들을 힐난한 끝에 관문으로 들어왔으나 대관전에서 고종이 그들을 접견할 때 놀라운 일이 벌어지고 말았다. 털옷, 털관에 활과 화살을 메고 올라온 몽고 사신이 고종의 손을 잡으면서 품에서 꺼낸 편지를 건넨 것이다. 고종은 그만 얼굴색이 변하였고, 이를 보다 못한 최선단崔先旦은 황겁하여 울면서 말하였다.

"어찌 이 더러운 오랑캐를 왕에게 접근시키겠는가? 가령 왕의 신변에 불측지변이 생긴다고 하더라도 반드시 미처 손쓸 겨를이 없을 것이다."

이처럼 몽고는 고려를 대하는 태도부터가 고압적이고 야만스럽기 그지없었다.

2월 기미일에 합진 등이 군사를 이끌고 몽고로 돌아가면서 수하 41명을 의주에 남겨두면서 이렇게 일러두었다.

"너희는 고려 말을 배우면서 내가 다시 오기를 기다려라."

이 때문에 몽고 사람들이 다시 돌아온다는 소문이 무성하게 돌자 7월에 호부시랑 최정분 등 8명이 북계 홍화도의 모든 성들을 분담하여 순회하면서 병기와 군량, 군비 등을 점검하기도 하였다. 게다가 동북면 병마사가 보고하기를 몽고와 동진국이 군사를 보내 진명성 밖에 주둔시키면서 공납을 독촉한다고 하였다. 고려 조정은 일순 긴장감에 휩싸였다.

지는 별과 뜨는 별

1219년 9월 임자일에 최충헌이 죽었다.

이의민을 살해하면서 나라의 정권을 좌지우지한 이래 왕권마저 무력화시키며 부귀영화를 누린 세월이 얼마였던가. 최충헌은 말년에 이르러서도 임금으로부터 궤장과 왕씨 성을 받을 정도로 온갖 영광을 누렸다. 그러나 흐르는 세월만은 천하의 최충헌도 막지 못했다. 병이 나서 자리에 누워 있던 중 눈을 감으니 최충헌의 나이 71세였다.

최충헌이 죽자 아버지의 후계자 자리를 놓고 그 아들 최우와 최향 사이에 다툼이 벌어졌다. 그러나 곧 최우가 최향과 최향을 지지하던 사람들을 귀양 보내면서 사태는 일단락되었다.

무신 정권의 수뇌 자리를 이어받은 최우는 교정별감이 되자마자 자신이 축적하고 있던 금은보화를 고종에게 바치고, 최충헌이 빼앗은 토지와 금품 또한 원 임자들에게 돌려주었다. 이와 함께 권력이 없거나 가난한 선비들을 선발 등용하기도 하였는데 이규보와 최자가 대표적인 인물이었다.

고려는 대몽 전쟁을 선택할 수밖에 없었다

1221년(고종 8) 8월 기미일에 몽고 사신 착고여가 일행을 이끌고 고려에 왔다. 왕이 대관전에서 몽고 조서를 접수하려 하는데 착고여가 일행 21명이 다 정전에 올라가서 명령을 전달하겠다고 하였다. 고려에서는 몽고 측의 무리한 요구를 들어주지 않았다. 그러다 보니 한 명만 정전에 올려 보내려는 고려와 몽고 사신들 사이에 옥신각신 실랑

이가 벌어졌고, 결국 몽고 일행 중 8명만 정전에 오를수 있었다. 이 때문에 기분이 상했던지 착고여는 무리하게 공물을 요구하며 불손한 태도를 보였다.

그가 요구한 물품을 보면 수달피 1만 장, 가는 명주 3천 필, 가는 모시 2천 필, 솜 1만 근, 용단묵 1천 장, 붓 2백 자루, 종이 10만 장, 지치 5근 등 이루 헤아릴 수 없을 정도였다. 착고여 등은 몽고 왕의 편지와 함께 공물 문건이 적힌 문건을 전달하고 정전에서 내려갈 때 제각기 품속에서 무언가를 꺼내 고종 앞에 던졌다. 놀랍게도 그것은 연전에 고려에서 주었던 거친 주포紬布였다. 몽고인들의 방자함과 횡포가 여기에서 그치지 않았다. 그들은 연회에도 참석하지 않았으며 고려에 올 때 몽고 원수들인 찰라와 포흑에게 받아 놓았던 편지를 뒤늦게 보이면서 수달피와 면주, 솜 등속을 추가로 더 요구하였다.

9월 초하루가 되자 동북면 병마사가 몽고 사신 저가 등이 또다시 고려에 온다고 보고하였다. 고종은 대관전에서 4품 이상 신하들을 불러들여 2차로 오는 몽고 사신을 받아들일지 여부를 놓고 상의했다. 고종은 전날의 일도 있고 하여 몽고의 침략에 대한 방비 시설을 하여 놓고 그들의 입국을 거절하려고 하였다. 이에 신하들은 펄쩍 뛰며 몽고가 반드시 공격할 텐데 사신을 영접하지 않으면 어쩌느냐고 반대 의견을 내놓았다.

이때 고종과 마찬가지로 심기가 상할 대로 상한 최우는 몽고와의 전쟁을 각오하고 있었다. 그리하여 최우는 의주와 화주, 철관 등과 같은 요해지에 성을 쌓게 하였고, 1223년(고종 10)에는 은병 3백여 개, 쌀 2천여 석을 내어 개경의 나성을 수리하게 하였다.

고려가 몽고의 침략에 차근차근 대비하는 사이 몽고에서는 주기적으로 사신을 보내어 공물을 가져가곤 하였는데 그들은 압록강에 이르러 주포 등속을 버리고 수달피만 가져가곤 하였다. 필요하지도 않은 물품을 요구하여 운송해 가다가 압록강가에 버리곤 하는 그들의 행위는 최우에게 그대로 보고되어 더더욱 미움을 샀다.

몽고와 고려 사이에 벌어진 28년 전쟁의 시발점이 된 문제의 몽고 사신 착고여가 다시 일행 10명과 고려에 도착한 것은 1224년 11월 을해일이었다. 착고여는 이번에도 압록강을 건너가면서 국가 예물인 수달피만 가지고 기타 주포 등속은 다 들판에 버렸다. 그런데 압록강을 건넌 후 몽고로 향하던 착고여가 중도에 도적을 만나 피살되는 사건이 일어났다. 이것을 몽고에서는 고려가 저지른 짓이라고 덮어씌웠고, 결국 양국의 국교는 끊어지고 말았다.

전란에 휩싸인 고려

몽고군이 원수 살례탑을 앞세우며 고려로 침범해 들어와 함신진과 철주를 무너뜨린 것은 1231년(고종 18) 8월이었다. 바야흐로 착고여를 살해한 책임을 묻겠다는 미명 하에 고려를 복속시키고자 침입한 몽고와 고려 간의 28년 전쟁의 막이 오른 것이었다.

함신진咸新鎭에 도착한 살례탑은 사람을 시켜 항복하지 않으면 도륙도 서슴치 않겠다는 경고를 계속해서 외치게 했고, 이에 부사 전간全間과 장군 조숙창趙叔昌은 항복하고 말았다. 장군 조숙창은 원수 조충의 아들로 싸우지도 않고 항복한데다 앞장서서 몽고군에게 항복할 것을 권유하는 부끄러운 모습을 보였다.

그러나 철주鐵州에서 몽고군에게 붙잡힌 낭장 문대文大는 몽고군이 왔으니 항복하라는 협박에도 굴하지 않고 반항하다가 피살 당하였으며, 판관 이희적李希勣은 최후까지 항전하다가 나중에는 창고에 불을 놓고 자살하였다. 그러나 이때 홍복원洪福源은 바로 몽고에게 항복하고는 살례탑의 앞잡이가 되어 본국에 칼을 겨누었다.

경황이 없는 가운데 최우는 9월 을유일에 재상들을 자신의 집으로 불러들여 몽고군 방어 대책을 토의하였다. 최우는 대책이 마련되자마자 채송연을 북계 병마사로 임명하고 각 도의 군사를 징발하여 삼군三軍을 즉각 출동시켰다.

9월 병술일에 몽고군이 구주성을 에워쌌으나 고려군이 물리쳤고, 계사일에는 서경성을 침공하였다. 구주성 안에는 김경손金慶孫, 김중온金仲溫, 박서朴犀 등과 정주, 삭주, 위주, 태주 등의 수령들이 모조리 이곳에 모여 최대의 항전을 전개했다. 박서는 각 군대를 사면에 배치시켜 방어케 했다. 먼저 남문을 방어하고 있던 김경손은 자기의 수하 군사와 각지의 별초군을 보고

"너희들 중에 죽어도 후퇴하지 않을 자만 나를 따르라."

라고 하자, 오직 자기의 수하군사에서 12명만이 나섰다. 할 수 없이 12명의 군사만을 거느리고 성 밖으로 나섰으나 몽고의 선봉장을 화살로 쓰러뜨리고 첫 승리를 거두었다.

첫날 패배했던 몽고군은 위주 부사 박문창을 보내 항복을 권유하였으나 박서는 박문창을 그 자리에서 죽이고 성문 밖으로 목을 내보냈다. 고려군의 완강한 저항에 몽고군은 북문으로 3백 명을 보내어 기습을 시도한다. 큰 차에 나무를 쌓고 그 속에 숨어서 몽고군이 성문 가까이 왔을 때 김경손이 성에 올라서서 쇠를 녹인 철물을 내리부어 격퇴하였다.

남쪽으로도 몽고군이 대포를 쏘며 진격해 들어왔으나 큰 포차를 성 위에 내걸고 돌을 넣고 쏘아서 적의 전차를 부숴 버렸다. 몽고병은

달아나지 않고 불꾸러미에 사람의 기름을 발라 가지고 던졌는데 그럴 때마다 고려군 쪽에서는 흙으로 불을 막았다. 나중에는 적이 다시 불꾸러미를 초루譙樓로 던졌고, 고려군은 미리 준비하였던 불로 이를 방비하며 한편으로는 불꾸러미를 다시 적진으로 던졌다.

하루는 김경손이 성 위에서 독전할 때 적의 대포알이 그의 앞에 떨어졌다. 그때 부하들이 뒤로 잠시 피하라고 하여도 김경손은

"내가 이 자리를 떠나면 사기가 죽으므로 안 된다."

라며 움직이지 않았다.

적은 한 달 동안 모든 방법으로 성을 습격하였으나 함락되지를 않았다. 이것을 본 적들은

"하늘이 도와주는 성이로다. 사람의 힘으로는 어찌할 수가 없다."

고 감탄하며 다른 성으로 가 버렸다. 이렇듯 구주에서는 성내 백성이 혼연일체가 되어 죽음을 무릅쓰고 항전하여 몽고군을 크게 격퇴하는 등 전쟁 초기에는 상황이 고려 쪽으로 기우는 듯하였다.

그러나 12월로 접어들며 몽고군이 개경 사대문四大門 밖까지 밀려들어 주둔하자, 백성들 사이에서는 소요가 일어나고 민심이 들끓었다. 오래지 않아 몽고군이 흥왕사를 공격하자, 고려에서는 어사 민희를 보내 강화를 청하였다. 몽고에서는 사신을 보내 착고여를 죽인 이유에 대해 집중적으로 캐물었고, 정기적으로 공물을 바칠 것과 태자를 포함하여 대관의 아들과 딸 천 명씩을 몽고 왕에게 보내야 한다고 윽박질렀다.

이에 대하여 고종은 원나라 왕에게 보내는 표문에서 착고여를 죽인 것이 고려가 아니라 금나라 소행임을 밝혔다. 기실 착고여의 귀국 경로만 살피더라도 쉽게 알 수 있는 일이었다. 이런 주장과 함께 거듭 강화를 청하니 몽고군은 강화를 받아들여 이듬해 정월에 철군하였다.

강화도 천도

몽고군은 고려 땅에서 물러나며 서경을 위시하여 서북면 14개 요성에 72명의 다루가치(달로화적)를 남겨두었다. 몽고 원수 살례탑이 철군의 조건으로 내건 것이었기 때문에 고려에서는 다루가치를 받아들일 수밖에 없었다. 다루가치는 진압에 종사하는 사람 혹은 속박하는 사람이라는 뜻을 가진 몽고말이다. 이러한 말뜻에서 알 수 있듯 다루가치는 다분히 고려를 속박하는 입장에 있었으며, 이에 따라 고려 관민들은 그들과 적잖은 갈등을 겪었다.

고려에서는 1232년 7월, 내시 윤복창을 북계의 모든 성에 보내 다루가치들의 활과 화살을 빼앗아 오게 하였다. 그런데 선주에 이르렀을 때 다루가치들이 윤복창을 쏘아 죽였다.

이러한 사건으로 다루가치들에 대한 고려 관민의 불편한 심사는 더더욱 증폭되었다. 그리하여 8월 초하루 기유일에 서경 순무사巡撫使 대장군 민희가 사록司祿 최자온과 함께 비밀리에 장교들을 시켜 다루가치들을 죽이고자 계획을 세웠다. 그런데 서경 백성들이 이러한 소식을 듣고 몽고 군사에게 살육당할 것을 염려하여 반란을 일으켰고, 이 때문에 최자온이 갇히자 계획은 수포로 돌아갔다.

이러한 사건이 일어나기에 앞서 요동 지역으로 철수해 있던 살례탑은 1232년(고종 19) 2월 무술일에 고려의 국사를 지도하기 위해 도단을 개경으로 보냈다. 그는 본래 거란 사람인데 성품이 매우 간사하고 교활하여 전일 몽고 군사를 강동성으로 불러들여 거란을 전멸시킨 바 있었다. 개경에 도착한 그는 고려의 국사를 지도하기 위해 온 것인 만큼 대궐에 들어가 있겠다고 하여 고려 조정을 난처하게 만들었다. 이러한 요구가 받아들여지지 않자 그는 성을 내며 사관으로 돌아갔으며 사관의 영송 판관迎送判官으로 배치되어 있던 낭중 민회적이 자신에게 공대를 잘하지 못한다는 이유로 그를 때려죽이기까지 하였다. 게다가 살례탑은 편지를 보내 고려 백성을 선발하여 개주관 및 선성산 밑으로 이주시켜 농사를 짓도록 하라고 요구하였다. 고종은 이를 거절하면서 몽고 측의 과중한 공물 요구와 국왕, 모든 종친, 공주, 군주, 대신들의 자제를 몽고로 보내라는 요구에 대해서도 거절하였다. 이렇듯 몽고의 부당한 요구에 대해 적극적으로 대처하면서 고려는 또다시 이어질지도 모를 몽고의 침략을 방어할 방법을 모색해 나간다. 한편 살례탑은 자신의 요구가 받아들여지지 않자 화를 내며 지의심을 포함한 사신들을 잡아 원나라로 압송하였다.

바야흐로 몽고와 고려 간에 전운이 감돌기 시작하자, 최우는 수전에 약한 몽고와의 일전을 위해 고종을 위협하여 1232년 6월, 강화로 도읍을 옮긴다. 최우는 강화에 궁궐을 쌓게 하고 백성들을 이주시키는 한편 새로이 궁궐과 사원을 짓고, 그 이름을 송도의 것과 동일하게 하여 전과 같이 연등회나 팔관회를 치뤘다. 규모는 작지만 서울인 송도를 그대로 옮겨놓은 것과 같게 한 것이다. 그 뿐 아니라 최우는 자신의 집을 지을 때도 군대를 동원하여 송경의 나무를 운반해 화려하고 웅장하게 지었으며, 수십 리나 되는 후원 가운데 송백을 심어 경치를 좋게 하였다.

그런데 현종 때 부인사符印寺의 대장경이 소실되어 군신들이 혼란에 빠지자 1227년(고종 14)부터 강화에서 대장경 경판을 다시 만들기로 하였다. 임금은 이 경판만 만들어 놓으면 몽고의 도적이 물러갈 것이라고 생각하고 이규보에게 기고문祈告文을 지어 대장경판 완성을 독려하게 하였다. 이처럼 고려는 불교의 힘으로 몽고군을 물리치고자 했던 것이다.

고려의 이러한 움직임에 대해 몽고는 비난을 퍼부었고, 고려 측에서 누차 편지로 딴 뜻이 없음을 밝혔는데도 몽고는 개경 환도를 요구하며 2차 침입을 감행했다. 기실 살례탑이 이끄는 몽고군은 강화로 천도한 것을 비난하며 고종이 육지로 나올 것을 요구하였으나 이에 응하지 않자, 고려를 침략하여 개경을 거쳐 한양을 함락한 뒤 처인성에 이르렀다. 이때 난을 피하여 처인성에 와 있던 승려 김윤후金允侯가 활을 쏘아 살례탑을 사살하자 몽고군은 당황스러워하다가 철군하고 만다. 몽고군의 2차 침입을 물리친 과정은 고려에서 동진에 보낸 편지의 내용을 통해 당시 몽고를 바라보는 고려의 시각과 전쟁 상황을 짐작해 볼 수 있다.

'소위 몽고란 나라는 시기심이 아주 심하여 화친을 하였다 해도 믿을 나위가 없으니 우리나라에서 그들과 좋게 지낸 것은 꼭 본의에서 나온 것은 아니다. 몇 해 전에 그들의 군사가 왔을 때에 그들은 비록 맹약과 신의를 저버리고 그처럼 횡포 무도하였지만 우리나라에서는 잘못이 저쪽에 있을지언정 우리가 그들의 잘못을 본받고 싶지 않았기 때문에 대우를 시종일관 깍듯이 하여 보냈으며 우리가 이렇게 도읍을 옮겼지만 그들의 군사가 오면 대접을 더욱 후하게 하였다. 그런데 그들은 아직도 이 뜻을 조금도 생각지 않고 원근 국경 지대에 횡행하면서 난폭한 약탈을 일삼고 있다. 이로 말미암아 각 주군들에서 성을 둘러싸고 굳이 지키지 아니한 데가 없으며 혹은 물을 방어선으로 삼아 완강하게 지키면서 사태를 보고 있었는데 그들은 점점 우리나라를 집어삼킬 목적으로 모든 주군을 쳐서 빼앗으려 하니 각 주군들에서 어찌 국가의 지시에 구애되어 해칠 마음을 가진 사람과 사귀어 스스로 후환을 초래할 수 있겠는가? 그리하여 다만 성안에 앉아 지킬 뿐만 아니라 왕왕 백성들에게 가해지는 침략을 참을 수 없어서 그들과 교전하여 관리와 장병들을 살상하고 포로로 만든 수가 적지 않았다. 금년(1231) 12월 16일에는 수주에 속한 고을인 처인 부곡의 조그마한 성에서 백성들이 몽고군과 대전하다가 그들의 괴수인 살례탑을 쏘아 죽였고, 포로로 만든 수도 많았으며 패배한 잔당들은 사방으로 분산되었다. 이때로부터 기운이 꺾여서 일정한 곳에 편히 있을 수 없게 되어 군사를 철수한 듯하다.'

예상치 못한 패배를 당하고 물러난 몽고는 이후 동진과 금을 평정하는 데만 전력을 기울인다. 덕분에 고려는 비록 짧은 기간이지만 전쟁의 참화에서 벗어날 수 있었다.

이어지는 전란들

살례탑이 죽은 것을 복수하기 위해 몽고가 또다시 고려로 쳐들어온 것은 1235년(고종 22)이었다. 5월 병자일에 몽고 기병 50여 명이 관동에 들어온 것을 시작으로 6월 경인일에는 의주강을 건넌 몽고군이 자주, 삭주, 구주, 곽주 등 17개소에 진을 쳤다. 1239년 4월 몽고군이 철군할 때까지 4년 가까운 기간 동안 고려는 그야말로 전 국토가 초토화되고 수많은 인명과 재산을 잃었다. 뿐만 아니라 황룡사 탑과 같은 귀중한 문화재가 소실되기도 하였다. 고려인들은 이렇듯 모진 시련 속에서도 결사 항전을 다짐하며 불력佛力에 의지하여 몽고군을 물리치고자 팔만대장경 간행을 시작한다. 그러나 결사항전 의지와 불력에 의지하는 것만으로는 몽고군을 막아내기에 역부족이었다. 결국 고려에서는 1238년 12월, 장군 김보정과 어사 송언기를 몽고에 파견하여 강화를 요청한다. 때마침 몽고 조정에 내분의 기운이 감돌던 때였기 때문에 몽고에서는 1239년 4월에 보가아질 등 20여 명을 고려로 보내 고종의 친조를 요구하였고 마침내 몽고군은 철군하였다.

이후 몽고는 왕의 친조를 지속적으로 요구하였으나 고려에서는 응하지 않았다. 이에 몽고는 1247년(고종 34) 강화에서 개경으로 수도를 다시 옮길 것을 요구하며 4차 침략을 감행하였으나 몽고 왕 태종이 죽는 바람에 그들은 곧 고려에서 물러갔다.

수차례의 전쟁을 치르면서도 몽고와 고려 간에는 사신이 오가고 있었다. 1251년(고종 38) 11월에는 몽고 사신 장곤과 홍고이가 40여 명을 이끌고 와서 고종의 친조를 요구하였으며 이후로도 다가, 아사 등과 같은 사신들이 와서 개경 환도와 고종의 친조를 요구하였다. 그럼에도 고려에서는 별다른 움직임을 보이지 않았다. 이는 최우의 대몽 강경론에 기인한 바가 컸다.

그런데 1249년 최우가 병으로 죽고 만다. 당시 최우의 아들 최항은 송광사에서 승려가 되어 선사로 있다가 최우의 병이 심상치 않음을 알고 환속하여 무신 정권을 이어받았다. 무신 정권의 주인이 바뀌었지만 대몽 정책에는 별다른 변화가 없었다. 최항 또한 대몽 강경책을 고수하고 있었던 것이다.

그러자 고려를 다녀간 아모간, 홍복원 등이 원나라 왕에게 이렇게 보고하였다.

"고려에서는 겹성을 쌓아 변란에 대비하고 있으며, 육지로 나와 우리나라에 귀순할 뜻이 없는 것 같았습니다."

이런 보고를 접한 원나라 왕은 결국 5차 침략을 감행하기에 이른다. 이때 몽고군의 원수는 야굴이었는데, 그는 고종에게 여러 차례에 걸쳐 편지를 보내는 등 유화책을 펴 나가는 한편 고주, 화주, 광주를 침략하여 살인과 방화를 일삼는 등 강경책을 병행했다.

야굴이 유화책을 펴면서 요구한 사항들은 왕이 육지로 나와서 항복할 것, 성을 허물고 원나라에 귀순할 것 등이었다. 고종은 거듭되는 몽고의 공격에 여러 성들이 함락되고, 수많은 인명이 살상되자 결국 최항의 묵인 하에 육지로 나가 몽고의 사신들을 맞아들인다. 이때 둘째 아들 안경공 창을 몽고로 보내자, 침략군은 철병하였다.

그러나 몽고군은 이듬해 7월 다시 고려를 공격해 들어온다. 왕이 비록 육지로 나왔으나 진정한 개경 환도가 이루어지지 않았다는 것이 이유였다. 전쟁 초기만 하더라도 몽고군의 일방적인 살육전이 진행되는가 싶었지만 고려의 별초군이 결사 항전하면서 몽고군도 곤란한 지경에 빠져들고 만다. 적에게 잡혀간 남녀가 26만6천8백여 명이요, 살육 당한 자의 숫자 또한 이에 못지않을 정도로 막대한 피해를 입은 고려와 마찬가지로 몽고군도 헤아릴 수 없을 정도로 많은 군사들을 잃었다.

이처럼 피해 상황이 날로 늘어나자 고종은 사신을 몽고에 보내 철군을 요구하는 한편 고려 왕의 친조와 개경 환도를 약속하기에 이른다. 이리하여 몽고군이 물러갔으나 그 후 몽고에 약속한 사항들은 지켜지지 않았다. 최항이 굳건하게 버티고 있었기 때문이다. 대신들은 한 술 더 떠서 몽고에 보내는 봄철 공납을 중지하자고 주장한다. 몽고에서 해마다 침략을 하는데 우리가 아무리 힘을 다하여 그들을 대접하더라도 이로울 것이 없다는 이유에서였다.

그런데 그즈음 고려 내부에서 아주 중대한 변화가 일어난다. 1257년(고종 44) 최항이 죽고 그 아들 최의가 무신 정권을 이어받은 것이다. 당시 최항은 목숨이 오래 가지 못할 것을 짐작하고 어느 날 봄, 낙화가 펄펄 날리는 걸 보면서 다음과 같은 시를 지었다고 한다.

挑禍香裏幾千家 도화향리기천가
金幄溫溫十里斜 금악온온십리사
無賴狂風吹好事 무뢰광풍취호사
亂驅紅雨過長河 난구홍우과장하

복숭아꽃 향기 그윽한 서울에
비단 장막에 서기(좋은 기운) 어려 멀리 뻗쳤네.
광풍이 건듯 불어올 새
낙화는 붉은 빗발같이 앞내에 떨어지네.

최항은 선인열宣仁烈과 유능柳能에게 자기의 아들 의竩를 부탁하고 죽었다. 최항의 죽음은 곧 최씨 무신 정권의 붕괴로 이어진다. 최의는 무신 정권을 이끌 만한 자질을 갖추지 못한 인물이었던 것이다.

한편, 공납까지 중지하며 약속한 것을 이행하지 않는 고려의 태도를 보다 못한 몽고는 1257년 5월에 또다시 침공을 재개한다. 6월 신해일, 서경에 이른 몽고군은 고종이 친히 나와 군사들을 맞이하되 태자를 몽고에 볼모로 보내면 회군하겠다고 알려왔다. 고종은 대신들을 모아 놓고 의논한 끝에 태자를 몽고 왕에게 보내기로 결정했고, 이를 알리니 몽고군은 즉각 철수했다.

그러나 고종은 태자를 몽고에 보내는 것이 아무래도 불안했던지 11월 계축일에 4품 이상 관원들이 모인 자리에서 태자를 몽고로 보낼 것인가 말 것인가, 몽고군을 어떻게 방어할 것인가에 대해 토의하게 하였다. 오래지 않아 의견이 하나로 모아졌다. 태자 대신 그의 동생 안경공 창을 몽고에 다시 보내기로 결정한 것이다.

그런데 이듬해 3월 병자일, 대사성 유경과 별장 김준(초명 김인준) 등이 최의를 죽이고 정권을 고종에게 올리는 대사건이 벌어졌다. 최씨 무신 정권이 드디어 무너지고 형식적으로나마 모든 정권이 고종에게 이양된 것이었다. 그러나 이는 겉모습에 불과할 뿐 여전히 나라의 정권은 최의를 제거한 유경과 김준에게 넘어가 있는 상태였다. 이러한 상황에서 고려는 기나긴 대몽 항쟁의 끝을 향해 치달아가고 있었다.

그즈음 안경공 창이 연경에 도착하자, 속았다는 것을 안 몽고는 이듬해 6월 다시 고려로 침공해 들어온다. 군사들을 이끌고 평주 보산역에 진을 친 여수달은 다음과 같은 말을 전해 왔다.

'우리 황제께서 고려에 대한 일을 나와 차라대에게 맡긴 것을 아는가? 나는 귀국이 항복을 하는가 안 하는가에 따라 철거 여부를 결정할 따름이다. 국왕은 비록 영접하러 나오지 못하더라도 태자가 병영에 와서 항복하면 그날로 군사를 철수할 것이요, 그렇지 않으면 남쪽으로 내려가 도륙할 것이다.'

30년 가까이 작은 나라 고려를 공격했으나 굴복시키지 못한 대제국 몽고. 아마도 그들은 자존심에 대단한 손상을 입고 또 한편으로는 기나긴 전쟁에 지칠대로 지쳤을 것이다. 그래선지 대군을 이끌고 쳐들어왔음에도 요구 사항을 한층 낮춰 태자가 나와 군사들을 영접하라고 이야기하고 있었다. 그러나 고려에서는 불측지변을 꾸미려는 것이 분명하다고 주장하며 태자가 병이 났으니 낫기를 기다리라고 일축해 버렸다. 이에 약이 바짝 오른 여수달이 다시 고종에게 사절을 보내 자신을 업신여기는 것이냐고 따지며 어서 태자를 보내라고 독촉하였다. 그래도 고종은 태자를 보내지 않고 사람을 보내 사례만 하였다.

일이 이렇게 되자 여수달은 고려의 거짓을 알았다고 소리치며 군사를 놓아 노략질을 시작하였다. 또한 차라대도 군사를 거느리고 개경에 도착하여 주둔하였는데 군사들이 뿔뿔이 흩어져 백성의 집을 약탈했다.

이때 통진현 사람 조휘와 정주 사람 탁청이 화주 이북 땅을 몽고군에 떼어주었다. 몽고에서는 화주에 쌍성총관부를 설치하고 조휘와 탁청을 각각 총관摠管과 천호千戶로 삼았다. 그런데 이튿날 달보성 백성들이 방호별감防護別監 정기 등을 잡아 몽고군에 투항하는 사건이 또 일어났다. 이처럼 곳곳에서 항복하는 사람이 줄을 잇자 고종은 그해 12월에 장군 박희실 · 조문주, 산원 박천식 등을 몽고에 보내 다음과 같이 알렸다.

'본국이 귀국에 대한 성의를 다하지 못했던 것은 다만 권력을 잡고 있던 간신이 나라의 정치를 독단하면서 귀국과 친근하게 지내기를 싫어했기 때문이다. 그러나 지금은 최의가 죽었으므로 곧 여기를 떠나 육지로 가서 귀국의 요구를 듣고자 한다.'

결국 고종은 태자를 몽고에 보낼 것까지 약속한 뒤에야 30년 가까이 진행되어 온 전쟁을 끝낼 수 있었다. 그해 4월 갑오일, 태자 전(원종)은 표문을 가지고 추밀원부사 김보정 등 40여 명의 대신들과 함께 몽고로 떠났으며 고려에서는 몽고의 요구로 강화의 성을 모두 헐어 버렸다. 태자가 몽고로 갈 때 종자는 불과 40명 밖에 되지 않았으며, 노자도 부족하여 문무관들이 보태어 주는 형편이었다고 한다. 태자는 거의 한 달이나 되어 만주 호천虎川을 건너 고려를 치러 나오는 송길松吉을 만나 가지고 가던 물건을 선사하고 이제는 황제를 뵈러 가니 더 이상 괴롭히지 말라고 애원하였다.

태자 일행이 옛날 당나라 현종이 양귀비와 놀던 장안 교외 온천장인 청하궁淸華宮을 지나 다시 육반산六盤山까지 갔을 때 몽고 황제가 세상을 떠났다는 소식을 들어 더 이상 가지 못하고 형세를 보고 있었다. 마침 황제의 동생 쿠빌라이忽必烈가 황제로서 유력하다는 소식을 듣고 쿠빌라이가 있는 남쪽으로 내려가 양양襄陽 근처에서 황태자를 만나 몽고의 서울인 개평부開平府로 갔다. 개평부에서는 태자를 자기 나라의 황족같이 대접하여 조금도 불편함이 없었다.

그러나 이때 본국에서 고종이 승하하였다는 소식이 들어와 태자는 만 일 년 만에 귀국하여 개경으로 들어갔고 몽고와의 싸움은 끝을 맺었다. 쓸쓸한 태자 일행과 같이 약탈 당한 고려 천지는 쓸쓸할 뿐이었다.

고종의 죽음

1259년(고종 46) 3월부터 몸이 좋지 않았던 고종이 유경의 관저에서 숨을 거둔 것은 6월 임인일이었다. 재위 46년 동안 권신의 그늘에서 기를 펴지 못하다가 몽고의 침략으로 고난의 세월을 또다시 맞이해야 했으며, 비록 최씨 무신 정권이 끝났다고는 하나 여전히 권신들이 득세하는 세상을 바라보며 안타깝게 세상을 등지고 만 것이었다. 향년 68세였던 고종의 시호는 안효安孝, 묘호는 고종高宗이며, 능호는 홍릉洪陵이다.

고종이 죽자 대장군 김준은 안경공 창을 추대하여 왕위를 잇게 하려고 하였으나 양부에서 반대를 하고 나섰다. 맏아들이 뒤를 잇는 것이 통례이며, 태자가 몽고에 들어가 있는데 그 아우를 임금으로 삼을 수 없다는 것이 이유였다. 이와 함께 양부의 관원들은 고종이 죽기 전에 남긴 조서를 발표하였다.

> '내가 덕은 작고 책임이 중대한데 병이 이렇게 위중하다. 왕위는 오래 비워 둘 수 없고 더군다나 나의 맏아들은 그 덕행이 족히 임금 노릇을 할 만하기에 그에게 나의 자리를 맡기노니 모든 관원들

은 각각 자기 직무를 담당하여 새 왕의 명령에 순종할 것이며 새 왕이 몽고에서 돌아오기 전에는 군국의 모든 일을 나의 손자에게 물어 하라.'

고종의 유언까지 들이대며 안경공 창의 즉위를 반대하니 최씨 무신정권에 이어 권신의 자리에 오른 김준도 더 이상 고집을 피우지 못했다.

사관의 평

고종 시대에 안으로는 권세를 잡은 가신이 서로 잇대어 나라의 명령을 제 마음대로 하였고, 밖으로는 여진과 몽고가 해마다 군사를 보내 침범하였으니 당시의 나라 형세는 매우 위태로웠다. 그러나 왕이 조심스럽게 법을 지키고 수치를 견디고 참았기 때문에 왕위를 보전하였을 뿐만 아니라 마침내 정권이 왕실로 돌아오게 되었다. 그리고 적이 들어오면 성을 튼튼히 하여 굳이 지키고 적이 물러가면 사신을 보내 화친을 맺었으며 태자를 시켜 예물을 가지고 직접 몽고에 들어가게 하였던 것이다. 이렇게 하였기 때문에 마침내 사직을 유지하고 나라를 길이 보전하게 되었다.

고종의 후비와 종실들

고종에게는 후비 하나와 아들 둘, 딸 하나가 있었다.

안혜安惠 왕후 유씨柳氏는 희종의 딸이다. 1211년(희종 7) 승복承福 궁주로 봉하였으며 1218년(고종 5) 왕비로 삼았다. 원종元宗, 안경공安慶公 창淐, 수흥壽興 궁주를 낳았다.

1232년(고종 19) 죽으니 백관들이 3일간 현관 소복을 입었으며 시호를 안혜安惠라고 하였고 1260년(원종 1) 왕태후로 추존하였다. 1310년(충선 2) 원나라 무종武宗이 국서를 보내 고려의 왕비로 추봉하였다.

안경공 왕창의 처음 이름은 간侃이며 처음에는 안경후로 책봉되었다가 1253년(고종 40) 공公으로 승진되었다. 몽고에 사신으로 가서 철병할 것을 요청하고 이듬해에 돌아왔는데 먼저 사람을 보내어 아뢰기를

"제가 오랫동안 비리고 노린내 나는 곳에서 전염되어 왔으니 청컨대 하룻밤만 지난 후 뵙겠사옵니다."

라고 하였더니 고종이

"네가 간 다음부터 나는 하늘에 빌고 부처에게 기도하여 빨리 만나 볼 것을 바랐다. 지금 이미 무사히 돌아왔는데 왜 밖에서 자야 하겠느냐? 그저 네가 입은 의복만을 모두 불에 태워 버리고 다른 옷으로 갈아 입은 후에 즉시 오라."

고 말하였다. 왕창이 밤에 왕을 뵈었는데 고종이 그를 보고 눈물을 흘리니 측근들도 모두 눈물을 흘렸다.

1259년(고종 46) 고종이 죽자 너무 슬퍼하다가 몸이 약해져 지팡이를 짚고서야 행보할 수 있었다. 임연林衍이 왕을 폐위시킨 후 왕창을 왕으로 세우자 몽고에서 사신을 보내어 임연이 마음대로 왕을 폐위하고 즉위시킨 것을 힐문하자 임연은 다시 원종을 세우고 창을 폐위시켰으며 후에 시호를 영종英宗이라고 추증하였다.

| 고종의 혈계 |

강종

원덕 왕후 유씨

제23대 **고종** (1192~1259)
재위 1213~1259

안혜 왕후 유씨

제24대 원종
안경공 창
수흥 궁주

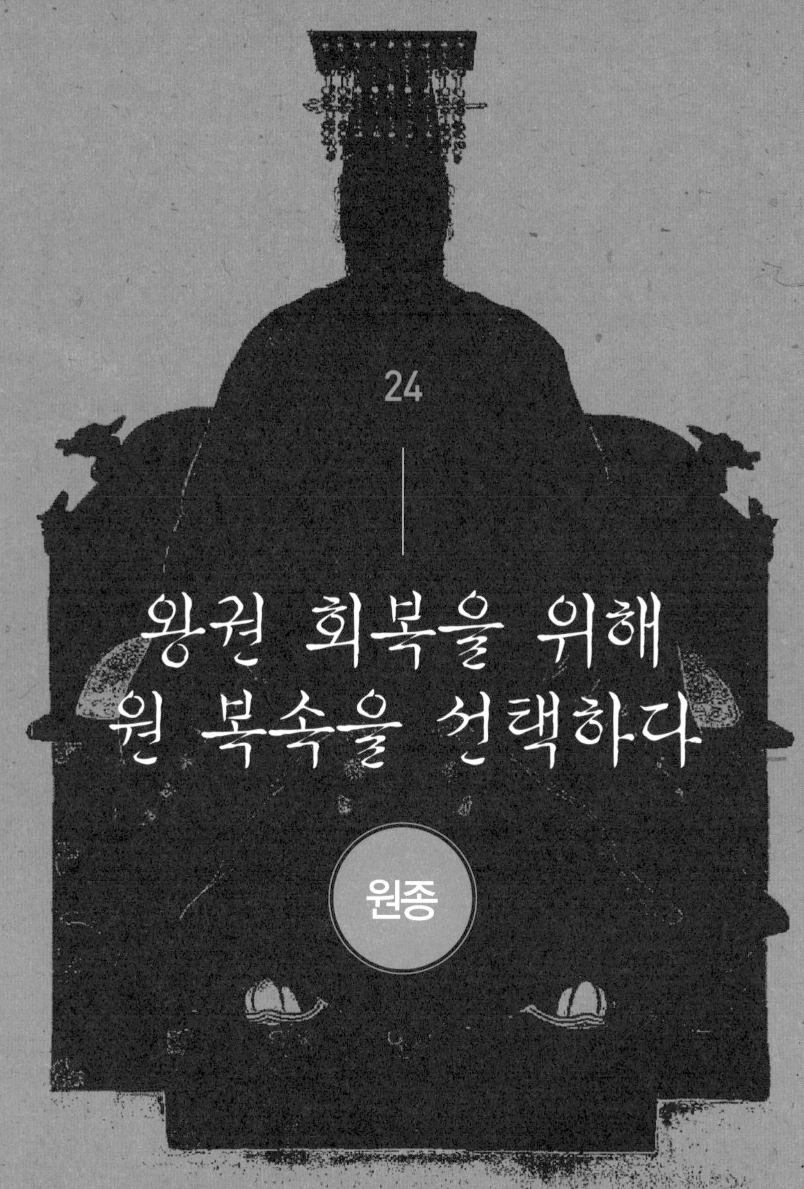

24

왕권 회복을 위해 원 복속을 선택하다

원종

高麗王朝實錄

고려 앞에 놓인 두 갈래 길

전란에 휩싸였던 고려가 극적인 전환기를 맞이한 것은 최의의 죽음과 무관하지 않다. 최씨 무신 정권의 마지막 수뇌였던 최의의 죽음은 형식적이나마 왕권의 회복을 의미하였고, 아울러 대몽 강경론을 펴던 최씨 정권의 붕괴로 말미암아 고려의 정세는 대몽 강화론 쪽으로 급히 선회한다.

유경과 김준이 왕정복고를 꿈꾸며 최의를 죽인 것은 1258년(고종 45)이다. 그러나 거사를 주도했던 유경은 훗날 김준의 참소에 의해 권세를 빼앗긴다. 이로써 왕권이 회복되는 듯했던 고려의 정권은 무인 김준의 손아귀로 들어가 김준은 위사공신 1위에 올랐고, 최씨 무신 정권 여러 수뇌들의 뒤를 이어 교정별감이 된다.

교정별감이 된 김준은 권력의 절정에 오르자 탐학을 일삼는 한편 고려의 자주성 회복과 개경 환도 반대, 대몽 강경론을 실천에 옮기려 한다.

당시 고종의 죽음과 함께 왕위에 오른 원종은 고종의 유언에 의해 태자 심(충렬왕)에게 국사를 맡긴 채 몽고에 머물고 있었다. 힘이 부족하여 오랜 기간 펼쳐진 대몽 항쟁을 접고 고종 대신 볼모가 되어 몽고에 가 있었기에 원종은 마음으로부터 몽고에 반감을 품고 있었을 것이 분명하다. 그러나 원종은 몽고 왕의 아우 쿠빌라이를 만나면서 몽고에 다소나마 호감을 갖게 되었고, 막강한 몽고의 힘을 빌려 부왕 시절부터, 아니 무신 정권이 들어선 이래 선왕들이 꿈에도 그려온 완벽한 왕권 회복을 도모해 보고자 마음먹는다.

그 당시 나라 이름을 원으로 고친 몽고의 내부 사정을 살펴보면, 몽고 왕 헌종이 죽고 나서 왕의 아우 쿠빌라이와 아리패 간에 왕위 다툼이 벌어지고 있었다. 원종이 쿠빌라이를 만나러 갔을 때 그는 몹시 기뻐하면서 이렇게 말하였다.

"고려는 만 리나 떨어져 있는 먼 나라요, 일찍이 당나라 태종이 친히 정벌하려 하였으나 항복시킬 수 없었는데 이제 그 나라의 세자가 스스로 와서 나를 따르니 이는 하늘의 뜻이로다."

쿠빌라이는 얼굴이 그림 같이 아름답고 행동거지가 예의범절에 맞아 원종은 그에게 호감을 느끼고 있었는데, 고려에서 고종이 죽었다는 소식이 전해지자 쿠빌라이는 다루가치 속리대 등을 시켜 원종을 호위하게 하였다. 이 때문에 원종은 마음이 더 풀어져 몽고와 친하고자 하는 뜻을 세우기까지 하였다.

이때 강회 선무사 조양필이 쿠빌라이에게, 고려는 비록 작은 나라이나 자신들이 무력을 쓴 지 20여 년이 되어도 항복받지 못하였다고 하면서 일국의 국왕을 대하는 예로 대접해 주어야 원종이 감격하여

자원하여 원나라의 친한 이웃 나라가 될 것이라고 하였다. 쿠빌라이는 조양필의 말이 옳다고 여겨 그날로 원종의 숙소를 옮겨 주고 더욱 후대하였다.

이런 일을 겪으면서 몽고의 힘을 빌려 왕권 회복을 도모해야 겠다는 뜻을 더욱 굳힌 원종은 고종의 죽음을 맞이하여 고려로 돌아온 뒤 1260년 4월 무오일에 강안전에서 41세의 나이로 왕위에 올랐다.

몽고의 복속국이 되더라도 그 힘을 빌려 무신들을 제압해 왕권을 완전하게 회복하고자 하는 원종과, 몽고에 맞서 고려의 자주성을 회복하고 개경 환도를 막고자 하는 김준. 나라를 이끌어 갈 만한 힘을 가진 두 사람의 생각이 이렇듯 달랐기에 고려의 앞날은 예측불허였던 셈이다.

원나라와 무신들 틈에 끼어 길을 잃다

1260년 2월 계해일, 원나라에서 고려로 돌아오던 중 야속달로부터 3월 상순에는 강화도에 있는 모든 사람들이 개경으로 나와야 한다는 강압적인 말을 들은 이래 원종은 개경 환도를 요구하는 원나라 측의 거듭되는 독촉 때문에 전체 관원과 백성, 승려들에게 개경에 집을 지으라고 명령한 바 있다. 이에 폐허로 남아 있던 개경에는 궁궐을 위시한 건축 공사가 한창 진행되고 있었다.

그러나 강화에 뿌리를 내리고 30년째 살아오며 모든 권세를 손에 쥔 김준과 그 측근들은 알고 있었다. 개경 천도와 함께 원나라의 강성한 힘을 등에 업은 원종이 왕권을 회복하게 되리라는 사실을. 이는 무신 정권의 붕괴를 뜻하기도 하였다. 원종의 친원 정책이 애초부터 마음에 들지 않았던 데다 고려의 자주성 회복이라는 명분까지 더해지자, 김준은 원종의 정책에 적대적으로 돌아선다. 즉, 강화도라는 지리적 여건에 의지한 채 차근차근 군사력을 키워 원나라를 이 땅에서 내몰고 보다 강한 고려를 재탄생시키고자 했던 것이다.

닦달하는 원나라와 그러한 닦달을 철저하게 외면한 채 강화도에서 꼼짝도 하지 않는 김준. 비록 자신의 신하라고는 하지만 힘으로 어찌 해볼 도리가 없었기에 원종은 좌절하고 말았다.

『고려사』 1260년 12월 경신일의 기록을 살펴보면

'왕이 궁녀들을 수방에다 모아 놓고 음란 방자하여 절도가 없었으므로 어사대부 김준이 수방을 바깥에 옮겼다.'

는 내용이 나온다.

무엇 한 가지 뜻대로 되는 일이 없으니 궁녀들을 상대로 음란한 행위에 몰두했던 것이리라.

이처럼 원종이 실의에 빠져 있을 때, 쿠빌라이가 정권 다툼을 벌이던 아래패가를 제압했다는 소식이 1261년 4월에 날아든다. 왕의 권위를 되찾는 길은 원나라에 의지하는 것뿐이라고 생각해오던 원종은 유대 강화를 위하여 즉각 태자 심을 원나라에 파견하여 축하 표문을 전한다. 이때 전문윤도 일행과 함께 원나라에 갔는데 원종의 편지를 전하고 고려로 다시 돌아오려 할 때, 원나라의 시조이자 몽고의 제5대 왕이 된 쿠빌라이(세조)가 속리대에게 명령하여 함께 고려로 가라고 하였다. 이에 전문윤이 쿠빌라이에게 한 가지 청을 했다.

"속리대는 전년에 황제의 명령으로 주둔군을 철수한 일을 우리나라에서 참소한 것으로 생각하고 화를 내며 돌아왔습니다. 그래서 그는 도리어 우리나라를 참소하여 있지도 않은 말을 꾸며냈습니다. 지금 만일 저와 함께 간다면 이 자가 가서 또 무슨 말을 만들어 폐하를 속일지 모르겠으니 그를 보내지 말아 주시기 바랍니다."

쿠빌라이는 전문윤의 청대로 해주었다.

일본을 타이르라

1264년(원종 5) 5월 신사일 몽고에서 사신 호도, 다을자, 조태, 가와상 등이 쿠빌라이의 조서를 가지고 고려에 왔다. 그간 귀순한 여러 나라의 왕들이 몽고 수도 연경에 모여 조근朝覲의 예를 거행하려 하니 고려 왕도 빠지지 말라는 내용이었다. 그리하여 8월 계축일에 몽고로 출발한 원종은 9월 경자일에 연경에 도착하여 원나라 왕 쿠빌라이를 예방하고 우의를 다졌다.

그러나 원종과 쿠빌라이 사이를 다소 멀어지게 만든 사건이 1266년 11월에 일어난다. 계축일에 흑적 은홍이 가지고 온 몽고 왕의 조서에 이런 내용이 적혀 있었다.

'당신의 나라 사람 조이가 와서 말하기를, 일본은 고려와 이웃 나라인데 그 나라의 법전과 정치가 가상히 여길 만한 것이 있고 한나라, 당나라 때로부터 때때로 사신을 보내온 일도 있다고 하였다. 그래서 지금 흑정 등을 보내 일본으로 가서 그 나라와 우호 관계를 맺고자 하는 바이니 당신은 일본으로 가는 사신의 길을 안내하라. 이 일의 책임은 당신이 맡는 것이 좋을 것이니 바람과 파도가 험하다는 구실을 삼지 말며 일본과 통호한 적이 없다는 말로 나를 설득시키려고 하지 말라. 일본이 나의 명령을 순순히 좇지 않을까 걱정이므로 일본으로 가는 사신을 당신에게 부탁한다. 당신의 성의 정도가 이 일에서 명백해질 것이니 모든 힘을 다할 것이다.'

이때만 해도 원종은 별다른 생각 없이 추밀원부사 송군비와 시어사 김찬 등에게 명하여 흑적과 함께 일본으로 가라고 하였다.

그런데 일행이 1267년 정월에 거제도 송변포에 이르러 보니 풍파가 몹시 험하여 일행은 개경으로 되돌아왔다. 사신들이 배도 못 타 보고 되돌아오자 걱정이 된 원종은 송군비를 몽고로 보내 기상 악화로 일본에 가지 못했음을 알리고, 아울러 고려가 일본과 통호한 적이 없음을 밝혔다.

일이 이렇게 되자, 몽고 왕 쿠빌라이는 덜컥 의심에 사로잡혔다. 몽고에 머무는 고려 사람들이 말하길, 고려가 일본과 힘을 합쳐 몽고에 맞서려 한다고 고했기 때문이다. 쿠빌라이는 전후 약속을 어기는 일이 많은 원종의 잘못을 책망하며 일본이 몽고에 귀순할 수 있도록 다리를 놓음으로써 그간 몽고에서 보살펴준 은혜에 보답하라고 윽박지르기까지 했다.

결국 원종은 되돌아 온 몽고 사신과 기거 시인 반부로 하여금 공문을 가지고 일본으로 떠나도록 명하였다. 그러나 일본으로 간 사신 일행은 얻은 것 하나 없이 1268년(원종 9) 7월이 되어서야 고려로 되돌아왔다. 일행이 경내에 도착했으나 일본인들은 서울에 발도 들여놓지 못하게 하였으며 서쪽 구석인 태재부라는 곳에 머물게 하고는 5개월이 넘도록 관심조차 주지 않았던 것이다. 그들은 친서와 국서를 주어도 답장이 없었으며 선물을 주며 타일러도 묵묵부답이었다.

이러한 소식을 접한 몽고 왕 쿠빌라이는 벌컥 성을 내며 다시 일본에 사신을 보낼 것을 명령하는 한편, 고려에 군대를 갖추고 선박을 건조하라고 일렀다.

"남송이나 일본이나 간에 나의 명령을 거역하면 그들을 징벌할 것이다!"

이것이 쿠빌라이의 뜻이었다. 이와 함께 쿠빌라이는 관원을 흑산도로 보내 일본으로 들어가는 바닷길을 시찰하게 하였다. 바야흐로 일본 정벌의 분위기가 무르익어 가는 시점이었다.

권신의 손에 원종은 폐위되고

한편, 몽고는 1268년 3월 송나라 정벌을 준비하면서 고려에 원병과 병선을 요구하였다. 이에 따라 쿠빌라이는 김준과 그의 아우 김충으로 하여금 모든 준비를 갖추어 연경으로 입조하라고 명령하였다. 그러나 몽고로 들어가는 것에 두려움을 느낀 김준은 원나라 사신을 죽이고 자신을 못마땅하게 여기는 원종마저 제거해 버리려 한다. 하지만 김충의 반대로 김준의 계획은 수포로 돌아가 버리고 이로 인해 김준은 동생과 함께 몽고에 다녀올 수밖에 없었는데, 원종은 김준의 행동거지가 마음에 들지 않아 1268년 12월 정유일 임연에게 김준을 죽이라고 넌지시 이른다. 이에 임연이 김준과 김충을 죽였고, 원종은 이듬해 정월에 김준의 도당인 별장 김창세와 허인세를 죽인 뒤 이득재와 길선보 등 여섯 사람을 귀양 보냈다.

그런데 그해 2월, 몽고에서 돌아온 하정사賀正使 이순익이 심상치 않은 말을 원종에게 전했다. 몽고 왕 쿠빌라이가 고려를 의심하고 있다는 내용이었다. 즉, 몽고의 조서를 빙자하여 선박을 건조한 고려가 장차 바다 한가운데로 들어가 몽고에 대항하려 하는 것 아니냐고 물었다는 것이었다. 이는 몽고 왕 쿠빌라이가 고려의 개경 환도가 완전히 이루어지지 않았음을 들어 책망한 것이었다. 일본으로 가는 사신이 파도 때문에 몽고로 되돌아갔을 때에도 쿠빌라이는 개경 환도를 서두르지 않는 이유를 강하게 질책한 적이 있었다.

이에 원종은 개경 환도를 서두르려 하였다. 그러나 무신 정권의 싹이 완전히 제거되지 않은 상태에서 원종이 독단으로 개경 환도를 이룰 수는 없는 상황이었다. 이는 달리 표현하면 기득권을 쥘 수 있는 장소인 강화도를 무신들이 포기하지 않는 한 진정한 개경 천도는 불가능하다는 뜻이기도 했다. 김인준을 제거하며 정권을 잡은 임연과 원종 사이에 갈등이 불거진 것은 이러한 전후 사정 때문이었다.

임금의 조치에 불만이 많았던 임연은 결국 1269년(원종 10) 6월 임진일 재상들을 모아 놓고 반역을 모의하였다. 이장용의 의견을 받아들여 원종을 폐위시키기로 결정한 임연은 이튿날 갑옷을 입고 삼별초와 6번 도방을 인솔하고 안경공 창의 집에 가서 왕으로 추대하였다. 이와 함께 임연은 원종에게 별궁으로 물러나라고 강요하였다.

왕으로 추대된 안경공 창은 7월 병오일에 임연을 교정별감으로 임명했다. 이로써 실질적으로 정권을 틀어쥔 임연은 중서사신 곽여필을 몽고에 파견하여 왕의 손위遜位에 관한 글을 보냈다. 병에 걸려 왕위에 앉아 있을 수 없으니 창에게 손위한다는 내용이었다.

당시 태자 왕심은 몽고에 있었는데 왕이 바뀌었다는 말을 접하자마자 고려로 돌아갔다. 그런데 태자가 파사부에 이르렀을 때, 정주 관노 정오부가 강을 건너와서 임연이 원종을 폐하고 새 왕을 세운 사실을 일러바쳤다. 워낙 놀라운 이야기라 태자는 좀처럼 믿을 수가 없었다. 이에 정오부가 다음과 같이 건의했다.

"고주사告奏使 곽여필이 영주에 있으니 사람을 시켜 그를 만나게 해 보십시오."

이에 태자는 함께 왔던 몽고 사신 7명을 영주로 보내 곽여필을 잡아 사실 여부를 캐물었고, 정오부의 말이 사실임이 드러나자 태자는 통곡하며 몽고로 돌아갔다.

되돌아온 태자에게 그간 고려에서 벌어진 사건의 내막을 전해 들은 몽고 왕 쿠빌라이는 알탈아불화와 이악을 태자와 서장관 김응문 등과 함께 고려로 보내 사건의 진위를 알아보도록 하였다. 그러나 임연에게서는 원종에게 병이 있어 손위케 하였다는 한결같은 대답만 나왔다.

이에 몽고에서는 그해 11월에 다시 시랑 흑적과 치래도 등을 보내 조서를 전달했다.

'고려로 갔던 사신이 돌아와서 임연의 말을 전했는데 그 내용은 다음과 같다.

〈이번 일은 모두 내가 한 일이라고 전하는 모양이다. 그러나 권력이 있는 자라야 국왕을 폐위시키거나 즉위시키는 것이다. 나의 관직 등급은 일곱 사람의 아래에 있는데 나에게 무슨 권력이 있어서 이 일을 해낼 수 있었겠는가?〉

임연의 말이 이러하니 고려 왕과 안경공 창 및 임연이 함께 연경으로 와서 직접 면대하여 사실대로 말한다면 내가 그 시비를 들어보고 적당히 처리해 줄 것이다.'

즉 사건 당사자들이 모두 몽고로 입조하라는 이야기였다. 두려움에 사로잡힌 임연은 부랴부랴 3, 4품 관료들에게 대책을 마련하여 진술하라고 독촉했다. 이때 임연이 흑적을 위해 연회를 베풀었는데 이 자리에서 흑적이 원종을 복위시키라고 일러주었다. 이렇게 하여 임연은 원종을 다시 복위시켰다.

개경 환도는 이루어지고

그해 12월 경인일, 원종이 쿠빌라이의 부름으로 몽고로 가게 되었다. 이때 안경공 창은 원종을 호종하였으나 임연은 두려움에 사로잡힌 나머지 아들 임유간을 대신 보냈다. 그러나 그의 근심과 두려움은 날이 갈수록 깊어져 결국 그것이 병이 되어 죽고 말았다. 이에 따라 교정별감 자리는 그의 아들 임유무에게 돌아갔다.

한편 몽고로 간 원종은 1270년(원종 11) 5월 상장군 정자여, 대장군 이분희를 고려로 보내 국내에 남아 있는 신하들에게 다음과 같은 뜻을 전했다.

'몽고 왕 쿠빌라이가 행성의 두련가 국왕 및 조평장 등으로 하여금 군대를 인솔하고 나를 보호하여 귀국케 하였으며, 또 나에게 말하기를

〈당신은 고려로 돌아가서 나라 사람들에게 일러 모두 개경으로 이사하여 안심하고 살게 하라! 그러면 우리의 군대는 즉시 돌아올 것이다.〉

고 하였다. 그러므로 이번에 진행되는 개경 환도는 그전처럼 해서는 안 된다. 문무관원으로부터 방방곡곡의 백성에 이르기까지 모두 다 부인들과 어린이들을 데리고 나와야 한다.'

원종은 또한 상장군 정자여를 강화도로 보내 환도를 준비하라는 명을 내렸다. 이에 임유무는 관원들에게 원종의 명을 따를 것인가 말 것인가 의논케 하였는데 임유무의 기대와 달리 모두들 원종의 명을 따르겠다고 하였다. 그러자 격분한 임유무는 수로방호사水路防護使와 산성별감山城別監을 파견하여 백성들이 육지로 나가는 것을 금지시켰다.

이러한 보고를 접한 원종은 어사중승 홍문계, 직문하 성사 송송례 등에게 명하여 임유무를 제거하라고 하였다. 명을 받은 그들은 5월 계축일에 임유무를 처단하고 그 일당인 사공司空 이응렬, 추밀원부사 송군비를 귀양 보냈으며 서방 3번 및 조성색을 없애 버렸다.

임유무가 죽자 개경 환도는 빠른 속도로 진행되어 개경 시대가 다시 열렸다.

삼별초의 난

도성을 개경으로 옮길 때 삼별초는 조정의 시책에 극력 반대하고 나섰다. 삼별초는 최우가 도둑을 잡기 위해 만든 것으로서 밤에만 순시하였으므로 처음에는 야별초夜別抄라고 하였다. 후일 부대의 인수가 많아 좌우로 나누어 두 별초를 조직하였다가, 다시 몽고에서 도망온 사람을 따로 신의군神義軍이라고 하여 합쳐서 삼별초가 되었다. 이 특별 부대는 권신의 부속물이 되었으므로 다른 부대보다 보급도 충분하여 군세가 매우 강하였고, 그 동안 여러번 정권이 변동될 때마다 활약하여 이름을 날렸다.

마지막 집권자 임연이 죽고 그 아들 임유무가 피살된 후에도 강화도에 남아 있던 그들을 본국에서 개경으로 올라오라고 지시하였다. 그러나 삼별초의 지도자들이 듣지 않고 반항적 기세를 보이던 중 김지저金之氏가 강화로 들어가 삼별초의 명부를 가져가 버렸다. 이렇게 되자 삼별초는 장군 배중손과 노영희의 지휘 아래 반란을 일으켰다. 원종을 폐하고 원종의 6촌 동생인 승화후 온溫을 새 왕으로 옹립한 뒤 대몽 항쟁과 자주권 사수 투쟁을 벌여나가기 시작한 것이다.

삼별초는 무신 정권에 의해 만들어졌다는 태생적 한계를 지니고 있었지만 고려 최강의 전투 병력으로서 몽고의 침략을 막아내고 자주권을 사수하는 데 크나큰 공을 세운 집단이었다. 이러한 삼별초가 개경 환도에 응하여 육지로 나가게 된다면 몽고 세력에 의해 군대 해산은 물론이고 자칫하면 보복을 당하게 될는지도 모를 일이었다. 그리하여 삼별초는 몽고에 굴욕적 태도를 보이는 왕실에 등을 돌린 백성의 움직임에 힘을 입어 반몽, 반정부 자주독립 전쟁을 선포하기에 이른 것이었다.

승화후 왕온을 왕으로 세운 배중손 등은 이어서 관청 부서를 설치하고 유존혁을 대장군으로, 이신손을 상서좌승으로 임명하였다. 또한 그들은 공사 재물을 접수하고 배 천여 척을 동원하여 귀족, 고관의 가족들과 강화에 남아 있는 사람들을 진도로 옮기기 시작했다. 몽고군의 공격을 막아내자면 강화보다 제해권 장악이 용이한 진도가 더 유리하리라는 판단에서였다.

삼별초는 진도로 옮겨 가자마자 전라도 일대와 해안 도서 지방, 내륙 지방으로 영향력을 확대하여 오래지 않아 인근 전 지역을 세력권 안에 두게 되었다.

한편, 조정에서는 1270년(원종 11) 6월 신사일에 김방경을 추토사로 임명하였으며, 마침내 그해 9월 갑진일 김방경과 몽고 원수 아해를 군사들과 함께 진도로 내려보내 삼별초를 치게 하였다.

진도에 있는 삼별초는 왕손을 중심으로 하여 매일같이 연회하며 관군을 멸시하였다. 그중에 태사국 판사 안방열安邦悅은 완온에게 이렇게 말하였다.

"대왕 폐하, 자고로 용손십이진龍孫十二盡 향남작제경向南作帝京(용의 자손이 12대로 내려오면 남쪽에 가서 임금이 된다)이라는 말이 오늘에야 맞아 들어가나 봅니다. 이제 적은 다시는 못 올 것이옵니다."

이 구절은 난리가 있을 때면 흔하게 돌아다니는 참설讖說이나 왕온은 좋아하며

"고려는 짐의 대에 와서 흥하게 되나 보오."

하면서 안방열에게 후히 상을 주었다.

그러나 삼별초는 여몽 연합군의 진격에도 불구하고 전라도 지방은 물론이고 경상도 남해와 거제, 합포, 동래, 김주 등지를 장악하였으며 그해 11월에는 제주마저 장악하여 고려 조정에 크나큰 재정적 타격을

입혔다. 전라도와 경상도 지역의 조운이 차단된 까닭이었다.

그러나 삼별초는 고려 조정과 몽고의 전폭적인 지원을 등에 업은 연합군의 공세를 끝내 이겨내지 못하고 치명적인 타격을 입는다. 승화후 온과 배중손은 이미 목숨을 잃었고, 살아남은 잔당들이 김통정을 수령으로 추대하며 제주에서 마지막 항전을 벌였으나 1273년(원종 14) 2월에 완전히 토벌되고 만 것이다.

삼별초 토벌 전쟁을 벌이는 동안 민심의 지지를 얻지 못한 고려 조정은 사태 해결을 위해 늘 몽고에 의지하는 나약한 모습을 보였다. 이런 상황에서 삼별초의 난이 완전히 평정되자, 고려는 몽고의 복속국으로 빠르게 전락해 가기 시작한다.

원종의 죽음

이때 몽고는 원이라는 국호를 사용하고 있었는데 해가 바뀌어 1274년이 되자, 여러 방면에서 고려에 무리한 요구를 해오기 시작한다.

3월 경술일에는 경략사 왕총관을 파견하여 군사 5천 명을 징발하여 일본 정벌을 원조하라고 명령하였으며 이때 타고 갈 병선 건조에 동원된 일꾼 및 일체 자제들을 전부 고려의 부담으로 떠넘겼다.

또한 같은 달 임인일에는 원나라에서 매빙사 초욱을 파견하여 남편 없는 부녀 140명을 선출하여 원으로 보내라고 독촉하였다. 이에 고려에서는 결혼도감結婚都監을 설치하여 홀어미와 역적의 처, 승려의 딸 등을 샅샅이 뒤져 그 수를 겨우 채웠다. 이 과정에서 백성의 원성이 하늘을 찌를 듯하였다.

원나라의 힘을 빌림으로써 왕권을 회복하는 데는 성공하였으나, 나라의 운명을 송두리째 원에 맡길 수밖에 없는 복속국의 처지에 빠뜨린 임금이 원종이라고 하면 너무 혹독한 평일까. 대제국 원나라의 힘을 감안해 보건대 어쩔 수 없는 일이었다는 평이 지배적이기 때문이다.

한편, 원종은 1274년 6월 기유일에 병환이 들어 몸져누웠다가 며칠 후 세자 심에게 왕위를 물려주고 제상궁에서 숨을 거두고 만다. 왕위에 있은 지 15년, 향년은 56세였다. 시호는 순효順孝, 원나라의 시호는 충경忠敬이며 묘호는 원종元宗이다. 9월 을유일에 소릉韶陵에 묻혔다.

사관의 평

원종이 세자가 되었을 때, 권신들이 정권을 독점하고 의롭지 못한 일을 진행하여 원나라의 징벌과 문죄를 두려워하면서도 그에게 복종할 것을 즐기지 않았으므로 몽고의 군사들이 몇 해를 계속 국경에 집결하여 우리나라를 위압하며 안팎이 소란하였다. 그러나 왕이 부왕의 명령을 받들고 친히 원나라 조정에 예를 갖추고 방문하여 권신이 발호하려는 뜻을 꺾어 넘기고 드디어 권신으로 하여금 등창이 나서 죽게 하였다. 또 아리패가는 몽고 헌종의 맏아들로서 상도에 군사를 풀어놓아 길을 막았으며, 세조는 당시 번왕으로서 양, 초의 지방에 있었는데 원종은 능히 천명과 민심의 오가는 것을 알고 가까운 데를 버리고 먼 데로 가니 세황이 이를 가상히 여겼으며 홀도로게리미실 공주까지 왕의 아들에게 시집보내었다. 이로부터 대대로 장인과 사위의 좋은 관계를 맺어 동방의 백성들로 하여금 백 년 간 태평의 낙을 받을 수 있게 하였으니 이것은 또한 찬양할 만한 일이다. 그러나 삼별초가 국내에서 반란을 일으켜 여러 고을들을 침범, 노략하였고 원나라에서는 장수들을 보내 재물에 대한 요구가 끝이 없었다. 이런 시기야말로 밤낮을 헤아리지 않고 나라를 잘 다스릴 것을 도모하여야 할 때였는데 안일에만 빠져 결국 비번, 궁녀들에게 마음을 고혹 당하였고, 환관들로 하여금 왕명을 마음대로 출납하게 하였으니 안타까운 일이었다.

원종의 후비와 종실들

원종에게는 후비 둘과 아들 셋, 딸 둘이 있었다.

순경順敬 태후 김씨는 경주 사람 장익공莊翼公 김약선金若先의 딸로서 경목 현비로 봉하였으며 1235년(고종 22) 원종이 태자로 되면서 태자비로 맞아들였다. 충렬왕忠烈王을 낳고 죽었다. 1262년(원종 3) 정순 왕후로 추봉하였고 충렬왕이 왕위에 오르자 순경 태후로 추존하였다. 1310년(충선 2) 원나라 무종武宗이 국서를 보내 고려 왕비로 추봉하였다.

경창慶昌 궁주 유씨는 종실 신안공新安公 전佺의 딸로 경창 궁주라고 불렀다. 1260년(원종 1) 왕후로 책봉하였으며 시양후始陽侯 이珆, 순안공順安公 종悰과 경안慶安, 함녕咸寧 두 궁주를 낳았다. 1277년(충렬 3) 저주하였다는 무고에 걸려 폐위 당하고 서민이 되었다.

순안공 왕종은 1263년(원종 4) 이름을 지어주고 관례를 거행하였으며 후侯로 책봉하고, 다시 공公으로 승진되었다. 왕종은 평소에 병이 많아 1277년(충렬 3) 그의 어머니 경창 궁주가 눈이 먼 승려 종동終同을 불러 도액度厄하는 방법을 물어 기도장을 차리고 기도를 한 후 그 음식을 땅에 묻었다. 그러나 내수內竪 양선梁善, 대수장大守莊 등이 경창 궁주가 아들 왕종과 함께 승려 종동을 시켜 임금을 저주하고, 왕종이 공주에게 장가들어 왕이 되도록 기도하였다며 무고하였다. 왕은 종동을 국문하게 하고 경창 궁주와 왕종도 국문하게 하였으나 죄를 인정하지 않아 왕종을 불러 왕이 직접 국문하였다. 재상들이 궁문 앞에 모여 석방할 것을 청하였으나 충렬왕은 왕종 모자의 집과 재산을 몰수하고자 하였고, 이에 찬성 유경柳璥이 이 일을 원나라에 보고하여 승인을 받은 후에 결정하자고 하였다. 그리하여 왕은 조인규를 파견하여 표문을 황제에게 전하였는데 공주가 왕종의 재산을 몰수할 것을 청하여 그대로 하였다. 원종은 평소에 왕종을 사랑하였기 때문에 그에게 준 재물과 보화가 부지기수였는데 공주가 이를 모두 빼앗은 것이다. 게다가 조인규가 원나라로부터 돌아와 황제는 순안공 모자의 사건을 왕의 처치에 맡긴다고 복명하였으므로 경창 궁주를 폐위하여 평민으로 만들고 왕종과 종동은 섬으로 귀양 보냈다가 1270년(원종 11) 소환하였다.

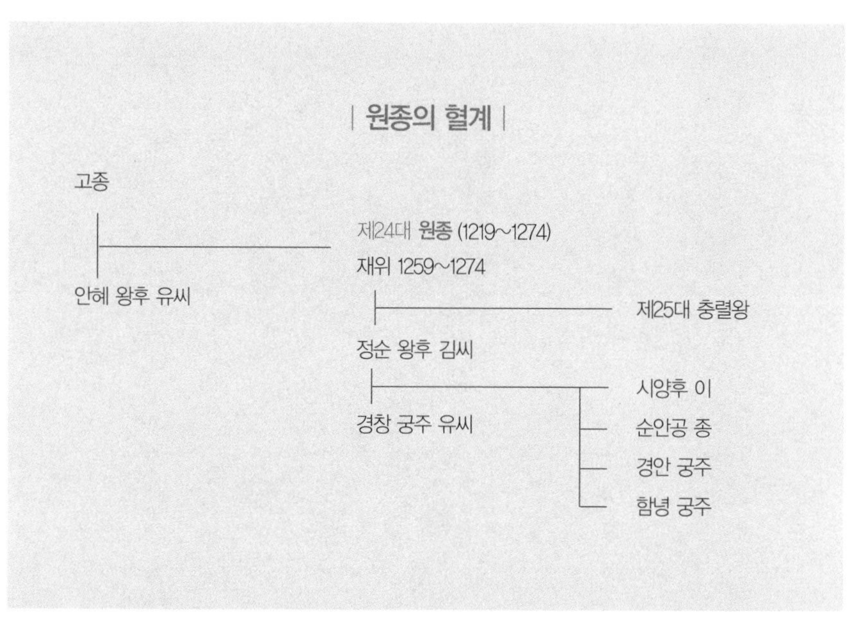

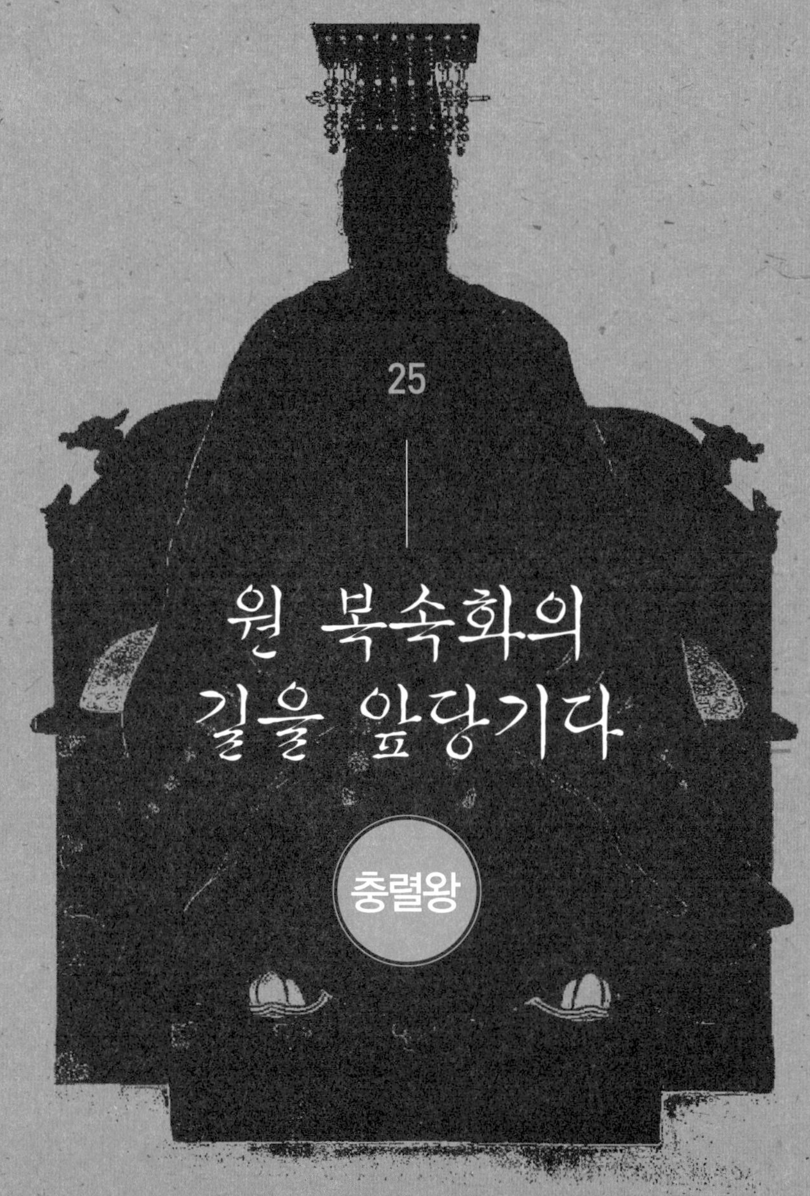

25

원 복속화의 길을 앞당기다

충렬왕

高麗王朝實錄

원의 부마가 되다

원종의 죽음으로 고려 제25대 임금이 된 충렬왕은 이름이 거昛, 처음 이름은 심諶 또는 춘酉이라고 불렸다. 원종과 정순 왕후 김씨 사이에서 1236년(고종 23) 2월에 태어났다.

충렬왕은 일찍이 고종이 죽었을 때, 아버지 원종이 원나라에 가 있는 관계로 고종의 유서에 따라 임시로 국사를 대리한 바 있었다. 1267년(원종 8)에 태자로 책봉되었고, 그로부터 5년 후에 원나라로 가서 숙위하였다. 충렬왕은 원래 1269년에 원나라 세조 쿠빌라이의 딸 제국대장공주(홀도로게리미실)와 혼인이 약속되어 있었는데, 실제로 결혼한 것은 원종이 죽기 한 달 전인 1274년(원종 15) 5월이었다.

충렬왕과 제국 대장공주의 결혼은 고려 왕실과 원나라 왕실 사이에 맺은 첫 번째 혼인으로서 의미하는 바가 많았다. 먼저 고려 왕실은 강국 원나라와 혼인 관계를 맺음으로써 양국 간의 우호를 돈독히 함과 아울러 권신들에게 억눌렸던 힘과 지위를 완전히 회복할 수 있었다. 그러나 이와 동시에 원나라의 세력권 안으로 흡수되어 사사건건 간섭을 받게 됨으로써 종속국화가 빠르게 진행되었다.

원나라에 가서 제국 대장공주와의 혼인을 허락받고 이듬해 귀국할 때, 충렬왕이 변발에 호복을 착용하여 고려 백성으로 하여금 탄식과 슬픔을 자아내게 했다는 일화가 널리 알려져 있을 정도로, 고려의 자주성 상실은 왕실 내부에서부터 아주 서서히 고려 사회 전체로 퍼져 나가기 시작했다.

대신들을 회초리로 때리다

충렬왕이 원나라에서 고려로 돌아온 것은 1274년 8월이었다. 같은 달 기사일, 강안전에서 황포를 입고 왕위에 오르는 의식을 거행한 충렬왕은 9월 기축일에 추밀원부사 기온을 원나라에 파견하여 제국 대장공주를 맞아오게 하였다.

한편 그해 10월에는 원 세조 쿠빌라이가 일본 정벌을 결심하고 고려에도 원군을 청하였는데 고려에서는 도독사 김방경으로 하여금 중군을 통솔하게 하고, 박지량과 김흔을 지병마사로, 임개를 부사로 임명하였으며, 좌군사로는 김선을 임명하고 위득유, 손세정을 각각 지병마사와 부사로 삼았다. 또한 우군사로 김문비를 임명하면서 나유와 박보를 지병마사로, 반부를 부사로 삼아 전체를 삼익군三翼軍이라 총칭하였다. 그런가 하면 원나라에서는 도원수 홀돈, 우부원수 홍다구, 좌부원수 유복형을 파견하며 몽·한 군 2만5천 명을 딸려 보냈다. 이

때 고려에서는 군사 8천 명, 바닷길을 안내하는 자와 뱃사람 6백여 명 정도가 동원되었다.

마침내 일본을 향해 출발한 정벌군은 일기도에 이르러 천여 명의 적을 죽이고 길을 나누어 진격했다. 이에 따라 왜인들은 퇴각하여 도주하다가 죽어 넘어진 시체가 들판을 메울 정도였다.

그러나 여몽 정벌군은 밤이 되어 폭풍우가 무섭게 일자 퇴각할 수밖에 없었다. 이때 전함들이 바위와 언덕에 부딪쳐 적지 않은 수가 파손, 침몰되었고 좌군사 김선이 물에 빠져 죽었다. 1차 정벌에 실패한 여몽 연합군은 1281년(충렬 7)에야 다시 출정한다.

일본 정벌군이 전쟁을 벌이는 동안 고려에서는 제국 대장공주를 맞이하기 위한 준비에 여념이 없었다. 마침내 1274년 10월 신유일, 충렬왕이 서북면까지 가서 제국 대장공주를 영접했는데, 왕을 수행한 사람들 중에 이분희 등이 변발하지 않은 것을 보고 왕이 심하게 책망하였다.

이렇듯 몽고 풍속을 강요하는 충렬왕의 언행은 날이 갈수록 더 심해져, 11월 정축일 왕과 공주 일행이 개경에 도착했을 때는 유례없는 사건이 벌어지기까지 하였다. 재상과 관원들이 국청사 문 앞까지 나가 왕 일행을 영접했는데, 이때 호복을 입지 않은 자들을 골라내어 회초리로 마구 때리게 했던 것이다.

왕이 앞장서서 원나라 풍속을 좇으니 제국 대장공주 또한 고려를 무시한 채 자기 나라 풍속을 고집하였고, 이러한 풍속이 점차 궁궐과 사회 전반으로 퍼져나갔다.

또한 공주가 고려로 들어올 때 원나라에서 따라 들어온 공주의 속인屬人(겁령구怯怜口)들이 권력을 휘두름으로써 고려인들의 괴로움은 더해 가기만 했다.

원의 강요로 고려 처녀들의 결혼을 금지시키다

1275년(충렬 1) 10월 임자일, 고려에서는 원나라의 계속되는 공녀 요구에 호응하듯 전국 처녀들의 혼인 금지라는 초유의 조치를 취하였다. 그때 백성들은 딸들을 모두 숨기거나 시골 깊숙이 보내기도 하고 혹은 절로 보내기도 하였다. 공녀를 뽑아간다는 소문만 나면 모두 딸을 숨기는 바람에 나중에는 밤중에 뒤져 끌어가기도 하였다.

공녀 선발시에는 왕과 제국 대장공주가 인물, 집안, 재주 등을 직접 보고 선택하였다. 이러한 선발은 원치 않는 사람들이 많았으나 한몫 단단히 출세할 수 있었기 때문에 지원하는 집안 또한 많았다. 공녀를 원나라에 바치는 일은 충렬왕 대에만 일어난 일이 아니라 원나라의 국운이 다하고 명나라가 득세할 때까지 계속해서 이어졌다.

1280년(충렬 6) 원나라 평장사 아합마阿哈馬는 제국 대장공주에게 간하여 고려의 미녀를 요구해 왔다. 이때를 기다리던 홍원사弘圓寺의 진전직眞殿直 장인형은 자신의 딸을 보내겠다고 하였다. 자청하여 가겠다고 한 경우는 이것이 처음이었다. 벼슬이 낮아 주저하던 제국 대장공주는 장인형에게 낭장 벼슬을 주고 그 딸인 장소저를 원나라로 보냈다.

원나라의 대신이면 으레 고려의 여성을 요구하여 자신들의 첩으로 삼았고, 또 세력 있는 집안의 경우 황제에게 요청하여 고려 여성을 자기 집에 두는 것을 자랑으로 삼았다. 이외에도 서장西藏, 서역西域, 돌궐突厥, 페르시아, 인도, 대식국大食國에서도 원나라에 내왕하면서 고려의 여성을 데리고 갔다. 고려는 국력이 약하였기 때문에 감히 반대하는 자가 없었다.

원나라 세조의 딸 제국 대장공주는 친정에 들어갈 때마다 공녀를 뽑아갔으므로 원나라 궁중에는 고려 여성의 수가 점차로 늘어갔고 원나라 황제는 외국의 유공한 사람들에게 마치 물건을 주는 것과 같이 고려의 여성을 선물로 주었다.백성의 삶을 풍요롭게 만들어주기 위해 존재하는 것이 국가라고 했을 때, 고려 조정의 이번 조치는 스스로 고려 백성을 위해 존재하는 것이 아님을 고백한 것이나 마찬가지였다. 즉, 고려 조정은 원나라의 이익을 대변하기 위해 존재하는 정치 조직으로 전락해 버렸던 것이다.

그럼에도 불구하고 원나라에서는 고려에 대한 내정 간섭을 집요하게 계속해 나갔다.

같은 달 경술일, 원나라에서 악탈연을 파견하여 고려의 전면적인 관제 개혁을 요구하였다. 그 내용을 살펴보면 다음과 같다.

'고려에서는 여러 왕씨들이 동성 간에 결혼하는데 이것은 무슨 도리인가? 이미 우리와 더불어 한 집안이 되었으니 우리와 서로 통혼을 해야 한다. 만일 그렇게 하지 않는다면 어찌 일가로 된 의리라고 하겠는가? 그리고 또 우리 태조 황제가 13개국을 정복할 때에 그 나라 왕들이 앞을 다투어 아름다운 여인들과 좋은 말, 희귀한 보배들을 바쳤다는 것은 당신도 들은 바 있을 것이다. 또한 그 나라들은 왕이 아직 왕으로 되기 전에는 태자라 하지 않고 세자라고 부르며, 국왕의 명령을 그 전에는 성지聖旨라고 했던 것을 이제 와서는 선지宣旨라고 하며 관직 칭호로서 우리나라(원)와 같은 것도 역시 그와 마찬가지로 고쳤다고 한다. 이는 모두 당신에게 알리려는 것뿐이고 당신더러 자녀를 바치라거나 관직명을 고치라거나 재상의 수를 감소시키라는 것은 아니다.'

한마디로 고려는 원에 정복된 복속국에 불과한데 관직명부터 시작하여 모든 것이 분에 넘치니 고치든 말든 알아서 하라는 이야기였다. 이에 고려에서는 10월 임술일에 원나라의 뜻을 받들어 관제를 전면

개정하였다.

즉, 중서문하성과 상서성을 합쳐 첨의부로 고쳤으며, 추밀원은 밀직사로, 어사대는 감찰사로 고쳤고, 육부 또한 폐합 변경하여 전리사와 군부사, 판도사, 전법사로 했다. 아울러 왕에게 붙이던 조祖·종宗을 대신하여 왕이라 칭하고 원나라에 충성한다는 뜻으로 '충'忠자를 붙이기로 하였으며, 선지를 왕지로, 짐朕을 고孤로, 사赦는 유宥로, 폐하는 전하로, 태자는 세자로 각각 고쳤다. 이외에도 원나라는 일본 정벌시 임시로 설치했던 정동행성을 통해 내정 간섭을 지속적으로 실시했다.

또한 당시 고려에는 몽고직제의 영향으로 생겨난 관직들도 있었는데, 몽고식 기병이 야간 순찰을 도는 순마소와 매 잡는 일을 하는 응방, 귀족 자제 중 왕을 좇아 원나라에 볼모로 끌려갔다가 순번제로 숙위하게 된 홀지, 원나라 말 교습을 목적으로 하는 통문관과 원나라 공주를 따라온 겁령구 등이 바로 그것이었다.

이런 곳에 소속된 관원들은 사전의 특권을 누리면서 원에 부합하여 세력가로 부상하기도 하였으며 부역을 견디다 못해 도망친 양민을 잡아들여 농장을 경영하거나 조세를 가로채는 등 폐해가 막심하였다. 뿐만 아니라 특수 임무를 띠고 별감이 빈번하게 지방으로 파견됨으로써 지방 백성의 피해가 심각했고, 충렬왕이 사냥을 병적으로 즐긴 까닭에 매를 관리하는 응방의 적폐 또한 이루 말할 수 없을 정도였다.

불행의 서곡은 시작되고

충렬왕은 태자 시절에 종실 시안공始安公 인絪의 딸 정화 궁주(정신 부주) 왕씨와 혼인하였다. 그녀는 충렬왕의 즉위와 함께 정화 궁주에 책봉되었는데 원나라 왕 세조의 딸 제국 대장공주가 고려로 온 뒤에는 제2비로 물러난 채 별궁에 머물며 충렬왕과도 가까이 하지 못하는 외로운 생활을 견뎌내야 했다.

한 나라의 제1 왕비가 2비로 밀려난 것도 모자라 별궁에 갇히다시피 한 것은 원나라 왕의 딸 제국 공주가 가진 힘 때문이었다.

제국 공주는 여기서 그치지 않고 1276년 정화 궁주가 무녀를 사주하여 자신을 저주하였다고 무고하여 정화 궁주와 왕숙, 김방경 등을 잡아 가두기까지 하였다. 유경柳璥이 울면서 간언하는 바람에 모두 석방되기는 하였으나 제국 대장공주의 권세가 이처럼 대단하였다.

그녀는 때때로 충렬왕 이상으로 권세를 부리며 정사에 관여하기도 했다. 충렬왕은 이에 염증을 느낀 나머지 사냥에 집작하고, 주색에 빠져 지냈는데 이로 인해 충렬왕과 훗날 충선왕이 된 왕자 장 사이에 반목이 생기게 되었다. 충렬왕 만년에 펼쳐질 충선왕과의 반목을 생각해 본다면 기실 충렬왕과 그 가족의 불행은 이때 시작되었다고 해도 과언이 아닐 터였다.

충렬왕, 고려의 영토를 회복하다

1277년(충렬 3)에서 1278년으로 넘어가는 시기에 고려에서는 고발과 무고 사건이 두 차례에 걸쳐 일어났다. 1277년 7월 병진일, 환관 양선과 태수장 등이 원종의 제2비 경창 궁주 유씨와 그 아들 순안공 왕종이 공모하여 승려이자 장님이기도 한 종동을 시켜 충렬왕의 수명을 저주하였다고 고발한 것이 첫 번째 사건이었다. 이에 충렬왕은 원나라에 보고하여 자신이 치죄할 것을 알리고는 계모 경창 궁주를 폐위하여 평민으로 삼는 한편 왕종과 종동을 섬으로 귀양 보내 버렸다.

이어서 12월 정묘일에 대장군 위득유와 중랑장 노진의, 김복대 등이 김방경을 무고하는 사건이 일어났다. 김방경이 반역을 음모했다는 것이었다. 그러나 이 사건은 일본 정벌을 떠났던 수하 병사들로부터 병장기를 회수하지 않았을 뿐 반역을 음모한 사실이 없다는 것이 밝혀지면서 흐지부지되고 말았다. 그런데 일찍이 몽고에 투항하여 몽고의 고려 침략을 도운 바 있는 홍다구가 귀국하여 김방경을 고문하고 일부러 사건을 크게 확대시켜 고려의 입장을 난처하게 만들었다.

이 때문에 충렬왕은 1278년 3월 갑오일, 원나라로 입조하라는 명령을 받는다. 그해 4월 원나라로 간 충렬왕은 홍다구가 저지른 그간의 행태를 고발하여 원나라 왕으로 하여금 소환케 하는 한편 원나라 중서성에 공문을 보내 과거에 최탄 등이 원에 바친 동녕부를 되돌려달라고 요구하였고 그해 8월에는 별장 이봉을 원나라에 파견하여 수안과 곡주를 돌려달라고 요청하였다. 이때의 요청으로 고려는 잃어 버렸던 서북면 일대의 국토를 회복하였고, 1294년(충렬 20)에는 탐라를 돌려받아 제주라고 명칭을 바꾼 뒤에 목사를 파견하는 개가를 올렸다. 원나라의 이익에 충실하기만 했던 충렬왕이 고려를 위해 큰일을 한 가지 한 셈이었다.

다시 시작된 일본 정벌과 합단의 침략

1281년(충렬 7) 5월 무술일에 흔도와 홍다구, 김방경, 박구, 김주정 등이 이끄는 일본 정벌군이 군사를 거느리고 일본을 향해 출발하였다. 고려에서는 일본 정벌을 그리 달갑게 여기지 않았으나 병선 9백 척과 바닷길을 안내하는 자와 뱃사람 1만5천 명, 정군 1만 명을 준비하였으며 군량 11만 석 또한 준비해 놓았다. 고려의 형편을 살펴보면 호구의 수가 워낙 적어 농민에 이르기까지 장정이면 모두 다 징발하였지만 뱃사람과 바닷길 안내에 필요한 인원 1만8천 명을 채울 수가 없었다. 그리하여 충렬왕은 원나라에 이를 알리고 동녕부의 여러 성 및 동경로 연해의 주현에서 나머지 3천 명을 징발하여 보내 줄 것을 청하였다. 이렇듯 고려는 일본 정벌을 위해 고려의 힘을 총동원하다시피 하였기 때문에 그 피해가 적지 않았고, 때문에 일본 정벌을 달갑게 여기지 않았다.

아무튼 6월 임신일이 되어 일본에 도착한 정벌군은 일본군과의 첫 싸움을 승리로 이끌었다. 적 3백여 명의 목을 벤 것이다. 그러나 만군 10여 만까지 합하여 총 15만 대군이 참가한 일본 정벌은 또다시 실패로 돌아가고 만다. 이번에도 큰 폭풍을 만나 배가 침몰하면서 물에 빠져 죽은 자가 부지기수였던 것이다. 두 번째 정벌마저 실패했건만 원나라 왕은 이후로도 두 번이나 더 정동행성을 설치해 놓고는 일본 정벌을 강요하였다. 이 때문에 고려에서 입은 피해는 헤아릴 수 없을 정도였다. 참다못한 충렬왕과 제국 대장공주는 1293년(충렬 19) 일본 정벌이 불가하다는 것을 호소하기 위해 원나라로 갔다. 그러나 쿠빌라이가 이듬해에 죽으면서 일본 정벌론은 자취를 감추게 되었다.

한편 원나라에서는 1287년(충렬 13)에 내안의 반란 사건 때문에 곤란을 겪은 적이 있었다. 이때 고려에도 원군을 청한 바 있었는데 난은 곧 평정되었다. 그런데 1290년 1월이 되자 내안의 반란군에 소속되어 있던 합단이 지금의 만주 지역에서 또다시 반란을 일으켰다. 그러나 합단의 군사는 원나라 장수 나만대에게 패하고 말았다.

그런데 나만대에게 패하자마자 합단이 고려의 동북면으로 방향을 바꾸어 침입해 들어온 것이다. 이에 고려에서는 중군만호 정수기, 좌군만호 박지량, 우군만호 김흔 등으로 하여금 이들을 방어하도록 하는 한편 원나라에 원병을 청하였다.

원나라의 간섭 하에서 점점 자주적 색채를 잃고 약소국이 되어가던 고려는 합단 패잔병들의 공격에 등주登州(현 함경도 안변군 일대)와 교주도交州道 양근楊根(현 경기도 지방)을 삽시간에 점령당하고 말았다.

일이 다급해지자 충렬왕은 강화로 피난을 떠나기까지 하였다. 그러나 원나라 원병 1만 명이 도착하고, 전열을 정비한 고려가 그들과 함께 반격에 나서자 합단은 북쪽으로 도망쳐 갔다. 이로써 1년 6개월여에 걸친 전란은 끝났지만 모든 것을 원나라에만 의지하려 든 탓에 고려는 원나라의 비난에서 자유로울 수 없었다. 당시에는 왜구들의 침략이 빈번하여 더더욱 고려 사회를 어지럽게 만들고 있었다. 김방경을 위시한 여러 장수들의 활약 덕분에 간신히 위기를 넘겨가고 있었지만 어느 모로 보나 고려는 희망이 보이지 않는 국가였다.

충렬왕의 몰락

나라의 안팎으로 좋지 않은 상황이 이어지고 있었지만 충렬왕은 사냥에 대한 집착을 버리지 못하여 여러 가지 폐해를 남겼다. 왕이 정사를 내팽개쳐 버리니 자연스럽게 아부와 아첨을 일삼으며 왕을 대리하여 권력을 휘두르려는 무리들이 나타났고, 이에 따라 나라 살림은 날이 갈수록 줄어들었다.

이 때문에 제국 대장공주와 훗날 충선왕이 된 세자 장은 임금의 마음을 돌리기 위해 애썼고, 그것이 통하지 않자 심하게 반발하기까지 하였다. 이런 와중에 충렬왕은 궁인 무비를 총애하여 더 큰 분란의 씨앗을 만들어 냈다. 왕의 총애를 입으니 무비가 안하무인으로 행동하여 제국 대장공주의 심사를 긁어 놓았던 것이다.

한편 고려에서는 1296년(충렬 22) 정월 임신일에 부지밀직사사 유비를 원으로 보내 세자 장의 결혼에 대하여 청해 놓은 상태였다. 당시 세자는 원나라에 머물고 있었는데 그해 11월 임진일, 충렬왕과 제국 대장공주도 참석한 가운데 세자의 결혼식이 열렸다. 세자의 배필은 원나라 진왕 감마랄의 딸 계국 대장공주였다. 원나라의 사위가 된 충선왕은 고려의 왕위를 잇기 위한 수순을 차근차근 밟아 나갔다.

그런데 이듬해 5월 임오일 고려로부터 뜻밖의 비보가 날아든다. 제국 대장공주가 병으로 목숨을 잃고 만 것이다. 어머니의 부고를 전해 듣자마자 고려로 달려온 세자 장은 7월 무자일에 어머니가 죽은 이유가 무비에게 있다고 덮어씌웠다. 즉, 무비와 그 일당이 자신의 어머니를 저주하여 죽게 만들었다는 것이었다. 이렇게 죄를 덮어씌운 뒤 세자는 무비를 죽여 버렸으며 그와 관련된 환관 도성기, 최세연, 전숙, 방종저와 중랑장 김근 등도 죽이고 추가로 일당 40여 명을 귀양 보냈다.

그 시절 세자 장은 충렬왕과 반목의 골이 깊었다. 그랬기에 어머니의 죽음에 화가 난 나머지 부왕이 총애하던 무비를 없애 버렸던 것이다. 그러나 세자 장은 뒤늦게나마 부왕의 노여움을 풀어줄 필요성을 느꼈다. 전전긍긍하던 세자는 이미 죽고 없는 진사 최문의 미망인 김씨를 충렬왕에게 바쳤다. 김씨의 자태와 용모가 워낙 출중하여 충렬왕의 노여움이 어느 정도 풀리리라 기대한 것이었다.

그러나 아들의 행동을 바라보며 정치에 염증을 느낀 충렬왕은 1298년(충렬 24) 정월 세자 장에게 왕위를 물려주고 일선에서 물러난다.

이리하여 고려 제26대 왕으로 즉위한 충선왕은 그러나 자신의 뜻을 정사에 반영해 보기도 전에 폐위되고 만다. 충선왕이 조인규의 딸 조비를 가까이 한 것이 문제였다. 계국 대장공주가 이를 투기하여 원나라에 알리자 조인규와 조비는 원나라로 압송되었고, 충선왕과 계국 대장공주 또한 소환되는 처지가 되었다. 이때 원나라에서 온 패로올이 국왕의 인을 회수하여 충렬왕에게 건네주었다.

이로써 충렬왕이 복위하였지만 정치에 염증을 느껴 물러났던 사람인 까닭에 새로운 마음으로 정사를 이끌어 가리라 기대하는 것은 애초부터 무리였다. 예상대로 충렬왕은 정사를 내팽개친 채 사냥과 음주가무로 세월을 보내기 시작하였다.

그러던 중 왕소유와 송린 등이 귀가 솔깃해지는 말을 했다. 장차 왕위를 충선왕의 10촌 종제인 서흥후 전에게 물려주고, 계국 대장공주를 그에게 개가시키라는 제안이었다. 그렇지 않아도 충선왕이 괘씸하여 심사가 불편했던 충렬왕은 왕소유, 송린 등의 부자 이간책에 말려들어 그러한 음모를 성사시키기 위해 1305년(충렬 31) 직접 원나라로 행차한다.

당시 원나라 왕에게는 후사가 없어 왕위 쟁탈전이 한창 벌어지고 있었다. 충선왕은 이때 평소 가까이 지내던 원의 해산海山(무종)을 도왔는데 때마침 그가 왕위 쟁탈전에서 승리하면서 왕이 되자 덩달아 충선왕의 위상도 크게 올라갔다.

충렬왕은 이 때문에 목적한 바를 이루지 못하고, 오히려 원나라 왕의 총애를 받아 그 위치가 강대해진 충선왕이 평상시 부자간을 이간질하던 왕소유와 송린 일당을 처형해 버렸다. 일이 이렇게 되자 모든 실권을 충선왕에게 빼앗긴 채 고려로 돌아온 충렬왕은 1308년 7월 기사일에 신효사에서 죽고 만다. 충렬왕이 왕위에 있은 지는 33년 6개월이고 향년은 73세였다. 시호를 충렬忠烈이라 하였고, 공민왕 6년에 경효景孝라는 시호를 더 추증하였으며 능은 경릉慶陵이다.

사관의 평

충렬왕의 통치 시기에 안으로는 권세 잡은 신하들이 정치를 전제하였고 밖으로는 강한 적이 침입해 와서 온 나라 백성들이 권신의 학정에 죽지 않으면 반드시 외적의 창날 끝에 섬멸당하는 형세가 조성되어 화란이 극도에 이르렀다. 그런데 충렬왕이 일조에 원나라 조정에 가서 화단을 초래한 잘못을 뉘우치고 권세 잡은 신하들을 처단하고 원나라에 귀순하니 황제가 가상히 여기고 공주를 시집보내어 주었다. 공주가 우리나라에 도착할 때에 부로가 기뻐서 서로 경축하며 하는 말이

"100년 동안이나 계속되었던 전란 끝에 다시 오늘과 같은 태평세월을 보게 될 줄은 생각조차 못하였다."

라고 하였다. 이때부터 우리나라 백성은 편안히 살 수 있게 되었다. 이것은 바로 왕이 옳은 정치를 할 수 있는 좋은 기회가 되었다. 그런데 어찌하여 교만한 생각이 갑자기 생겨서 놀이와 사냥에 정신이 빠져 사방에 응방을 설치하고 이정과 같은 간악한 소인들로 하여금 지방 고을들을 침해하는 나쁜 짓을 제멋대로 하게 하였으며 연회와 기악에 침혹하고 용두에서 신하들과 풍월 읊기에 세월을 보내며 승려 조용과 같은 자들을 곁에 두고 지나치게 가까이 하면서 왕비와 세자가 간하여도 듣지 않고 재상들과 대성의 관원들이 논평하여도 그 의

견에 좇지 않았더란 말인가? 그러다가 만년에 이르러서는 측근자들의 참소를 지나치게 곧이듣고 그의 적자(충선왕)를 폐위시키고 조카 서흥후 전을 후계자로 세우려고까지 하였으니 그가 세자로 있을 때에 비록 옛 법전을 잘 배웠고, 글을 많이 읽어 대의를 올바로 이해하였다고 하지만 과연 그것이 무슨 소용이 있었는가? 아! 처음에 일을 잘 하는 사람은 없지 않으나 끝까지 좋은 일을 하는 사람은 아주 드물다고 한 옛말이 충렬왕을 두고 한 말이 아닌가!

충렬왕의 후비와 종실들

충렬왕에게는 후비 넷과 아들 셋, 딸 둘이 있었다.

제국齊國 대장공주의 이름은 홀도로게리미실忽都魯揭里迷失로 원나라로부터 공주를 맞이할 때 충렬왕은 서북면까지 나가서 공주를 맞이하였다.

이때 황제는 탈홀脫忽에게 공주를 호송하게 하였는데 탈홀이 먼저 와서 궁려窮廬를 가설하고 흰 양의 기름으로 액막이하는 제사를 지냈다. 이듬해 정월에 원성元成 공주로 봉하니 백관들이 모두 축하하였다. 그 궁宮을 경성敬成, 전殿을 원성元成, 부府를 응선膺善이라고 이름 짓고 관속을 두었으며 안동 경산부를 탕목읍湯沐邑(공주의 식읍)으로 정하였다.

9월에 이궁離宮에서 충선왕이 태어나자 여러 왕족들과 모든 관리들이 축하하러 갔는데 공주의 사환군들이 문 어귀에 서서 들어오는 사람들의 옷을 모두 벗겼다. 이것이 이른바 몽고의 풍습인 '설비아'設比兒였다.

정화貞和 궁주가 잔치를 베풀고 득남을 축하할 때 제국 대장공주는 정화궁주가 자신과 같은 높이의 의자에 앉는 것을 거부하여 갈등을 일으켰다.

1276년(충렬 2) 공주는 안평공安平公의 딸을 흔도忻都의 아들에게 시집

보내려 하였으나 충렬왕이 이것을 허락하지 않자 공주는 안평공의 이모인 경창慶昌 공주와 안평공의 비를 청하여 흔도의 처와 대면시켜 약혼하게 하였다.

또 공주는 흥왕사興王寺의 황금탑을 대궐에 두고 이 탑을 파괴하여 금을 사용하려고 억지를 부렸으며, 이에 더해 홀라대를 시켜 태부사太府寺의 은을 모두 거두어 대궐로 들여갔다. 나중에 왕이 위독한 병에 걸려 재상들이 황금탑을 돌려줄 것을 요청하자 그때에야 허락하였다.

제국 대장공주의 권력 남용은 여기서 그치지 않았다. 공주는 일찍이 잣과 인삼을 중국 강남으로 수출하여 많은 이익을 얻었는데, 그것이 생산되지 않는 지방에서까지도 받아들여 백성들이 심히 괴로움을 받았다.

1277년(충렬 3) 연등회에서는 공주가 왕보다 먼저 나가 채붕 앞에서 음악을 감상한 일도 있었다. 공주의 힘은 충렬왕보다 커 사찰에 가는 길에 재상들이 잘 따라오지 못하자 충렬왕은 첨의부 아전을 가두기도 했으며, 공주가 자기의 수행 인원이 적다고 노하거나 왕이 자신을 기다리지 않고 먼저 들어갔다는 이유로 왕에게 욕을 하고 때리는 일도 있었다.

1294년(충렬 20) 원나라 세조世祖가 죽고 성종成宗이 왕위에 오르자 공주를 안평 공주로 책봉하였다. 이후 병이 들어 향년 39세의 나이로 현성사賢聖寺에서 죽었다. 부지밀직 원경元卿을 원나라에 파견하여 부고를 전하자 원나라에서는 화로홀손火魯忽孫을 파견하여 조상하였고 황태후가 부의를 보냈으며 또 대장경을 전경하여 공주의 명복을 빌었다. 9월에 고릉高陵에 매장하고 시호는 장목 인명莊穆仁明 왕후라고 하였다. 1298년(충렬 24) 진왕晉王이 사람을 보내어 제사하였으며 고당왕高唐王도 사람을 시켜 부의를 보내왔다. 이 해에 충선왕이 선위 받아 왕위에 오르자 인명仁明 태후로 추존하였다.

정신부주貞信府主는 종실 시안군始安君 왕인王絪의 딸이다. 충렬왕이 왕위에 오르자 정화 궁주로 봉하였다. 궁주는 제국 대장공주가 시집온 후 항상 별궁에 거처하여 왕과 서로 왕래하지 못하다가 제국 대장공주가 죽고, 충선왕이 선위 받아 왕위에 오른 다음 충렬왕과 궁주를 상수궁上壽宮으로 영접하여 동거할 수 있었다. 궁주는 강양공江陽公 자滋와 정녕靜寧, 명순明順 두 원비를 낳았으며 1319년(충숙 6) 죽었다.

강양공 왕자의 아들인 왕유王柔는 1310년(충선 2)에 단양丹陽 부원대군으로 책봉되었고 1333년(충숙 복위 2) 왕이 원나라에 체류하였기 때문에 왕유가 정동성征東省 사무를 임시 대리하였다. 처음에 정화 궁주의 오빠가 승려로 동화사桐華寺에 거주하였는데 양인을 가칭하여 노예로 만든 것이 천 호 이상으로 늘었다. 왕유 등은 대대로 그들을 부려 먹었는데 정치도감 신리申理가 모두 양민으로 회복시켰다. 그래서 왕유는 악감정을 품고 원나라에 신소하기 위해 압록강을 건너갔으나 재상들이 홀적忽赤들에게 명령하여 붙잡아 왔다. 그 후 홍건적이 서울을 함락하였을 때 왕유와 전리판서 인안印安 등은 적에게 항복하였다. 홍건적을 평정한 후에 감찰사가 이를 탄핵하여 죄를 용서하더라도 적에게 항복한 이들의 토지와 노비를 몰수하고 그의 자손들이 벼슬길에 나아가지 못하도록 징계하여 주기를 청하여 왕이 그 의견을 좇았다.

역시 강양공의 아들인 왕호王暠는 충선왕이 친자식처럼 사랑하여 궁중에서 양육하였고 연안군延安君으로 봉하였다. 왕호의 몽고식 이름은 완택독完澤禿으로 충선왕이 원나라에 있을 때 충숙왕에게 전위傳位하고 왕호를 세자로 삼았으며 그대로 머물러 볼모로 삼았다. 충선왕은 일찍이 심왕瀋王으로 되었는데 1316년(충숙 3) 심왕의 왕위를 왕호에게 주겠다고 황제에게 고하고 태위왕太尉王이라 자칭하였다. 왕호를 심왕으로 봉한 뒤에 계국 공주의 오빠인 원나라 양왕梁王의 딸에게 장가 들었다. 공주와 충선왕의 총애가 두터워지자 왕호는 왕위를 빼앗을 것을 음모하고 백방으로 참소하니 황제가 충숙왕에게 입조入朝하라며 소환하였다.

왕호는 본국에서 왕에게 돈과 재물을 많이 보내는 것을 시기하여 자기의 신하 양성주楊成柱를 파견하여 황제의 명령으로 재상 김이용金李用을 책하고 수송한 돈과 재물을 징수하였으며 또 경사만慶斯萬과 견성유甄成裕는 일찍이 수송을 주관한 일이 있다는 이유로 그에게서 공술서를 받고 공갈하였다.

1333년(충숙 복위 2)에 왕이 원나라에 갔다가 귀국할 때 왕호가 충숙왕의 행궁行宮에 와서 배알하고 드디어 왕을 따라 환국하였으며, 왕이 죽은 후 다시 원나라로 가 평양에서 머무르면서 비밀리에 조적曹頔과 더불어 음모를 꾸몄다. 왕호의 신하 박전朴全이 평양으로부터 서울로 와서 왕호가 이미 국왕으로 되었다고 거짓말을 하여, 충혜왕이 응방鷹房 홀지忽只 60여 명의 기병을 평양에 파견하여 왕호의 여행을 중지시키려 하였으나 따라 잡지 못하고 그대로 돌아왔다. 왕호는 1344년(충혜 복위 5)에 귀국하여 충목왕 원년에 죽었으며 공주의 전례에 의해서 장례를 거행하였다.

숙창淑昌 원비 김씨는 위위윤尉衛尹으로 있다가 치사한 김양감金良鑑의 딸로서 용모가 아름다웠다. 충렬왕의 후비로서 숙창 원비로 봉하고 충렬왕이 죽자 충선왕이 빈전에서 제사를 지내다가 원비와 불의의 관계를 맺었으며 얼마 후 숙비로 봉하였다.

그 후 숙비가 밤낮으로 갖은 아양을 부리자 충선왕은 혹하여 정사도 보살피려 하지 않았으며 드디어 팔관회까지 정지하라고 명령하게 되었다. 숙비는 모친상을 입고 있을 때에도 재상들을 초청하여 연회를 베풀었으며 또 은자원에 가서 불공을 드렸는데 재상들도 함께 참석하였다. 이때 왕은 원나라에 체제 중이었는데 숙비는 원나라 사신들을 연회에 초대하거나 박연으로 놀러가기도 하고 사원에 가서 승려들에게 음식을 대접하는 등 출입이 절도가 없었고, 의장을 공주와 다름없이 차렸다.

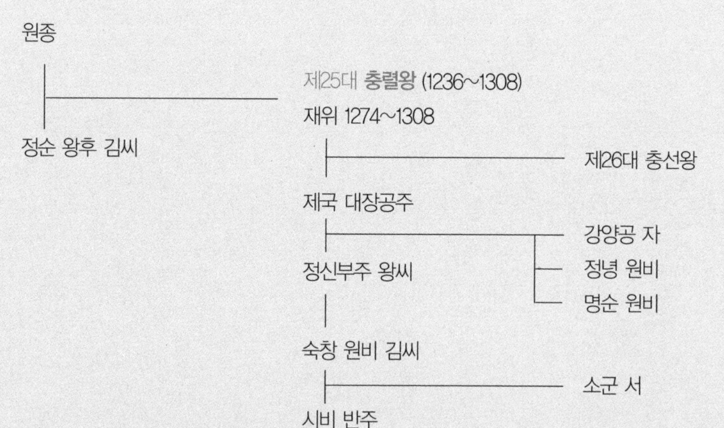
| 충렬왕의 혈계 |
원종
정순 왕후 김씨
제25대 충렬왕 (1236~1308)
재위 1274~1308
제국 대장공주
제26대 충선왕
정신부주 왕씨
강양공 자
정녕 원비
명순 원비
숙창 원비 김씨
시비 반주
소군 서

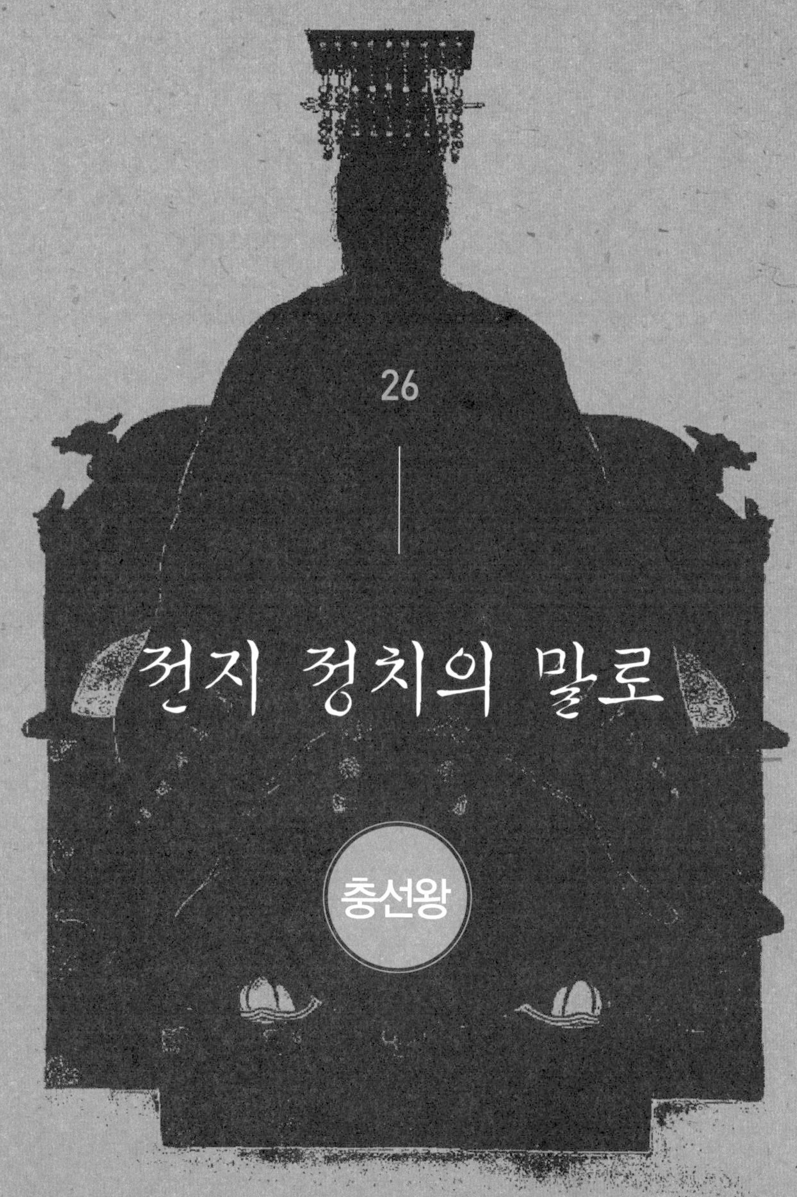

26

전지 정치의 말로

충선왕

高麗王朝實錄

충선왕의 어린 시절

충렬왕의 맏아들이며 몽고 제국 대장공주의 소생이기도 한 충선왕은 1275년(충렬 1) 9월 정유일에 태어났으며 3세 때인 1277년에 세자로 책봉되었다. 이름은 장璋, 자는 중앙仲昂이며 처음 이름은 원謜, 몽고 이름은 익지례보화益知禮普花이다.

충선왕은 어릴 때부터 총명하고 다른 사람을 생각하는 마음이 각별했는데 이러한 기질을 보여주는 일화가 오늘날까지도 전해진다.

1283년(충렬 9) 2월에 일어난 일이다. 9살에 불과했던 충선왕은 아버지 충렬왕이 충청도 방면으로 사냥을 나가려 하자 갑자기 구슬프게 울기 시작했다. 깜짝 놀란 유모가 우는 까닭을 묻자 충선왕은 울음 섞인 목소리로 이렇게 대답했다.

"현재 백성의 생활이 곤궁한데다가 농사철이 닥쳐왔는데 아버지는 어찌하여 멀리 사냥을 떠나려 하시는가?"

측근 신하가 이 말을 전해 듣고는 충렬왕에게 그대로 전했다.

"참 괴상한 아이로다! 그러나 사냥 갈 날짜를 이미 결정하였으니 그 말을 들을 수 없다."

충렬왕은 놀란 표정을 감추지 못하면서도 사냥만은 포기하지 않았다. 그러나 그 후 얼마 안 되어 제국 대장공주가 병으로 앓기 시작했기 때문에 충렬왕은 떠나지 못했다.

충렬왕이 필요 이상으로 사냥에 집착했으며 주색에 빠져 지냈다는 사실은 앞장에서 이미 살펴본 바 있다. 이 때문에 충선왕의 어머니 제국 대장공주가 몹시 가슴 아파하였다는 사실 또한 주지의 사실이다. 모르긴 해도 충선왕은 어린 나이이다 보니 어머니 편에 서서 아버지의 행동을 바라볼 수밖에 없었을 것이다. 그렇다고 해도 9살에 불과한 어린 아이가 백성의 곤궁한 삶을 진정으로 걱정하는 것이 가능한 일일까? 충선왕이 왕자다운 면모를 지니고 있었음을 보여주는 대목이라 할 수 있겠다.

그러던 어느 날이었다. 한 번은 해진 베옷을 입은 사람이 땔나무를 지고 궁문으로 들어서는 것을 보고 충선왕은 다소 충격을 받았다. 그는 곧 사람을 보내 사연을 물었다.

기실 땔나무를 진 사람은 장작서將作署의 기인其人이었는데 살아가는 형편이 그만하여 해진 베옷을 입은 것뿐이었다. 당시로서는 흔하디 흔한 이야기였건만 사연을 접한 충선왕은 측은한 마음을 감추지 못하며 다음과 같이 이야기했다.

"나는 좋은 의복을 입고 있는데 백성의 형편은 저러하니 내 마음이 어찌 편안하겠는가?"

또 한 번은 궁노가 동리 아이들의 연을 빼앗아다가 충선왕에게 바친 적이 있었다. 이에 왕이 정색을 하고 물었다.

"네가 이 연을 어디서 얻어 왔느냐?"

궁노는 우물쭈물하며 동리 아이들에게 빼앗았노라고 대답했다. 그러자 충선왕은 어찌하여 남의 물건을 빼앗느냐고 궁노를 책망하며 돌려주라고 명령하였다.

이렇듯 따뜻한 마음을 가진 소년으로 성장해 가던 충선왕이 입조하라는 원나라 왕의 명령을 받고 고려 땅을 떠나게 된 것은 13세 때인 1287년(충렬 13)이었다.

어머니의 한을 풀어주다

1287년에 원나라에 가서 머물다가 귀국한 뒤에도 여러 차례 원나라에 다녀온 바 있는 충선왕은 1296년(충렬 22) 아주 중대한 사건을 맞이한다. 그해 11월 원나라 진왕 감마라의 딸 계국 대장공주와 결혼을 한 것이 바로 그것이다. 원의 부마국으로 전락한 시절이라 고려 왕이 원나라 공주를 아내로 맞아들인다는 것은 원나라의 전폭적인 지지와 신뢰를 한 몸에 받게 되었다는 것을 뜻했다.

이렇듯 원나라의 든든한 후광을 입게 된 충선왕은 자신의 결혼식에 참석한 뒤에 고려로 돌아갔던 어머니 제국 대장공주가 이듬해 5월에 병으로 세상을 떠나자 부랴부랴 귀국하여 상을 치렀다.

기실 충선왕은 고려로 돌아오는 동안 주색과 사냥에만 빠져 지낸 부왕과 그런 부왕의 총애를 무기 삼아 세도를 부림으로써 어머니의 가슴에 못을 박은 궁인 무비에 대한 원망과 분노를 좀처럼 삭일 수 없었다. 그 때문이었을까. 충렬왕이 적극 만류하는데도 충선왕은 궁인 무비와 그 측근 인물들인 최세연과 도성기 등 40여 명을 참살하거나 유배시켰다. 자신의 어머니를 저주하여 죽음에 이르게 했다는 죄를 씌워 단행한 대숙청이었다.

어찌 보면 충선왕의 이러한 행위는 부왕에 대한 정면 도전으로 비춰질 수도 있었다. 그러나 충렬왕도 자신의 방탕한 생활 때문에 제국대장공주가 늘 가슴앓이를 했으며, 그것을 지켜보며 충선왕 또한 심사가 편치 않았다는 사실을 모르진 않았을 것이다. 게다가 충선왕은 계국 대장공주와 혼인함으로써 힘이 막강해진 상태였다. 어쩌면 원나라 측에서도 무비와 그 일파를 참살해 버린 충선왕의 행위를 알면서도 묵인해 주었을지도 모를 일이었다. 그에 비해 충렬왕은 제국 대장공주를 잃음으로써 원나라의 신뢰를 상실해 버리고 말았다. 한마디로 왕위를 지켜나가기가 버거워진 것이다.

이런 판단 하에 충렬왕은 선위의 뜻을 밝혔고 그에 따라 1298년 정월, 충선왕이 왕위를 이어받게 되었다. 어릴 때부터 총명과 견식이 남달랐으며 힘없는 백성을 측은하게 여길 줄 알았던 충선왕은 세력가들에게 땅을 빼앗겨 호소하는 백성의 토지를 돌려주었으며, 즉위와 동시에 고려 사회 내부에 팽배한 각종 폐단을 개혁하고자 30여 항에 이르는 즉위 교서를 발표하였다.

즉위 교서 1항에는 합단哈丹이 침입하였을 때 소문만 듣고 많은 고을이 항복하였는데, 오직 원주 고을 사람들만은 적과 맞서 그 기세를 꺾어 놓았다 하여 그에 대해 포상을 해 주고 조세와 부역을 3년간 면해줄 것을 밝혔다. 이와 함께 공신 자손들에게 직職을 주고 공신전功臣田을 환급해줄 것과 모든 관리의 직급을 한 계급 올려주고 중형 죄를 제외한 위법자는 양용量用하도록 할 것, 그리고 지방에 묻혀 있는 선비를 천거하라는 내용이 적혀 있었다.

그러나 세력을 빙자하여 5품직에서 3품 이상의 직을 뛰어 제수 받은 자, 또는 세가世家의 자제이기 때문에 직을 받은 자, 왕을 호위하여 원나라에 다녀온 것을 공이라 하여 공신의 칭호를 받은 자들에 대해서는 선법選法에 따라 처리하게 하였다.

이처럼 인사 행정의 방향을 제시하고 시행하자마자 충선왕은 지방 행정에도 과감한 혁신을 꾀하였다. 무엇보다 먼저 특수 임무를 띤 별감別監을 자주 파견함으로써 일어나는 민폐를 최소화하도록 지시하였고, 지방 장관인 안렴按廉이나 수령守令들이 세력가에게 바치는 은과 쌀, 포布를 금하게 하였다. 또, 안렴과 수령들이 백성에게 비록 작은 물건이라도 선물 받는 것과 수령이 멋대로 임지를 옮기는 것을 금하였으며 홀치忽只, 응방鷹坊, 아가치阿車赤, 순마巡馬 등과 같이 원나라의 영향으로 생겨난 관청의 관원들이 증여물을 받는 것도 일절 금지하였다.

이 밖에도 세력가들의 부조리한 치부책에도 철퇴를 가했다. 즉, 부역에 시달리다 못해 유랑하는 자들의 토지를 차지하거나 함부로 사패賜牌를 사칭하며 절이나 양반의 토지를 빼앗아 농장으로 만든 것이 발각될 경우 이를 환수하게 한 것이다. 이와 함께 세력가들에게 막대한 이익을 안겨주는 염세鹽稅와 외관 노비外官奴婢의 탈취를 철저하게 금지하였다. 뿐만 아니라, 세력가에게 아부하며 자기의 역役을 다하지 않은 백성이나 향리가 있을 경우 본래의 역에 돌아가게 하였고, 양민으로서 세력가에게 눌려 천민이 되는 등 신분적 혼란을 야기시키는 사회적 적폐도 제거해 나갔다.

당시의 신분 혼란 양상을 살펴보면 양민이 천민으로 전락하는 경우도 많았지만 원나라와 관계된 일을 수행하는 과정에서 신분 수직 상승을 한 사람들도 적지 않았다. 그리고 이들 중에는 응방을 드나들면서 몽고어를 익혀 재상이 된 사람도 있었다. 그런가 하면 원 공주의 겁령구 또는 환관으로 원나라에 갔다가 조서를 가지고 오거나 사신으로 귀국한 뒤에 재상이 된 사람들마저 있었다. 이외에도 원나라와 관계된 일을 함으로써 일약 권문세가의 반열에 오른 자들이 많았는데 이들의 한 가지 공통점이라고 한다면 그 막강한 세력을 이용하여 온갖 부귀와 영화를 누리고 있다는 점이었다.

30항에 이르는 충선왕의 교서에는 바로 정치 · 경제 · 사회 방면에서 온갖 폐단을 일으키는 이들 세력을 제거하고자 하는 의도가 담겨 있었다.

충선왕의 개혁 조치들은 관제 개혁으로까지 이어졌다. 즉, 인사 행정을 담당하던 정방政房을 폐지하여 한림원翰林院에 합치고, 연이어 전면적인 관제 개혁을 실시하였던 것이다. 개혁된 관제를 살펴보면 원나라의 간섭을 받아 고쳐진 관제를 그 이전 것으로 되돌리는 데 초점이 맞춰졌다. 다분히 친원적 성향을 가지고 있던 충선왕이 관제 개혁을 통해 반원적인 태도를 내보인 점이 특이하다 할 만했다.

이렇듯 거침없이 개혁을 단행해 나가던 충선왕이 원나라에 의해 강제 퇴위를 당하게 된 것은 계국 대장공주에 의해 일어난 조비 무고 사건 때문이었다. 조비는 평양군 조인규의 딸이었는데 충선왕의 나이 18세 때인 1292년(충렬 18)에 세자빈에 간택되었으며 입궁한 뒤로 부부간의 금실이 무척 좋았다. 계국 대장공주는 충선왕이 자신을 사랑하는 대신 조비를 편애하자 질투심을 이겨내지 못하고 조비가 자신을 저주했다고 무고하는 편지를 써서 원나라 태후에게 보냈다. 이 때문에 조비와 조인규 등은 원나라로 압송되었으며 충선왕 또한 그 사건에 연류되어 즉위와 함께 개정한 모든 관제를 이전의 것으로 되돌려 놓은 뒤 그해 8월에 강제 퇴위되었다.

조비 무고 사건은 단순히 계국 대장공주의 질투심에서 비롯된 사건이었지만 충선왕의 개혁 정치에 타격을 받은 국내 정치 세력과 원나라의 이해관계가 맞아 떨어지면서 충선왕의 퇴위로 연결된 것이었다.

충선왕이 권좌에서 물러나자 왕위는 다시 충렬왕에게 돌아갔다. 이후 계국 대장공주와 원나라로 돌아간 충선왕은 10년 동안 원나라에서 지내며 고려로 돌아오지 못했다.

아들에게 원한을 품다

충선왕에게 왕위를 물려주고 뒷전으로 물러나 있던 충렬왕이 다시 정권을 쥐자 충선왕의 측근들은 하나 둘 제거되기 시작했다. 이는 충렬왕뿐만 아니라 왕유소, 송린, 석천보 등과 같은 충렬왕 측근 세력들의 공모가 있었기에 가능한 일이었다.

그런데 이들은 충선왕 측근 세력의 제거에만 그치지 않고 적극적으로 부자간을 이간시키면서 급기야 계국 대장공주를 충렬왕의 10촌 종제이자 신종의 3세손이기도 한 서흥후 전에게 개가시키려는 음모를 꾸몄다. 이를 통해 고려의 왕위 또한 서흥후 전에게 계승시키려는 것이었다. 그들이 충선왕의 환국 저지 운동을 펼쳐나간 것도 같은 이유에서였다. 이러한 양측의 불화는 1305년(충렬 31)에 충선왕 폐위를 원나라 왕에게 건의하고자 충렬왕이 직접 원나라로 가면서 절정에 달하였다.

당시 원나라에서는 왕위 쟁탈전이 한창 일어나고 있었는데 원나라 왕 성종이 후계자를 남기지 못한고 죽은 것이 원인이었다. 이때 충선왕은 평소 가까이 지내던 해산을 돕고 있었는데 다행스럽게도 그가 원나라 왕이 됨으로써 충선왕의 입지는 굳건해졌다. 이렇듯 막강한 후원 세력을 등에 업은 충선왕은 여세를 몰아 부왕 충렬왕의 측근 왕유소 일당을 처형시켜 버렸다. 이리하여 부자간의 추악한 싸움은 마침내 끝이 났고, 고려의 실권은 다시 충선왕에게로 돌아왔다.

다시 임금이 되었으나

1308년(충렬 34) 5월, 즉위한 원나라 왕 무종은 자신이 정권 다툼에서 승리하기까지 충선왕이 세운 공이 적지 않았음을 들어 5월 무인일에 심양왕瀋陽王에 봉해 주었다. 이로써 원나라에서도 기반을 굳건하게 다질 수 있게 된 충선왕은 그해 7월, 충렬왕이 죽자 귀국하여 다시 왕위에 올랐다.

충선왕은 즉위하자마자 정치 기강의 확립, 조세의 공평, 인재 등용의 개방, 공신 자제의 중용, 농잠업의 장려, 동성 결혼의 금지, 귀족의 횡포 엄단 등과 같은 조치들이 담긴 혁신적인 복위 교서를 발표함으로써 다시 한 번 개혁 의지를 대내외에 천명하였다.

그러나 충선왕의 복위 교서는 일회성 구호에 그쳤을 뿐 실효를 거두지 못했다. 고려에서의 생활에 적응하지 못한 탓이었다. 어릴 적부터 여러 차례 원나라를 다녀온 데다 왕위에서 물러난 뒤 10년 남짓 원나라에서 살다 보니 그곳 생활에 젖어 있던 충선왕은 오래지 않아 정치에도 싫증을 느꼈다. 그리하여 원나라로 돌아갈 빌미만 찾던 충선왕은 복위한 지 두 달 만에 숙부 제안 대군 왕숙에게 치세를 대행케 하고 원나라로 돌아가 버렸다.

고려에 남은 신하들은 당연히 왕이 곧 돌아오리라 믿고 있었으나 충선왕은 재위 기간 동안 한번도 귀국하지 않았다. 이 때문에 고려의 정치는 파행을 거듭할 수밖에 없었다. 일일이 사람들이 가서 왕의 전지傳旨를 받아 국정을 수행해야 했기 때문이다.

이는 조정 불안과 함께 막대한 경제적 손실을 불러왔다. 왕의 오랜 원나라 생활로 본국에서는 해마다 포 십만 필, 쌀 4천 곡斛 외에 헤아릴 수 없이 많은 물자를 운반해야 했다. 참다못한 신하들은 충선왕의 귀국을 강력하게 요청하였고, 원나라에서도 귀국을 명하였다. 그러나 원나라의 후한 대접에 취한 충선왕은 끝내 돌아오지 않았다.

충선왕에게 돌아올 것을 간청하던 신하들은 마침내 모든 것을 체념해 버리고는 세자 감을 고려 왕으로 추대하려는 움직임을 보였다. 그러자 충선왕의 심복들은 이를 즉각 연경에 알렸고, 이 때문에 끔찍한 참극이 벌어지고 말았다. 세자 감과 그를 추대하고자 했던 김의중을 살해해 버린 것이었다. 이때가 1310년(충선 2) 5월이었다.

이로써 새로운 왕을 추대하는 것마저 어려워지자 신하들은 다시 충선왕에게 귀국을 종용하기 시작했다. 원나라 왕 무종의 절대적인 총애 속에 온갖 호사를 누리고 있던 충선왕은 신하들의 압력을 견디다 못해 둘째 아들 강릉 대군 왕도에게 전위할 뜻을 밝히기에 이른다. 그런데 충선왕은 이 대목에서 두고두고 분란의 씨앗이 될 만한 결정적인 실수를 저질렀다. 자신의 이복형이기도 한 강양공의 둘째 아들 왕고를 세자로 세운 것이 바로 그것이었다. 이 때문에 왕고는 훗날 왕위를 차지하기 위한 다툼에 뛰어들어 숱한 분란을 일으킨다.

아무튼 충선왕이 아들 도를 즉위시키기 위해 귀국한 것은 1313년(충선 5) 6월이었다. 충선왕은 목적한 일을 끝내자마자 이듬해에 다시 원나라로 돌아가 버렸다.

충선왕의 죽음과 사신의 평

고려로 돌아가라고 강권하던 원나라에서도 충선왕이 왕위를 둘째 아들에게 물려주고 되돌아오자 연경에 체류해도 좋다고 승인해 주었다. 충선왕은 이때 연경의 사택 안에 만권당을 신축하고 당시의 저명한 선비들인 염복, 요수, 조맹부 등과 교유하며 학문을 연구하여, 원에서는 충선왕을 공신으로 하고 심양왕瀋陽王에 봉해주었다.

충선왕은 불교에도 많은 관심을 쏟아 모후母后의 명복을 빌기 위해 본국의 수령전壽寧殿을 절로 만들었으며, 1316년(충숙 3)에 심양왕의 자리를 조카에게 물려준 뒤에는 티베트 승려를 불러 계율을 받고 멀리 보타산寶陀山에 불공을 드리러 가기도 하였다.

그러던 중 1320년(충숙 7)이 되어 원나라 임금이 바뀌자, 충선왕은 고려 출신 환관 임백안독고사任伯顔禿古思의 모략으로 토번吐蕃에 유배되었다. 다행히 1323년 태정제泰定帝로 왕이 다시 바뀌면서 유배에서 풀려나긴 하였으나 구차한 일을 당하면서까지 원나라 생활을 고집한 충선왕의 속내를 쉽게 이해할 수 있는 사람은 그리 많지 않았다.

토번에서의 유배 생활 때문이었을까. 충선왕은 그로부터 2년 후에 죽고 말았다. 이때가 1325년(충숙 12) 12월 5일이었다. 충선왕이 왕위에 있은 지는 5년이며, 향년은 51세였다. 시호는 충선忠宣이고, 능은 덕릉德陵이다.

충선왕 사후에 사신이 평한 내용은 다음과 같다.

충선이 세자로 있을 때 원나라에 들어가서 요수와 조맹부 등 여러 명사들과 교유하면서 때로는 원나라의 정치에도 참여하였는바 그의 의견과 논설은 볼만한 것이 있었다. 왕위에 오르게 된 후에는 원나라의 관제와 동일한 것을 피하여 관직명들을 변경하였으니 이는 큰 나라에 대해 겸손해하는 태도였으며 토지에 대한 조세 제도를 개정하고 각염법榷鹽法을 제정하였으니 이는 정치의 기본을 알았기 때문이었다. 그러나 임금의 지위란 백성의 우러러 보는 바이며 만사가 집중되는 곳이므로 하루라도 이 자리를 비워 두지는 못하는 것이다. 그런데 왕이 이미 책명을 받고 다시 왕위에 오른 뒤에도 여자와 내시들에게 미혹되어 연경에 체류하였으니 자국 백성들은 공궤供饋하기가 곤란하였고, 수종하는 신하들은 오랫동안 피로하여 고향을 그리워하게 되었으며 나중에는 서로 모함하는 데까지 이르러 원나라에서도 싫증이 나서 두 번이나 본국으로 돌아갈 것을 권고하였다. 이에 대하여 왕은 거절할 구실이 없어서 아들 왕도(충숙왕)에게 왕위를 물려주었고, 또 조카 왕호를 세자로 삼아 부자와 형제간에 마침내 시기와 질투를 빚어내어 그 화단이 몇 대에 내려가도록 그치지 않았다. 장래에 대한 계책이 이처럼 좋지 못하였으니 토번으로 귀양 가게 된 것도 불행한 일이라 말할 수 없을 것이다.

충선왕의 후비와 종실들

충선왕에게는 후비 일곱과 아들 셋이 있었다.

제국薊國 대장공주 보탑실련寶塔實憐은 1298년(충렬 24) 원나라로부터 고려로 왔다. 이때 충렬왕은 금교까지 나가 마중하였고 백관들은 교외에 나가 영접하였는데 의장과 기악을 왕을 영접할 때의 예절과 같이 하였다. 이 해에 충선이 선위 받았는데 공주의 궁을 중화궁中和宮, 부를 숭경부崇敬府라고 하였으며 관속을 두었다. 충렬왕이 다시 왕위에 오른 뒤에는 공주를 개가시키려 노력하기도 하였다.

충선왕이 다시 복위한 지 두 해째인 1310년 원나라에서 공주를 한국 장공주韓國長公主로 봉하였다. 1313년(충선 복위 5) 공주는 왕과 함께 귀국하였는데 충선왕이 순비와 숙비로 하여금 금암역까지 나가서 영접하게 하였고 예물을 가지고 대면하게 하였으며, 재상 및 승려들까지도 마중 나가 배례하고 예물을 바쳤다.

1315년(충숙 2) 공주가 원나라를 방문하였는데 당시 원나라에 있던 충선왕은 계주薊州의 남녘까지 가서 공주를 맞이하였다. 공주는 원나라에 있은 지 얼마 되지 않아 병이 들어 죽었는데 시체를 고려로 운반하여 오는 길에 황제가 중서성과 어사대, 백관들에게 명령을 내려 시체가 지나는 길에서 제사를 지내게 하였다. 이듬해 시체가 고려에 도착하였으며 백관들이 검은 갓과 흰 옷으로 차리고 교외로 나가 영접하였다. 영구는 영안궁에 빈소하였다가 예절을 갖추어 매장하였다. 1343년(충혜 복위 4) 원나라에서 계국 대장공주로 추봉하였다.

의비懿妃 야속진也速眞은 몽고 여자로서 세자 감鑑과 충숙왕忠肅王을 낳았으며 1334년(충숙 복위 3) 원나라에서 죽었다. 영구는 고려로 돌아와서 장례하였고 의비라는 시호를 추증하였다.

정비靜妃는 종실 서원후西原侯 왕영王瑛의 딸로 1345년(충목 1) 죽었으며 정비라는 시호를 추증하였다.

순화順和 원비 홍씨는 남양 부원군 홍규洪奎의 딸이다.

조비趙妃는 상원군 사람으로 평양군平壤君 조인규趙仁規의 딸이다. 1292년(충렬 18) 충선왕이 세자로 있을 때에 비로 맞았다. 1298년(충렬 24) 계국 대장공주는 조비가 왕의 사랑을 독차지하는 것을 질투하여 원나라에 참소하였는데 이 전말은 「계국 공주전」에 있다.

순비順妃 허씨는 공암현 사람으로 중찬 허공許珙의 딸이다. 일찍이 평양공 왕현王眩에게 시집가서 3남 4녀를 낳았는데 왕현이 죽은 후 1308년(충렬 34) 충선왕이 허씨를 맞아들였으며 그가 왕위에 오르자 순비로 봉하였다. 그 후 충렬왕의 아내였던 숙비가 충선왕의 총애를 받게 되자 순비는 숙비와 서로 불화하였다. 1335년(충숙 복위 4) 죽으니 원나라에서 완자完者를 파견하여 장례에 참석하게 하였다.

궁인은 기록이 남아있지 않으며 덕흥군德興君 혜譓를 낳았다.

덕흥군 혜는 일찍이 승려가 되었다가 1351년(충정 3) 원나라로 도망했다. 공민왕 즉위 후 개혁 정책의 일환으로 기 황후의 오빠 기철을 반역 음모로 사형시키자 기 황후는 공민왕을 원망하게 되었다. 때마침 최유崔濡가 원나라에 있으면서 불량배들과 더불어 기 황후를 회유하여 공민왕을 폐위시키고 덕흥군 혜를 왕으로 세우고 기삼보노奇三寶奴를 원자元子로 삼으려는 음모를 꾸며, 원나라에 있는 고려 사람들은 모두 다 허위 관작을 받았다. 이후 요양성의 군사 1만 명을 지원할 것을 청하여 인솔하고 압록강을 건너 수주隋州 달천獺川에 이르렀으나 아군에게 패배 당하였다. 그 후 황제가 요양 군사를 돌려 보내고 달달達達 장령들도 모두 원나라로 보낼 것을 명령하였다. 당시 덕흥군 혜는 평소에 데리고 있던 사환군들만 데리고 영평永平에 들어가 머물러 있었는데, 공민왕은 밀직부사 김유金庾를 원나라로 파견하여 혜를 붙잡아 보낼 것을 요청하게 하였다. 김유가 요양에 이르니 추밀원사 최흑려崔黑驪가 김유에게 말하기를

"황제가 혜에게 곤장 107대를 때리고 본국 고려로 돌려보내라 하였는데 그가 동창을 앓고 있으니 완쾌된 후에 곤장을 때려 돌려보내겠다."

고 하여 김유는 고려로 돌아와 버렸다. 처음에 호군 배자부裵自富가 혜와 내통하여 밀직부사란 허위 관직을 받기로 하였으나 그 일이 발각되어 참형에 처하였다.

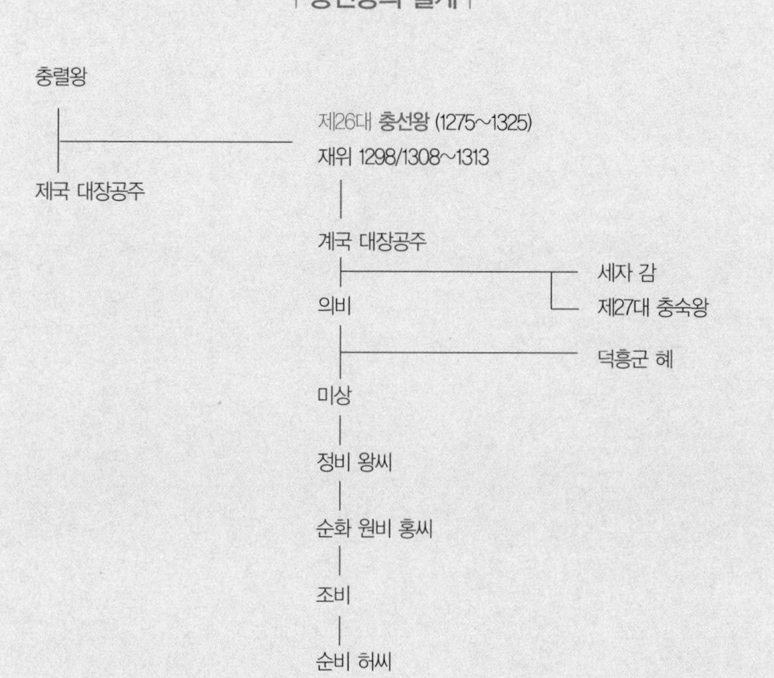
| 충선왕의 혈계 |
충렬왕
제국 대장공주
제26대 충선왕 (1275~1325)
재위 1298/1308~1313
계국 대장공주
의비
미상
정비 왕씨
순화 원비 홍씨
조비
순비 허씨
세자 감
제27대 충숙왕
덕흥군 혜

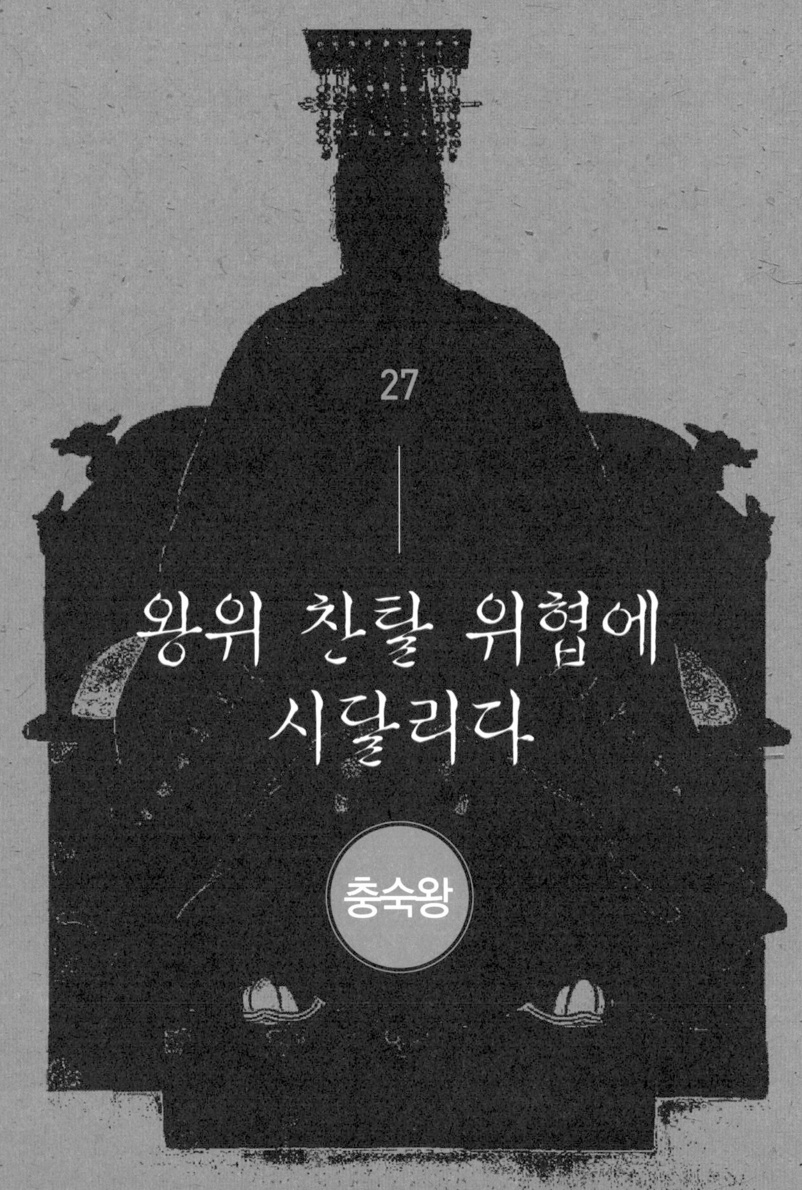

27

왕위 찬탈 위협에 시달리다

충숙왕

高麗王朝實錄

얼떨결에 이어받은 왕위

몸에 익은 원나라 생활과 그곳에서 누리는 온갖 특권을 포기하지 못하고 전지라는 기형적인 형식을 통해 나라를 다스리던 충선왕이 고려로 돌아가라는 원나라의 압박을 견디다 못해 왕위를 그 아들에게 물려주었으니 이가 곧 고려 제27대 임금 충숙왕이었다.

충숙왕의 이름은 만卍이며, 처음 이름은 도燾요, 자는 의효宜孝이며 몽고 이름은 아라눌특실리阿剌訥忒失里였다. 충선왕과 몽고 여인 야속진(의비) 사이에서 1294년(충렬 20) 7월에 둘째 아들로 태어나 나이 5세에 강릉군 승선사가 되었고 장성하여서는 강릉 대군으로 책봉된 바 있었다. 충숙왕은 충선왕을 따라 원나라에 가 있었기 때문에 부왕과 마찬가지로 고려보다는 원나라 생활에 친숙한 편이었고, 또한 고려말을 할 줄 몰랐다.

충숙왕에게는 동복형 세자 감이 있었는데 충선왕에게 살해된 바 있었다. 충선왕이 원나라에 머물면서 전지라는 파행적 형태를 통해 나라를 다스림으로써 여러 면에서 문제가 발생하자, 대신들 사이에서 세자 감을 옹립시키려는 움직임이 일어난 것이 세자 살해의 직접적인 원인이었다.

정사를 팽개쳐 버릴 정도로 원나라 생활이 좋았다면 그때 차라리 세자 감에게 왕위를 물려주는 편이 훨씬 나았을 것이다. 아무런 준비 없이 왕위에 오른 충숙왕이 펼쳐 보인 미성숙한 정치가 고려 사회를 극심한 혼란 속으로 몰아넣었기 때문이다. 역사에 가정이란 있을 수 없다지만 세자 감이 왕위를 이어받았다면 비록 원나라의 속국이 되어버린 나라라고 해도 보다 편안하지 않았을까 하는 아쉬움을 금할 길이 없다.

108만 개의 등불을 밝힘은 누구를 위함이었나

어릴 때는 상당히 총명하고 타인을 생각하는 마음이 깊어 만인의 기대를 한 몸에 받던 충선왕이었다. 그런 그가 어찌하여 원나라에만 고집스럽게 머물며 고려의 정치를 엉망으로 만들어 놓았는지 모를 일이다. 그러나 충선왕은 자신의 정치뿐만 아니라 아들 충숙왕의 정치마저 돌이킬 수 없는 혼란 속으로 몰아넣고 말았다. 충선왕은 대체 어쩌자고 이복형의 아들 왕고를 세자로 책봉하여 향후 펼쳐질 팽팽한 왕위 쟁탈의 빌미를 제공했단 말인가.

충선왕의 인간적 한계 때문에 이런 일련의 일이 벌어졌을 수도 있겠지만 원의 속국이라는 억압적 상황에서 문제의 원인을 찾는 것이 타당하리라는 생각이다. 누가 고려의 왕이 되든 원나라의 신임을 받지 못하면 곧 폐위되고 마는 현실을 뼈저리게 지켜보며 충선왕은 차라리 어머니의 나라 원나라에서의 편안하고 넉넉한 삶을 택했다. 이 또한 속국으로 전락한 나라의 비참한 현실과 결코 무관하지 않은 선택이었을 것이다. 어쨌든 그는 원에서의 생활을 지켜가기 위해 그때그때 형편이 닿는 대로 일을 처리하였으며 그러다 보니 아들 충숙왕이 왕위를 이어받았을 때 필연적으로 맞닥뜨릴 수밖에 없는 악연의 고리를 만들어 놓고 만 것이었다.

충숙왕이 즉위식을 치르고자 고려로 돌아가려 할 때도 충선왕은 원나라에 그대로 체류하려 하였다. 그러나 원나라 조정에서 승인하지 않는 바람에 그는 부득이 충숙왕을 따라 고려로 향할 수밖에 없었다.

고려에 도착하여 즉위식을 치르기는 하였으나 상왕이 건재하다 보니 충숙왕은 왕권을 마음대로 행사할 수가 없었다. 충선왕이 각지에서 올라오는 결재 서류를 도맡아 처리하였던 것이다. 또한 충선왕은 1313년(충선 5) 10월 병자일에 승려 2천 명에게 음식을 먹이고, 연경궁에서 2천 개의 연등을 5일간 계속 밝혔다. 일찍이 충선왕은 108만 명의 중에게 음식을 먹이고, 108만 개의 등에 불을 켤 것을 발원한 바 있었다. 이러한 행사를 만승회萬僧會라고 불렀는데 그 비용이 이루 헤아릴 수 없을 정도였다.

이처럼 국고를 탕진해가며 임금 노릇을 톡톡히 하던 충선왕은 이듬해 정월 갑진일에 자신의 공덕 10여 조목을 손수 기록하여 식목도감式目都監에 보내고는 그들로 하여금 전문을 올려 축하하도록 명령하였다. 기실 충선왕은 고려로 돌아온 뒤에도 속히 원나라로 가고 싶은 마음에 원나라 왕에게 이러한 뜻을 밝히며 허락해 줄 것을 요청한 바 있었다. 그러나 원나라 왕은 이를 허락하지 않았고, 원나라로부터 멀어지는 것을 무엇보다 두려워했던 충선왕은 급기야 스스로 업적을 적어 원나라에 알림으로써 자신의 존재를 부각시키고 싶었던 것뿐이다. 10여 조목 안에는 자신이 불교를 널리 신봉하고 이를 유지해 왔기 때문에 국가가 태평하게 되었다는 내용도 포함되어 있다. 결국 자신의 업적을 원나라에 내보이기 위해 고려의 국고가 탕진되든 말든 108만 명의 승려에게 음식을 먹이고, 108만 개의 등에 불을 켠 것이라는 이야기였다. 이러한 정성을 원나라에서 기특하게 여긴 탓이었을까. 마침내 충선왕은 같은 달 정미일에 원나라로 가기 위해 길을 떠난다.

왕고의 왕위 찬탈 위협은 시작되고

충선왕이 원나라로 돌아감에 따라 충숙왕은 비로소 왕권을 행사할 수 있었다. 그러나 그런 그에게 하나의 벽처럼 다가온 것이 원나라의 강압이었다. 1315년(충숙 2) 정월 무오일, 원나라에서 사신을 보내 고려의 귀족과 천민들의 복색을 강제로 제정하게 하였던 것이다. 한 나라의 왕이면서도 타국의 지시에 따라 정치를 펼쳐갈 수밖에 없는 상황은 충숙왕에게 좌절감을 안겨주기에 충분했다.

그러나 충숙왕에게 비관적인 일만 있었던 것은 아니었다. 그는 즉위 해인 1313년 8월 임오일 익성군 홍규의 딸 공원 왕후 홍씨를 비로 맞아들인 바 있었는데, 1315년 1월 정묘일에 왕자 정이 출생한 것이다. 정은 훗날 고려 제28대 임금 충혜왕이 된다.

한편 충숙왕은 1316년 2월이 되자 원나라를 방문하기 위해 길을 떠난다. 이는 충선왕이 원나라에 머물면서 전왕들이 그러했듯 원나라 공주와의 혼인을 청해 놓았는데, 마침내 원나라 왕이 허락하여 신부를 맞으러 가게 된 것이었다. 이때 충숙왕이 아내로 맞아들인 사람은 원나라 영왕 야선첩목아也先帖木兒의 딸 복국 장공주였다.

두 사람의 결혼식에 앞서 충선왕은 원나라 왕에게 제의하여 세자 왕고에게 심양왕瀋陽王 자리를 물려준 바 있었다. 고려 세자라는 신분에 더해 왕고가 심양왕 자리를 꿰찰 수 있었던 것은 충선왕의 총애는 물론이려니와 원나라 왕실의 신임이 있었기에 가능한 일이었다.

왕고의 세력 확대는 충숙왕에게 굉장한 부담으로 작용할 수밖에 없었다. 그렇지 않아도 충선왕이 그를 세자로 책봉하는 바람에 왕권을 지켜가는 것에 부담을 느끼고 있었는데 그에 필적할 만한 날개가 그에게 하나 더 생겼기 때문이었다. 기실 왕고는 이때부터 본격적으로 충숙왕의 자리를 호시탐탐 엿보기 시작한다.

이렇게 보았을 때, 충숙왕의 이번 원나라 방문은 상당한 의미를 지니고 있었다. 원나라 공주를 아내로 맞아들임으로써 왕고에게 맞설 만한 힘을 충숙왕도 갖추게 될 터였기 때문이었다.

그러나 충숙왕은 대결보다는 타협이 상책이라는 판단 하에 왕고의 형 왕유를 단양부원 대군으로, 동생 왕훈을 연덕부원 대군으로 봉한다. 이를 통해 충숙왕이 먼저 왕고에게 타협의 손길을 내민 것이었다. 그러나 충숙왕의 이러한 조치는 큰 실효를 거두지 못한다. 두 사람 사이의 갈등은 언제 폭발할지 모르는 휴화산처럼 위태로움을 더해가고 있었던 것이다.

충숙왕은 복국 장공주를 사랑하지 않았다

한 나라의 국운은 그 나라 백성의 삶에 속속들이 반영되기 마련이다. 그즈음 고려의 백성은 원나라에서 시시때때로 요구하는 무리한 공물과 공녀 등으로 해서 잔뜩 위축된 삶을 살아가고 있었다. 이러한 사정은 왕실의 권세가들이라고 해서 크게 다를 바가 없었다.

공원 왕후 홍씨는 복국 장공주가 고려에 오기 전까지만 해도 충숙왕의 사랑 속에 만백성의 어머니로서 행복한 나날을 보냈다. 그러나 원나라 공주가 궁에 나타나면서부터 그녀의 삶은 철저하게 무너져 버렸다. 왕자 정을 낳은 고려 왕실의 떳떳한 어머니였건만 복국 장공주의 기세에 눌려 사가로 쫓겨나게 되었던 것이다.

그러나 이 사건은 비단 공원 왕후 홍씨만의 불행이 아니었다. 사랑을 잃은 충숙왕에게는 방탕과 폐위의 길을 열어주었으며, 복국 장공주 자신에게는 의문의 죽음이라는 불길한 앞길이 기다리고 있었기 때문이었다.

공원 왕후를 잊을 수 없었던 충숙왕은 때때로 미행微行으로 홍씨를 만나곤 하였으며 이때 이름 모를 백성과 마주치기라도 하는 날이면 미친 사람처럼 폭행을 일삼곤 하였다. 그런가 하면 농사철을 맞은 백성의 원성이 자자한데도 툭하면 사냥을 하러 떠나곤 하였다.

지아비의 미행과 사냥 행각을 바라보며 복국 장공주도 눈먼 장님이 아닌 이상 공원 왕후 홍씨에 대한 충숙왕의 애틋한 사랑을 익히 짐작하였을 터이다. 그랬기에 복국 장공주는 공원 왕후를 극도로 미워하였다. 이러한 감정은 곧 질투로 이어졌고, 복국 장공주의 투기를 접할 때마다 충숙왕은 광인처럼 행동했다. 훗날 복국 장공주가 의문의 죽음을 당한 뒤에 원나라에서 조사차 온 사신들에게 궁중 요리사 한만복 등이 자백한 말을 통해 당시의 상황을 어느 정도 짐작해 볼 수 있을 것 같다. 홍씨와 어울리는 것을 복국 장공주가 질투하자 충숙왕이 그녀를 심하게 구타하였다고 이야기했으니 말이다.

이 때문에 충숙왕은 결국 원나라 왕의 입조 명령을 받기에 이른다. 이때가 1321년(충숙 8) 3월이었는데 원나라로 간 충숙왕이 좀처럼 돌아오지 않자, 허유전과 민지 등이 원나라에 가서 충숙왕의 귀국을 요청하기도 하였다. 그러나 왕고와 그 도당들이 방해하는 바람에 뜻을 이룰 수가 없었다. 이때로부터 3년 동안이나 충숙왕은 원나라에 붙잡혀 있어야 했다.

이 기간 동안 왕고의 도당들은 충숙왕을 폐위시키고, 왕고를 고려 임금으로 옹립하기 위해 수단과 방법을 가리지 않았다. 특히 1322년 8월 병술일에는 전 찬성사 권한공 등이 왕고를 고려 왕으로 세워줄 것을 원나라에 요청하기 위해 자운사에서 백관들을 모아 놓고 의논을 하였다. 이들은 곧 원나라 중서성에 서면을 제출하기로 뜻을 모으고는 기축일에 다시 권한공 등이 자운사에 모여 중서성으로 보낼 문서에 서명을 받았다. 그러나 윤선좌 등이 결사적으로 반대하는 바람에 뜻을 이룰 수는 없었다.

충숙왕 고려로 돌아오다

원나라 왕 영종이 죽고 태정이 왕위에 오른 것은 1323년(충숙 10) 9월 무술일이었다. 원나라에 잡혀가 있던 충숙왕에게는 절호의 기회가 찾아온 셈이었다. 아니나 다를까, 원나라 왕은 고려로 돌아가라는 명령을 따르지 않은 죄로 유배를 가 있던 충선왕을 소환하는 동시에 충숙왕에게는 국왕의 인을 돌려주며 고려로 돌아갈 수 있게 해주었다.

이때 충숙왕은 원나라 위왕 아목가의 딸 조국 장공주를 아내로 맞아들인다. 이를 통해 원나라의 신임을 어느 정도 회복하게 된 충숙왕은 고려로 돌아오자마자 그간 자리를 비운 탓에 실추될 대로 실추된 임금의 권위를 되찾기 위해 노력한다.

그러나 충숙왕은 오래지 않아 다시 왕권을 위협받기에 이른다. 원나라와 관계를 맺은 이래 역대 왕들이 늘 그래왔듯 원나라 조국 장공주가 1325년(충숙 12) 10월, 아들을 낳은 후에 산욕을 이기지 못하고 죽자 지위가 흔들리면서 시작된 고난이었다.

물론 그 모든 음모의 중심에는 심양왕 왕고가 버티고 있었다. 왕고의 심복들이 원나라 중서성에 충숙왕은 눈이 먼 데다 귀까지 먹어 왕위에 계속 앉아 있을 수 없다고 지어내어 고해바친 것이었다. 그러나 얼토당토않은 그들의 거짓말은 곧 백일하에 드러났고, 충숙왕은 가까스로 위기에서 빠져나올 수 있었다.

충숙왕, 평안을 얻다

거듭되는 왕고의 무고와 고단한 임금의 업무가 충숙왕을 지치게 만들었던 모양이다. 충숙왕은 1330년(충숙 17) 2월 초하루에 세자 정에게 왕위를 물려주고 만다. 정치 일선에서 물러나 쉬고 싶기도 하였을 것이다.

그러나 충숙왕에 이어 즉위한 충혜왕은 황음무도荒淫無道한 인물이었다. 이 때문에 원나라에서 충혜왕을 폐위시키자, 충숙왕은 어쩔 수 없이 복위할 수밖에 없었다. 이때가 1332년 2월 갑자일이었다.

정치 일선으로 다시 돌아온 충숙왕은 이후 원나라의 무리한 세공을 삭감하게 하고, 공녀와 환자의 선발을 중지하도록 청원하는 등 업적을 남기기도 하였으나 입조 명령을 받고 원나라에서 체류하다 돌아온 뒤로는 사냥과 유흥에 몰두하며 정사를 돌보지 않았다. 게다가 사람 만나기를 기피하는 증상이 심해져 신하들은 물론이고 원나라 사신들마저 좀처럼 만나주지 않았다. 그러던 중 지병이 악화되어 충숙왕이 침전에서 숨을 거둔 것은 1339년 3월 계미일이었다.

충숙왕은 왕위에 있은 지 25년이었으며 향년은 46세였다. 시호는 의효懿孝, 원나라의 시호는 충숙忠肅이며, 능은 의릉毅陵에 있다.

사관의 평

충렬, 충선, 충숙, 충혜왕의 4대는 부자간에 서로 갈등이 생겨서 원나라에까지 가서 시비질을 하여 천하 후세에 웃음거리를 남겨 놓았다. 부자간의 친애 관계는 모든 행실의 첫 자리를 차지하며 또 정치의 근본으로 된다. 그러므로 근본이 틀리고 보면 기타의 일이야 보잘 것이 없는 것이다. 충숙왕은 늙어서 국사를 포기하고 지방과 교외에 가서 거처하면서 박청 등 내시 3명을 신임하였기 때문에 위엄과 행복이 아래 사람에게 옮겨져서 아들이나 손자들이 다 천명대로 살지 못하게 되었으니 한탄을 어찌 다 하랴.

충숙왕의 후비와 종실들

충숙왕에게는 후비 다섯과 아들 셋이 있었다.

복국濮國 장공주 역련진팔라亦憐眞八剌는 충숙왕이 원나라에 있을 때 혼인하여 1316년(충숙 3) 겨울, 왕과 함께 고려에 왔으며 1319년(충숙 6) 죽었다. 연경궁延慶宮에 빈소하고 정화靖和 공주라고 추증하였으며 원윤元尹 임자송任子松을 원나라에 파견하여 부고를 전하고 낭장 이린李麟을 영왕營王에게 보내어 부고를 전하자 영왕이 조사를 보내어 조상하였으며 황태후도 중사中使 어선불화於係不花를 보내어 조문하였다. 1320년 매장하고 1321년(충숙 8) 겨울, 공주의 초상화를 순천사順天寺에 두었으며 1343년(충혜 복위 4) 원나라에서 복국 장공주로 추봉하였다.

조국曹國 장공주 금동金童은 원나라 순종順宗의 아들 위왕魏王 아목가阿木哥의 딸로 1324년(충숙 11) 왕이 원나라에 있을 때 장가들었다. 이듬해에 왕과 함께 고려에 왔으며 왕을 따라 한양 용산龍山에 가서 용산 원자를 낳았다. 얼마 후 공주는 행궁에서 죽었는데 향년 18세였다. 원나라에서 파견한 좌사랑 탈필대가 와서 제사를 지냈으며 1343년(충혜 복위 4) 원나라에서 조국 장공주로 추봉하였다.

경화慶華 공주 백안홀도伯顔忽都는 몽고 여자로서 충숙왕이 원나라에 있을 때 장가들었다. 1333년(충숙 복위 2) 왕과 함께 고려로 왔으며 1336년(충숙 복위 5) 부를 신설하여 경화부라고 하였으며 관속을 두었다. 공주가 1344년(충혜 복위 5) 죽으니 예절을 갖추어 장례 지냈다. 1367년(공민 16) 원나라에서 숙공 휘녕肅恭徽寧 공주라는 시호를 주었다.

공원恭元 왕후 홍씨는 남양 사람으로 부원군 홍규洪奎의 딸이다. 나서부터 총명하고 단정하였으며 충숙왕이 왕위에 오르자 간선되어 궁중으로 들어가 덕비德妃로 책봉되었다. 그녀는 행동거지가 모두 예법을 지켰으므로 왕이 매우 소중하게 여겼다. 1315년(충숙 2) 아들 정禎을 낳으니 이가 충혜왕이며 공민왕도 그의 소생이다.

충혜왕이 왕위에 오른 후 충숙왕이 정만길鄭萬吉, 강융姜融, 김원상金元祥 등이 이간하는 말을 곧이듣고 왕후를 강제로 고향에 돌려보내고 모자가 서로 만나는 것을 허락하지 않았다.

원나라에서 충혜왕을 데려간 후 왕후를 위하여 덕경부德慶府를 설치하였으며 공민왕이 왕위에 오르자 문예부文睿府라고 고쳤으며 그를 대비라고 존칭하였다.

공민왕이 신돈에게 정사를 위임한 후 왕후가 공민왕의 과실을 자주 말하자 둘 사이에 갈등이 있었으며 1373년(공민 22) 왕우를 후계자로 삼기 위해 공부시킬 것을 청하자 왕후는 핑계를 들며 거부하였다.

1380년(폐왕 우 6) 봄 정월 무술일에 죽었으며 향년 83세였다. 2월에 영릉令陵에 매장하고 시호를 공원恭元이라고 하였다.

수비壽妃 권씨는 복주 사람으로 좌상시 권형權衡의 딸이다. 밀직상의 전신全信의 아들에게 시집보냈으나 권형은 전씨의 집안이 불초하다는 이유로 이혼시키려고 하다가 뜻을 이루지 못하였다. 1335년(충숙 복위 4) 내지內旨라는 구실로 이혼시키고 드디어 왕에게 바쳤으며 충숙왕은 수비로 봉하였는데 왕이 죽은 후에 충혜왕이 간음하였다. 1340년(충혜 복위 1) 죽었다.

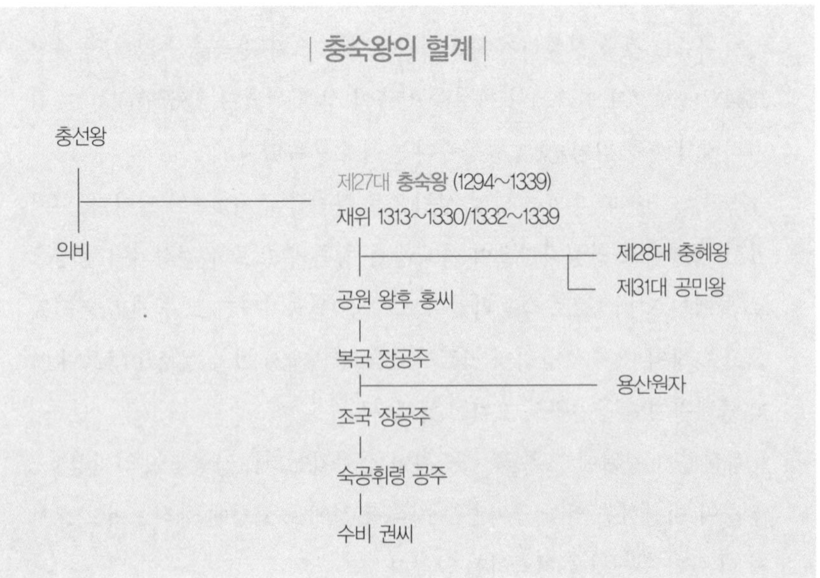

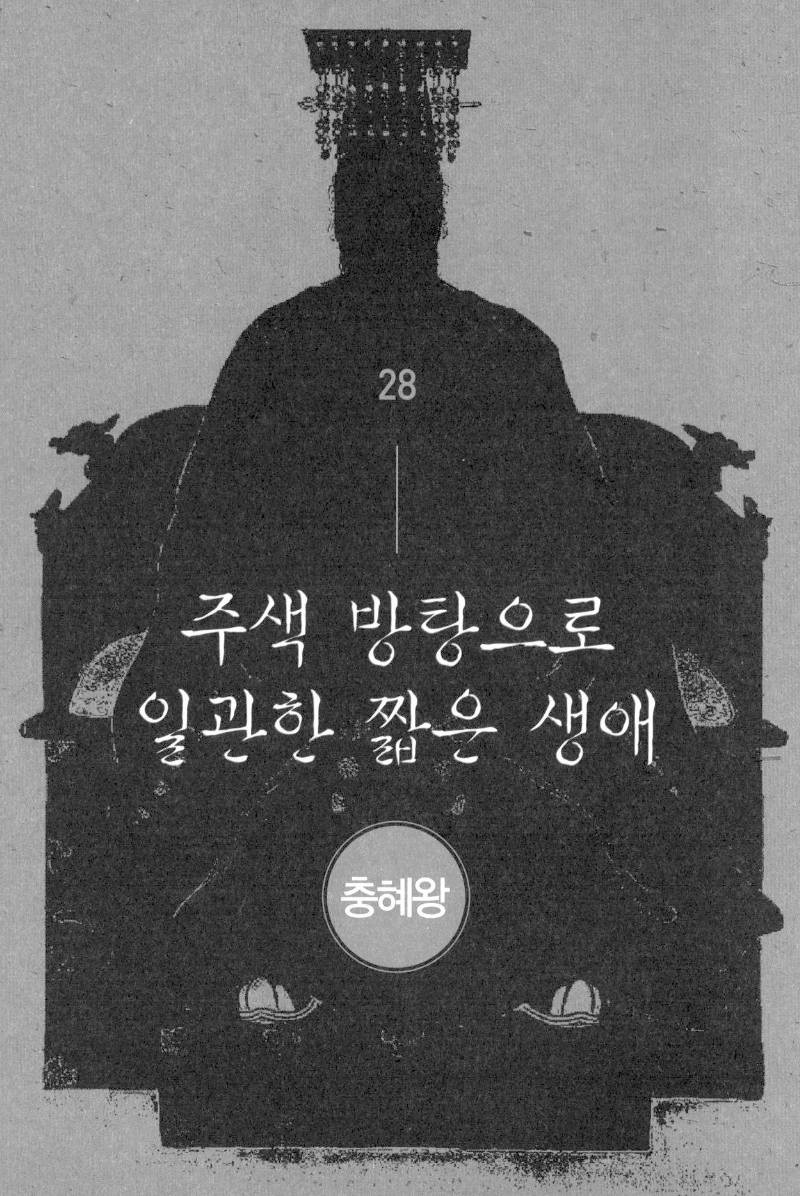

28

주색 방탕으로 일관한 짧은 생애

충혜왕

高麗王朝實錄

연산군도 울고 갈 폭군의 탄생

조선 천지를 피로 물들이며 주색과 방탕, 악정을 거듭한 끝에 비참한 최후를 맞이한 연산군의 생애를 모르는 이는 그리 많지 않다. 그런데 연산군 못지않은 생애를 살아온 사람이 고려 시대에도 있었으니 이가 곧 고려 제28대 왕 충혜왕이다.

일국의 왕으로서 원나라 땅에 끌려가 귀양살이를 떠나던 중 독살된 것으로 알려진 충혜왕. 고려 백성은 충혜왕의 학정에 얼마나 신음하였는지 그가 죽었다는 소식이 알려지자, 기뻐 날뛰면서 이제 다시 갱생할 날을 보게 되었다고 소리소리 질러댈 정도였다고 한다. 오죽하면 남의 나라 땅에서 귀양살이를 가던 중 죽은 충혜왕의 생애를 비꼬는 노래가 백성들 사이에 유행하였을까.

만백성의 아버지라는 사람이 이렇듯 백성들에게 등 돌림을 당했으니 좁게는 왕 개인의 비극이요, 넓게는 고려의 비극이라고 해야 할 것이다. 이제부터 충혜왕의 짧지만 폭정으로 점철된 생애를 되짚어 보고자 한다.

16세에 왕이 되다

1315년(충숙 2) 정월에 충숙왕과 명덕 왕후 홍씨 사이에서 장남으로 태어난 충혜왕은 1344년 30세의 나이로 목숨을 잃었다. 그는 이름이 정禎, 몽고 이름은 보탑실리普塔失里이며, 1328년(충숙 15) 정월에 세자로 책봉된 뒤 원나라에 가서 숙위하던 중 충숙왕이 왕위를 물려주어 1330년(충숙 17) 2월에 고려 제28대 왕으로 즉위하였다.

충혜왕은 당시 원나라에 머물고 있었는데, 충숙왕으로부터 국왕의 인을 회수하기 위해 원나라 왕이 객성 부사客省副使 칠십견七十堅을 고려에 파견한 동안에도 평측문 밖에서 6일 동안이나 매사냥을 하였다. 성격이 호협하고 주색을 좋아하여 놀이와 사냥에 탐혹하였고, 부화방탕하여 절도가 없었으며 남의 처첩이 아름답다는 소문만 들으면 친소親疏와 귀천貴賤을 가리지 않고 모두 강간, 간음하여 후궁으로 삼아 버렸다는 세인들의 평이 공연한 트집이 아니라는 사실을 즉위 초부터 증명해 보인 셈이었다.

기실 16세라는 어린 나이를 감안해 볼 때, 옳고 그름을 분간하기 어려워 당장 마음이 끌리는 대로 처신할 우려가 전혀 없지 않았다. 즉, 일찍이 세자로 책봉되지 못하여 한 나라를 이끌어 갈 만한 자질 교육을 충분히 받지 못한데다 성격까지 바르지 못하여 충혜왕의 즉위는 고려 백성의 절망과 피폐를 처음부터 예고해 주고 있었던 것이다.

신하들에게 정무를 일임하고

충혜왕은 1330년 2월 정미일에 규장각에서 원나라 왕으로부터 고려 국왕의 인을 받았다. 충혜왕은 즉시 정승으로 퇴직한 김태현을 시켜 정동행성征東行省의 사업을 대리하게 하였으며, 지인방知印房을 설치하고 삼사 우윤三司右尹 윤지현, 기거주起居注 이담, 도관 정랑都官正郎 이군해, 전첨典籤 김한룡 등에게 임무를 분담시킨 뒤 원나라 우승상 연첩목아와 유림에서 매사냥을 하였다.

그 뒤 달이 바뀌어 3월이 되자, 평상시 편애하던 신하 배전과 주주 등에게 국가의 중요한 정무를 일임하고 날마다 내시들과 씨름을 하는 등 상하의 예절 없이 희롱을 일삼았다. 이로 인해 정직한 사람은 배척당하여 옳은 말이 나올 수 없게 되었다.

그러던 어느 날 왕 앞으로 나간 이담이 충혜왕에게 충언을 하였다.

"임금은 행동을 근신謹愼하지 않을 수 없습니다. 임금의 행동을 측근자들이 전부 기록하기 때문입니다."

이에 충혜왕이 정색을 하며 물었다.

"누가 그런 것을 기록하는가?"

"그것은 사관의 직책입니다."

"나의 과오를 기록하는 자는 모두 서생이로구나."

충혜왕은 원래부터 유생들에게 호감을 가지지 않았다. 그런데 이담으로부터 이런 말을 듣고 보니 유생들이 더욱 미워졌다. 충혜왕은 이때부터 사관들을 멀리하며 증오하였다고 한다.

충혜왕, 날개를 얻다

충혜왕은 그해 3월 무인일에 원나라 관서왕 초팔의 장녀와 결혼을 하였다. 이가 곧 덕녕 공주인데 관례에 따라 고려 왕이 원나라 왕실의 여자를 맞아들인 것에 불과하지만 당시 상황으로서는 원나라 왕실과 혼인 관계로 맺어지는 것만이 고려 왕의 기반을 확고하게 다지는 길이었기 때문에 어린 충혜왕은 자신을 훨훨 날게 해줄 날개 하나를 얻은 셈이었다.

그러나 그는 여전히 정사를 등한시하여 고려에 머물고 있던 충숙왕에게 질책을 받기도 하였다. 충숙왕은 충혜왕이 정동행성의 사업을 임시로 대리하게 한 바 있는 김태현과 윤석, 원충 등이 업무를 제대로 처리하지 않자 옥에 가두고 정방길에게 행성 사업을 대리하게 하였다. 또한 원나라에 있는 충혜왕에게 글을 보내 다음과 같이 타일렀다.

"듣건대 비속한 선비들이 부당하게 승진되는 자가 있다고 하니 이런 자들을 등용하지 말라!"

그러나 충혜왕은 연회를 열고 연첩목아와 만취하도록 술을 마시는 등 임금 본연의 자세로 돌아오는 것을 스스로 꺼렸다.

고려로 돌아왔으나

1330년 5월 기미일, 연일 술 타령과 사냥, 쓸 데 없는 일로 소요를 일으키며 정사를 등한시하는 충혜왕을 보다 못한 원나라 왕이 고려로 돌아가라고 지시하였다. 이에 충혜왕은 원나라 왕에게 작별을 고하고 귀국 길에 올랐다.

그해 7월 무자일, 낭장 김천우가 원나라에서 돌아와 놀라운 소식을 고하였다.

"원나라 조정에서 전 정동행성 좌우사 낭중 장백상의 건의에 근거하여 우리나라에 장차 행성을 설치할 것이라고 합니다."

충혜왕은 즉각 원나라 태사 우승상 연첩목아에게 서한을 보내 장백상의 간교한 말을 믿지 말고 원나라 왕의 의사를 잘 인도하여 고려가 스스로 풍속을 지키고 조상 대대로 물려온 유업을 편안히 계승하게 해 달라고 부탁하였다. 이에 연첩목아가 자기 나라 왕에게 고하여 결국 고려에 행성을 설치하려던 계획을 중지하였다. 충혜왕이 즉위한 이후에 최초로 이룬 업적이라 할 수 있었다.

이때 고려에 머물던 충숙왕이 원나라로 가기 위해 길을 떠났는데 황주에 이르러 귀국 길에 오른 충혜왕 일행과 노상에서 만났다. 충혜왕은 원나라 사람들이 하듯 호궤(꿇어앉는 법)하여 충숙왕을 영접하였다. 충혜왕을 가만히 지켜보던 충숙왕은 꾸짖듯 말하였다.

"너의 부모가 모두 고려 사람인데 어찌하여 나에게 호인의 예식을 행하는가? 또 의관이 너무 사치스러우니 어떻게 사람들을 대하겠는가? 빨리 옷을 바꾸어 입으라."

훈계하는 태도가 얼마나 엄격했던지 충혜왕은 울면서 물러나왔다.

그러나 충혜왕은 고려 왕으로서 정사를 바르게 이끌어가기를 원하는 충숙왕의 질타와 염려를 망각한 채 이후 폐정을 거듭하다가 1332년 2월에 원나라 왕이 보낸 장백상을 위시한 사신들에게 국왕의 인을 빼앗기고 만다.

이미 정월 초 3일에 충숙왕에게 복위할 것을 명령하였다는 장백상의 설명을 듣고 충혜왕은 놀라움을 금치 못하였다. 장백상은 연이어 창고를 봉인하였으며 충혜왕을 이끌고 원나라로 향하였다.

줄을 잇는 음탕한 행위

세자 시절, 원나라로 들어간 충혜왕을 친아들처럼 사랑해준 이가 있었으니 바로 우승상 연첩목아였다. 연첩목아는 충숙왕이 왕위를 사양하자 원나라 왕에게 적극적으로 고하여 충혜왕이 등극할 수 있도록 결정적 역할을 한 사람이기도 했다. 그런데 당시 태보太保로 있던 백안伯顔은 연첩목아의 권세를 시기하여 덩달아 충혜왕까지 미워하고 있었다.

충숙왕이 복위하고 충혜왕이 폐위되었을 즈음, 공교롭게도 연첩목아가 죽었기 때문에 충혜왕은 원나라에서 발붙일 만한 곳이 그리 없었다. 게다가 충혜왕을 미워하는 백안의 마음은 여전하여 박대가 이루 말할 수 없을 정도였다.

이때 충혜왕은 연첩목아의 자제들과 자주 어울려 술을 마시며 즐겨 놀았다. 그런데 한번은 충혜왕이 회골 여자 한 사람을 사랑하여 간혹 숙위에 결근하였다. 이리 되자 백안이 충혜왕을 더욱 미워하여 그를 지목하여 발피潑皮(망종亡種)라고 욕하며 원나라 왕에게 청을 넣었다.

"왕정(충혜왕)이 본래 행실이 보잘 것이 없으므로 숙위 사업에 방해가 될까 하오니 마땅히 그의 아비 있는 곳으로 보내 옳은 도리로 교양하도록 하는 것이 좋겠습니다."

원나라 왕이 이를 승인하자 충혜왕은 고려로 되돌아 왔다. 이때가 1336년(충숙 복위 5)이었다. 이때 충숙왕은 백안이 그러는 것처럼 충혜왕을 항상 발피라고 부르며 가까이 하려 하지 않았다. 그러나 1339년(충숙 복위 8) 3월에 이르러 충숙왕은 죽음이 가까워지자 또다시 충혜왕에게 왕위를 계승하게 하였다.

고려에서는 곧바로 전 평리 이규 등을 원나라로 보내어 충혜왕에게 왕위를 계승시켜 줄 것을 요청하였으나 태사太師 백안은 이 요청을 깔아뭉개고 원나라 왕에게 고하지 않았다. 게다가 이런 말을 덧붙이기까지 하였다.

"왕도는 본래 좋은 사람이 아닌데다가 또 병이 있으니 죽어 마땅하며 '발피'는 비록 맏아들이나 또다시 왕으로 될 수 없으며 오직 심양왕 왕고가 왕이 될 만하다."

이규 등은 실망하지 않고 백방으로 힘을 다하여 충혜왕의 책봉을 요청했으나 끝내 성공하지 못하였다.

이처럼 원나라로부터 왕위 책봉을 받지 못한 상황이었건만 충혜왕은 주색을 좋아하는 방탕한 본색을 본격적으로 드러내기 시작한다.

5월 초하루 자신의 장인 삼사좌사 홍융의 집으로 간 충혜왕은 장인의 후처 황씨를 간음하였다. 장인의 후처를 간음한 것만으로도 놀랄 일인데 충혜왕은 오래지 않아 충숙왕의 후비 수비 권씨까지 간음해 버린다. 즉, 자신의 서모를 성적 노리개로 삼아 버린 셈이었다. 그러나 충혜왕의 음행은 시작에 불과했다. 그는 곧 내시 유성의 처 인씨가 아름답다는 말을 듣고 구천우와 강윤충을 데리고 그 집에 가서 유성으로 하여금 술을 내오게 하였다. 충혜왕의 음흉한 속셈을 모르는 채 왕이 진심으로 자신을 애호한다고 착각한 유성은 왕에게 공손하게 고했다.

"전하께서 응당히 복위하실 것인즉 백성들을 돌보아 주셔야 하며 아랫사람들에게 상 주는 것을 아끼지 말아야 합니다."

이 말을 듣고 왕의 시종들이 가만히 조소하였다.

충혜왕은 그 달 계미일에 의술을 잘 아는 승려 복산을 시켜 장인의 후처 황씨의 임질을 치료해 주도록 하였다. 충혜왕은 당시 정력에 좋다는 열약을 복용하곤 하였는데 그 때문에 그와 상관하는 여자들은 병에 걸리는 일이 많았다.

이외에도 충혜왕의 음탕한 행각을 일일이 열거하자면 끝이 없다. 그중 충혜왕의 폐위와 죽음에 적잖이 영향을 끼친 경화 공주의 강간 사건에 대해서만 설명해 보고자 한다.

경화 공주는 몽고 여자로서 부왕 충숙왕의 셋째 부인이다. 충혜왕은 경화 공주를 위하여 연안궁에서 향연을 베풀었는데 이에 대한 답례로 경화 공주가 향연을 열었을 때, 취한 척하며 그녀를 강간하였다. 그녀가 반항하므로 주변 수하의 도움까지 받아가며 강간했기 때문에 경화 공주의 수치심은 더더욱 컸을 것이다.

충격과 불같은 분노에 사로잡힌 경화 공주는 원나라로 돌아가려 하였다. 그러나 충혜왕이 말 시장을 금하는 바람에 원나라로 타고 돌아갈 말을 구하지 못해 포기했다. 경화 공주는 끙끙 속병을 앓던 중 심양왕의 측근이기도 한 조적을 만나 강간당한 사실을 이야기했다. 이에 조적 일당이 난을 일으켰으나 왕궁을 지키는 위사들이 어렵지 않게 이를 평정하였다.

그러나 충혜왕이 경화 공주에게 행한 일은 오래지 않아 원나라에서 온 사신 두린과 직성사인 구통의 귀에 들어가게 되었다. 공교롭게도 충혜왕은 자신의 책봉을 허락한다는 기쁜 소식을 알리기 위해 찾아온 원나라 사신들에게 붙잡혀 원나라로 압송되는 꼴을 당하고 말았다.

경화 공주가 직접 사신 일행에게 전한 말도 있었지만 조적 일당의 참소 또한 적지 않은 영향을 끼친 것이었다. 이때 왕과 함께 원나라로 압송된 사람은 홍빈, 한첩목아불화, 조운경, 황겸, 이안, 한승 등이었다.

충혜왕이 원나라로 끌려가자 정권을 대리하게 된 경화 공주는 자신이 강간당할 때 충혜왕을 도운 정천기를 정동성에 가두었다. 뿐만 아니라 김지겸을 정동성 서리로, 김자를 제조 도첨의사사로 임명하는 등 관리들을 대거 교체하였다.

그런데 『고려사』에 아주 흥미로운 기록이 한 가지 보인다. 충혜왕과 결혼한 원나라 덕녕 공주가 정천기를 석방하여 궁중에 몰래 숨겨주었다는 사실이다. 덕녕 공주가 무슨 생각에서 정천기를 구해 주었는지 모르겠으나 음탕한 행위만을 일삼은 충혜왕의 행각을 돌이켜 보건대 미묘한 생각이 자꾸 드는 것만은 어쩔 수가 없다.

위기에서 벗어난 충혜왕의 기고만장

원나라로 압송된 충혜왕은 신하들과 함께 옥에 갇힌 채 1340년 정월이 되자 중서성, 추밀원, 어사대, 한림원, 종정부로부터 합동 심문을 받았다. 그러나 충혜왕은 그해 3월 탈탈대부의 도움으로 풀려나 고려왕으로 다시 복위한다. 충혜왕 외에는 고려를 이끌 만한 대안이 없어서 이러한 결정이 내려진 것 아닌가 사료된다.

어쨌든 다시 고려로 돌아온 충혜왕은 한 나라의 왕으로서 위신 깎이는 일을 당했음에도 반성은커녕 예전보다 더 기고만장하여 정사를 내팽개친 채 사냥과 음주, 음탕한 행위를 일삼았다. 뿐만 아니라 항상 재물을 탐하여 백성의 토지와 노비를 강탈하였으며 부당하게 죽인 이가 헤아릴 수 없을 정도였다.

충혜왕의 행악을 간략하게 열거하여 보면 다음과 같다.

1341년(충혜 복위 2) 3월 초하루, 충혜왕은 예천군 권한공의 둘째 처 강씨가 아름답다는 말을 듣고 호군 박이라적을 보내 궁중으로 데려오게 하였는데 이라적이 먼저 간통한 사실을 알고 노하여 두 사람을 모두 때려 죽였다.

그해 8월에는 날마다 사냥을 다녔는데 왕을 시중하는 자들이 괴로움을 표해도 소용이 없었다.

그러다가 겨울이 되어 사냥이 힘들어지자, 왕은 내시 전자유의 집에 가서 그의 처 이씨를 강간하였고, 전에 때려죽인 바 있는 박이라적의 첩을 찾아가 상관하였으며, 재상 배전의 집으로 가서 그의 처와 그의 아우 금오의 처를 번갈아 간음하기도 하였다. 강간, 간음한 여자들에 관한 기록은 이것들 외에도 아주 많다. 그러나 더 중요한 것은 일일이 기록되지 않은 사건이 훨씬 더 많을 것이라는 사실이다.

이렇듯 제멋대로 무수한 여자들의 정절을 꺾어 버렸으면서도 충혜왕은 강간 사건이 보고되기만 하면 당사자를 무참하게 죽여 버리거나 귀양을 보냈다. 만호 전찬이 이포공의 처를 강간하자 형장을 쳐서 귀양을 보냈으며, 불량배 봉골 등 3명이 임금이라고 거짓말을 하며 주부 공보의 집에 들어가서 그의 처를 간음하자, 행성에서 잡아 죽였다. 또한 1343년(충혜 복위 4) 10월에도 강간한 죄인 3명을 잡아 돌로 눌러 죽였다. 똥 묻은 개가 겨 묻은 개 나무라듯 시행되는 충혜왕의 형벌에 백성들은 그리 동조하지 않았을 것이 분명하다. 오죽하면 현효도가 충혜왕을 시해하려고 독약을 먹이려다 발각되어 사형 당하는 사건이 일어났을까.

그러나 충혜왕은 여전히 아름다운 여자가 있다는 말만 들리면 찾아가서 강간을 하거나, 실패로 돌아가면 분풀이 삼아 사람들을 죽이는 등 발피다운 행위를 이어갔다. 뿐만 아니라 의성고, 덕천고, 보흥고에서 포목 4천8백 필을 출고하여 시장에 점포를 차렸으며, 민가를 헐어 버리거나 재물을 강탈하여 내구內廐에 속하게 하는 등 민폐를 많이 끼쳤다.

한때 개경에서는 근거 없는 소문이 유포되어 백성들이 도망치거나 이를 악용한 불량소년들이 강탈과 절취를 감행하기도 하였다. 그 소문이란, 충혜왕이 민가의 어린아이 수십 명을 잡아다가 새 대궐 짓는 주춧돌 밑에 파묻으려 한다는 것이었다. 근거 없는 소문이라고 이미 표현한 바 있지만 아니 땐 굴뚝에 연기 날 리 없다는 속담처럼 충혜왕의 흉포함을 보여주는 대목이라 할 수 있다.

한번은 총애하는 신하 최원이 진사 우물골이란 곳에 처녀가 있는데 얼굴이 예쁘게 생겼다고 보고한 적이 있었다. 그러자 충혜왕은 최원과 함께 그 집에 가서 처녀를 찾았다. 주인집 노파가 자신의 집에는 본래부터 처녀가 없다고 하자 왕은 노파가 숨기는 줄 의심하였고, 동시에 최원이 자신을 속였는가 하여 두 사람을 모두 죽였다.

이처럼 흉포 무도하였던 충혜왕에게도 무서운 사람은 있었다. 바로 원나라 사신 실덕이었다.

당시 충혜왕은 새 궁궐 건축에 열을 올리고 있었는데 왕은 공사장에 깃발을 꽂고 북을 울리면서 몸소 담장에 올라가서 공사를 감독하였고, 궁궐이 준공되자 각 도에서 칠을 거두어 들였는데 단청의 안료를 수송하는 기한을 늦추는 자가 있으면 몇 곱의 베를 벌로 받았다. 이로 인해 백성들은 근심과 원한에 시달렸고, 간악한 소인배들은 제 세상을 만나 치부에 열을 올렸으며 충직한 사람들은 배척을 당하여 한번만 바른 말을 하면 반드시 살육을 당하기 때문에 두려워 감히 간언하는 자가 없었다.

1343년(충혜 복위 4) 7월 원나라에서 오던 사신 실덕은 길거리에 나붙은 방문을 보고 크게 노하였다.

'나무와 돌을 기한 전에 바치지 않는 자는 베를 징수하거나 섬으로 귀양 보낸다.'

농사가 한창인 시절에 이렇듯 백성들을 동원하여 부역을 시키고자 혈안이 되어 있었기 때문이다. 실덕은 곧 원나라로 돌아가 자기 왕에게 보고하려고 하였다. 이에 충혜왕은 채하중을 친히 보내 원나라 왕에게 보고하지 말 것을 간청하였다. 한 나라의 왕이 타국의 일개 사신에게 비굴하게 간청을 하며 선처를 구한 것이다.

충혜왕의 죽음은 만백성의 기쁨이었다

탈탈대부의 도움으로 충혜왕이 고려로 돌아왔을 때, 원나라에서는 고려 출신 기씨가 원나라 왕의 제2왕후가 되었다. 이에 따라 자연스럽게 권세를 누리게 된 자가 있었으니 바로 기씨의 오빠 기철이었다. 기철은 충혜왕의 폐정을 지켜보다 못해 1343년 8월에 이운, 조익청 등과 함께 원나라 중서성에 서면을 제출하여 충혜왕의 탐욕과 음탕한 행동 때문에 신음하는 백성의 생활을 안정시켜 줄 것을 요청하였다.

원나라에서 하늘에 제사할 것과 대사령을 반포할 것을 구실로 대경 타적과 낭중 별실가 등 6명을 보낸 것은 그해 11월이었다. 그러나 충혜왕은 병을 핑계로 사신들을 맞으러 나가지 않으려 하였다. 이에 고룡보가 충혜왕을 꾀어냈다.

"우리 황제가 고려 왕이 불경하다고 항상 말씀하였는데 만일 마중 나가지 않는다면 황제의 의심이 더욱 심할 것입니다."

이런 말을 듣자 충혜왕은 결국 백관들을 거느린 채 원나라 사신을 영접하러 나갔다. 그러나 원나라 사신들은 다짜고짜 충혜왕을 발로 차고 포박하였다.

폐정을 거듭하다가 또다시 원나라로 끌려간 충혜왕은 연경에서 2만 리나 떨어진 계양현으로 유배를 가게 되었다. 그러나 충혜왕은 계양현에 미처 닿지도 못하고 싸늘한 시체로 변했다. 악양현岳陽縣(중국 웨양)에서 그만 죽음을 맞이하고 만 것이다. 왕이 독살되었다는 소문이 파다하였지만 고려 백성들은 그저 충혜왕이 죽었다는 사실만이 기뻐 날뛰었다고 한다.

충혜왕은 왕위에 있은 지 전후 6년이며 수명은 30세였다. 시호는 헌효獻孝이고, 원나라의 시호는 충혜忠惠이다. 6월 계유일에 영구가 도착하여 8월 경신일에 영릉永陵에 장사하였다.

사신의 평

충혜왕은 영특하고 예민한 재질을 가지고도 그것을 옳지 않은 데 써서 악당들을 친근히 하고 부화방탕하여 안으로는 부왕에게 책망을 듣고 밖으로는 천자에게 죄를 저지르고 죄수의 몸이 되어 도중에서 객사한 것은 당연한 귀결이다. 비록 한 사람의 늙은 신하 이조년이 아무리 적절한 말을 하여 간쟁한들 그 말을 듣지 않은 데야 어찌할 도리가 있었으랴!

충혜왕의 후비와 종실들

충혜왕에게는 후비 넷과 아들 셋, 딸 하나가 있었다.

덕녕德寧 공주 역련진반亦憐眞班은 원나라 진서鎭西 무정왕武靖王 초팔焦八의 딸이다. 1330년(충숙 17) 충혜왕이 원나라에 있을 때 공주에게 장가들어 충목왕忠穆王과 장녕長寧 공주를 낳았다.

충혜왕이 죽고 나이 어린 충목왕이 왕위에 오르자 덕녕 공주가 정무를 관할하였으며 왕이 죽은 후 공주는 덕성德城 부원군 기철奇轍과 정승 왕후에게 정동성 사무를 대행하라고 명령하였다. 충정왕 때에도 정사에 관여하였는데 왕도 저지하지 못하였다.

충정왕은 공주를 매우 근실하게 섬겼으며 삼전三殿(왕, 왕후, 태후)과 대우를 동등하게 하였다. 1350년(충정 2) 원나라에 갔다가 1354년(공민 3) 고려에 돌아왔다. 1367년(공민 16) 원나라에서 정순 숙의貞順淑儀 공주로 봉하였으며 1375년(폐왕 우 1) 죽은 후 경릉頃陵에 안장하였다. 1377년 신효사神孝寺의 충혜왕 진전眞殿에 합사하였고 1390년(공양 2) 태묘太廟에 옮겨 합사하게 되었다.

희비禧妃 윤씨는 파평현 사람으로 찬성사 윤계종尹繼宗의 딸이며 충정왕을 낳았다. 1349년(충정 1) 부를 세워 경순부敬順府라 하였으며 승丞과 주부注簿 각 한 명과 사인舍人 두 명을 두었다. 충정왕이 손위하고 강화로 가서 있을 때 식사 공급이 충분하지 못하여 왕래조차 끊어지니 근심과 걱정으로 울고 있다가 공민왕에게 청하여 강화로 가서 만나보고 수일간 머물다 돌아왔다. 1380년(폐왕 우 6) 죽었으며 1391년(공양 3) 예관이 비의 기제사忌祭祀와 진전제眞殿祭를 모두 근대 선후들의 예에 준하여 거행할 것을 건의하니 공양왕이 이 제의를 좇았다.

화비和妃 홍씨는 평리 홍탁洪鐸의 딸이다. 홍탁은 경상도 진변사로 있었는데 왕이 그의 딸이 아름답다는 소문을 듣고 그에게 의복과 술을 주고 1342년(충혜 복위 3), 궁중으로 맞아들이지도 않고 화비로 봉하였다. 이후 재상 윤침尹忱의 집에 두어 왕래하기 편하도록 하였으나 며칠 지나지 않아 사랑은 끊어졌다.

은천銀川 옹주 임씨는 상인 임신林信의 딸이자 단양丹陽 대군의 종이다. 옹기그릇(도기)을 파는 것을 생업으로 하였는데 왕이 그를 보고 가까이 하며 총애하였다. 1342년(충혜 복위 3) 왕이 화비를 맞아들이려 할 때 임씨가 질투하자 은천 옹부로 봉하여 그 마음을 위안하였다. 그때 사람들은 임씨를 '옹기 공주'라고 별명 지었다. 왕은 삼현三峴에 신궁을 건설하였는데 창고가 백 간이나 되었고 곡식과 비단으로 창고를 채웠으며 행랑에는 채단을 짜는 여공을 두기도 하였다. 또한 방아와 맷돌을 많이 설치하였는데 이는 모두 옹주의 뜻에 의한 것이었다.

충혜왕은 열약을 즐겨 먹어 여러 비빈들이 성생활을 모두 견디지 못하였는데, 옹주만은 능히 감당하여 총애를 받게 되었다.

임씨는 아들 하나를 두었는데 이름은 석기釋器이며, 충정왕이 그를 승려가 되게 하여 만덕사萬德寺에 두었다.

1356년(공민 5) 왕은 전 호군 임중보林仲甫가 석기를 왕으로 추대하려고 반란을 음모한다는 소식을 들었으며 이로 인해 10여 명이 연루되어 모두 옥에 가두게 되었다. 석기는 이안李安, 정보鄭寶 등을 시켜 제주에 안치하겠다고 하고 압송해 가다가 바다 속에 밀어 넣도록 하였으나 죽지 않고 도망하여 민간에 숨어 있었다.

1363년(공민 12)에 서북면 도순무사 전녹생田祿生이 석기라고 부르는 자가 평양부에 있는데 반란을 음모한다고 하여 경복흥慶復興, 임견미林堅味 등을 파견하여 체포하게 하고 각 도에 사람을 파견하여 군대를 징발한 뒤 경비하게 하였다. 전녹생과 서해도 도순무사 김유金庾가 석기라는 자를 체포하여 죽이고 목을 베어 그 머리를 서울 저자에 내걸었다.

그러나 전녹생이 수색할 때 진짜 석기는 도망하여 안협의 주민 백언린白彦麟의 집에 숨어 있었는데, 우왕 원년에 경복흥, 이인임 등이 이 소문을 듣고 몰래 왕에게 보고하였고, 왕은 군대를 인솔하고 가서 석기를 체포하게 하였다. 그때에야 평양에서 죽은 사람은 석기와 같이 다니던 승려로서 환속한 사람이라는 것을 알게 되었다.

석기는 민가 처녀에게 장가들어 아들 하나를 낳았는데 전 평리 양백익

梁伯益의 초막에 숨겨둔 사실이 발각되어 그의 머리를 깎아 계룡산鷄龍山으로 보내기로 하였으나 도중에 아전을 시켜 암살하게 하고 양백익은 귀양 보냈다.

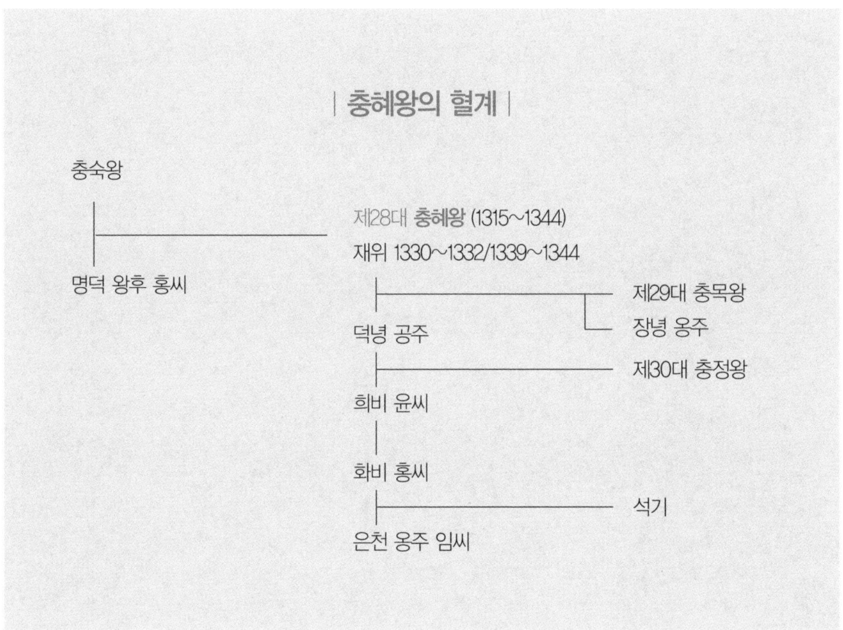

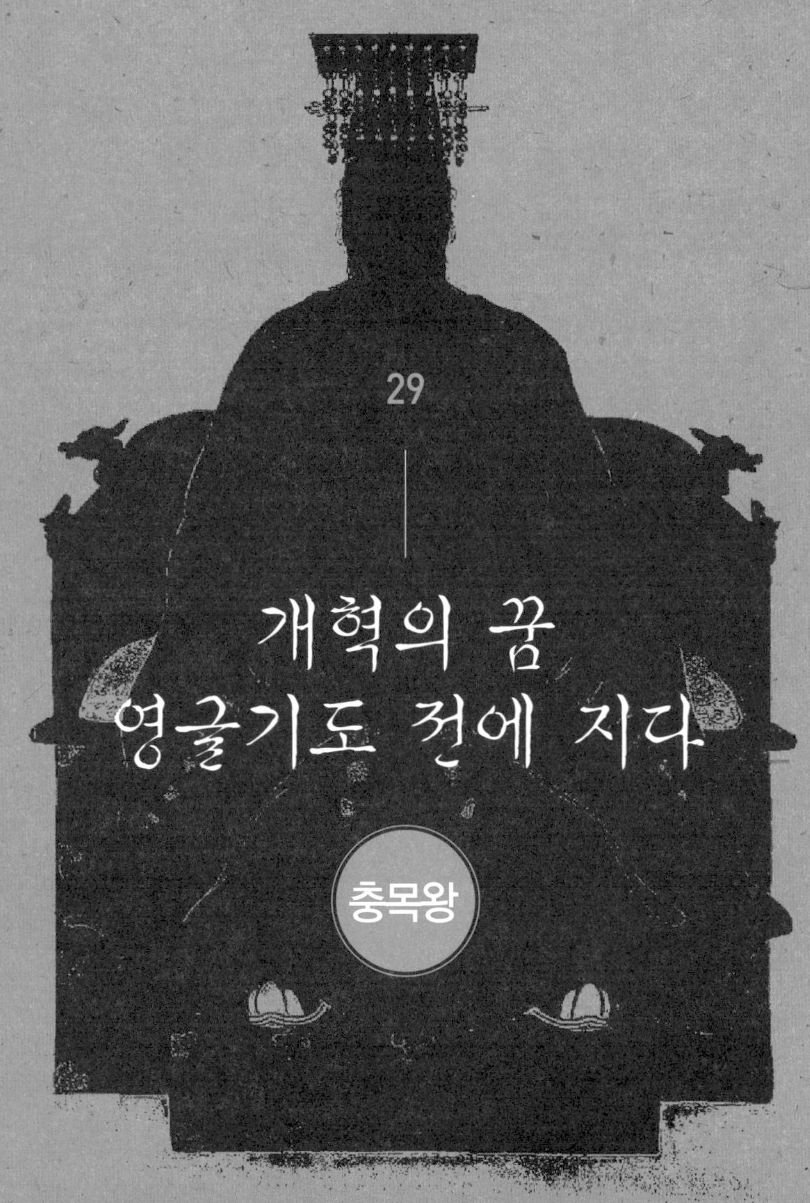

29

개혁의 꿈 영글기도 전에 지다

충목왕

누구를 본받으려는가

폐정을 거듭하던 충혜왕이 원나라로 압송되어 계양현으로 유배되던 그 즈음에 충혜왕의 장자이자 덕녕 공주의 소생이기도 한 충목왕은 어린 나이에 볼모가 되어 원나라에 머물고 있었다. 오래지 않아 고려의 제29대 왕으로 등극한 충목왕의 이름은 흔昕, 몽고 이름은 팔사마타아지八思麻朶兒只였다.

1344년(충혜 5) 2월 정미일, 고룡보가 충목왕을 안고 원나라 왕을 만나러 갔는데 자질이 총명하고 지혜가 많은 충목왕의 모습을 가만히 바라보던 원나라 왕이 다음과 같이 물었다.

"네가 장차 아비를 본받으려는가? 그렇지 않으면 어미를 본받으려는가?"

"어머니를 본받으려고 합니다."

충목왕이 망설임 없이 대답하자, 원나라 왕은 선한 것을 좋아하고 악한 것을 미워하는 충목왕의 성격에 감탄하여 드디어 고려의 왕위를 계승하게 해 주었다. 이때 충목왕의 나이는 8세에 불과했다.

어리광이나 피울 나이였으나 부왕의 폐정을 익히 보아왔고, 특히 모친을 통해 그 부당성을 인지하고 있었기에 충목왕은 어머니를 본받고 싶다고 망설임 없이 대답한 것이었다.

모후 덕녕 공주의 섭정

그러나 8세에 불과한 충목왕은 국사를 이끌어 가기에 나이가 너무 어렸다. 하여 모후 덕녕 공주의 섭정이 시작된다. 원나라 왕실 출신의 덕녕 공주가 정사를 일임하게 되니 원나라에서도 신임하였을 것으로 보인다.

덕녕 공주는 섭정에 나서자마자 1344년 2월 병인일에 정승 채하중, 사공 강호례, 정당문학 정을보, 동지밀직사사 김상기와 설현고, 밀직제학 장항 등으로 하여금 국정을 참의할 것을 명령하였다. 그와 동시에 함양군 박충좌와 양천군 허백을 판전민도감사判田民都監事로 임명하는 한편, 충혜왕이 편애하던 한범, 장송, 심노개, 전두걸불화 등 15명을 섬으로 귀양 보내고 정천기, 소경부, 조성주는 자기 고향으로 추방하였다. 또한 5월 정사일에는 충혜왕의 폐신들인 최화상, 임신, 박양연, 민환 등을 추가로 귀양 보냈다. 뿐만 아니라 감찰사에서 충혜왕 시절에 악소년惡少年들에게 준 직첩을 회수함으로써 국가 기강을 바로잡고자 하는 덕녕 공주의 뜻을 널리 천명하였다. 한편 그중 강윤충과 배전은 공주전에 틈만 나면 출입하여 공주를 위로해 주면서 세력을 잡았다. 나중에 배전과 강윤충은 공주의 남편 노릇까지 하였는데 어떤 사람이 배전의 죄악을 고하자 덕녕 공주는 배전을 다시는 자신의 가까이 오지 못하게 하였으나 강윤충은 끝까지 보호하고자 하였다.

어린 왕이 성장하여 국가를 맡아 제대로 경영할 수 있을 때까지 섭정을 통해 나라의 기틀을 다지고자 마음먹은 덕녕 공주는 우정승 채하중, 좌정승 한종유, 판삼사사 이제현 등 수십 명의 신하들로 하여금 서연書筵을 열어 충목왕의 글공부를 시독하게 하는 한편, 이제현의 주도로 혁파된 바 있는 정방을 다시 설치하고 찬성사贊成事 박충좌와 김영후, 참리 신예, 지신사 이공수 등을 제조관提調官으로 임명하였다. 정방은 관리의 인사 행정을 담당한 기관이라 할 수 있는데 제조관들은 덕녕 공주에게 의지하여 전 주권을 행사하였다.

한편, 덕녕 공주는 충혜왕이 백성의 고혈을 짜내다시피 하며 건축한 바 있는 신궁을 헐어 버리고 학문을 중시하는 분위기를 일으켜 세우기 위해 숭문관崇文館을 설치하였다. 그리고 1346년(충목 2) 다음과 같은 교서를 발표함으로써 이제현과 안축, 이곡, 안진, 이인복 등으로 하여금 『편년강목』編年綱目을 편찬하여 바칠 것을 명령하였으며 충렬, 충선, 충숙의 3대 실록 또한 편찬토록 명령하였다.

'우리 태조가 개국한 지 429년이 되었는데 그동안 우리나라의 제도와 문물, 그리고 아름다운 언행들을 모두 감추어 두고 공개하지 않는다면 그 무엇으로써 후세에 모범을 보여줄 것인가? 그러기에 우선 충선왕이 민지를 시켜 『편년강목』을 편찬하였으나 오히려 누락된 사실들이 많다. 이제 이것을 보충하여 세상에 반포하고자 하노라.'

이처럼 국가의 기강을 바로잡고 내실을 다지며 안정을 꾀해 나가면서 덕녕 공주는 백성들을 위무하고 구휼하는 데에도 관심을 기울였다. 1344년에는 권신들에게 탈취 당한 녹과전祿科田을 빼앗아 주인들에게 되돌려 주었으며, 1348년(충목 4)에는 진휼도감賑恤都監을 설치하여 기아에 허덕이는 백성들을 구제하였다.

그러나 충목왕 시절 고려의 당면한 국가적 문제는 원나라의 복속국으로 전락한 가운데 충혜왕이 실정을 거듭하는 바람에 고려 사회 전체에 팽배해진 모순이었다. 이에 따라 충목왕과 덕녕 공주를 정점으로 한 고려의 지배층에서 모순을 극복하고 사회 체제를 바로잡자는 움직임이 대대적으로 일어나고 있었다.

이러한 움직임의 일환으로 1347년 2월에 설치된 것이 정치도감整治都監이었다. 계림 군공 왕후, 좌정승 김영돈, 찬성사 안축, 판밀직사사 김광철 등 4명의 판사判事와 사使 9명, 부사 7명, 판관 12명, 녹사 6명의 속관을 임명하였는데 이들은 안렴존무사按廉存撫使를 겸임하면서 각 도로 파견되어 토지를 측량하는 한편, 지방 권력자나 관리의 토지 점탈 여부를 조사하였으며, 지방 관리의 탐오를 막고 규제함으로써 지방의 정치 기강과 사회 분위기를 바로잡고자 하였다.

이때 각 도로 파견된 관리들을 살펴보면 다음과 같다. 김민슬이 양광도로, 이원구와 김영리가 전라도로, 남궁민과 이배중이 경상도로, 박광후와 최원우가 서해도로, 정인이 평양으로, 김군발이 강릉도로, 관연이 교주도로 각각 파견되었다.

그러나 5월 무진일에 정치도감에서 기 황후의 족제族弟 기삼만이 남의 토지를 강탈한 사건과 관련하여 곤장을 맞고 옥에 갇혔다가 죽음으로써 개혁은 실효를 거두지 못하게 된다. 고려의 개혁과 기강 확립이 자신들에게도 도움이 된다는 판단 하에 원나라에서도 고려의 개혁 움직임을 뜨거운 관심 속에 지켜보고 있었는데 기 황후의 족제가 죽음으로써 원의 간섭이 극심해지면서 개혁 정책이 제대로 시행될 수 없었던 것이다.

어린 왕의 죽음

덕녕 공주가 신하들의 도움 속에 여러 방면에 걸쳐 국가 기강을 바로잡아 나가던 그때에 어린 충목왕이 병에 걸리고 만다. 충목왕이 왕의 자질을 어서 갖추기를 고대하며 섭정을 펼쳐가던 덕녕 공주는 거처를 옮기거나 정성들여 간호를 하는 등 충목왕의 쾌유를 위해 많은 노력을 하였지만 아무 소용이 없었다. 결국 충목왕은 1348년 12월 정묘일 김영돈의 집에서 죽었다.

충목왕이 왕위에 있은 지는 4년이고, 향년 12세였다. 이듬해 3월 정유일에 명릉明陵에 장사하였으며, 시호는 현효顯孝, 원나라의 시호는 충목忠穆이다.

충목왕의 후비와 종실들

어린 나이에 죽어 아내와 자식이 없었다.

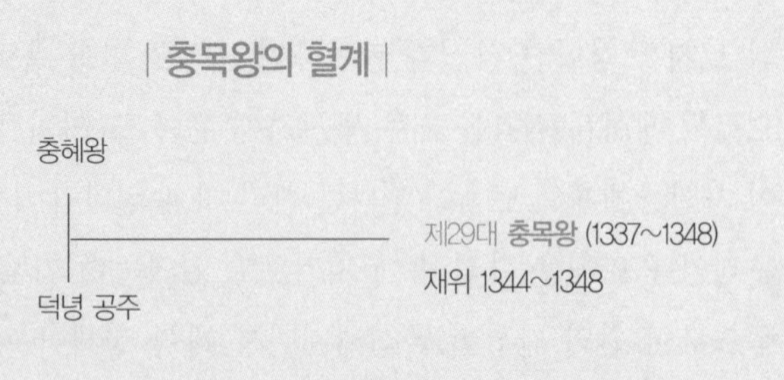

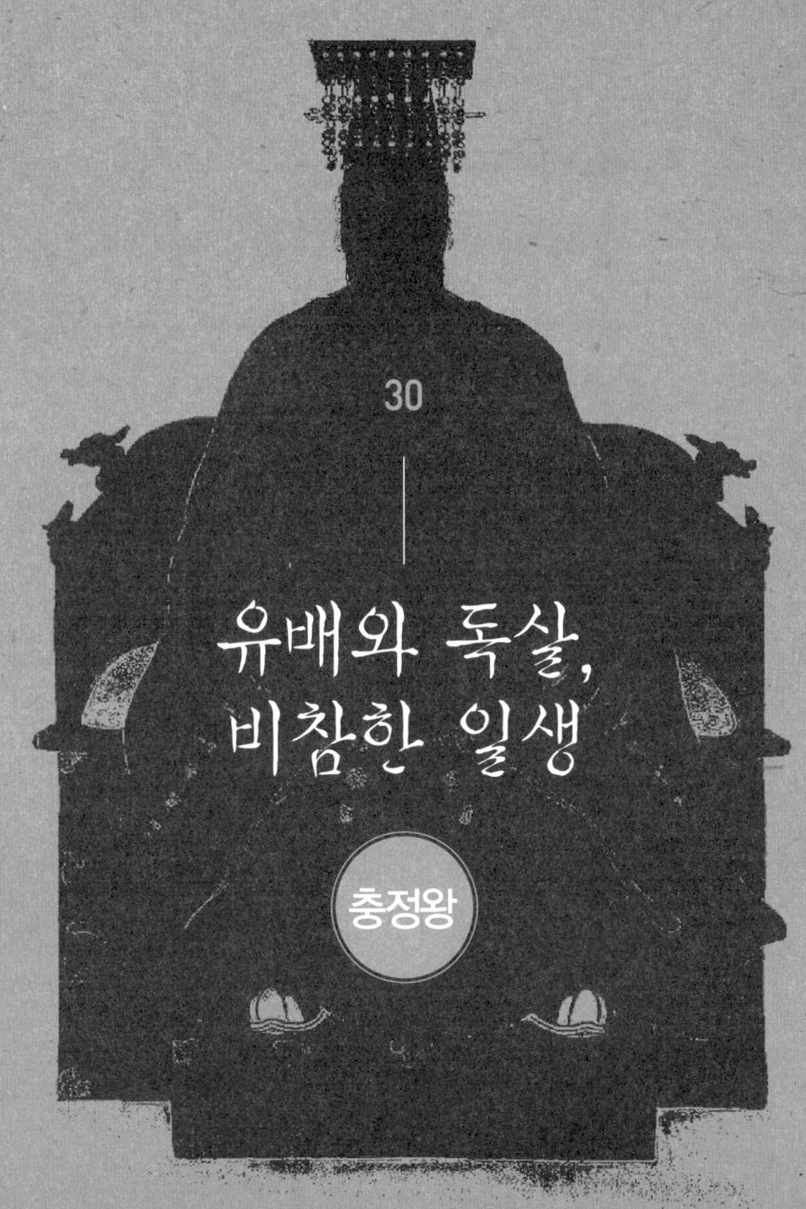

30

유배와 독살, 비참한 일생

충정왕

高麗王朝實錄

차기 왕의 선택권을 원나라에 넘기고

1348년(충목 4) 12월에 충목왕이 죽자 덕녕 공주는 덕성부원군 기철과 정승 왕후에게 정동성사를 대행할 것을 명령하고 호군護軍 신원보를 원나라에 보내 충목왕의 상사를 보고하였다.

뒤이어 왕후 등은 이제현을 원나라에 보내 새로운 고려 왕의 책봉에 관한 표문을 원나라 왕에게 전달하였다. 그 내용을 간략하게 요약해 보면 다음과 같다.

'충목왕이 병으로 인하여 세상을 떠났다. 온 나라가 애통할 뿐 아니라 왕의 나이가 어리어 후손이 없다. 우리나라는 아직 귀순하지 않은 일본과 이웃하고 있기 때문에 하루라도 임금이 없어서는 안 될 것이다. 이제 왕기(공민왕)는 보탑실리 왕(충혜왕)의 동복아우로서 이전부터 귀국에 가서 입시入侍하고 있었던 바 나이 19세이며 왕저(충정왕)는 충혜왕의 서자로서 현재 본국에 있는 바 나이 12세이다. 이런 일의 결정은 당신의 마음에 달렸으니 우리 백성의 소원을 참작하여 특별한 명령을 내려 끊어진 왕대를 계승하게 하고 또 명령을 받들어 변방을 안정시킬 수 있게 하여 주면 임금 생각하는 근심을 잊어버리고 더욱더 근왕하는 충절을 지키지 않겠는가?'

위의 표문에서 알 수 있듯 당시 고려의 왕위를 이을 만한 인물은 훗날 고려 제31대 왕이 된 공민왕 왕기와 제30대 왕으로 등극한 왕저뿐이었다. 이 중 고려 내부에서는 왕저의 어린 나이를 들어 왕기의 등극을 바라는 이들이 많았다. 그러나 최종 결정권은 원나라 왕에게 있었기 때문에 고려에서는 그저 표문을 올리고 결과를 받아들이는 도리밖에 없었다.

비극은 시작되고

1349년(충정 1) 2월 갑술일, 충혜왕의 서자 왕저를 입조시키라는 원나라 왕의 명령을 가지고 전지 도첨의사 최유가 고려로 돌아왔다. 이는 왕저를 고려 제30대 왕으로 책봉하겠다는 뜻이기도 하였다. 경양부원고 노정, 전판삼사사 손수경, 전찬성사 이군해, 민평, 윤시우, 최유 등은 즉각 왕저를 수행하고 원나라로 떠나려 하였다. 이에 대간臺諫과 법관들이 회의를 소집하고 왕저 일행이 원나라로 가는 것을 저지하려 하였다. 그러나 원나라 왕의 명령에 따라 떠나는 길이었기 때문에 대간과 법관들은 힘에 밀려 뜻을 이룰 수가 없었다.

마침내 원나라 왕이 왕저에게 고려의 왕위를 이을 것을 명령한 때는 그해 5월 무술일이었다. 이암李嵒(이군해)에게 국무를 총리할 것을 명령하고, 그해 7월 병진일에 고려로 귀환한 왕저는 강안전에서 왕위에 올랐다. 이가 곧 고려 제30대 왕 충정왕이다.

당시 12세에 불과했던 충정왕은 어수선하기 그지없는 국내 상황과 왜구들의 발호라는 외적 요인을 능히 헤쳐 나갈 만한 능력을 갖고 있지 못했다. 그 때문에 왕위에 오른 지 2년여 만에 폐위된 채 강화도로 유배되었다가 공민왕에게 독살을 당하고 만다.

5백 년 고려 역사 전체를 놓고 보면 충정왕의 비극적인 죽음이 아무것도 아닐는지도 모르겠으나 그 개인의 입장에서 보면 비참한 노릇이 아닐 수 없었을 것이다. 역사에는 가정이 없다지만 만약 충정왕 대신 공민왕이 왕위에 올랐다면, 아니 그렇지 않더라도 어린 왕을 주변에서 잘 보필하여 국정을 이끌어갈 수 있도록 해주었다면 다른 사람도 아닌 작은아버지에게 독살 당하는 비참한 최후만은 면하지 않았을까 생각해 보게 된다.

왕위에 오른 충정왕이 죽음에 이르기까지의 과정을 간략하게 살펴보기로 한다.

왕을 둘러싼 갈등

충정왕은 충혜왕의 둘째 아들이자 희비 윤씨의 소생으로 충목왕의 이복동생이다. 이름은 저胝, 몽고명은 미사감타아지迷思監朶兒只인데, 1337년에 태어나 1348년 4월에 경창부원군慶昌府院君으로 봉해졌고 1349년 7월에 즉위하였다.

그의 어머니 희비 윤씨는 찬성 윤계정의 딸로 충정왕이 어린 나이에 즉위하자 왕의 측근 세력과 파평 윤씨 외척들의 비호 속에 힘을 키워 간다. 그러나 원나라 왕실 출신 덕녕 공주가 버티고 있었기 때문에 둘 사이에 세력 다툼이 벌어졌으며 그 때문에 고려의 정국은 더더욱 어지러워진다.

뿐만 아니라 충정왕의 즉위를 위하여 노력한 바 있는 외척 윤신우가 윤왕이라고 불릴 정도로 권세를 누리며 그 측근들과 함께 정국을 어지럽히고, 덕녕 공주의 총애를 받은 배전 등이 또한 비행을 일삼는 바람에 고려의 내부 상황은 혼탁하기 이를 데 없었다.

거듭되는 왜구의 침입

충정왕 즉위 후에 왜구들이 처음으로 고려로 몰려와 약탈을 감행한 것은 1350년(충정 2) 2월이었다. 왜구들은 고성, 죽말, 거제 등지로 침범해 왔는데 고려에서는 천호千戶 최선과 도령都領 양관 등이 출전하여 이들을 격파하고 3백여 명의 적을 죽였다. 그러나 왜구들은 이때부터 더더욱 빈번하게 침입하여 고려 사회를 뒤흔들어 놓았다. 워낙 고려 사회가 불안정한 상황이었기 때문에 왜구들이 이를 틈타 대거 몰려온 것이 분명하다.

때마침 이때 고려 내부의 모순을 보여주는 듯한 사건이 터졌다. 2월 임진일에 경상도 안렴사로 임명된 최용생이 원나라의 총애를 믿고 고려 백성에게 해독을 끼치는 내시들의 행태를 증오하여 그 악행을 폭로하는 방을 써 붙였는데, 어향사 환자御香使宦者 주완지 등이 덕녕 공주에게 최용생을 신소하자 그를 파면해 버린 것이었다.

이처럼 대소 관료부터 시작하여 심지어 내시들까지 자신의 이권에만 혈안이 되어 나라를 위태롭게 만들자, 이러한 상황을 비웃듯 왜구들은 1350년 5월과 6월, 이듬해 8월에 고려를 거듭하여 침략했다. 특히 1351년 8월에는 왜선 130척이 자연, 삼목 두 섬에 침입하여 인가를 거의 다 불사르자 조정에서는 만호 원호를 서북면에, 만호 인당과 전밀직 이권을 서강에 주둔시켜 왜구를 방비하게 하였다. 이때 왜구가 남양부와 쌍부현을 침범하자 인당 등에게 명령하여 바다로 가서 왜구를 잡으라고 했는데 이권이 돌아와 이렇게 고하며 출전하지 않았다.

"저는 장수가 아닐 뿐더러 또 녹봉도 받지 않고 있는 터이오니 명령을 거행하지 못하겠습니다."

실로 한심하기 짝이 없는 작태가 아닐 수 없었다.

어린 왕의 폐위, 그리고 죽음

고려가 돌이킬 수 없는 파국을 향해 치달아가는 모습을 보다 못한 원나라에서 마침내 충정왕의 폐위를 결정하고는 1351년(충정 3) 10월 강릉 대군 왕기를 국왕으로 책봉한다. 이가 곧 고려 제31대 왕 공민왕이다.

10월 임오일 원나라 왕의 명령으로 고려에 온 단사관 완자불화는 모든 창고와 궁실을 봉인하고 국새를 회수하여 원나라로 돌아갔다.

왕위에서 물러난 충정왕은 강화로 유배되었는데 공민왕 원년 3월 신해일에 사사되었다.

충정왕이 왕위에 있은 지는 2년 3개월이었고, 향년 14세였다. 총릉聰陵에 장사하였으며, 원나라에서 충정忠定이라는 시호를 주었다.

사신의 평

충목과 충정이 모두 어려서 왕위에 올랐고, 덕녕 공주와 희비가 모친의 지위를 가지고 안에서 세도를 썼으며 간신과 외척들은 밖에서 작간하였으니 두 왕이 비록 영리한 자질이 있다 하더라도 무슨 도리가 있었겠는가? 또 충정왕 당시는 강릉군이 왕의 숙부로서 인심을 얻었고, 원나라의 후원이 있었으며 여러 대신들도 나라의 일은 돌보지 않고 서로 파당을 꾸려 사욕을 채우다가 그것이 화단을 일으켜 나중에 왕이 불행하게 독살을 당하게까지 되었으니 참으로 비통한 일이다!

충정왕의 후비와 종실들

어린 나이에 죽어 아내와 자식이 없었다.

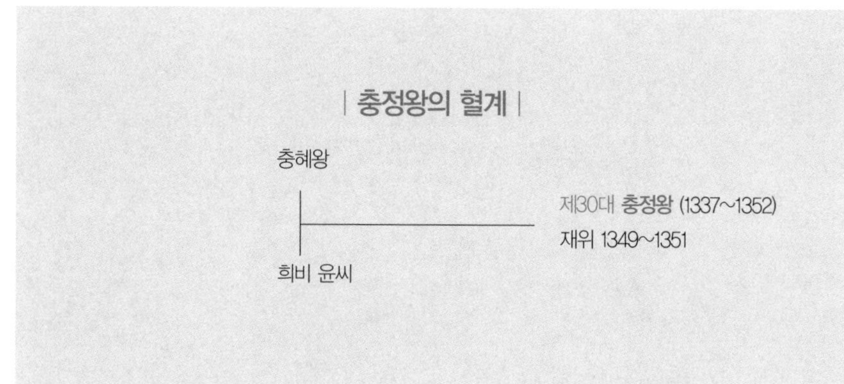

31

드높은 개혁의 깃발은 꺾이고

공민왕

高麗王朝實錄

새로운 시대를 열 왕의 귀환

충정왕이 나이가 어려 외척의 전횡을 막지 못하고 왜적의 침입 등 어지러운 정세를 극복할 만한 능력이 없다고 판단되자, 원나라에서는 그를 폐하고 원나라 위왕의 딸 노국 대장공주와 결혼한 공민왕을 강력하게 후원하여 왕위에 앉혔다. 이때가 1351년 10월, 공민왕의 나이 22세 때였다.

그리하여 고려 제31대 왕으로 등극한 공민왕은 충숙왕의 차남이자 공원 왕후 홍씨의 소생으로 충혜왕의 동복아우이기도 했다. 그의 이름은 전顓인데 첫 이름은 기祺였으며 몽고 이름은 백안첩목아伯顔帖木兒였다. 1330년 5월에 출생하여 강릉 대군으로 봉하였으며 원나라 왕 순제의 입조 요구에 따라 1341년 5월, 12세의 나이로 원나라에 들어가 숙위宿衛하였다.

원나라에 머물며 책봉된 까닭에 공민왕은 이제현으로 하여금 정승을 대행케 하여 임시로 정동성 사무를 처리하도록 하였다. 이에 이제현은 도전과 신사들을 수축하였고, 법관들에게 명하여 각 도의 존무사存撫使와 안렴사按廉使들의 업적과 죄과를 심사케 하였다.

그해 11월 공민왕은 조일신에게 간부 등용 명단을 주어 고려로 내려 보냈다. 이제현을 도첨의 정승으로, 이몽가를 판삼사사로, 조익청과 전윤창을 찬성사로 임명하는 등 새로운 조정 관료들을 내세움으로써 새로운 정치의 시작을 대내외에 천명하였다.

공민왕은 그해 12월 노국 대장공주와 함께 원나라로부터 돌아왔다. 왕은 고려로 들어서면서 몽고식 복장을 버리고 다시 고려의 복장으로 바꿔 입었다. 1백년 원나라의 간섭 하에서 정통성을 잃고 혼란에 빠진 고려에 일대 개혁의 칼날을 들이댈 왕의 귀환이었다.

22세, 젊은 왕이 바라본 국제 정세

12세에 원으로 들어가 볼모로 잡혀 있으면서 공민왕은 원을 중심으로 펼쳐지는 주변 정세에 자연스럽게 관심을 기울이게 되었을 것이다. 1300년대를 훌쩍 넘어서면서 중국 대륙에서는 홍건적이 급격하게 세를 불려 원 내부에 불안을 가중시키고 있었다. 그러한 모습을 지켜보면서 공민왕은 원명 교체기라는 대륙의 정세를 확연하게 읽어냈을 것이 분명하다.

그렇지 않고서는 즉위한 후에 공민왕이 과감하게 펼쳐낸 배원 정책과 갖가지 개혁 조치들은 설득력을 잃는다. 기실 그간 고려의 임금들은 원나라의 꼭두각시에 불과했다고 표현해도 과언이 아니다. 즉위와 폐위 자체를 원나라에서 주관하였으며 그 밖의 중대한 사안들에 대해서도 사사건건 원나라의 간섭을 받을 수밖에 없었기 때문이다. 그러나 공민왕 즉위 당시 원나라 내부는 더욱 어지러워져 고려에서도 사십여 명의 장수들이 응원으로 들어가 본국 궁중의 경비가 소홀할 지경이었다. 신흥하는 남쪽 한인들의 세력은 점점 커지기 시작해 이러한 정세는 왕을 크게 자극시켰다.

따라서 즉위와 함께 강력한 개혁 정치를 실행한 공민왕은 원나라 주변에서 펼쳐지는 대륙 정세를 교묘하게 이용하여 배원 정책과 국권 회복의 기치를 높이 세운 임금이라 할 수 있겠다.

개혁에 박차를 가하라

공민왕이 귀국하여 개혁의 일환으로써 처음으로 손댄 곳은 정방이었다. 무신 정권 시절 최우가 설치한 정방은 인물을 심사하여 적당한 벼슬자리에 배정하는 임무를 담당하였으나 권신들이 인사권을 마음대로 행사하는 등 문제가 많았던 것이 사실이다. 공민왕은 정방을 혁파함으로써 권신 세력을 배척하였으며 정치 개혁을 원활하게 시행하기 위해 문무 관리들의 전 주권을 전리사典理司와 군부사軍簿司에 귀속시켰다.

그에 이어 곧바로 죄수를 용서할 것에 대한 교서를 내렸는데 이 교서의 내용을 살펴보면 공민왕의 개혁 의지를 분명하게 읽어낼 수 있다. 그는 먼저 날로 퇴폐하여 가는 풍속을 지적하면서 조정 관리들의 근무 자세 쇄신과 서연에 나올 신하들의 선택 방법, 그리고 토지와 노비에 관한 여러 문제들을 약자의 입장에 서서 처리할 것과 뇌물을 받은 탐관오리의 취급 문제에 대해 다루고 있다.

공민왕의 이러한 개혁 의지는 이후 구체적으로 가시화된다. 공민왕은 먼저 자신이 직접 세세한 곳까지 장악한 채 정무를 보기 위해 1352년(공민 1) 8월 경술일, 다음과 같은 교서를 내린다.

'옛날에 임금들이 일심전력하여 나라를 다스릴 때 그 나라를 보존하려면 반드시 친히 국가의 정무를 봄으로써 자기의 견문도 넓히고 하부의 실정도 알게 되었다. 지금 나도 역시 이렇게 하려 한다. 첨의사, 감찰사, 전법사, 개성부, 선군 도관은 모든 판결 송사에 대하여 5일에 한 번씩 계주하라!'

즉, 각 기관의 주요 업무들을 5일에 한 번씩 글로 작성하여 올리라는 명령이었다.

이와 함께 공민왕은 같은 달 기미일에 서연을 열고 영천 부원군 이능간, 김해 부원군 이제현, 복창 부원군 김영후, 한양 부원군 한종유, 연안 부원군 인승단, 전 첨의정승 이군해, 손기, 허백, 김자, 안진 등 여러 사람으로 하여금 날을 바꾸어 가며 시독하게 하였다.

이를 통해 정치 토론을 이끌어 내어 정사를 바르게 펼쳐 가고자 했던 것이다. 그날 공민왕은 다음과 같은 교서를 내려 자신의 의지를 강력하게 표출했다.

'원로와 대신과 사대부들이 교대로 들어와서 경서와 사기 그리고 예법에 관한 말들을 강의하며, 권세 있는 집안에서 토지와 가옥 및 노비를 강탈하여 여러 해 동안 송사하고 있는 사건들과 무고한 죄로 오래 동안 옥에 갇혀 있는 사건들을 판결하여 처리하라. 첨의사와 감찰사는 나의 귀와 눈이다. 현행 정치의 옳고 그릇됨과 민간의 이해관계에 대하여 기탄없이 바로 말하라!'

이렇듯 개혁 분위기가 날로 무르익어가는 가운데 9월 무자일에 대호군 성사달이 옥에 갇히고 만다. 일찍이 정방에 있으면서 40여 명에게 사사로이 관직을 준 비리가 밝혀진 까닭이었다.

원 간섭기 동안 고려 사회에는 부정과 비리가 팽배해져 있었던 것이 사실이다. 그리하여 공민왕의 파격적인 개혁 정책에 반발하는 무리가 생겨났으니 바로 조일신趙日新과 그 도당들이다.

조일신은 공민왕 즉위 후에 참리에 제수되었다가 곧 찬성사가 되었고, 연저수종공신燕邸隨從功臣에 책록되었으며 판삼사사로 있으면서 수충분의동덕좌리공신輸忠奮義同德佐理功臣의 호를 하사받은 인물이었다. 그러나 그는 자신의 권세를 이용하여 부당한 행위를 많이 저질렀고, 대간을 탄압하며 파당을 지어 정권을 전횡한 죄로 지목을 받고 있는 상황이었다.

자신의 몰락이 코앞에 닥쳤다는 사실을 인지한 조일신은 1352년 9월 기해일, 도당인 정천기와 최화상, 장승량 등과 함께 기원을 죽이고 시어궁을 포위하여 당직 중이던 판밀직사사 최덕림 등 여러 명을 살해하며 반란을 일으켰다.

조일신은 곧바로 왕이 기거하는 성입동의 이궁으로 침입하여 숙위 관원과 군사들을 죽이고 왕을 협박하여 우정승에 올랐다. 이와 함께 정천기, 이권을 각각 좌정승과 판삼사사로 삼았으며 따르는 무리들에게도 관직을 두루 내렸다.

그로부터 이틀 뒤 반란의 책임을 도당들에게 돌리고 자신은 피해가기 위해 최화상을 죽였으며, 역시 공민왕을 협박하여 장승량 등 여러 명의 도당들을 효수하도록 하였다.

그러나 세상을 모두 얻은 듯 방자하게 행동하던 조일신은 난을 일으킨 지 엿새 만에 죽임을 당하고 만다. 이인복의 충언을 받아들인 공민왕이 김첨수, 최영, 안우, 최원 등으로 하여금 조일신을 죽이게 하였던 것이다.

조일신과 그 도당들을 남김없이 제거함으로써 난을 평정한 공민왕은 이제현을 우정승으로, 조익청을 좌정승으로 임명함으로써 다시 한 번 개혁에 박차를 가하고자 하는 의지를 표명한다.

심화되는 원과 고려의 갈등

대외 정세 판단을 통해 원나라에 빼앗겼던 국권을 되찾고 강력한 배척 운동을 전개하기로 마음먹은 공민왕은 1352년에 소위 몽고풍이라고 일컬어지던 변발, 호복 착용 등과 같은 것을 폐지해 버렸으며 1356년에는 원나라의 연호를 폐지하며 관제마저 문종 시대의 제도로 바꿔 놓기에 이른다. 뿐만 아니라 내정 간섭을 위해 원나라에서 설치한 정동행중서성 이문소征東行中書省理問所와 쌍성총관부雙城摠管府를 폐지하고 원나라 기황후의 오빠 기철 일당을 숙청함으로써 부원배附元輩들에게 칼날을 들이대기 시작하였으며, 원나라에 내준 바 있는 영토를 되찾는 등 고려의 자주권과 자존심을 한껏 드높였다.

그러나 원나라는 비록 나라의 운세가 기울어가는 형편이라고 해도 당시 동북아를 좌지우지하는 강국임에는 변함이 없었다. 고려의 심상치 않은 움직임을 예의주시하고 있던 원나라는 1356년 6월, 고려의 절일사 김구년을 요양성에 가두고 80만 병력을 동원하여 고려를 토벌하겠다고 을러댔다.

공민왕은 서북면 병마사 인당에게 응원군을 보내어 원나라의 침입에 대비하는 한편 판서운관사判書雲觀事 진영서에게 남경(서울)의 궁궐 터를 알아보라고 명령하였다. 원과의 결사 항전을 마음먹고 있었기에 수도를 남경으로 옮겨 적의 침략에 철저하게 대비하고자 했던 것이다. 실제로 공민왕은 1357년 2월 기유일, 이제현에게 남경에 궁궐을 건축하라는 명령을 내린다.

이렇듯 원과 고려 사이에 전운이 감도는 가운데 동북면 병마사 유인우가 쌍성을 함락시켰으며, 고종 무오년에 원나라에 빼앗겼던 함주 이북 지방을 수복하는 개가를 올리기도 한다.

그러나 당시 고려가 맞닥뜨린 상황을 살펴보면 원과의 전면전은 무리였다. 원은 고사하고 하루가 멀다하고 침입하여 백성에게 해악을 끼치는 왜구들마저 적절히 제압하지 못하는 것이 당시 고려의 형편이었던 것이다.

이러한 상황을 모르지 않는 공민왕은 1356년 7월 무신일, 서북면 병마사 인당의 목을 베고 원나라에 표문을 보내기에 이른다. 표문의 내용 중 일부를 살펴보면 공민왕이 원나라의 공격을 피해가기 위해 인당에게 모든 죄를 뒤집어씌웠음을 알 수 있다.

'간악한 자들이 왕래하면서 실제 정형을 왜곡하지나 않을까 염려하여 요소들에 군사를 두어 수비케 하기는 하였으나 관리와 군인들이 강을 건너서 군사 행동을 한 것은 사실 나의 본의가 아니었다. 그 죄인을 심의하고 우리나라의 국법에 의거해 처단하였으니 하늘과 땅과 같이 넓은 인자한 마음으로 당신의 노여움을 풀어주기 바란다.'

이렇듯 원나라의 침략을 피해가기 위해 장수를 희생시키는 고육지계를 쓰면서도 공민왕은 고려에서 새로 수복한 땅을 자유롭게 출입할 수 있도록 해달라는 원나라의 요구에는 원래 고려의 땅이라는 점을 들며 거부해 버린다. 원나라 입장에서는 당장 대군을 동원하여 고려를 쓸어버리고 싶은 심정이었을 것이다. 그러나 원나라 주변에는 고려보다 훨씬 위협적인 적이 도사리고 있었다. 하북성에서 세력을 일으킨 홍건적은 그즈음 국호를 송이라 일컬으며 허난성과 살시성, 요동 지역을 점령한 채 원나라에게 위협을 가해오고 있었다.

전화戰火는 고려로 옮겨 붙고

기세 좋게 요동 지역까지 점령하고 원을 위협하던 중 원의 공격에 쫓겨 홍건적이 고려로 몰려들어온 것은 1359년(공민 8) 12월 정묘일이었다. 홍건적의 괴수 중 한 명인 모거경이 자칭 4만 명의 병력을 거느리고 얼어붙은 압록강을 건너 의주를 함락시키고 부사 주영세와 의주 주민 천여 명을 죽인 것이다. 이들은 다음 날 정주를 함락시키고 도지휘사 김원봉을 죽였으며 기세를 몰아 인주까지 함락시켰다.

이에 고려에서는 수문하시중 이암을 서북면 도원수로, 경천흥을 부원수로, 김득배를 도지휘사로, 이춘부를 서경 윤西京尹으로, 이인임을 서경 존무사로 각각 임명하여 적을 막도록 하였다. 이때 적이 철주로 쳐들어오자 안우와 이방실이 그들을 격퇴하였다.

그러나 적은 같은 달 정해일에 서경을 함락시키며 기세를 한껏 올렸다. 이에 전열을 가다듬은 고려군 2만 명이 서경으로 진공하여 적군 수천 명을 살해했다. 고려군에 패하여 서경을 버리고 용강과 함종으로 퇴각하여 주둔한 홍건적은 계속해서 공격해 들어오는 고려군에게 또다시 2만여 명의 병사를 잃고 증산현으로 퇴각하였다가 같은 달 계유일, 압록강 건너로 달아났다.

그러나 홍건적은 배를 몰고 서해도 쪽으로 돌아와서 성을 불 지르고 약탈을 자행하였고, 이에 이방실을 파견하여 적을 물리쳤다. 홍건적의 침입으로 민심이 흉흉해진 그때에 경상도와 전라도에 큰 흉년이 들어 백성의 고초는 더욱 심했고 왜구가 강화와 고성, 울주, 거제 등지에 침입하여 해악을 끼치자 상황은 더더욱 어려워졌다.

원나라에 화해의 손길을 내밀다

홍건적의 침입과 모기떼처럼 들러붙는 왜구의 행패에 적이 놀라면서 원과의 관계 복구 필요성을 느낀 공민왕은 1361년 9월 경신일, 호부상서 주사충을 원나라에 보내 다음과 같은 표문을 전하게 한다.

'우리는 다만 귀국 조정의 보호만을 믿고 있었는데 뜻밖에 강포한 도적의 침노를 받게 되자 우리가 단독으로 응전하여 다행히 당신이 미워하는 자를 막아낼 수 있었다. 그러나 육로와 수로가 다 막혀 귀국과의 음신音信이 통하지 못하였으니 비유하건대 말이 주인을 그리워 길게 울고, 학이 중천에서 울어도 듣기 어려운 것과 같았다. 이번에 나의 사신이 멀고 먼 길을 밤낮으로 달려 가서 당신과의 관계를 다시 새롭게 하게 되니 마치 기갈이나 풀린 듯이 기쁘기 그지없다.'

공민왕은 그 이튿날 이미 폐지해 버린 바 있는 정동성을 다시 설치하고 관리를 배치하였다. 이는 배원 정책의 포기 및 원 간섭기 때의 관제로 복귀하는 것을 의미하였다.

그런데 그해 10월 홍건적의 평장 반성, 사류, 관선생, 주원수 등이 이끄는 10만 대군이 압록강을 건너 다시 고려를 공격해 온다. 적의 기세에 밀려 개경까지 함락 당하자 공민왕은 안동으로 몽진을 간다. 대군의 공격으로 개경의 궁이 불타는 등 그야말로 온 강토가 초토화 되어 갔다.

그러나 이듬해 정월 전열을 가다듬은 고려군은 홍건적을 물리치기 위해 총공세를 감행한다. 이때 고려군을 이끈 장수는 안우, 이방실, 황상, 한방신, 이여경, 김득배, 안우경, 이귀수, 최영, 이성계 등이었으며 총 병력은 20만에 이르렀다. 이성계가 홍두적의 괴수 사류와 관선생의 목을 베는 등 전세가 고려 쪽으로 완전히 기울자, 그렇지 않아도 군세 면에서 불리했던 홍건적은 압록강 건너로 도주했다.

김용과 최유의 반란

홍건적을 물리치는 과정에서 정세운이 공을 세우자 평상시 사이가 좋지 않았던 김용은 이를 시기하여 음모를 꾸몄다. 즉, 왕의 명령이라고 거짓말을 하며 몰래 안우와 이방실, 김득배에게 지시하여 총병관 정세운을 죽이게 하였던 것이다. 김용은 여기서 그치지 않고 안우 등이 정세운을 살해했다는 죄를 뒤집어씌워 그들 또한 참살해 버리고 말았다.

이렇듯 큰일을 저지르고 나자 김용은 불안했을 것이다. 그리하여 그는 홍건적의 방화로 파괴된 궁궐이 보수되는 동안 흥왕사의 행궁에 머물던 공민왕마저 시해하려는 음모를 꾸민다. 1363년(공민 12) 3월 초하루 밤 5경五更에 도당 50여 명을 비밀스럽게 보내 행궁을 침범한 것이다. 변란이 생기자 겁에 질린 호위 인원은 모두 달아났으며 안도적, 첨의평리 왕지, 판전교시사 김한룡이 죽고, 우정승 홍언박도 자기 집에서 살해 당하였다. 그러나 공민왕은 안도적이 기지를 발휘하여 대신 죽는 바람에 목숨을 건질 수 있었다.

이렇듯 왕 시해 계획은 수포로 돌아가고 위기에 몰리자 김용은 난에 동원된 사람들을 모두 죽여 버렸고, 이로 인해 난이 진압된 뒤에는 일등공신이 되어 권세를 누렸다. 그러나 오래지 않아 변란의 전모가 만천하에 드러나 김용은 밀성으로 유배되었다가 계림으로 옮겨진 뒤 처형되었다.

한편 원나라에 머물며 승상 삭사감과 고려 출신 환관 박불화와 친하게 지내던 최유는 기황후가 자신의 일족을 숙청한 것에 대해 원한을 품고 있다는 사실을 눈치 채고 공민왕을 폐위한 뒤에 역시 원에 머물고 있던 덕흥군을 고려 왕으로 세우라며 아첨을 한다. 이에 기황후는 최유에게 군사 1만 명을 내주어 압록강을 건너 고려를 공격할 수 있도록 해 주었다. 그러나 최유는 최영과 이성계가 이끄는 군대에 패하여 원나라로 도망치고 만다. 그 후 고려로 압송된 최유는 사형 당했다.

실의에 빠진 임금, 신돈에게 국사를 일임하다

대륙의 정치적 변동의 영향은 우리나라에 고스란히 전해졌다. 고려는 원나라와 긴밀한 관계를 맺고 있었기 때문에 원나라가 몰락을 해 감에 따라 고려 조정은 흔들리지 않을 수 없었다. 명과 원 두 나라가 싸움을 벌이는 사이에 끼어 고려는 조신 간에 친명파와 친원파로 갈리어 갈등이 일어났다. 그뿐 아니라 멀리 일본의 왜구까지 몰려들어와 고려는 완전히 외세에 시달리게 되었다.

거기에 더해 내정이 제대로 잡히지 않자 이 기회를 이용해 세력 있는 자들의 토지 겸병이 성행하였다. 외적의 거듭되는 침입과 조일신, 김용, 최유로 이어지는 내부의 분란을 겪으면서 심신이 고단했던 공민왕은 1365년(공민 14) 2월 갑진일에 노국 공주가 산고를 견디다 못해 목숨을 잃자 실의에 빠지기 시작했다. 왕은 공주를 잃은 슬픔을 이기지 못하고 7일마다 여러 승려를 불러 범패를 부르게 하였다. 빈전에서 절문까지 재를 올리는 기가 늘어섰고 바라 소리와 북소리는 천지를 진동하는 듯하였다. 여기에 비단으로 재 올리는 절을 덮고 금은 보물을 좌우에 벌여 놓아 보는 사람들의 눈을 현란케 하였다. 소문이 퍼지자 승려들은 앞을 다투어 모여 들었고, 왕은 국고의 막대한 지출도 돌보지 않았다. 그림 그리는 재주가 있는 공민왕은 영전에 노국 공주의 화상을 그리며 슬픔을 달래는가 하면, 능 앞에 재실과 영당을 짓도록 해 각지에서 나무를 베어 와야만 했다. 공민왕은 정사는 거의 이인임, 최영 등에게 일임하다시피 하였고 이후에는 모든 정사를 신돈에게 넘겨주고 무기력한 임금의 길을 걷기 시작한다.

공민왕의 어머니 공원 왕후 홍씨와 이제현 등을 위시한 많은 사람들이 신돈의 득세를 염려하는 가운데 공민왕의 전폭적인 신뢰를 얻은 신돈은 1366년 5월 전민변정도감田民辨正都監을 설치하여 부당하게 빼앗긴 백성의 토지와 억울하게 노비가 된 사람들을 원래 자리로 되돌리는 등 개혁에 박차를 가했다. 이에 따라 신돈의 개혁 정책은 백성들에게 환영을 받았고 반대로 개혁의 대상으로 내몰린 권문세가에게는 격렬한 비판을 받았다. 이러는 가운데 신돈의 영향력이 비대해지자 신돈의 반대파들이 일어나기 시작했다. 처음에 공민왕은 탄핵한 정추鄭樞와 이존오李存吾의 말에 노하여 지방관에 좌천시키기도 하였으나 급기야는 공민왕마저도 신돈을 꺼리게 되었다. 이 때문에 신돈은 결국 1371년(공민 20) 7월 역모 혐의로 죽임을 당하게 된다.

공민왕의 어이없는 최후

실의에 빠진 공민왕은 어느 때는 홀로 방 안에 가만히 앉아있기만 하거나 울적함과 무기력함을 달래려 노국 공주의 영전에 가 있거나

하였다.

그러다 공민왕은 대관의 아들 중 나이가 젊고 용모가 아름다운 자들을 십여 명 뽑아 자제위子弟衛라 칭하였으며 그중 좌우에서 항상 자신을 보위하는 자들을 두리속고적頭裏速古赤이라 하여 자신의 침전 곁에 있도록 하였다.

이들은 공민왕의 좌우에서 시녀와도 같이 크고 작은 일들까지 보살폈으며 때때로 후궁 출입까지 하게 되었다. 노국 공주가 죽은 뒤에도 그녀에 대한 집착에서 헤어나지 못하고 여색을 멀리하며 비정상적인 행각을 거듭한 공민왕에게는 후사가 없었다. 이제현의 딸 혜비 이씨를 비롯하여 후궁들을 거느리고 있었지만 그녀들을 찾는 대신 명문자제들로 구성된 자제위와 동성애를 즐기는 등 기행에 빠져 지냈다. 공민왕은 그러면서도 후사를 얻고자 하는 욕심이 전혀 없지는 않았던 듯 자제위를 시켜 왕비들에게 임신을 시키도록 하였다. 그로 인해 익비 한씨가 홍륜과 관계하여 임신을 하게 되고 그 사실을 환관 최만생이 알려주자, 공민왕은 비밀 유지를 위하여 최만생과 홍륜 무리를 살해하려 한다. 그러나 최만생이 이러한 사실을 홍륜 무리에게 알리는 바람에 도리어 그들에게 살해를 당하고 만다. 이때가 1374년 9월 갑신일이었다.

공민왕이 왕위에 있은 지는 23년이었으며 향년은 45세였다. 그해 10월 정릉 서쪽에 장사하였고, 시호는 공민恭愍이며, 능호를 현릉玄陵이라 하였다.

사신의 평

왕은 즉위하기 전에는 총명하고 인후하였으며 백성의 기대가 모두 그에게 집중되었었다. 또 즉위한 후에는 정치에 노력하였으므로 국내외가 크게 기뻐하였고 태평 세상에 대한 기대를 가졌었다. 그러나 노국 공주가 죽은 후부터는 과도히 슬퍼하여 의지를 상실하고 정치를 신돈에게 일임하였으며 공훈 있고 어진 신하들을 내어 쫓거나 죽이고 토목 공사를 크게 일으킴으로써 백성의 원망을 샀고, 무뢰한 동자들을 가까이 하여 음탕한 행동을 마음대로 하였으며 술에 취하여서는 무시로 좌우의 신하들을 매질하였다. 또 상속할 자식이 없음을 걱정하여 남의 자식을 가져다가 대군을 삼았으며 외인이 믿지 않을 것을 염려하여 몰래 폐신들에게 명령하여 후궁을 더럽히게 하고 거기에서 자식을 배게 되면 그 사람을 죽여서 그 입을 봉하려 하였다. 인륜과 도덕에 이렇게 어긋났으니 그 운명을 면하려야 면할 수 있었겠는가?

공민왕의 후비와 종실들

공민왕에게는 후비 여섯과 아들 하나가 있었다.

휘의 노국徽懿魯國 대장공주 보탑실리寶塔實里는 원나라 종실 위왕魏王의 딸로서 공민왕이 원나라에 있을 때 북정北庭에 가서 결혼하였다. 원나라에서 보탑실리를 승의承懿 공주로 봉하였으며 공민왕이 왕위에 오르자 함께 고려로 돌아와서 그의 부府를 설치하고 숙옹부肅雍府라 하였다.

1359년(공민 8) 재상들이 공주에게 왕이 즉위하고 10년이 되도록 태자가 없으므로 후궁을 들 것을 건의하자 공주가 이를 허락하고 이제현의 딸을 맞아들여 비로 삼았다. 그러나 이는 공민왕의 뜻이 아니었고 공주도 다시 후회하여 식사를 들지 않으니 이때부터 내관들과 궁녀들이 백방으로 공주를 비방하였다.

1365년(공민 14) 2월에 공주가 임신하여 만삭이 되자 2죄 이하의 죄수를 특사하였으며, 난산으로 힘들어 하자 관계 관리로 하여금 절과 신사에서 기도드리게 하고 또 1죄까지 특사하였다. 왕은 분향하며 단정히 앉아서 잠시도 공주의 곁을 떠나지 않았으나 공주는 이내 죽었으며 왕은 비통하여 어찌할 줄을 몰랐다. 밀직부사 양백안楊伯顔을 원나라에 파견하여 부고를 전하고, 4월 임진일에 정릉正陵에 매장하였으며 여러 신하들이 인덕공명 자예 선안 왕태후仁德恭明慈睿宣安王太后라는 칭호를 올렸다. 장례는 제국 대장공주의 전례에 의하였는데 극도로 사치스러워 이 때문에 국고가 바닥나게 되었다. 왕은 불교식으로 화장하려고 하였으나 시중 유탁柳濯이 옳지 않다고 반대하여 그만 두었다. 왕은 친히 공주의 초상을 그려두고 밤낮으로 초상과 마주 앉아 음식도 먹지 않고 슬피 울었으며, 3년 동안 고기 반찬을 먹지 않았다. 또한 조정의 신하들에게 명령을 내려 임관되거나 사신으로 파견될 때에는 누구든지 능으로 가서 궁중이 합문閤門에서 행하는 예식 절차와 같이 행하게 하였다.

1367년에 원나라에서 전前 요양 이문遼陽理門 홀도첩목아를 파견하여 공주에게 요국 휘익 대장공주魯國徽翼大長公主라는 시호를 주었다.

혜비惠妣 이씨는 계림 사람으로 부원군 이제현李齊賢의 딸이다. 노국 대장공주가 아들이 없으므로 재상들이 명문가의 딸로서 아들을 잘 낳을 만한 사람을 맞아들일 것을 요청하여 혜비로 봉하였다. 이후 자제위인 홍륜洪倫, 한안韓安이 여러 왕비들을 강제로 능욕할 때에도 혜비는 거절하고 듣지 않았다. 공민왕이 피살된 후에 머리를 깎고 여승이 되었다.

익비益妣 한씨는 종실 덕풍군德豊君 왕의王義의 딸로 입선되어 익비로 봉하였으며 한韓씨를 사성받았다. 공민왕은 노국 공주가 죽은 후 심화병이 나서 홍륜, 한안 등으로 하여금 비를 강제로 능욕하게 하였다. 비가 이를 거절하자 왕이 노하여 칼을 뽑아 가지고 치려고 하니 비가 겁을 집어

먹고 복종하였다. 그 후에도 홍륜 등은 왕의 명령을 핑계삼아 여러 번 왕래하였으며, 비는 그것이 거짓말인 줄 알면서도 거절하지 않아 드디어 임신하게 되었다. 태어난 여자 아이는 중랑장 김원계金元桂에 의해 양육되다가 사헌부의 거듭되는 요청으로 죽임을 당하였다. 공양왕은 왕위에 오른 후 자신의 딸 경화 공주敬和公主를 익비의 집에서 양육하게 하였으며 주관 부서에 명하여 익비에게 토지를 주게 하였다.

1387년(폐왕 우 13)에 부府를 세워 자혜부慈惠府라고 불렀으며 관속을 배치하였다. 이듬해 우왕이 왕위에서 쫓겨나 강화로 가니 백관들이 국새를 익비에게 바쳤으며 익비의 교시로 우왕의 아들 창昌을 세우기로 하였다. 창왕이 왕위에 오른 후 대신들은 익비와 혜비, 신비는 모두 다 정실이 아니므로 다만 세록歲祿만 줄 것을 청하였다. 이듬해에 태조 이성계가 여러 대신들과 함께 임금을 세울 때에 익비의 교시를 받들고 공양왕을 맞이하여 세웠다.

공양왕은 익비에게 정숙 선명 경신 익성 유혜 왕대비貞淑宣明敬信翼成柔惠王大妃라는 존칭을 드리고 책문을 올렸다.

정비定妃 안씨는 죽주 사람으로 죽성군竹城君 안극인安克仁의 딸이다. 1366년(공민 15) 입선되어 정비로 봉하였다. 안극인은 동지밀직으로 있으면서 시중 유탁 등과 함께 글을 올려 마암馬巖의 공사에 대하여 간하자 공민왕이 대노하여 정비를 내쫓았으나 이내 소환하였다.

비가 궁중으로 돌아온 후에 홍륜, 한안 등이 여러 비들을 능욕하자 정비는 머리를 풀고 신발을 벗은 뒤 목매어 죽으려고 하였으므로 왕이 겁이 나서 능욕하는 것을 중지시켰다.

우왕은 왕위에 오른 뒤 정비가 나이가 젊어 여전히 아름다우므로 매번 희롱하며 말하기를

"나의 후궁에는 왜 어머니 같은 이가 없소?"

라고 하였으며 자주 비의 처소에 갔다. 하루에 두세 번 오기도 하고 밤에도 오곤 하였으므로 이로 인해 추악한 소문이 외부에까지 퍼졌다. 우왕이 어느 날 정비의 처소에 왔으나 비는 병이 있다는 이유로 자신의 동생인 판서 안숙로安淑老의 딸을 우왕에게 보였더니 이를 맞아 들여 현비賢妃로 삼았다.

신비愼妃 염씨는 서원현 사람으로 곡성 부원군曲城府院君 염제신廉悌臣의 딸이며, 입선되어 신비로 봉하였다. 홍륜, 한안 등이 여러 비들을 능욕할 때 거절하고 듣지 않았다. 공민왕이 피살된 후 머리를 깎고 여승이 되었다.

반야般若는 신돈의 시비로서 공민왕과 관계하여 우왕을 낳았다.

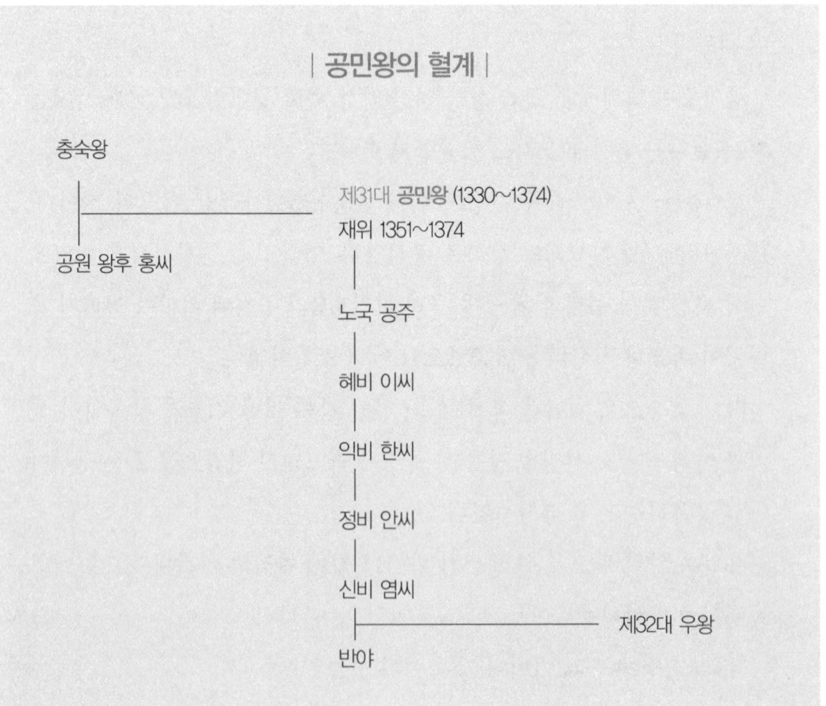

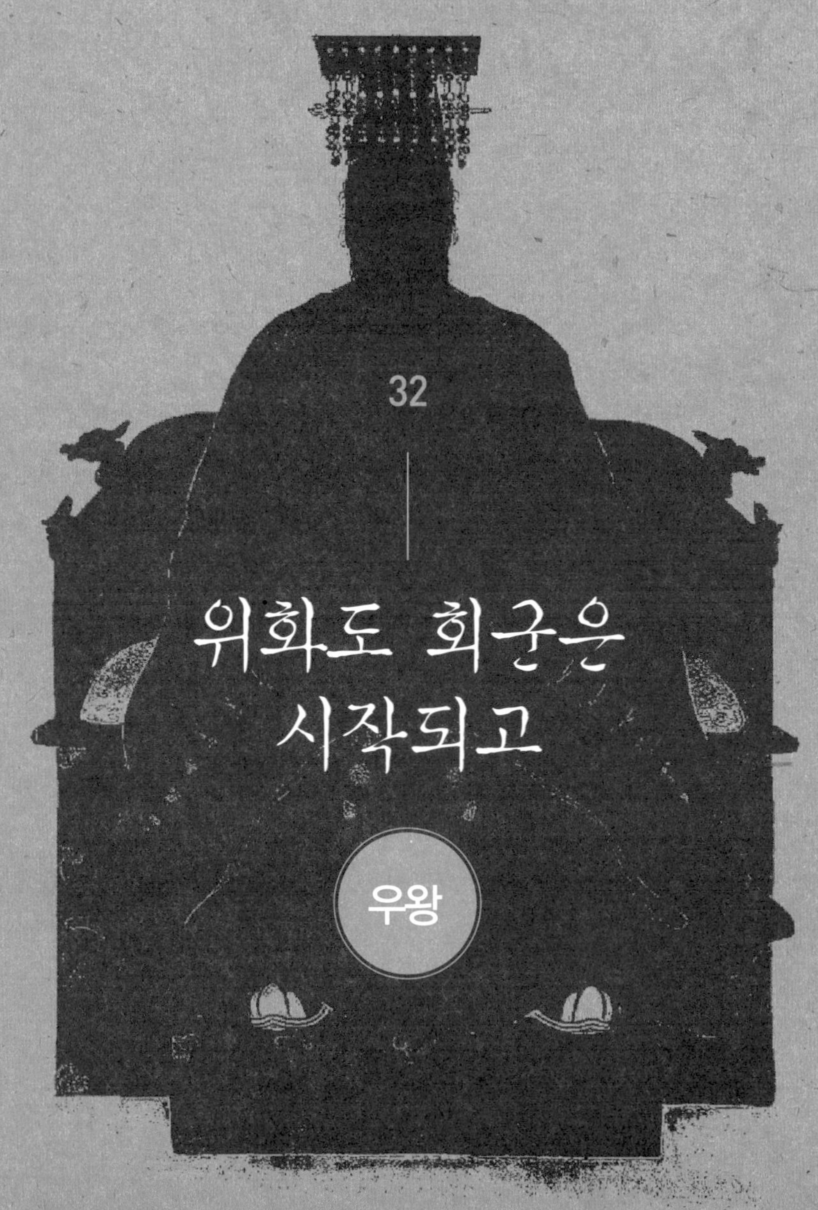

32

위화도 회군은 시작되고

우왕

왕을 낳고 죽은 여자

1364년(공민 13) 공민왕이 하루는 미행으로 신돈의 집에 이르렀다. 임금의 목숨을 위협할 정도로 급박했던 김용의 반란과 최유가 변방에서 일으킨 난을 평정한 뒤끝이라 심신이 몹시 고단한 상태였다.

공민왕이 자리에 앉으니 인사를 마친 신돈이 은근한 눈길로 곁에 앉은 시비를 가리키며 공민왕에게 바쳤다. 미색이 출중한 여자였다. 여색을 그리 밝히는 편은 아니지만 노국 공주가 임신한 시기라 공민왕도 마음이 은근히 동했다. 그리하여 그날 밤, 공민왕은 신돈의 시비侍婢 반야般若와 동침을 했다.

공교롭게도 공민왕의 은총을 입어 잉태한 반야가 장차 제32대 고려 왕으로 등극할 왕우를 낳은 그해에 노국 공주가 산고로 목숨을 잃는다.

노국 공주가 죽고 반야의 몸에서 아들이 태어났으나 공민왕은 왕우를 잊은 듯 신돈에게 정사를 일임한 채 노국 공주의 명복을 비는 일과 갖가지 기행으로 세월을 보낸다.

그즈음 왕우는 모니노라는 이름으로 불리며 신돈의 친구인 능우의 어머니에게 맡겨져 성장하고 있었다. 그로부터 1년 뒤 반야가 모니노와 함께 돌아오자, 신돈은 동지밀직 김횡이 보내준 여종 김장을 유모로 삼았다.

그렇게 신돈의 집에서 어머니와 유모 품에 맡겨져 성장해 가던 모니노가 공민왕의 부름을 받아 궁으로 들어가게 된 것은 1371년(공민 20) 역모죄로 몰린 신돈이 유배 길에 오르고 난 다음이었다.

"내가 일찍이 신돈의 집에 갔을 때 그 집 여종과 동침하여 맏아들을 낳게 되었으니 그 아이를 경동시키지 말고 잘 보호하라."

공민왕은 이인임을 위시한 근신들에게 이렇게 당부하였다.

이어서 왕은 지신사 권중화를 전정당 이색의 집에 보내 문신을 모아 놓고 모니노의 이름을 지어 바치라고 명령하였다. 이에 여덟 글자를 골라 바치자, 공민왕은 그 중 우禑 자를 모니노의 이름으로 정했다.

장차 왕우에게 왕위를 물려주고자 마음먹은 공민왕은 왕우를 강녕부원대군江寧府院大君으로 책봉하고 백문보와 전녹생, 정추 등을 왕우의 스승으로 삼아 학문과 임금의 도리를 가르치게 하였다.

그런데 『고려사』를 살펴보면 왕우의 어머니에 관한 자못 의미심장한 기록이 남아 있다. 1374년 9월은 공민왕이 죽은 때이기도 한데 이 무렵 공민왕이 왕우의 어머니는 바로 궁인 한씨라고 밝혔다는 것이었다. 그러나 공교롭게도 궁인 한씨는 이미 죽은 몸이었다. 왕우는 신돈의 자식이라는 세상의 의심을 불식시키기 위해 죽은 한씨를 왕우의 생모라고 밝혀 버린 셈이었다. 공민왕은 여기서 한 발 더 나아가 한씨의 3대와 그녀의 외조에게 벼슬을 추증하여 주었다.

이에 대해 반야가 어떤 반응을 보였는지는 알려진 바가 없다. 그런데 1376년 2월, 그러니까 우왕 즉위 2년째를 맞이하는 해에 반야가 공원 왕후의 궁에 남몰래 찾아와서 다음과 같이 눈물로 호소했다는 기록만은 남아 있다.

"왕을 낳은 사람은 사실 나인데 어째서 한씨를 어머니로 삼았습니까?"

여기서 반야의 뜨거운 모정을 읽어 냈다면 억측일까? 기실 왕우는 반대 세력 때문에 왕으로 즉위하기까지 어려움을 많이 겪었다. 반야 또한 이러한 사정을 모르지 않기에 자신이 왕의 어머니임을 밝히지 않고 있다가 즉위 2년째를 맞아 주변이 어느 정도 안정되자 자신이 생모임을 밝혔는지도 모를 일이었다.

그러나 반야는 왕후로부터 가차 없이 내쫓겼고, 곧바로 이인임에 의해 옥에 갇히는 몸이 되었다. 이때까지만 해도 반야는 자신이 엄연한 왕의 생모인데 무슨 일이 있으랴 싶었을 것이다. 그러나 이인임은 반야를 임진강 물에 내던져 죽이고 말았다.

어린 왕의 등극

공민왕이 최만생과 홍륜 등에게 시해되자, 이인임은 이튿날 왕우를 왕으로 옹립하려고 하였다. 그러나 공원 왕후와 경복흥 등이 종친들 중에서 골라 왕으로 세워야 한다고 맞서자 의논은 좀처럼 결정되지 않았다. 도당에서는 서로 얼굴을 바라보기만 하고 감히 발언을 하지 못하고 있었는데 판삼사사 이수산이 앞으로 나서며 이렇게 말했다.

"오늘의 계책은 응당 종실에서 결정하여야 할 것입니다."

그런데 이때 영녕군 왕유와 밀직 왕안덕이 이인임의 의사에 동조하여 큰소리로 말했다.

"선왕께서 대군(왕우)으로 하여금 뒤를 잇고자 하셨는데 이분을 버리고 누구를 구한단 말인가!"

이리하여 왕우는 가까스로 공민왕의 뒤를 잇게 된다. 이가 곧 고려 제32대 우왕이었다. 당시 우왕의 나이 10세였다.

우왕이 즉위하는 데 공을 세우며 정권의 상당 부분을 장악한 이인임은 김의金義를 시켜 고려에 머물고 있던 명나라 사신 채빈을 살해해 버린다. 채빈이 공민왕의 시해 사실을 명나라에 보고하여 재상인 자신에게 그 책임이 돌아올까 염려한 까닭이었다. 이와 함께 이인임은 그간 멀리했던 원나라와의 관계 복원을 시도한다.

고려는 어느 쪽에도 서지 못하고

당시 중국 대륙에는 새로운 왕조 명나라가 들어서 있었다. 강성했던 원나라는 명나라에 쫓겨 그 잔존 세력이 몽고 지방으로 물러나 북원을 세운 상태였다.

고려의 외교는 혼란스러운 중국 대륙이 말해주듯 혼선을 빚고 있었다. 배척하던 북원을 다시 중시하면서도 중국 대륙에 새로이 들어선 명나라를 무시하지 못하고 이중 외교를 이어가고 있었던 것이다. 그러나 명나라와 북원의 태도가 고려를 지속적으로 곤란하게 만들었다.

고려는 1374년(공민 23) 11월에 밀직사 장자온과 전공판서 민백훤을,

1375년(폐왕 우 1) 정월에는 판종부시사 최원을 명나라로 보내 공민왕의 사망을 통지하는 한편 공민왕의 시호를 청하였으며 우왕의 왕위 계승을 승인해 달라고 요청하였다.

이와 함께 1374년 12월에는 판밀직사사 김서를 북원에 보내 공민왕의 상사를 고하였다.

그러나 명나라와 북원이 우왕의 왕위 계승을 인정해 준 것은 각각 1378년(폐왕 우 4)과 1377년이었다.

한편 비록 나중에 명나라에 투항하였으나 북원의 잔존 세력으로서 만주 북부에 머물며 명나라에 저항하고 있던 납합출이 사람을 보내 다음과 같이 따졌다.

"그전 임금이 아들이 없었는데 지금 누가 왕위를 계승하였단 말인가?"

납합출의 말을 반영하듯 북원에서는 당시 공민왕에게 아들이 없다는 이유를 들어 심왕 고의 손자 탈탈불화를 고려 왕에 책봉한 바 있었다. 예전 같으면 원의 결정에 따라야 했을 터이나 고려에서는 그해 8월 심왕 모자가 김의와 진봉사 김서를 데리고 돌아왔음에도 그들을 받아들이지 않았다.

이처럼 명나라는 물론이려니와 완전히 기울어 버린 나라 북원에서조차 고려를 하나의 위성국, 혹은 복속국 정도로밖에 여기지 않았다. 두 나라 사이에 낀 고려는 북원과의 관계를 청산하고 자신들을 섬기라는 명나라의 요구가 거듭되는 상황에서도 북원의 눈치를 살피느라 이러지도 저러지도 못하였다.

이런 상황에서 공민왕 때와 마찬가지로 왜구들이 수시로 침범하여 약탈과 방화를 일삼으니 민심은 흉흉하기 이를 데 없었다. 전왕 때부터 극성을 떨던 왜구는 더 포악해져 최영이 홍산鴻山까지 쳐 내려가 왜구를 격멸하였다. 이후부터 왜구는 조금 뜸해진 편이었으나 그래도 때때로 기회만 엿보고 있었다.

특히 피해가 심했던 곳은 경상도인데 왜구 소탕을 위하여 경상도로 내려간 원수 김진金鎭은 막상 내려가서는 왜구를 친다고 장담하면서 질탕하게 놀고만 있었다. 밤낮을 가리지 않고 얼마나 흥청망청 놀았는지 군졸들은 김진의 무리를 소주도燒酒徒라고 비꼬아 말할 정도였다. 그러던 중 왜구가 쳐들어오자 장졸들은

"소주도가 넉넉히 적을 막을 터인데 우리가 무슨 상관이 있나."

라며 모두 도망가 버렸고, 이 때문에 경상도 일대의 피해는 이루 말할 수가 없었다.

조정은 나흥유羅興儒를 보내 보았으나 일본의 답장은 국가에서도 금할 수 없다는 터무니없는 태도를 보일 뿐이었다. 이에 고려에서는 군사를 동원하여 왜구들을 소탕하는 한편 왜인 만호부를 설치하여 유화정책을 펼치면서 사신을 일본에 파견하여 왜구 근절책을 마련해 달라고 요구하는 등 다방면에 걸쳐 노력했다. 그러나 모든 노력도 헛되이 왜구들의 침해는 좀처럼 사라지지 않았다.

요동 정벌을 둘러싼 논란

한편 북원과 외교 관계를 끊으라는 요구에도 불구하고 고려가 별다른 움직임을 보이지 않자, 명나라는 차츰 고압적인 태도로 변해 갔다. 그러던 중 1388년(폐왕 우 14) 2월에 명나라 왕이 철령 이북이 원래 원나라에 속한 땅이었으니 요동 지방에 귀속시켜야 한다는 편지를 보내온다.

이에 우왕은 최영과 함께 요동 정벌 단행을 비밀리에 의논하고 방리군을 동원하여 남경의 중흥성을 수축하게 하였다. 이러는 동안 달이 바뀌자 명나라는 철령위鐵嶺衛를 일방적으로 설치하고는 관리들까지 파견하였다.

1388년 3월 초하루, 최영의 딸 영비 최씨를 제2비로 맞아들인 바 있는 우왕은 마침내 요동 정벌을 결심하고는 4월이 되자 장인 최영을 팔도 도통사로, 조민수曺敏修를 좌군 도통사로, 이성계李成桂를 우군 도통사로 임명하고는 전국에서 군사들을 모집하였다.

그러나 머지않아 역성혁명의 주역으로 자리 잡게 될 이성계는 4불가론을 강하게 주장하며 요동 정벌을 반대하고 나선다. 그가 주장한 4불가론의 대략은 다음과 같다.

'작은 나라가 큰 나라를 치는 것은 안 될 일이며, 농번기에 군사를 동원해야 하니 안 될 일이고, 온 나라 군사를 모아 전쟁에 나서면 왜구가 준동할까 두려워 안 되며, 곧 장마철이 닥칠 테니 활이 약해지고, 병사들이 병들까 두려우니 안 된다' 는 것이었다. 다른 나라가 우리 국토를 빼앗으려 드는데 강국이니 무서워서 안 되고 농사철이라, 왜구 때문에, 병이 들까 두려워 안 된다고 한 이성계의 주장은 일면 타당해 보이면서도 국토를 보존하는 일만큼 중요한 것이 없다는 측면에서 볼 때는 참으로 한심한 주장이 아닐 수 없다.

당시 이성계는 황산대첩荒山大捷을 위시하여 왜구들을 물리치는 데 크나큰 공을 세우며 떠오르기 시작한 인물이었다. 그러나 이성계보다 최영을 두텁게 신임하고 있던 우왕은 최영이 이성계의 주장에 반대하며 출병을 고집하자, 그해 5월 요동 정벌을 명령하기에 이른다.

위화도 회군

5만 군사가 위화도에 당도하였으나 마침 큰 비가 내려 강을 건널 수가 없었다. 이에 이성계가 조민수와 의논한 뒤 회군을 청하였으나 허락되지 않았다. 이에 분개하여 중국 땅을 침범하면 천자에게 죄를 지어 나라와 백성에게 당장 화가 미칠 것이라고 주장하며 왕은 잘못된 명령을 반성치 않고, 최영은 늙고 노망하여 말을 듣지 않는다고 불평하던 이성계는 곧 조민수와 모의하여 회군을 단행하고 만다.

이때 이성계의 형인 이원계李元桂만은 이를 반대하면서 요동으로 진군할 것을 주장하였으나 모든 장군들이 이성계의 뒤를 따라 회군하자 다음과 같이 통곡하였다고 한다.

"아! 역적 이성계야, 그래도 말을 듣지 않느냐? 지하에 가서 무슨 면목으로 조상을 대한단 말이냐."

5월 정유일, 조전사 최유경이 정벌군의 회군 소식을 우왕에게 급히 달려가 알리자 우왕은

"출정한 여러 장수들이 제 마음대로 회군하고 있다. 대소군민들은 힘을 다하여 그들을 막으라!"

명하였다. 서경에 도착한 우왕은 각 도에서 군사들을 불러들여 4대문四大門을 수비하게 하였으며, 조민수와 이성계의 작위를 삭탈하고 그들을 잡아들이라고 명하였다.

6월 기사일, 마침내 최영이 이끄는 군사들이 역습하여 회군하는 군사들을 들이쳐 물리쳤다. 그러나 최영의 군대는 곧 조민수와 이성계가 이끄는 군대의 기세에 밀려 패배하고 만다.

이리하여 위화도 회군을 성공으로 이끈 이성계와 조민수는 최영과 그를 따르는 사람들을 유배 보낸 뒤에 우왕을 폐위시켰다. 최영은 최

후로 피살될 당시 다음과 같은 말을 남겼다고 한다.

“아, 전에 이인임이 이성계가 나라를 얻으리라 하더니 과연 그렇게 되었구나. 고려의 멸망은 며칠 안 남았구나! 내가 평생에 조금이라도 남에게 억울한 일을 했다면 내 산소 위에 풀이 날 것이고, 그렇지 않으면 풀이 안 날 것이다. 이 원한을 어떻게 풀어 보느냐. 이후라도 보아라, 그 원한의 표시를!”

이 소문이 나자 개경 사람들은 철시輟市하고 무언의 반항을 보였으며, 길 가는 행인이며 거리의 아이들까지 눈물을 흘리지 않는 자가 없었다고 한다.

우왕은 강화도로 유배되었다가 여흥군을 거쳐 1389년 11월에 이성계를 없애 버리려 했다는 이유로 다시 강릉으로 옮겨졌으며, 12월에 죽임을 당하였다. 우왕의 처형은 정당문학 서균형徐鈞衡을 통해 이루어졌다. 강릉 동헌 한쪽에서 최영의 딸인 영비 한사람 만을 데리고 귀양살이를 하던 우왕은 서울서 사람이 내려와 자신이 신돈의 자식으로 임금의 위패를 더럽혔기 때문에 죽어야 한다는 말을 듣고는 분노하여 백성들 앞에서 다음과 같이 외쳤다고 한다.

“모든 백성들이여! 나를 전왕의 아들이 아니라고 죽인다고 하오. 자고로 우리 왕씨는 용종龍種이라 하여 겨드랑에 용의 비늘이 있소.”

그리고는 웃옷을 벗고 팔을 들어 올리자 돈짝 만한 비늘 흔적이 겨드랑이에 뚜렷하게 세 개가 보였다고 한다. 우왕이 처형 당한 뒤 홀로 남은 영비는 동네 사람들이 불쌍히 여겨 지어준 여막 안에서 우왕의 시체를 부여안고 눈물만 흘리다가 열흘이 넘은 어느 날 밤에 세상을 떠났다고 한다.

한편 우왕을 폐한 이성계는 우왕의 아들 창왕을 즉위시킨다.

우왕에 대하여는 현재까지도 논란이 분분하게 일어나고 있다. 역성혁명의 주역들은 공양왕 옹립의 당위성을 인정받기 위해 우왕이 신돈의 아들이라고 왜곡해 놓은 바 있다. 게다가 『고려사』에서마저 우왕의 세가를 『열전』列傳 「반역전」에 편입시켜 놓았다. 선왕의 뜻에 따라 왕위를 이어받은 임금이 반역자가 될 수 없음은 모든 사람이 주지하는 바와 같다.

우왕의 후비와 종실들

폐위되었기 때문에 자세한 기록은 남아있지 않으나 비들의 가계를 대략 보면 근비謹妃 이씨李氏는 고성固城이 본관으로 개성 부사 이림李琳의 딸로 제33대 창왕을 낳았다.

영비寧妃 최씨의 본관은 동주東州이며 최영崔瑩의 딸이다.

의비毅妃 노씨는 서운 부정書雲副正 노영수盧英壽의 딸이다.

안비安妃 강씨는 진주晉州가 본관으로 삼사판사 강인유姜仁裕의 딸이다.

덕비德妃 조씨는 밀직부사密直副使 조영길조영길의 딸로서 그의 초명은 봉가이鳳加伊이다. 어머니는 이인임李仁任의 노비였다.

선비善妃 왕씨는 정공 판서 왕흥王興의 딸이다.

숙비 최씨와 정비 신씨, 현비 안씨의 기록은 남아 있는 것이 없다.

| 우왕의 혈계 |

공민왕

반야

제32대 우왕 (1365~1389)
재위 1374~1388

제33대 창왕

근비 이씨

영비 최씨

의비 노씨

숙비 최씨

안비 강씨

정비 신씨

덕비 조씨

선비 왕씨

현비 안씨

33

어린 생명 강화에서 지다

창왕

아버지는 유배 길에 올랐으나

고려 제33대 왕 창왕은 1380년 8월 을축일 우왕과 이림의 딸 근비 이씨 사이에서 태어났다. 역성혁명 세력으로부터 왕씨가 아니라 신씨라는 고의적인 의혹을 받아온 아버지 우왕과 마찬가지로 창왕은 이 문제에서 결코 자유로울 수가 없었다.

창왕은 나이 9살에 즉위하여 10살에 유배지에서 죽음을 맞이하고 만 비운의 왕이다. 위화도에서 회군한 이성계 세력에 의해 우왕이 강화도로 쫓겨 갔을 때, 9살밖에 안 된 철부지 창왕은 회군의 주역 조민수의 지원 속에 왕위를 이어갈 후보로 떠올랐다. 그러나 이성계와 그 측근들은 창왕을 원치 않았다. 이는 어쩌면 당연한 노릇인지도 몰랐다. 그 아버지를 폐위시키고, 유배 길에 오르게 한 데다 장차 목숨마저 앗게 될 텐데 우왕의 아들을 다시 왕으로 옹립하는 것은 어느 모로 보나 사리에 맞지 않았다. 혹여 왕권이 강화되어 창왕이 이성계와 그 측근들을 제거하고자 한다면 꼼짝없이 당하는 수밖에 없을 터였다.

이런 우려를 떨쳐낼 수 없었기에 이성계와 측근들은 왕실의 인물 중에서 적당한 자를 골라 왕으로 옹립하려는 생각이었다. 그러나 이인임이 자신을 천거하여 준 은혜를 잊지 않고 있던 조민수였다. 그런데 이인임은 우왕 즉위에 결정적 역할을 한 사람 아니던가. 결국 창왕을 지지하는 것이 이인임에게 은혜를 갚는 길이라고 판단한 조민수는 당시의 명망 높은 유학자 이색을 찾아가 도움을 청한다. 이에 이색은

"전왕의 아들을 왕으로 세우는 것이 합당하다."

는 말로 호응해 주었다.

이색의 힘을 빌림으로써 정비의 마음을 움직이는 데 성공한 조민수는 끝내 창왕을 고려 제33대 왕으로 옹립한다.

창왕은 유배지에서 낙심하고 있을 아버지 우왕에 대한 걱정과 권신들의 득세 속에서 한치 앞도 내다 볼 수 없는 불안한 상황이 펼쳐지고 있었기 때문에 왕위에 오른 것이 결코 기쁘지 않았을 터였다.

믿을 사람은 오직 조민수와 이색뿐

앞에서 이미 밝혔듯 이성계 무리의 반대에도 불구하고 창왕이 왕위에 오를 수 있었던 것은 조민수와 이색의 공이 컸다. 이러한 결과를 가만히 살펴보면 이성계 무리만큼은 아니더라도 조민수에게도 어느 정도의 세력이 있었음을 예상해 볼 수 있고, 반대로 이성계 측의 세력이 아직 국사를 쥐고 흔들어 댈 수 있을 만큼 성장하지 못했다는 사실을 유추해 볼 수 있다.

아무튼 조민수와 이색에 의해 왕위에 오른 창왕은 그들을 절대적으로 신뢰하며 의지하는 수밖에 없었다. 그들의 몰락은 곧 자신의 몰락을 의미하기 때문이었다. 아버지 우왕 또한 이성계 무리에 의해 폐위되고 유배 길에 오르지 않았던가.

그런데 1388년(폐왕 우 14) 6월 이성계가 병을 이유로 사직하기를 청한다. 비록 사직이 허락되지는 않았지만 왕을 옹립한 조민수와 이색에게 정사의 주도권을 내준 뒤 이성계가 조정을 잠시 떠나 있으려고 한 것이었다. 이때만 해도 창왕은 자신의 바람이 어느 정도 이루어지는가 싶었을 것이다.

그러나 회군 세력이 개혁을 단행하는 과정에서 전제 개혁을 주장하자 이를 반대하던 조민수가 그만 조준에게 탄핵을 받고 만다. 이로 인해 조민수가 창녕으로 유배되자 이색의 처지가 사뭇 외로워진다.

조정은 이성계의 손아귀에 들어가고

바야흐로 세상의 모든 힘은 이성계에게 몰려들고 있었다. 공민왕 때 과거에 급제한 신진 사대부들이 이성계를 든든하게 받쳐주며 세상을 뒤바꿀 원대한 꿈을 키워하고 있었기 때문이었다.

이에 위기를 느낀 이색은 1389년(창왕 1/공양 1) 판문하부사가 되어 명나라에 사신으로 갔을 때 창왕의 입조를 꾀한다. 그러나 고려에 대한 명나라의 태도는 명나라 왕이 사신들에게 전한 다음과 같은 말에서 충분히 짐작해 볼 수 있다.

"고려는 중국과의 사이에 산이 막히고 바다가 놓여 있으며 풍속이 판이하다. 그리고 비록 중국과 서로 통하였어도 이합離合이 무상하였다. 오늘에 신하가 아비를 쫓아내고 그의 자식을 세워 놓고 조근朝覲하러 오겠다고 청한다. 이것은 인륜 상도의 큰 변고로서 임금이 자기 도리를 전혀 못하였으므로 신하도 또한 신하로서 못할 대역을 감행한 것이다. 온 사자를 타일러서 돌려보내고 동자도 조근朝覲하러 올 것 없다고 지시하라. 세우는 것도 저희들이 할 일이요, 폐위시키는 것도 저희들이 할 일이다. 우리는 상관치 않겠다."

다소 왜곡된 면이 없지 않아 있어 보이는 내용이지만 명나라의 이와 같은 판단으로 창왕의 입조와 고려에 대한 감국을 청하여 이성계 세력을 억제해 보려고 했던 이색은 뜻을 이루지 못하고 귀국 길에 오른다.

그 뒤 이색은 오사충의 상소로 장단에 유배되고 이에 따라 이성계의 기반은 더더욱 단단하게 다져졌다.

우왕 복위 사건과 창왕의 죽음

1389년 11월 당시 우왕은 황려부(여주)로 이배되어 있었다. 최영의 생질인 김저와 역시 최영의 족당이었던 정득후가 은밀하게 우왕의 처소를 찾았다. 오랜 유배 살이에 지치고 절망적이었던 우왕은 두 사람을 보자마자 울면서 하소연을 했다.

"내가 울적해서 견디지 못하겠다. 이대로 여기서 죽기를 기다릴 수야 있느냐? 다만 장사 한 명만 얻어서 이성계를 죽이면 내 일이 뜻대로 되겠다. 내가 평소부터 예의판서 곽충보와 친하니 너희들이 가서 그를 만나 의논해 보라!"

우왕은 검 한 자루를 곽충보에게 보내면서 이번 팔관회 날에 뜻을 모아 이성계를 제거하라고 지시했다.

김저와 정득후는 곧바로 곽충보를 찾아갔다. 그러나 곽충보는 그 자리에서는 거짓으로 거사에 참여할 것처럼 말해 놓고 김저와 정득후가 돌아가자마자 이성계에게 달려갔다.

음모를 알아차린 이성계는 팔관 소회에 참가하지 않고 집에 있었다. 김저와 정득후는 그날 밤 이성계의 집으로 갔다. 결국 사지로 걸어 들어간 셈이었다. 이성계의 측근들이 우르르 몰려들어 붙잡자, 정득후는 칼로 제 목을 찔러 자살했다.

홀로 잡힌 김저는 순군옥에 갇혔고, 혹독한 취조를 받았다. 고문에 견디다 못한 김저는 이번 사건의 연루자들을 모두 토설하고 말았다. 연루자는 변안열, 이림, 우현보, 우인열, 왕안덕, 우홍수 등이었다. 이 중 이림은 창왕의 외할아버지라 하여 철원으로 유배되어 화를 면하는 듯했으나 뒷날 죽임을 당했고, 나머지는 사건 처리 과정에서 모두 죽임을 당했다.

한편 이성계와 그 측근들은 우왕 복위 사건이 벌어진 뒤 창왕을 폐위시키기로 마음먹는다. 우왕과 창왕이 왕씨가 아니라 신씨라는 이유를 내걸고 있었으나 이성계에 의한 역성혁명의 사전 조치였음은 모두가 주지하는 바와 같다.

그해 12월, 이성계는 강릉으로 이배되어 있던 우왕에게 정당문학 서균형을 보내 죽일 것을 명령하였다. 또한 강화로 유배된 창왕에게는 대제학 유순을 보내 어린 왕의 생명을 끊었다.

재위기간 1년 5개월, 당시 나이 10세에 불과했던 창왕에게는 그 소생과 아내가 없었다.

폐위되었기 때문에 기록에 남아 있지 않다.

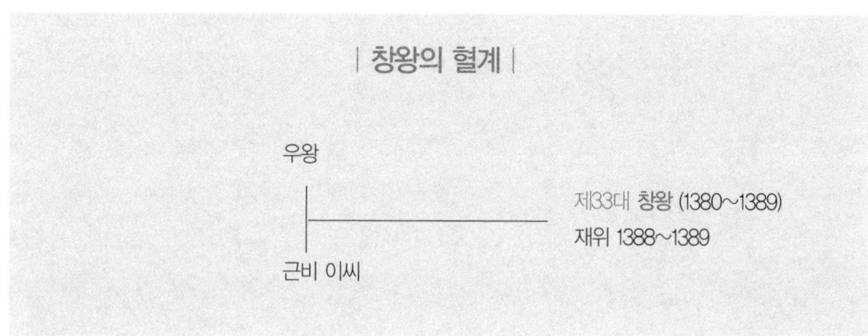

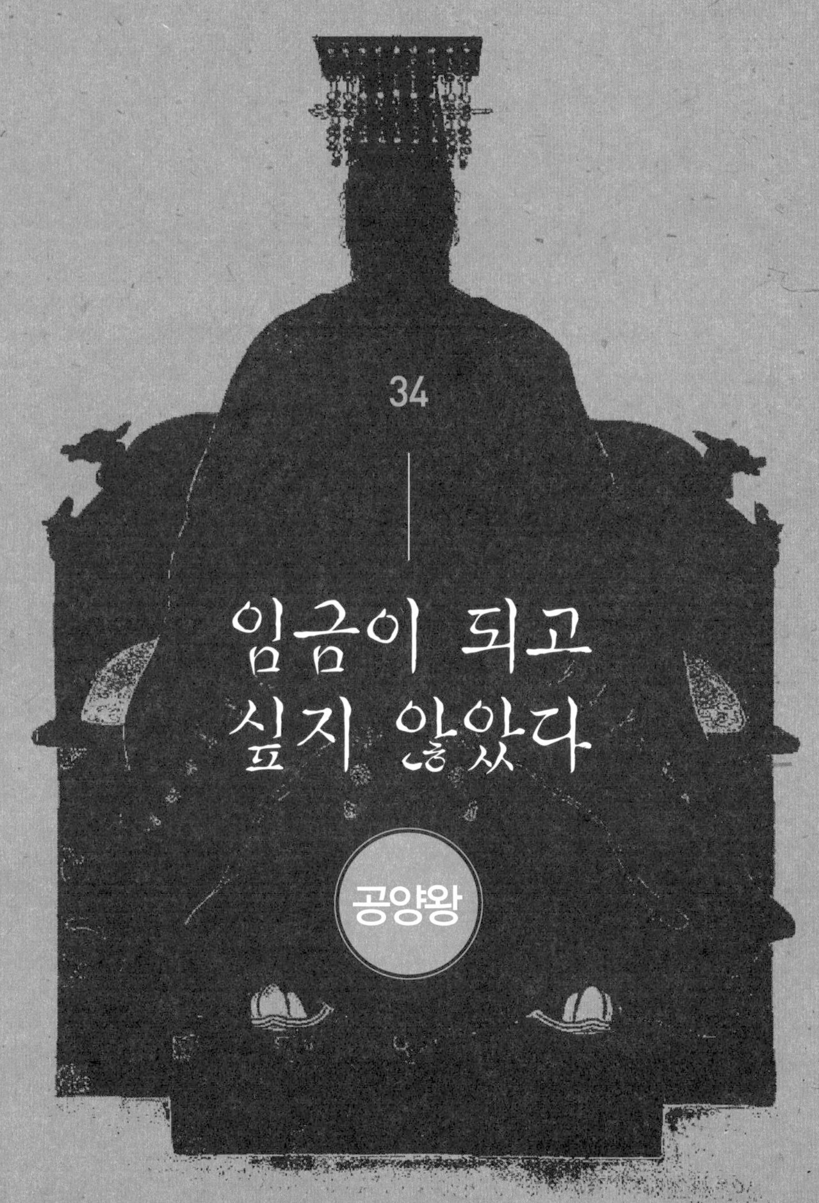

34

임금이 되고 싶지 않았다

공양왕

제비뽑기로 왕이 되다

고려의 마지막 임금이 된 왕요(공양왕)는 정원부원군定原府院君 왕균王鈞의 아들이며 신종의 7대손이다. 어머니는 국대비 왕씨이다. 왕요는 1345년(충목 1) 2월에 태어나 정창부원군으로 봉해졌다가 정창군이 되었으며 45세 되던 해에 창왕이 폐위되자 본의 아니게 왕위에 오른다. 이가 곧 고려 제34대 임금 공양왕이다.

공양왕 옹립에 직접 참여한 신진 사대부들은 다음과 같다. 이성계를 위시하여 판삼사사 심덕부, 찬성사 지용기 · 정몽주, 정당문학 설장수, 평리 성석린, 지문하부사 조준, 판자혜부사 박위, 밀직부사 정도전 등이다. 이들은 흥국사에 모여서 대병력의 호위를 받으며 다음과 같이 의논하였다.

"신우와 신창은 본래 왕씨가 아니다. 그러므로 종묘의 제사를 받들

수 없다. 또 가짜를 폐하고 진짜를 세우라는 명나라 천자의 명령이 있다. 정창군 왕요는 신종의 7세손으로 그 족속이 가장 가깝다. 그러므로 그를 세워야 한다."

이성계의 이러한 주장에 조준이 반대하고 나섰다.

"정창군은 부귀한 환경에서 자라서 가산을 다스릴 줄은 알아도 나라를 다스릴 줄은 모르니 세울 수 없다."

이에 성석린이 다시 나섰다.

"임금을 세움에 있어서 어진 자를 선택할 것이지 그 족속이 가깝고 먼 것을 논할 것이 아니다."

의견만 잡다할 뿐 좀처럼 좁혀지지 않고 있었다. 생각다 못한 참석자들은 종실의 유력한 인물 몇 명의 이름을 적어서 심덕부와 성석린, 조준을 계명전에 보내어 고려 태조 영전에 보고하고 제비뽑기를 하자고 하였다. 다소 어처구니없는 처사였지만 이름 적힌 이들을 살펴볼 때 누구나 왕이 될 만한 이들이라 제비뽑기로 결정한다 해서 크게 달라질 것은 없는 상황이었다. 자시子時 후 제비뽑기가 시작되었는데 정창군 왕요가 뽑혔다.

이성계와 정몽주는 심덕부 등 7명과 함께 정비 궁으로 가서 왕위 교서를 내리게 하였으며 곧 공양왕을 맞아 세웠다. 그러나 공양왕은 놀라고 두려워하며 왕위를 이어받는 것을 굳이 사양하였다. 그러자 정비가 손수 국왕의 인을 공양왕에게 건네주었다.

공양왕은 근심 걱정으로 야밤이 되어도 잠들지 못하고 눈물을 흘리며 측근자들에게 하소연을 했다고 한다.

"나는 일평생 입을 것 먹을 것과 시중할 사람이 모두 풍족했다. 그런데 지금 와서 이렇게 중대한 책임을 지게 되니 어떻게 할 바를 모르겠다."

우매한 자가 아닌 이상 공양왕은 자신 앞에 가로놓인 비참한 운명을 예감하고 있었을 것이다. 우왕이나 창왕과 크게 다르지 않은 운명 말이다.

세상이 이와 같이 되고 나니 뜻있는 선비들은 이것을 보고 그대로 있을 수 없었다. 어떻게 하든지 이성계의 세력을 꺾으려 하였고, 이성계 편에서도 반대자를 제거할 생각을 하고 있었다. 이러던 중 윤이尹彝와 이초李初가 명나라에 들어가 명나라 황제에게 고하였다.

"이성계는 정찬군 요를 세웠으나 그는 왕족이 아니고 이성계와 인척간이 되옵니다. 요와 이성계는 장차 명나라를 치고자 군사를 훈련시키고 기회를 노리고 있사옵니다. 재상 이색 등이 불가하다고 말하다가 쫓겨났으며, 그뿐 아니라 이것을 핑계로 하여 원로인 조민수, 이임, 변안렬, 권중하, 장하, 이숭인, 권근, 이종학, 이귀생, 우현보 등을 내쫓거나 죽여 버렸사옵니다."

이 일로 인하여 고려에서는 평지풍파가 일어났다. 조정에서는 관련된 자를 잡아 죽이기도 하고 이색, 이림, 우인렬 등 대신들을 정주로 귀양 보냈다. 그리고 이성계는 충복인 정도전을 명나라에 보내어 사실과 다르다는 변명을 하고 국내에 있는 대신들의 동향을 살펴보기로 했다. 이 때문에 국내는 소란해져서 말도 제대로 못할 지경이 되기도 하였다.

개혁을 꿈꾸는 신진 사대부

공양왕 시대를 풍미한 고려 사회의 화두는 의심할 여지없이 개혁이었다. 공양왕 재위 3년 동안 신진 사대부들은 정치, 교육, 경제, 문화

분야 등 사회 전반에 개혁의 거센 바람을 불어넣는다. 그러나 이러한 개혁은 고려 사회를 다시 건강하게 회복시키기 위한 조치들이 아니라 급진적 신진 사대부들이 꿈꾸는 세상을 앞당기기 위한 조치였을 뿐임을 주시할 필요가 있다. 이에 반해 정몽주로 대표되는 온건 개혁파 신진 사대부들은 고려를 위한 개혁을 꿈꾸고 있었다. 최종 목적지가 엄연히 달랐지만 이들은 개혁이라는 화두에 대해서 만큼은 공감하고 있었기에 한동안 불안한 동거를 이어간다.

먼저 이들에 의해 개편된 관제를 살펴보면 전리사, 판도사, 예의사, 군부사, 전법사, 전공사를 이조, 호조, 예조, 병조, 형조, 공조의 6조로 바꿨다. 또한 개성의 오부와 동북 · 서북면의 부와 주에 유학교수관儒學教授官을 둠으로써 유학의 부흥을 꾀하였고, 과거에 무과를 신설하였으며, 신진 사대부의 본질을 반영하듯 불교를 배척하고 유교를 숭상하는 사회 분위기를 조성하기 위하여 주자朱子의 가례家禮를 시행, 집집마다 가묘家廟를 세우도록 하였다. 사대부들은 불교 배척의 일환으로써 오교양종五教兩宗을 없애 버리고 사찰의 재산을 몰수하여 국고에 환수시켰다. 이와 함께 『도선비기』道詵祕記의 내용에 따라 한양으로 천도하였다가 민심이 흔들리자 다시 개경으로 환도하기도 하였다.

신진 사대부들의 개혁은 경제 방면으로도 이어졌는데 여기서 주의 깊게 살펴봐야 할 점은 토지 개혁을 통해 자신들의 경제적 기반을 확고하게 다져나갔고, 이를 통해 역성혁명의 발판을 마련하였다는 점이다. 그들은 1391년(공양 3)에 광흥창廣興倉과 풍저창豊儲倉을 서강西江에 세워 조운漕運의 곡식을 비축토록 하였으며, 개성 오부에도 의창義倉을 설치하였다. 이어서 조준의 의견을 받아들여 과전법을 실시하였다. 과전법은 권문세족의 농장을 모두 몰수하여 국가 재정 확보를 목적으로 하고 있었지만 그렇게 몰수한 토지가 신진 관료들에게 지급됨으로써 경제적 기득권이 옮겨가게 되었다.

이와 때를 같이 하여 조준, 정도전 등으로 대표되는 급진 개혁파들이 이성계를 옹립함으로써 역성혁명의 뜻을 내비치기 시작하자 정몽주를 위시한 온건 개혁파들은 이를 막기 위해 노심초사한다. 바야흐로 개국이냐 고려 왕조냐를 놓고 두 세력 간에 불꽃 튀는 싸움이 벌어지려 하고 있었다.

선죽교의 붉은 피, 온건파와 급진파의 대립

그러나 이성계라는 걸출한 무인이 버티고 있는 급진 개혁파의 기세를 꺾기에 온건파 신진 사대부들의 세력은 미미하기 이를 데 없는 것이었다.

그럼에도 불구하고 정몽주는 1392년 3월에 명나라에서 돌아오는 세자를 마중하러 나갔다가 황주에 들러 사냥을 하던 중 이성계가 낙마하는 사고를 당하자 조준과 정도전을 위시한 이성계의 수하들을 탄핵하여 유배 보내는 데 성공한다.

그러나 이는 공연히 벌집을 건드리는 바람에 화만 앞당긴 꼴이 되어 버리고 말았다. 이성계가 개경으로 달려오는 동안 그의 아들 이방원이 측근들을 시켜 정몽주를 선죽교에서 없애 버린 것이다.

정몽주의 죽음으로 온건파 신진 사대부들의 기세가 푹 꺾이자 이성계와 그 측근들은 거침없이 개국의 길을 걷기 시작한다.

공양왕의 죽음과 조선 창국

귀양 갔던 이성계의 측근들이 속속 정계에 복귀하자 역성혁명의 분위기는 서서히 무르익기 시작한다. 이에 두려움을 느낀 공양왕은 1392년 7월 갑신일 이성계를 불러들인 뒤 서로 해치지 않겠다는 맹세를 하자고 요구하였다. 곁에 있던 사예司藝 조용이 임금과 신하 사이의 맹세, 혹은 동맹이란 있을 수 없다고 고하였으나 공양왕은 더더욱 간절하게 맹세를 요구하였다. 일이 이렇게 되자 이성계도 조용에게 다음과 같이 일렀다.

"내가 무슨 말을 하겠는가? 너희가 임금의 말대로 초안을 작성하여야 할 것이다."

이에 조용이 밖으로 물러나와 공양왕과 이성계 사이에 맺어질 맹세문의 초안을 작성하였다.

'그대가 아니더라면 내가 어찌 이에 이를 수 있었으랴? 그대의 공과 덕을 내가 감히 잊을 수 없다. 천지신명도 이것을 굽어보고 있을 것이다. 대대로 우리 자손이 서로 해치지 말 것이다. 내가 그대를 저버린다면 이 맹세를 증거로 하라!'

그러나 왕과 이성계 사이에 맺은 맹세는 지켜지지 않았다. 마침내 역성혁명을 결심한 이성계와 측근들이 왕대비 앞으로 나아가 이렇게 위협을 가한 것이다.

"지금 왕이 암둔하여 임금의 도리를 이미 잃었고, 인심은 이미 떠났습니다. 그리하여 그는 사직社稷과 생령生靈의 주인이 될 수 없으니 폐위하기를 바랍니다."

겁에 질린 왕대비는 즉각 교서를 받들고 공양왕 폐위를 결정하였다.

공양왕이 폐위되자마자 왕위에 오른 이성계는 국호를 조선이라고 바꾼 뒤에, 남아 있는 고려의 왕씨들을 몰살시켰다. 이로써 태조 왕건이 창국한 이래 474년간 이어져 내려온 고려왕조는 역사 속으로 사라져 갔다.

한편 원주에 머물던 공양왕은 공양군으로 봉해지며 간성군으로 옮겨 갔고, 그로부터 3년 후에 삼척 땅에서 이성계의 명으로 죽임을 당했다.

공양왕의 재위기간은 2년 8개월이었고, 향년은 50세였다. 능은 경기도 고양시 원당읍과 강원도 삼척시 근덕면 두 곳에 있다.

공양왕의 후비와 종실들

공양왕에게는 후비 하나와 아들 하나, 딸 셋이 있었다.

순비順妃 노씨는 교하군 사람으로 창성군昌城君 노진盧稹의 딸이다. 1389년(공양 1) 11월에 순비로 봉하였으며 부를 설치하여 의덕부懿德府라 하고 관속을 두었다.

또 왕대비, 국대비, 중궁의 부친, 조부, 증조 등 3대에게 벼슬을 추증하여 효도하는 도리를 밝힐 것을 청하였더니 왕이 이것도 승인하였다. 1391년(공양 3) 7월 순비의 3대 조상들에게 시호를 내리고 8월 순비에게 죽책竹冊과 금인金印을 수여하였다. 순비는 세자 석奭과 숙녕肅寧, 정신貞信, 경화敬和 세 궁주를 낳았다.

| 공양왕의 혈계 |

왕균

국대비 왕씨

제34대 **공양왕** (1345~1394)
재위 1389~1392

순비 노씨

- 세자 석
- 숙녕 공주
- 정신 공주
- 경화 공주

부록

高麗王朝實錄

◉ 우리 나라가 사용한 연호 일람

(연대순, ?는 미상)

연호	사용 국가 / 왕	연대
영락永樂	고구려 / 광개토왕	391~413
건원建元	신라 / 법흥왕 · 진흥왕	536~550
개국開國	신라 / 진흥왕	551~567
건국建國	신라 / 진흥왕	551~567
대창大昌	신라 / 진흥왕	568~571
태창太昌	신라 / 진흥왕	568~571
홍제鴻濟	신라 / 진흥왕 · 진시왕 · 진평왕	572~583
건복建福	신라 / 진평왕 · 선덕 여왕	584~633
인평仁平	신라 / 선덕 여왕	634~646
태화太和	신라 / 선덕 여왕	647~650
천통天統	발해 / 고왕	699~718
인안仁安	발해 / 무왕	719~736
대흥大興	발해 / 문왕	737~792
중흥中興	발해 / 성왕	794
정력正曆	발해 / 강왕	795~809
영덕永德	발해 / 정왕	809~812
주작朱雀	발해 / 희왕	813~817
태시太始	발해 / 간왕	817~818
건흥建興	발해 / 선왕	818~829
함화咸和	발해 / 이진	830~858
건왕建晃	발해 / ?	858~870
무태武泰	마진 / 궁예	904~905

연호	사용 국가 / 왕	연대
성책聖册	마진 / 궁예	905~910
수덕만세水德萬歲	태봉 / 궁예	911~914
정개政開	태봉 / 궁예	914~918
천수天授	고려 / 태조	918~933
광덕光德	고려 / 광종	950~951
준풍峻豊	고려 / 광종	960~963
천경天慶	발해 / ?	1029~1120
융기隆基	발해 / ?	1115
응순應順	발해 / ?	1115
천개天開	고려 / 인종 (대위국 / 소청)	1135
개국開國	조선 / 고종	1894~1897
건양建陽	조선 / 고종	1896~1897
광무光武	대한 / 고종	1897~1907
융희隆熙	대한 / 순종	1907~1910

◉ 고금 관작 대조표古今官爵對照表

기관 계급	입법부	정부기관	지방행정	대학	사법부	외교 통상부
	국회의장	대통령			대법원장	
		국무총리				
		부총리 장관	도지사		대법원 판사	장관
		차관				차관
		차관보		학장	법원장 · 검사장	차관보
1급		관리관		주임교수	2호 이상	관리관
2급		이사관		교수	4호 이상	이사관
		국장			판검사	
3급		부이사관 (3년 이상)		부교수	6호 이상	부이사관
					판검사	
4급		서기관 (과장)	군수	조교수	9호 이상	서기관
		국장	부군수		판검사	
5급		사무장 (계장)	과장 (면장)	전임 강사		사무관
6급		주사	주사 (계장)	전임 강사 (2년 미만)		주사
7급		주사보	주사보	조교		주사보
8급		서기	서기			서기
9급		서기보	서기보			서기보

기관 / 계급	경찰계	교육인적자원부	일반행정부	고려 문산계	고려 무산계	고려 품계
				삼중대광 뒤에 벽상삼한삼중대광		정1품 상하
				개부의동삼사	표기대장군	종1품 상하
	경찰청장	장관 · 차관	장관	특진	보국대장군	정2품 상하
		교육감	차관	금자광록대부	진국대장군	종2품 상하
			차관보	은청광록대부	관군대장군	정3품 상하
				광록대부	운휘대장군	종3품 상하
1급		관리관	관리관	정의대부 통의대부	중무장군 장무장군	정4품 상하
2급	치안정감	부교육감	이사관	대중대부 중대부	선위장군 명위장군	종4품 상하
				중산대부 조의대부	정원장군 영원장군	정5품 상하
3급	치안감		부이사관	조청대부 조산대부	유기장군 유격장군	종5품 상하
				조의랑 승의랑	요무장군 요무부위	정6품 상하
4급	경무관	교장	서기관	봉의랑 통직랑	진위교위 진위부위	종6품 상하
	총경 · 경정	6호 이상		조청랑 선덕랑	치과교위 치과부위	정7품 상하
5급		교감(9호 이상)	사무관	선의랑 조산랑	익위교위 익휘부위	종7품 상하
6급	경감 경위	21호 이상	주사	급사랑 징사랑	선절교위 선절부위	정8품 상하
7급	경사	30호 이상	주사보	승봉랑 승무랑	어모교위 어모부위	종8품 상하
8급	경장	31호 이상	서기	유림랑 등사랑	인용교위 인용부위	정9품 상하
9급	순경		서기보	문림랑 특사랑	배융교위 배융부위	종9품 상하

* 문산계는 문종 대 기준, 무산계는 성종 대 기준이며 무산계 정1품 벼슬은 충렬왕 대를 기준으로 하였음.

◉ 고려 관작 변천 핵심표

문산계文散階				
연대 품계	1060년 (문종 14)	1275년 (충렬 1)	1298년 (충렬 24)	1308년 (충렬 34)
정1품 상하				삼중대광三重大匡 뒤에 벽상삼한삼중 대광壁上三韓三重 大匡
종1품 상하	개부의동삼사 開府儀同三司		숭록대부 崇祿大夫	중대광重大匡 뒤에 벽상삼한중육광壁 上三韓重六匡
정2품 상하	특진 特進		흥록대부 興祿大夫	광정대부 匡靖大夫
종2품 상하	금자광록대부 金紫光祿大夫	광정대부 匡靖大夫	정봉대부 正奉大夫	통헌대부 通憲大夫
정3품 상하	은청광록대부 銀青光祿大夫	중봉대부 中奉大夫	정의대부 正議大夫	정순대부正順大夫 봉순대부奉順大夫
종3품 상하	광록대부 光祿大夫		통의대부 通議大夫	중정대부中正大夫 중현대부中顯大夫
정4품 상하	정의대부正議大夫 통의대부通議大夫		대중대부 大中大夫	봉상대부 奉常大夫
종4품 상하	대중대부大中大夫 중대부中大夫		중대부 中大夫	봉선대부 奉善大夫
정5품 상하	중산대부中散大夫 조의대부朝議大夫		중산대부 조의대부	통직랑 通直郎
종5품 상하	조청대부朝請大夫 조산대부朝散大夫		조청대부 조산대부	
정6품 상하	조의랑朝議郎 승의랑承義郎		조의랑 승의랑	승봉랑 承奉郎
종6품 상하	봉의랑奉議郎 통직랑通直郎		봉의랑 통직랑	
정7품 상하	조청랑朝請郎 선덕랑宣德郎		조청랑 선덕랑	종사랑 從事郎
종7품 상하	선의랑宣議郎 조산랑朝散郎		선의랑 조산랑	
정8품 상하	급사랑給事郎 징사랑徵事郎		급사랑 징사랑	징사랑 徵事郎
종8품 상하	승봉랑承奉郎 승무랑承務郎		승봉랑 승무랑	
정9품 상하	유림랑儒林郎 등사랑登仕郎		유림랑 등사랑	통사랑 通仕郎
종9품 상하	문림랑文林郎 특사랑特仕郎		문림랑 특사랑	

* 『고려사』 백관지百官誌에 의함. 문산계와 무산계는 핵심 왕을 기준으로 작성하였으며 향직은 왕조와 무관하게 작성되었음.

문산계文散階			무산계武散階	향직鄕職
1310년 (충선 2)	**1356년** (공민 5)	**1362년** (공민 11)	**995년** (성종 14)	**선거지選擧志에 의함**
삼중대광	개부의동삼사 開府儀同三司 의동삼사 儀同三司	벽상삼한삼중대광 삼중대광		삼중대광 三重大匡 중대광 重大匡
중대광	금자광록대부 金紫光祿大夫 금자숭록대부 金紫崇祿大夫	중대광	표기대장군 驃騎大將軍	
대광大匡 정광正匡	은청광록대부 銀靑光祿大夫 은청숭록대부 銀靑崇祿大夫	광정대부	보국대장군 輔國大將軍	대광大匡 정광正匡
광정대부 봉익대부	광록대부光祿大夫 영록대부榮祿大夫	봉익대부 奉翊大夫	진국대장군 鎭國大將軍	
정순대부 봉순대부	정의대부正議大夫 통의대부通議大夫	정순대부 봉순대부	관군대장군 冠軍大將軍	대승大丞 좌승佐丞
중정대부 중현대부	대중대부大中大夫 중대부中大夫	중정대부 중현대부	운휘대장군 雲麾大將軍	
봉산대부	중산대부中散大夫	봉산대부 奉散大夫	중무장군中武將軍 장무장군將武將軍	대상大相 원보元甫
봉선대부	조산대부朝散大夫	봉선대부	선위장군宣威將軍 명위장군明威將軍	
통직랑	조의랑朝議郞	통직랑	정원장군定遠將軍 영원장군寧遠將軍	정보正甫
조봉랑 朝奉郞	조봉랑	조봉랑	유기장군遊騎將軍 유격장군遊擊將軍	
승봉랑	조청랑朝請郞	승봉랑	요무장군耀武將軍 요무부위耀武副尉	원윤元尹 좌윤佐尹
선덕랑 宣德郞	선덕랑	선덕랑	진위교위振威校尉 진위부위振威副尉	
종사랑	수직랑修職郞	종사랑	치과교위致果校尉 치과부위致果副尉 익위교위翊威校尉 익위부위翊威副尉	정조正朝 정위正位
징사랑	승사랑承事郞	징사랑	선절교위宣折校尉 선절부위宣折副尉 어모교위禦侮校尉 어모부위禦侮副尉	보윤甫尹
통사랑	등사랑登仕郞	통사랑	인용교위仁勇校尉 인용부위仁勇副尉 배융교위陪戎校尉 배융부위陪戎副尉	군윤軍尹 중윤中尹

◉ 고려 시대 직관 변천 요약표

백관지표百官志表	제1기(초기)	
제관직명題官職名	전	후
삼사三師 삼공三公		
문하부門下府 판문하判門下 시중侍中	(초기) 내의성內議省 (초기) 내의령內議令	(성종 1) 내사문하성內史門下省 1 (성종) 내사령內史令 (성종) 문하시중門下侍中
찬성사贊成事		(성종) 내사시랑평장사內史侍郎平章事 문하시랑평장사門下侍郎平章事
평리評理 정당문학政堂文學 지문하부사知門下府事 상시常侍		(목종) 첨지정사僉知政事 (목종) 좌산기상시左散騎常侍 우산기상시右散騎常侍
직문하直門下 사의대부司儀大夫		(목종) 좌간의대부左諫議大夫 우간의대부右諫議大夫
급사중給事中 사인舍人 기거주起居注 기거랑起居郎 기거사인起居舍人	(태조 13) 내의사인內議舍人	(성종) 내사사인內史舍人
헌납獻納 정언正言 녹사錄事 주서主書		(목종) 좌보궐左補闕 우보궐右左闕 (목종) 좌습유左拾遺 우습유右拾遺 (목종) 문하녹사門下錄事 (목종) 내사주서內史注書
이속吏屬		

제2기 (주로 문종文宗 대)	제3기(원나라 지배 시기) 전	 후
대사大師 1 (정1품) 대부大傅 1 (정1품) 대보大保 1 (정1품)	폐직	
대위大衛 1 (정1품) 사도司徒 1 (정1품) 사공司空 1 (정1품)	폐직	
중서문하성中書門下省 15 중서령中書令 1 (종1품) 문하시랑門下侍郎 1 (종1품)	첨의부僉議府 1 (상서성尙書省) 폐廢 1 좌첨의중찬左僉議中贊 1 우첨의중찬右僉議中贊 1	5 (정4품) ??도첨의시중??都僉議侍中 24 (심복개중찬尋復改中贊)
중서시랑평장사中書侍郎平章事 1 (종2품) 문하시랑평장사門下侍郎平章事 1 (종2품) 중서평장사中書平章事 1 (종2품) 문하평장사門下平章事 1 (종2품)	첨의시랑찬성사 1 僉議侍郎贊成事 첨의찬성사僉議贊成事	다시 부활됨. 24
참지정사參知政事 1 (종2품) 정당문학政堂文學 1 (종2품) 지문하성사知門下省事 1 (종2품) 좌상시左常侍 1 (종2품) 우상시右常侍 1 (종2품)	첨의참리僉議參里 1 첨문학사添文學史 1 지첨의부사知僉議府事 1	 정당문학政堂文學 16 좌산기상시左散騎常侍 ┐ 우산기상시右散騎常侍 ┘ 24
직문하直門下 1 (종3품) 좌간의대부左諫議大夫 1 (정4품) 우간의대부右諫議大夫 1 (정4품)		좌간의대부左諫議大夫 ┐ 우간의대부右諫議大夫 ┘ 24 (종4품)
급사중給事中 1 (종4품) 중서사인中書舍人 1 (종4품) 기거주起居注 1 (종5품) 기거랑起居郎 1 (종5품) 기거사인起居舍人 1 (종5품)	 (충렬) 중사中事	급사중給事中 (종4품) 24 도첨의사인都僉議舍人(정4품) 24
(예종) 좌보간左補諫 1 (정6품) 우보간右補諫 1 (정6품) (예종 11) 좌정언左正言 1 (종6품) 우정언右正言 1 (종6품) 문하녹사門下錄事 1 (종7품) 중서주서中書主書 1 (종7품)		좌사간左司諫 ┐ 우사간右司諫 ┘ 24 도첨의녹사都僉議錄事 ┐ 도첨의주서都僉議注書 ┘ 24 (정7품)
주사主事 6 영사令史 6 서령사書令史 6 주보注寶 3 시소侍詔 2 서예書藝 2 시서예試書藝 2 기관記官 20 서수書手 26 직성直省 8 향鄕 4 당唐 4 전리電吏 180 문복門僕 10		

* 직위 옆 숫자는 해당 관직 인원수.
* ?는 문헌에서 확인이 되지 않는 글자를 나타냄.

◉ 고려 시대 관직官職

가나다순

관직명	해설
감무監務	현령을 둘 수 없는 작은 현의 감독관
감사監史	소부시 · 군기시의 관원
감수국사監修國史	춘추관의 최고 관직으로 시중(종1품)이 겸임
감창사監倉使	창고를 관리하던 관리
감후監候	서운관에서 기후에 관한 사무를 맡아보던 정9품직
검약檢藥	전의시에 속한 정9품관
검열檢閱	예문관 · 춘추관의 정8품에서 정9품의 벼슬
경력經歷	4품에서 5품의 관리. 조선 때 종4품의 관리
경사교수經史敎授	교육기관인 국자감에 속했던 관직
경학박사經學博士	지방 관민의 자제를 교육시키기 위해 둔 교수직
고공원외랑考功員外郎	고공사의 관직으로 정6품의 벼슬
공수정公須正	지방 관청의 재무를 관할하던 지방 관직
관군대장군冠軍大將軍	정3품 무산계
광록대부光祿大夫	문산계의 관계로 정2품의 상
광정대부匡靖大夫	문산계 종2품의 관계
교감校勘	비서성에 속한 종9품의 관직
교서랑校書郎	비서성에 속한 정9품의 관리
국자박사國子博士	국자감에 속해 있던 정7품의 관직
군공郡公	5등작의 하나로 종2품직
궁문랑宮門郎	동궁(세자의 거처)에 두었던 종6품의 관직
극편수관克編修官	춘추관에 있던 3품관 이하의 관직
금자광록대부金紫光祿大夫	문산계의 하나로 종2품 관리. 1076년(문종 30) 금자흥록

관직명	해설
	대부를 고쳤다.
금자숭록대부金紫崇祿大夫	문산계의 하나로 종1품 품계
급사중給事中	중서문하성에 소속된 종4품의 벼슬
기거랑起居郎	문하부의 관직으로 종5품의 벼슬. 후에 정5품으로 승격
기거사인起居舍人	문하부의 관직으로 종5품. 후에 정5품으로 승격
기거주起居注	문하부의 관직으로 종5품. 후에 정5품으로 승격
낭사郎舍	중서문하성에 소속된 정3품 이하 간관의 총칭
낭장郎將	정6품의 무관직
낭중郎中	6부에 소속된 정5품의 벼슬
내사사인內史舍人	내사문하성에 소속된 종4품의 벼슬
내사시랑평장사內史侍郎平章事	내사문하성 소속의 정2품 벼슬. 1061년(문종 15) 문하시랑평장사로 고쳤다.
내시內侍	재주와 용모가 뛰어난 세족 자제들을 임용하여 숙위하던 관원. 조선 환관의 별칭
내직랑內直郎	동궁에 소속된 종6품의 벼슬
영원장군寧遠將軍	정5품의 무산계
녹사錄事	여러 관서에 설치된 하위 관직
대장군大將軍	종3품의 무관직
대정隊正	무관의 벼슬. 최하위 군관으로 종9품의 벼슬
대학박사大學博士	국자감을 설치하고 두었던 종7품의 품계
대호군大護軍	무관직으로 종3품
도사都事	종7품의 관직
도순문사都巡問使	외관직으로 주州·부府의 장관을 겸했다.
도원수都元帥	전시에 군대를 통괄하던 임시 무관직

관직명	해설
도첨의령都僉議令	도첨의사사의 으뜸 벼슬
동지원사同知院使	중추원에 속한 종2품의 벼슬
만호萬戶	외침 방어를 목적으로 설치된 외관직으로 정4품의 무관직
명위장군明威將軍	종4품의 무산계
문림랑文林郎	문산계의 종9품 상
문사文師	유수관이나 대도호부에 소속된 9품의 관직
문하녹사門下錄事	중서문하성에 소속된 종7품의 관직
문하사인門下舍人	문하부에 소속된 종4품의 관직
문하시랑평장사門下侍郎平章事	내사문하성에 소속된 정2품의 관직
문하시중門下侍中	중서문하성에 소속된 종1품의 관직
문하우시중門下右侍中	문하부의 관직으로 종1품 벼슬. 문하시중을 부르는 말
문하좌시중門下左侍中	문하부의 관직으로 종1품 벼슬. 문하시중을 부르는 말
문하주서門下注書	문하부의 종7품 관직으로 첨의주서僉議注書라고 한다.
문하찬성사門下贊成事	문하부의 정2품 벼슬로 찬성사라고도 한다.
문하평리門下評理	문하부 소속으로 종2품의 관직
밀직판원사密直判院使	밀직사 소속의 종2품의 관직
밀직원사密直院事	밀직지원사 · 밀직사의 종2품 관직
밀직사부사密直司副使	밀직사 소속으로 왕명의 출납, 궁중의 숙위, 군기 등을 맡던 정3품 관직
배융교위陪戎校尉	종9품의 무관
백호百戶	3 · 6품의 무관직으로 청백하고 무술이 능한 관원
벽상삼한삼중대광壁上三韓三重大匡	정1품의 품계. 벽상 공신壁上功臣의 무관
별장別將	정7품의 무관직
병마사兵馬使	동북 양계의 군권을 지휘하는 정3품 벼슬

관직명	해설
병부상서兵部尙書	병부의 장관. 지금의 국방부 장관과 같다.
보국대장군輔國大將軍	정2품의 무산계
봉상대부奉常大夫	정4품의 문산계
봉순대부奉順大夫	정3품 하의 문관 품계
봉어奉御	각 관청 소속 정6품의 관직
봉익대부奉翊大夫	종2품 하의 문산계. 영록대부榮祿大夫
부사副使	사使의 다음 가는 관직으로 5·6품을 가리킨다.
부승지副承旨	광정원 소속의 종6품
부정副正	각 관청 소속의 종4품 관직
부정자副正字	교서관과 승문원의 종9품 벼슬
부직장副直長	정8품 또는 정9품 관직
부창정副倉正	각 군현에 소속된 지방 관직
부총제사副摠制使	삼군도총제부三軍都摠制府에 속한 정2품의 무관직
부호장副護長	호장 아래 관직이며 대등大等을 바꾸어 부르는 말
비서감祕書監	비서성 소속의 종3품 관직
비서랑祕書郎	비서성에 소속된 종6품의 관직
비서승祕書丞	비서성에 소속된 종5품의 관직
사공司空	삼공三公의 하나로 정1품의 벼슬
사도司徒	삼공의 하나로 정1품의 벼슬
사사司事	밀직사 소속의 종2품 벼슬
사의대부司議大夫	문하부 소속의 정4품 관직
사의랑司議郎	동궁에 있던 정6품관
산원散員	군관의 계급으로 정8품의 관직
산학박사算學博士	종9품으로 국자감에서 산술을 가르치던 교수

관직명	해설
삼공三公	사마司馬, 사도司徒, 사공司空의 총칭으로 정1품
삼사三師	태사太師, 태부太傅, 태보太保를 말하며 정1품 벼슬
삼사사三司使	삼사에 속한 정3품의 벼슬
상만호上萬戶	군직으로 순군만호부巡軍萬戶府 다음의 벼슬
상서尙書	6부에 두었던 정3품의 관직으로 후에 판서判書, 전서典書 등으로 변경
상서령尙書令	상서성의 우두머리로 종1품의 벼슬
상서좌우승尙書左右丞	종3품의 관직으로 상서도성尙書都省에 속한 벼슬
상시常侍	좌산기상시 · 우산기상시를 통틀어 부름
상장군上將軍	각 군영의 으뜸 벼슬로 정3품 무관직
상주국上柱國	정2품의 훈계勳階
상호군上護軍	각 군영의 으뜸 벼슬로 정3품
서학박사書學博士	국자감에서 글씨를 가르치던 종9품의 벼슬
선위장군宣尉將軍	종4품 무관의 관계
선의랑宣議郎	종7품 문관의 관계
선절교위宣折校尉	정8품의 무산계
선절부위宣折副尉	정8품의 무산계
세마洗馬	동궁에 속한 종5품의 관직
세자부世子傅	세자의 스승
세자사世子師	세자의 스승
소감少監	4품에서 5품의 관직
소경少卿	종4품의 벼슬
소윤少尹	종4품의 벼슬
소첨사少詹事	첨사부의 종3품 벼슬. 첨사 다음 가는 벼슬

관직명	해설
수국사修國史	감수국사 다음으로 2품 이상이 겸임하는 사관
수문하시중守門下侍中	문하부의 대신으로 종1품
수직랑修職郎	7품의 문산계
수찬修撰	예문관에 속한 사관으로 정2품의 관직이었다가 후에 정8품이 되었다.
수찬관修撰官	한림원 소속의 3품 이하가 겸직한 사관
순무사巡撫使	안무사를 개칭한 것으로 지방관을 감찰하는 관직
순위관巡衛官	사평순위부司平巡衛府에 소속된 참상관參詳官 밑의 벼슬
숭록대부崇祿大夫	종1품의 문산계
승선承宣	왕명의 출납을 맡아본 정3품의 관직
승丞	각 관청에 소속된 정5품에서 정9품의 관원
승봉랑承奉郎	종8품의 문산계
승지承旨	밀직사 소속의 왕명을 출납하는 관리
시독사侍讀事	동궁에 소속된 관직
시랑侍郎	각 부의 정4품 관리
시중侍中	수상으로 종1품
안무사按撫使	지방에 파견되어 수령을 감찰하는 임시 외관직. 지방에 변란이 있을 때 왕명으로 파견되어 백성을 안무하던 임시 벼슬
약장랑藥藏郎	동궁에 속한 정6품의 관직
어모교위禦侮校尉	종8품 상 무관의 품계
어사御使	각 조의 장관 또는 수서원修書院의 장
어사대부御使大夫	정3품으로 어사대의 장관
어사잡단御使雜端	어사대에 속한 종5품의 벼슬
어사중승御使中丞	어사대에 속한 종4품의 벼슬

관직명	해설
어영대장御營大將	어영청의 으뜸가는 벼슬. 종2품 무관직
어영장군御營將軍	어영청의 당관으로 종4품의 무관직
염문사廉問使	지방 관리의 재판 행정을 감독하기 위해 파견한 2품 관직
영令	고려 때 3품에서 9품의 관직
영도첨의領都僉議	수상급의 관직. 영도첨의부사의 약칭
영록대부榮祿大夫	종2품 하下의 문산계
영사領事	삼사三司 · 춘추관春秋館의 장
영사복시사領司僕寺事	종2품의 벼슬로 사복시司僕寺의 으뜸 벼슬
영선공사사領繕工寺事	선공사의 장으로 종2품의 관직
영원장군寧遠將軍	무산계로 정5품 하
영춘추관사領春秋館事	춘추관의 으뜸 벼슬로 정승이 겸했다.
예의판서禮儀判書	예의사의 으뜸 벼슬로 정3품의 벼슬
요무교위耀武校尉	정6품의 무산계
요무부위耀武副尉	정6품 하의 무산계
요무장군耀武將軍	정6품 상의 무산계
우대언右代言	밀직사 소속의 정3품 관직
우보궐右補闕	중서문하성 소속의 정6품 벼슬
우복야右僕射	상서도성에 소속되어 상서령 다음 가는 정2품 관직
우부대언右副大言	밀직사 소속 정3품 관직
우부승선右副承宣	중추원 소속으로 정3품이었다가 후에 종6품이 되었다.
우부승직右副承直	내시부에 속한 종6품의 관직
우사右使	삼사에 속한 정2품의 벼슬. 우복야를 고친 이름
우사간右司諫	중서문하성에 소속되어 간쟁을 맡아본 정6품 관직
우사낭중右司郎中	상서도성에 소속된 정5품 벼슬

관직명	해설
우사원외랑右司員外郎	상서도성에 소속된 정6품의 벼슬
우상시右常侍	중서문하성 소속의 정3품 벼슬
우승右丞	상서도성의 종3품 벼슬
우승직右承直	내시부에 속한 종5품의 벼슬
우시금右侍禁	액정국掖庭局 소속의 정8품 벼슬
우첨사右詹事	왕비부에 예속된 관직
운휘대장군雲麾大將軍	종3품의 무산계
원사院使	중추원 소속의 종2품 벼슬
원외랑員外郎	각 기관의 정6품 관직
위尉	정9품의 무관직
위수尉率	춘방원春坊院에 소속된 좌우 위수로 정5품 무관
유격장군遊擊將軍	종5품 하의 무산계
유기장군遊騎將軍	종5품 상의 무산계
율학박사律學博士	상서형부尙書刑部와 국자감國子監에 소속된 종8품직
은청광록대부銀靑光祿大夫	정3품 문관의 품관
응교應敎	예문춘추관에 속한 정5품의 관직
의동삼사儀同三司	정1품 하의 문산계
익선翊善	정5품의 관직. 조선 때 세손강서원世孫講書院에 소속됨.
익휘부위翊麾副尉	종7품 하의 무산계
인진부사引進副使	각문閣門에 소속된 종5품의 관직
인진사引進使	각문에 소속된 정5품의 관직. 후에 정4품이 되었다.
자덕대부資德大夫	종2품 하의 문산계
자의諮議	정3품의 관직
장군將軍	정4품의 무관직

관직명	해설
장령掌令	사헌부 · 감찰사의 종4품 관직
장무장군將武將軍	정4품 하의 무산계
장사長史	종6품의 무관 벼슬
장사랑將仕郎	종9품 하의 문산계
절도사節度使	지방 장관, 뒤에 안무사라고 함.
절제사節制使	원수를 개칭한 이름으로 각 주州 · 부府의 장관
정당문학政當文學	중서문하성에 속한 종2품의 관직
정랑正郎	6조 소속의 정5품 벼슬
정봉대부正奉大夫	종2품의 문산계
정순대부正順大夫	정3품 상의 문산계
정언正言	중서문하성에 속한 종6품의 관직
정윤正尹	종친에게 종2품, 훈신에게 정3품으로 내리던 봉작
정원장군定原將軍	정5품 상上의 무산계
정조正朝	향직의 7품 상위의 벼슬
제거提擧	관직
제학提學	정3품의 벼슬로 대제학 다음 벼슬
조교助敎	태의감太醫監 · 국학國學에 소속된 벼슬
조봉랑朝奉郎	종5품의 문반 품계
조산대부朝散大夫	종5품 하 문관의 품계. 후에 종4품이 되었다.
조산랑朝散郎	종7품 하의 문관 품계
조열대부朝列大夫	종4품 하의 문관 품계
조의대부朝議大夫	정5품 하의 문관 품계
조의랑朝議郎	정6품 상의 문관 품계
조전원수助戰元帥	고려 말기의 무관직

관직명	해설
조청대부朝請大夫	종5품 상의 문반 품계
조청랑朝請郎	정7품 상의 문반 품계
조현대부朝顯大夫	종4품 문반 품계
종사랑從仕郎	7품의 문반 품계
좌간의대부左諫議大夫	정4품의 관직 위계
좌대언左代言	밀직사에 속한 정3품 벼슬
좌랑左郎	6조에 소속된 정5품의 벼슬
좌반전직左班殿直	액정국掖庭局의 남반南班에 예속된 종8품
좌보궐左補闕	시대에 따라 정5품에서 정6품의 벼슬
좌복야左僕射	상서도성 소속의 정2품 벼슬
좌부대언左副代言	밀직사에 속한 정3품 벼슬
좌부승선左副承宣	중추원에 속한 정3품 벼슬
좌부승직左副承直	내시부에 속한 정6품의 벼슬
좌사간左司諫	문하부에 소속된 정6품 관직
좌사낭부左司郎部	상서도성에 예속된 정2품직
좌사낭중左司郎中	상서도성에 소속된 정5품 벼슬
좌산기상시左散騎常侍	내사문하성에 속한 정3품 벼슬
좌상시左常侍	내사문하성에 속한 정3품 벼슬로 좌산기상시를 바꾼 것.
좌습유左拾遺	내사문하성 소속의 종5품에서 정6품
좌승직左承直	정5품으로 내시부에 소속된 관직
좌시금左侍禁	액정국 소속의 정8품 벼슬
좌위수左衛率	춘방원春坊院 소속의 정5품 무관직
좌윤左尹	삼사 소속의 종3품 벼슬.
좌찬선대부左贊善大夫	동궁에 소속된 정5품의 벼슬

관직명	해설
좌첨사左詹事	첨사부詹事府에 소속된 벼슬
주사主事	관직
중대부中大夫	종4품 하의 문산계
중랑장中郞將	각 영에 소속된 정5품의 무관직
중무장군中武將軍	정4품 상의 무산계
중봉대부中奉大夫	은청광록대부를 고친 정3품의 문산계
중부重副	대재상의 다음 가던 벼슬
중사인中舍人	정5품으로 동궁의 속관 관직
중산대부中散大夫	정5품 상의 문산계
중서령中書令	문하부 소속의 종1품 벼슬
중서시랑평장사中書侍郎平章事	중서성의 정2품 관직
중정대부中正大夫	종3품 상의 문산계
주서注書	종7품의 관직
중현대부中顯大夫	종3품 하의 문산계
중호中護	도첨의사사에 예속된 정2품 품계
지부사知部事	6부에 속한 종3품의 관직
지사知事	각 도의 도통사에 딸린 5품에서 6품의 벼슬
지성사知省事	상서성 소속의 종2품의 관직
지원사知院使	중추원 소속의 종2품 벼슬
지제고知制誥	조서詔書 · 교서敎書 등을 지어 왕에게 올리던 관직
지주사知奏事	중추원 소속의 정3품 벼슬
지평持平	정5품의 관직
지중추부사知中樞府事	중추부의 정2품 무관 벼슬
지후祗候	정7품의 벼슬

관직명	해설
직문하直門下	문하부에 소속된 종3품 벼슬
직사백直詞伯	예문춘추관 소속의 정4품 벼슬
직장直長	6품에서 9품까지의 관직
직제학直提學	정4품의 관직
직학直學	국자감에 둔 종9품의 관직
직학사直學士	중추원 소속의 정3품 관직
진국대장군鎭國大將軍	종2품의 무산계
진덕박사進德博士	성균관의 종8품 관직
진무鎭撫	도통사 소속의 종2품과 정3품이 있었다.
진무부위振武副尉	종6품 하의 무산계
진장鎭將	각 진에 배치된 으뜸 벼슬로 7품 이상 관원 중에서 임명
집사執事	말단 관리
진위교위振威校尉	종6품 상의 무관 관계
집의執義	사헌부의 3품관
집주執奏	추밀원 소속의 관직
징사랑徵事郎	정8품 하의 문산계
찬선대부贊善大夫	동궁에 소속된 정5품의 관직
찬성사贊成事	문하부 소속의 정2품 관직
참리參理	관직으로 참지정사를 바꾼 이름
참지문하부사參知門下府事	문하부에 소속된 종2품의 관직
참지정사參知政事	중서문하성의 종2품 벼슬
천호千戶	순군만호부巡軍萬戶府에 소속된 관리
첨사詹事	동궁의 정3품 벼슬
첨서원사添書院事	중추원 소속의 정3품 벼슬

관직명	해설
총제사摠制使	삼군도총제부의 관직으로 재신 이상이 맡았다.
치과교위致果校尉	정7품 상의 무산계
치과부위致果副尉	정7품 하의 무산계
태보太保	삼사에 속한 정1품의 관직
태부太傅	삼사에 속한 정1품의 관직
태사太師	삼사에 속한 정1품의 관직
통사通事	내시부에 속한 종9품의 벼슬
통사랑通仕郎	9품의 문관 관계
통의대부通議大夫	시대에 따라 정3품에서 정4품까지의 문산계
통직랑通直郎	시대에 따라 정5품에서 종6품 하까지의 문관 관계
통헌대부通憲大夫	종2품의 문산계
특진보국삼중대광特進輔國三重大匡	문산계. 정1품 상
판관判官	5품에서 9품까지의 벼슬
판사判事	각 6부의 으뜸 벼슬
판서判書	각 관청 6조의 으뜸 벼슬로 정3품관
판원사判院事	중추원 소속의 종2품 관직
판전교시사判典校寺事	전교시의 으뜸 벼슬로 정3품의 관직
판추밀원사判樞密院事	추밀원의 으뜸 벼슬로 종2품
평장사平章事	문하부 소속의 정2품 벼슬
평장정사平章政事	중서문하성 소속의 정2품 벼슬
표기대장군驃騎大將軍	종1품의 무산계
학사學士	종2품에서 정4품까지의 벼슬
학사승지學士承旨	한림원 소속의 정3품 관직. 후에 종2품으로 승격되었다.
학유學諭	국자감의 종9품 관직

관직명	해설
학정學正	국자감의 정9품 관직
한림학사翰林學士	한림원 소속의 정4품 관직
헌납獻納	문하부 소속의 정5품 벼슬
현감縣監	지방 장관으로 고려 때는 7품
호부시랑戶部侍郎	호부의 정4품 관직
호장戶長	향직의 우두머리
흥록대부興祿大夫	정2품의 문관 품계

◉ 고려 시대 관청명

가나다순

관청명	해설
가각고架閣庫	궁중의 도서 · 전적을 맡아보던 관아
가옥假獄	고려 광종 때 전옥서典獄署 이외에 임시로 설치한 옥
감문위監門衛	고려 6위六衛의 하나로 궁성 안팎의 모든 문을 경비하는 임무를 맡았다.
결혼도감結婚都監	몽고에서 요구하는 여자를 선발하고자 설치한 관청
경력사經歷司	도평의사사 안에 둔 관청으로 6방六房을 통할하였다.
경사교수도감經史敎授都監	7품 이하의 벼슬아치에게 경사를 가르치던 관청
경시서京市署	개경의 시전市廛을 관장하던 관청
공부工部	상서성 소속 6부 중 하나로 공업과 농업을 맡아 관장
공조서供造署	궁중의 장식 기구裝飾器具를 맡아 보던 관청
광군사光軍司	광군을 통할하던 관청
관습도감慣習都監	음악을 맡아 보던 관청
광흥창廣興倉	관리들의 봉급을 관리하던 관청
교방敎坊	고려 초부터 있는 여악女樂을 맡아본 관청
교정도감敎定都監	최충헌이 세운 관청으로 비위非違의 규찰糾察 인사행정을 맡았다.
국자감國子監	국립대학으로 교육을 담당하는 기관. 지금의 서울대학교.
군기감軍器監 / 군기시軍器寺	모든 군사에 필요한 병기를 제조하고 무기를 조달하던 관청으로 후에 기기국이 되었다.
군자시軍資寺	군수품을 저장하던 관청
군후소軍候所	고려 말 병학兵學을 담당한 관청
궁궐도감宮闕都監	궁궐의 건립이나 중수 등의 일을 맡아본 관청

관청명	해설
금살도감禁殺都監	소나 말의 도살을 금하던 관청
급전도감給田都監	전시과의 시행과 동시에 전지 분급을 맡아보던 관청
내부시內府寺	재화의 보관을 맡아보던 관청
내승內乘	고려 말 궁중의 승여乘輿를 맡아보던 관청
내원서內園署	모든 원원園苑을 맡아보던 관청
대묘서大廟署	제사에 관한 일을 맡아보던 관청의 하나
대부시大府寺	궁중의 재화의 저장과 상세商稅의 징수를 맡아보던 관청
도교서都校署	세공을 맡아 보던 관청
도염서都染署	염색 일을 맡아 보던 관청
도호부都護府	지방 행정 기관
동문원同文院	학문과 문서 기록을 맡아 보던 관청
동서재장東西材場	목재의 보관 및 조달을 맡아보던 관청
문한서文翰署	왕의 명령을 글로 기초하던 관청
밀직사密直司	왕의 명령을 출납하고 궁중의 숙위 · 군사기밀을 담당하던 관청
병부兵部	상서성 소속 6부 중 하나로 군사에 관한 일을 맡아 보던 관청
보문각寶文閣	경연經筵과 장서藏書를 맡아 보던 관아
봉의서奉醫署	왕실에서 사용하는 약을 조제하는 일을 맡던 관청
비서성祕書省	왕의 측근에서 축문祝文과 경적經籍을 다루었다. 지금의 대통령 비서실과 같은 관청
빙고冰庫	궁중에 쓰일 얼음을 보관하던 창고를 관리하는 관청
사농시司農寺	제사에 사용되는 곡식과 적전籍田에 관한 일을 맡아 보던 관청

관청명	해설
사복시司僕寺	궁중의 가마와 마필, 목장 등을 맡아 보던 관청
사선서司膳署	임금의 수라를 맡아 보던 관청
사설서司設署	의식 등에 소용되는 여러 가지 설비를 맡아 보던 관청
사수시司水寺	병선과 수병을 맡아 보던 관청
사역원司譯院	외국어의 번역과 통역을 맡아 보던 관청
사의서司儀署	의례의 진행 조목條目을 맡아 보던 관청
사재시司宰寺	어산물의 조달과 하천의 교통을 맡아 보던 관청
사평순위부司平巡衛府	포도捕盜와 금란禁亂을 맡아 보던 관청
사헌부司憲府	정사를 논하고 백관을 감찰하고 기강과 풍속을 살피던 관청
삼사三司	국가의 전곡, 출납, 회계를 맡아 보던 기관
상서도관尙書都官	노비의 부적 및 소송을 맡았던 관청
상서성尙書省	행정기관의 최고 기관으로 6부를 감독하고 관리들을 감독하던 관청
서운관書雲觀	천문, 역수曆數, 측후測候, 각루刻漏의 일을 맡아보던 관청
서적점書籍店	주자와 서적 인쇄를 맡아 보던 관청
선관서膳官署	제사와 연회에 쓰는 음식을 맡아 보던 관청
성균관成均館	고려 말 최고의 교육기관
소부감小府監	나라의 모든 물건을 보관하는 창고를 관리하던 관청
수복청守僕廳	묘, 능, 서원 등의 제사를 맡아 보던 관청
순군巡軍	국내 치안을 담당한 경찰의 직분을 맡았던 관청
숭문관崇文館	재주와 학문이 뛰어난 문신을 뽑아 경서經書에 대한 사무를 맡겨 왕의 시종을 맡아보던 관아
승지방承旨房	왕명 출납을 맡아 보던 관청
어사대御史臺	왕의 잘못을 간하고 백관의 과오와 비행을 규탄하는 기관

관청명	해설
연경궁제거사延慶宮提擧司	궁궐 안에서 전명傳命 및 잡역을 맡아 보던 관청
예문관藝文館	임금의 칙령과 교명을 기록하고 문학을 관장하던 관청
예부禮部	6부 중 하나로 외교 관계와 백성의 풍교風敎 등을 관장했다. 지금의 교육부·외교부와 같은 관청
예빈시禮賓寺	나라의 손님을 접대하고 연회를 베푸는 일을 관장하던 관청
위위시衛尉寺	의장에 관한 일을 맡아 보던 관청
융기도감戎器都監	군기軍器 만드는 일을 맡아 보던 관청
응방鷹坊	매의 사육과 사냥을 맡아 보던 관청
응양군鷹揚軍	2군 6위의 하나
이군육위二軍六衛	고려 시대 경군京軍의 군제. 이군과 육위로 나누었다.
이부吏部	6부 가운데 문선文選과 훈봉勳封에 관한 일을 맡아보던 관아
인물추고도감人物推考都監	노비의 방량放良, 면천, 쟁소 등을 맡아 보던 관청
인신사印信司	왕명의 출납을 맡아 보던 관청
잡직서雜織署	직조에 관한 일을 맡아 보던 관청
장생서掌牲署	제사에 사용되는 짐승을 맡아 보던 관청
장야서掌冶署	철공과 야금에 관한 일을 맡아 보던 관청
전객시典客寺	빈객을 대접하는 연향宴享을 맡아 보던 관청
전교시典校寺	경적과 축문을 관장하던 관청
전구서典廏署	가축의 사육을 맡아 보던 관청
전농서典農署	궁중의 대제에 쓸 곡식을 맡아 보던 관청
전악서典樂署	성률聲律의 교열을 맡아보던 관청
전옥서典獄署	죄수를 가두는 곳으로 지금의 교도소와 같다.
전의시典儀寺	제사와 증시贈謚를 맡아 보던 관청

관청명	해설
전중성殿中省	대궐 안의 모든 사무를 맡은 기관
전함병량도감戰艦兵糧都監	전함의 군량미를 보급하기 위해 설치한 관청
정포도감征袍都監	군복에 관한 일을 맡아 보던 관청
제기도감祭器都監	제사에 사용되는 기구에 관한 일을 맡아 보던 관청
제릉서諸陵署	산릉의 수호를 목적으로 설치한 관청
제왕자부諸王資府	왕자의 일을 맡아 보던 관청
제용고濟用庫	각지에서 진상하는 모시, 가죽, 인삼 및 왕이 내려 주는 의복 따위를 맡아보던 관아
제용사濟用司	저화楮貨에 관한 일을 맡아 보던 관청
제위보濟危寶	빈민이나 행려의 구호와 질병 치료를 담당하던 상설기관
제폐사목소除弊事目所	나라 안의 큰 폐단을 바로잡는 일을 맡아보던 임시 관청
주전도감鑄錢都監	화폐 주조 기관
중방重房	2군 6위와 상장군, 대장군 등이 군무를 의논하던 곳
중서문하성中書門下省	서무를 총괄하고 간쟁을 맡아보던 관아
중추원中樞院	왕명의 출납出納, 군기軍機, 숙위宿衛 따위의 일을 맡아보던 관아
집현전集賢殿	왕실 연구 기관
첨의부僉議府	중서문하성과 상서성을 아울러 설치한 관청
침원서寢園署	종묘의 수위를 담당하던 관청
태복시太僕寺	나라에서 사용하는 수레와 말을 관리하는 관청
태사국太史局	천문天文, 역수曆數, 측후測候, 각루刻漏를 맡아보던 관청
태상부太常府	제사와 증시를 맡아 보던 관청
통례문通禮門	조회朝會와 의례를 맡아 보던 관청
팔관보八關寶	팔관회의 의식 비용을 충당하기 위해 설치한 관청

관청명	해설
학사원學士院	사명詞命의 제찬制撰을 맡아 보던 관청
한림원翰林院	임금의 명령을 받아서 문서 꾸미는 일을 하던 관청
합문閤門	국가 의식을 맡아 보던 관청
해전고解典庫	직물과 피혁을 맡아 보던 관청
행랑도감行廊都監	시가의 행랑을 관리하던 관청
형부刑部	6부 중 하나로 사법을 담당하던 관청. 법무부와 같다.
형조도관刑曹都官	형부에 속하며 노비의 부적附籍과 소송에 관한 일을 맡아 보던 관청
혜민국惠民局	백성의 질병을 고쳐 주기 위하여 설치한 의료 기관
혜제고惠濟庫	빈민 구호 기관
호부戶部	상서성 소속의 6부 중 하나로 호구戶口, 공부貢賦, 전량錢糧의 정사를 담당했던 기관
홍문관弘文館	경적과 문서를 다루고 왕의 고문에 응하는 관청
화통도감火桶都監	화약과 화기 제조를 맡아보던 관청

◉ 고려의 군사 제도

중앙군

2군
- 응양군 (1천여 명) ─ 왕의 친위 부대
- 용호군 (2천여 명) ─ 왕의 친위 부대

6위
- 좌우위 (1만3천여 명) ─ 개경과 국경 방어
- 신호위 (7천여 명) ─ 개경과 국경 방어
- 흥위위 (1만2천여 명) ─ 개경과 국경 방어
- 금오위 (7천여 명) ── 경찰의 업무
- 천우위 (2천여 명) ── 의장대의 역할
- 감문위 (1천여 명) ── 궁성의 수비

지방군

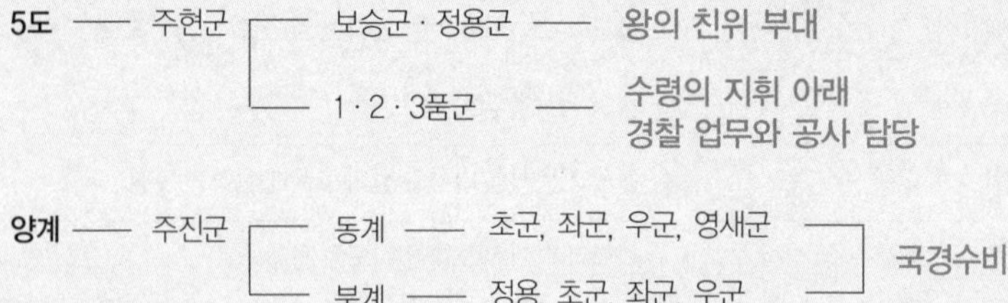

고려의 기본 군제는 중앙의 2군軍 6위衛와 지방의 5도(주현군州縣軍) 양계(주진군州鎭軍)로 편성되었다. 고려의 양인 남자들은 기본적으로 16세에서 59세까지 군역의 의무가 있었는데, 보통 1년 동안은 군인의 신분으로 2년은 양인으로서 생활하였다. 중앙군은 신분과 군역 의무를 세습하는 군반씨족軍班氏族 출신의 전문적인 군인으로서 군인전軍人田이 지급되었다.

2군은 현종 무렵, 6위는 995년(성종 14) 창설되어 6위가 더 먼저 만들어 졌으나 친위대인 2군이 6위보다 더 우위이다. 2군 6위는 각각 정 · 부 지휘관으로 상장군과 대장군이 있었으며 군사 최고 합좌 기관인 중방重房을 갖추었다.

지방군에서 5도의 주현군 중 보승군과 정용군은 주현군의 핵심으로 나라의 치안과 국경 방비의 역할을 담당하였고, 1~3품군은 경찰 업무와 함께 노동 부대로서 공역工役에 동원되었다. 주현군은 947년(정종 2) 광군光軍이 그 시작으로써 군인전이 지급되지 않는 병농일치兵農一致의 군인이었다. 양계는 국경 수비를 담당한 만큼 초군抄軍, 좌군左軍, 우군右軍을 중심으로 한 정규군이 주둔하였다. 중앙군과 지방군과는 교류가 없었다.

이 밖에 정종 때 거란의 침입에 대비해 만들었던 광군光軍, 숙종 때 여진 정벌을 위해 창설한 별무반別武班과 고종 즉위 당시 최우崔瑀가 설치한 삼별초三別抄가 있었다.

◉ 지명 변천 일람표(행정구역 변천표)

1 | 서울특별시

삼한	삼국	통일신라	고려	조선	대한제국	1945년	현재
	남평양성 南平壤城 (백제 북한성 百濟 北漢城)	한양군 漢陽郡	양주楊州 (말엽 한양부 漢陽府)	한성부漢城府	경성부 京城府	경성부	서울특별시 (1948년 특 별시로 승격)

2 | 경기도京畿道

삼국

경기도 일원은 본래 마한馬韓의 영토로서 뒤에 백제의 영토가 되었다. 474년 고구려 장수왕이 한강 유역을 장악하자 고구려에 소속되었으며 뒤에 신라 진흥왕이 임진강 이남을 확보하면서 신라의 영토가 되었다. 후삼국 때 궁예가 철원에 도읍하자 그 중심 지역이 되었다.

고려

왕건의 건국으로 고려의 영토가 되었고 995년(성종 14) 관제 제정으로 전국이 10개의 도로 분할될 때 현 황해도를 포함하여 관내도關內道로 호칭하였다. 뒤에 양광도陽廣道에 소속되었으나 이후 부府·목牧 중심의 통치 형식에 따라 명확한 도의 구분이 없이 이 지역 일대에 대한 통칭이 없다. 공양왕 때 좌우 도로 분할되었다.

조선

태조 초에 경기도라 호칭하고 좌우 도로 분할하였다가 태조 때 양 도를 병합하여 경기도로 호칭하였다. 1896년(건양 1) 한성부가 그 관할로부터 독립하여 경기를 경절京折로 표기하였다.

삼한	삼국	통일신라	고려	조선	대한제국	1945년	현재
	매소홀현 買召忽縣	소성현 邵城縣	인주仁州	인천군 仁川郡	인천부 仁川府	인천부 仁川府	인천광역시 仁川廣域市
	매홀군買忽郡 (수성水城)	수성군 水城郡	수주水州	수원부(군) 水原府(郡)	수원군 水原郡	수원군 水原郡	수원시水原市 오산시烏山市 화성시華城市
	상홀현上忽縣	차성현車城縣	용성현龍城縣				
			쌍부현雙阜縣				
			정송현貞松縣				
			광덕현廣德縣				
	당성군唐城郡	당은군唐恩郡	당성현唐城縣 재양군載陽郡	남양부(군) 南陽府(郡)	남양군 南陽郡		

삼한	삼국	통일신라	고려	조선	대한제국	1945년	현재
	매성군買省郡(창화昌化)	내소군來蘇郡	견주見州	양주부(군)楊州府(郡)	양주군楊州郡	양주군楊州郡	의정부시議政府市 동두천시東豆川市 구리시九里市 양주시楊州市 남양주시南楊州市
	골의노현骨衣奴縣	황양현荒壤縣	풍양현豊壤縣				
	내을매현內乙買縣(내을미內乙米)	사천현沙川縣	사천현沙川縣				
	골내근현骨乃斤縣	황여현黃驪縣	황여현黃驪縣	여주부(군)驪州府(郡)(여흥부驪興府)	여주군驪州郡	여주군驪州郡	여주군驪州郡
	술천현述川縣(성지매省知買)	근천군近川郡	천녕현川寧縣				
	하팔현河八縣	하팔현河八縣	평택현平澤縣	평택현(군)平澤縣(郡)	평택군平澤郡	평택군平澤郡	송탄시松炭市 평택시平澤市
	부산현釜山縣	진위현振威縣	진위현振威縣	진위현振威縣	진위군振威郡		
			영친현永親縣				
	율목군栗木郡(동사림冬斯臨)	율진군栗津郡	과주果州	과천부(군)果川府(郡)	과천군果川郡	시흥군始興郡	안양시安養市 광명시光明市 안산시安山市 시흥시始興市 과천시果川市 군포시軍浦市 의왕시儀旺市
	장항구현獐項口縣	장구군獐口郡	안산군安山郡	안산군安山郡	안산군安山郡		
	잉벌노군仍伐奴郡	양현壤縣	금주衿州	금천현(군)衿川縣(郡)	시흥군始興郡		
	한산군漢山郡	한주漢州	광주廣州	광주부(군)廣州府(郡)	광주부廣州府	광주군廣州郡	성남시城南市 하남시河南市 광주시廣州市
	주부토군主夫吐郡	장제군長堤郡	수주樹州 황어현黃魚縣	부평부(군)富平府(郡)	부천군富川郡	부천군富川郡	부천시富川市
	술이홀성述爾忽城	봉성현峰城縣	서원현瑞原縣	파주군坡州郡(원평부原平府)	파주군坡州郡	파주군坡州郡	파주시坡州市
	파해평사현坡害平史縣	파평현坡平縣	파평현坡平縣				
	천정구현泉井口縣	교하군交河郡	교하군交河郡	교하현(군)交河縣(郡)	교하군交河郡		

삼한	삼국	통일신라	고려	조선	대한제국	1945년	현재
			심악현深嶽縣				
			석천향石淺鄕				
	칠중성七重城	중성현重城縣	적성현積城縣	적성현積城縣	적성군 積城郡		
	달을성현 達乙省縣	고봉현高烽縣	고봉현高烽縣	고양현(군) 高陽縣(郡)	고양군 高陽郡	고양군 高陽郡	고양시高陽市
	개백현皆伯縣	우왕현遇王縣	행주현幸州縣				
			부원현富原縣				
			황조현荒調縣				
	소읍두현 所邑豆縣	삭읍현朔邑縣	삭녕현朔寧縣	삭녕군朔寧郡	삭녕군 朔寧郡	연천군 漣川郡	연천군漣川郡
	승양현僧梁縣	동량현僮梁縣	승령현僧嶺縣				
	공목달현 功木達縣	공성현功成縣	장주현漳州縣	연천현(군) 漣川縣(郡)	연천군 漣川郡		
	마전천현 麻田淺縣	임단현臨湍縣	마전현麻田縣	마전현(군) 麻田縣(郡)	마전군 麻田郡		
	양골현梁骨縣	동음현洞陰縣	동음현洞陰縣	영평현(군) 永平縣(郡)	영평군 永平郡	포천군 抱川郡	포천시抱川市
	마홀군馬忽郡	견성군堅城郡	포천현抱川縣	포천현(군) 抱川縣(郡)	포천군 抱川郡		
	근평군斤平郡	가평군嘉平郡	가평군嘉平郡	가평현(군) 加平縣(郡)	가평군 加平郡	가평군 加平郡	가평군加平郡
	심천군深川郡	준수현浚水縣	조종현朝宗縣				
	양근군楊根郡	빈양현濱陽縣	양근현楊根縣	양근군楊根郡	양근군 楊根郡	양평군 楊平郡	양평군楊平郡
			미원현迷原縣				
	지현현砥峴縣	지평현砥平縣	지평현砥平縣	지평현(군) 砥平縣(郡)	지평군 砥平郡		
	노음죽현 奴音竹縣	음죽현陰竹縣	음죽현陰竹縣	음죽현(군) 陰竹縣(郡)	음죽군 陰竹郡	이천군 利川郡	이천군利川郡
	남천현南川縣	황무현黃武縣	이천군利川郡	이천현(군) 利川縣(郡)	이천군 利川郡		
	구성현駒城縣	거칠현巨柒縣	용구현龍駒縣	용인현(군) 龍仁縣(郡)	용인군 龍仁郡	용인군 龍仁郡	용인시龍仁市
			양촌부곡 陽村部曲	양지현(군) 陽智縣(郡)	양지군 陽智郡		
	개차산군	개산군介山郡	죽주군竹州郡	죽산현(군)	죽산군	안성군	안성시安城市

삼한	삼국	통일신라	고려	조선	대한제국	1945년	현재
	皆次山郡			竹山縣(郡)	竹山郡	安城郡	
	내혜홀柰兮忽	백성군白城郡	안성군安城郡	안성군安城郡	안성군 安城郡		
	사복홀沙伏忽	적성군赤城郡	양성현陽城縣	양성현(군) 陽城縣(郡)	양성군 陽城郡		
	제차파의현 齊次巴衣縣	공암현孔巖縣	양천현陽川縣	양천현(군) 陽川縣(郡)	양천군 陽川郡	양천군 陽川郡	서울특별시 양천구로 편입
	금포현黔浦縣	김포현金浦縣	김포현金浦縣	김포현(군) 金浦縣(郡)	김포군 金浦郡	김포군 金浦郡	김포시金浦市
	평회압현 平淮押縣	분진현分津縣	통진현通津縣	통진현(군) 通津縣(郡)	통진군 通津郡		
	동자홀현 童子忽縣	동성현童城縣	동성현童城縣				
	수이홀首爾忽	무성현戍城縣	수안현守安縣				
	혈구군穴口郡	해구현海口縣	강화현江華縣	강화부(군) 江華府(郡)	강화부 江華府	강화군 江華郡	인천시仁川市 강화군江華郡 으로 편입
	수지현首智縣	수진현守鎭縣	진강현鎭江縣				
	동음내현 冬音奈縣	호음현冱陰縣	하음현河陰縣				
	고목근현 高木根縣	교동현喬桐縣	교동현喬桐縣	교동현(군) 喬桐縣(郡)	교동군 喬桐郡		
							옹진군甕津郡 (1945년 황해 도에서 편입)
	부소갑扶蘇岬	송악군松嶽郡	개성부(개주) 開城府(開州)	개성부(군) 開城府(郡)	개성부 開城府	개성부 開城府	(북한) 개성시 開城市
	동비홀冬比忽	개성군開城郡	개성현開城縣	개성부(군)			
	정주貞州	정주貞州	정주貞州(승천 부昇天府→해 풍군海豊郡)	풍덕군豊德郡	풍덕군 豊德郡	풍덕군 豊德郡	(북한) 개풍군 開豊郡
	덕물현德勿縣 (인물人物)	덕수현德水縣	덕수현德水縣				
	장천성현 長淺城縣 (야야耶耶 · 야아夜牙)	장단현長湍縣	단주(현) 湍州(縣)	장단군(현) 長湍郡(縣) (장림長林 · 임단臨湍)	장단군 長湍郡	장단군 長湍郡	(북한) 장단군 長湍郡

삼한	삼국	통일신라	고려	조선	대한제국	1945년	현재
	장항현獐項縣(고기야홀차古斯也忽次)	임강현臨江縣	임강현臨江縣				
	약지두치현若只頭耻縣(지섬之蟾·삭두朔頭·의두衣頭)	여웅현如熊縣	송림현松林縣				
	진임성현津臨城縣(오아홀烏阿忽)	임진현臨津縣	임진현臨津縣				

3 | 강원도江原道

삼국

본래 예맥濊貊의 본거지로 고구려와 신라에 각각 딸려 있었다. 뒤에 각지에서 초적草賊이 일어났으나 신라의 국력이 미치지 못하였다.

고려

왕건의 건국으로 고려에 복속되었다. 995년(성종 14) 관제 개혁으로 전국이 열 개의 도로 분할될 때 삭방도朔方道라 호칭되었다. 이듬해 연해명주도沿海溟州道로 개칭되었으며 뒤에 춘주도春州道, 동주도東州道, 교주도交州道, 강릉도교주강원도江陵道交州江原道 등으로 불렸으나 명확한 도 구분 없이 지역 일대에 대한 통칭이었다.

조선

태조 초에 강원도로 호칭되었다. 효종 때 원양도原襄道로 개칭되었다가 뒤에 다시 강원도로 호칭하게 된다.

삼한	삼국	통일신라	고려	조선	대한제국	1945년	현재
맥국貊國		삭주朔州	춘천春川	춘천부(군)春川府(郡)	춘천군春川郡	춘천군春川郡 춘성군春城郡	춘천시春川市
	석달현昔達縣	난산현蘭山縣					
	기지군基知郡		기린현基麟縣				

삼한	삼국	통일신라	고려	조선	대한제국	1945년	현재
예맥濊貊 에 예속	평원군平原郡	북원소경 北原小京	원주原州	원주군原州郡	원주군 原州郡	원주군 原州郡	원주시原州市
뒤에 마한馬韓 에 속함	주연현酒淵縣	주천현酒泉縣	서천현西泉縣				
예맥濊國 의 수도	하서량河西良	명주溟州	명주溟州	강릉부(군) 江陵府(郡)	강릉군 江陵郡	강릉군 江陵郡	강릉시江陵市 동해시東海市
	우산현又山縣	우산현又山縣	연곡현連谷縣				
	우합현羽合縣	우계현羽谿縣	우계현羽谿縣				
	속토현束土縣	속제현棟堤縣					
	익현현翼峴縣	익현현翼峴縣	익현현翼峴縣	양양부(군) 襄陽府(郡)	양양군 襄陽郡	양양군 襄陽郡	속초시束草市 양양군襄陽郡
	설산현穴山縣	동산현洞山縣	동산군洞山郡				
실직국 悉直國	실직군悉直郡	삼척군三陟郡	삼척군三陟郡	삼척부(군) 三陟府(郡)	삼척군 三陟郡	삼척군 三陟郡	태백시太白市 삼척시三陟市
	죽현현竹峴縣	죽령현竹嶺縣					
	만약현滿若縣	만경현滿卿縣					
	파이현波利縣	해이현海利縣					
	벌역천현 伐力川縣	녹효현綠驍縣	홍천현洪川縣	홍천현(군) 洪川縣(郡)	홍천군 洪川郡	홍천군 洪川郡	홍천군洪川郡
	횡천현橫川縣	횡천현橫川縣	횡천현橫川縣	횡성현橫城縣	횡성군 橫城郡	횡성군 橫城郡	횡성군橫城郡
진한辰韓 의 일부	내생군奈生郡	내생군奈生郡	영월군寧越郡	영월군寧越郡	영월군 寧越郡	영월군 寧越郡	영월군寧越郡
예맥국 濊貊國의 일부	욱오현郁烏縣	백오현白烏縣	평창현平昌縣	평창군平昌郡	평창군 平昌郡	평창군 平昌郡	평창군平昌郡
동예東濊 의 일부	잉치군仍置郡	정선현旌善縣	정선군旌善郡	정선군旌善郡	정선군 旌善郡	정선군 旌善郡	정선군旌善郡
	철원군鐵圓郡 (모을동비 毛乙冬非)	철성군鐵城郡	동주東州	철원군鐵原郡	철원군 鐵原郡	철원군 鐵原郡	철원군鐵原郡
	성천군狌川郡	성천군狌川郡	성천현狌川縣	성천현(군) 狌川縣(郡)	화천군 華川郡	화천군 華川郡	화천군華川郡
	양구군楊口郡 (요음홀차	양록군陽麓郡	양구군陽溝郡	양구현(군) 楊口縣(郡)	양구군 陽溝郡	양구군 陽溝郡	양구군陽溝郡

삼한	삼국	통일신라	고려	조선	대한제국	1945년	현재
	要隱忽次)						
	삼현현三峴縣	삼령현三嶺縣	구산현九山縣				
	저족현猪足縣	희제현狶蹄縣	인제현麟蹄縣	인제현(군) 麟蹄縣(郡)	인제군 麟蹄郡	인제군 麟蹄郡	인제군麟蹄郡
	옥기현玉岐縣	치도현馳道縣	서화현瑞禾縣				
	수성군狌城郡	수성군狌城郡	간성군杆城郡	간성군杆城郡	간성군 杆城郡	고성군 高城郡	고성군高城郡
	승산현僧山縣	동산현童山縣	열산현烈山縣				
예濊→임둔군臨屯郡에 예속	달홀達忽	고성군高城郡	고성현高城縣	고성군高城郡	고성군 高城郡		
		(초이현 草伊縣)	안창현安昌縣				
	저야혈현 猪也穴縣	환가현豢猳縣	환가현豢猳縣				
	부여군夫如郡	부평군富平郡	금화현金化縣	금화군金化郡	금화군 金化郡	김화군 金化郡	(북한) 김화군 金化郡
	단성현丹城縣 (야차홀 也次忽)	익성군益城郡	금성군金城郡	금성군金城郡	금성군 金城郡		
	동사홀군 冬斯忽郡	기성군岐城郡	기성현岐城縣				
	이진매현 伊珍買縣	이천현伊川縣	이천현伊川縣 (동주東州에 편입, 뒤에 복치復置)	이천군伊川郡	이천군 伊川郡	이천군 伊川郡	(북한) 이천군 伊川郡
	아진압형 阿珍押縣 (궁악窮嶽)	안협현安峽縣	안협현安峽縣 (동주東州에 편입, 뒤에 복치復置)	안협군安峽郡	안협군 安峽郡		
	부양현斧壤縣 (어사내 於斯內)	광평현廣平縣	평강현平康縣 (동주東州에 편입, 뒤에 복치復置)	평강군平康郡	평강군 平康郡	평강군 平康郡	(북한) 평강군 平康郡
	휴양군休壤郡	금양군金壤郡	금양현金壤縣	통천군通川郡	통천군 通川郡	통천군 通川郡	(북한) 통천군 通川郡

삼한	삼국	통일신라	고려	조선	대한제국	1945년	현재
	도림현道臨縣(조을포助乙浦)	임도현臨道縣	임도현臨道縣				
	토상현吐上縣	제상현堤上縣	벽산현碧山縣				
	평진현현平珍峴縣(천현遷峴)	편험현偏險縣	운암현雲巖縣				
	습비곡현習比谷縣(습비탄習比呑)	습계현習谿縣	흡곡현歙谷縣	흡곡현歙谷縣			
	각연성군各連城郡(가혜아加兮牙)	연성군連城郡	문주文州	회양군淮陽郡	회양군淮陽郡	회양군淮陽郡	(북한) 회양군淮陽郡
	적목진赤木鎭(사비근을沙非斤乙)	단송현丹松縣	남곡현嵐谷縣				
	관술현管述縣	일운현軼雲縣					
	저수현현猪守峴縣(오생파의烏生波衣 · 저란猪蘭)	희령현狶嶺縣					
	대양관군大陽管郡(마근압馬斤押)	대양현大楊縣	장양현長楊縣				
	문현현文峴縣(근시파혜斤尸波兮)	문등현文登縣	문등현文登縣				
	수생천현藪生川縣(수천藪川)	수천군藪川郡	화천군和川郡				
	수입현水入縣(매이買伊)	통구현通溝縣	통구현通溝縣				

삼한	삼국	통일신라	고려	조선	대한제국	1945년	현재
	간진야현 干珍也縣 파조현波朝縣	울진군蔚珍郡 해곡현海曲縣	울진현蔚珍縣	울진현(군) 蔚珍縣(郡)	울진군 蔚珍郡	울진군 蔚珍郡	울진군蔚珍郡 (1963년 경상북도로 이관)
	근을어현 斤乙於縣		평해군平海郡	평해군平海郡	평해군 平海郡		

4 | 충청도忠淸道

삼국

고대 마한의 영토로서 뒤에 백제의 영토가 되었다. 75년 백제의 수도가 웅진熊津(현 충남 공주 근처)으로 천도하자 그 중심지가 되었다.

고려

왕건의 건국으로 고려의 영토가 되었고 995년(성종 14) 관제 제정으로 전국이 10개의 도로 분할될 때 충청도와 하남도河南道로 분할되었다. 1106년(목종 9) 양광 충청도, 뒤에 다시 양광도라 했으나 부와 목 중심의 통치 형식에 따라 명확한 도 구분 없이 이 지역 일대에 대한 통칭이었다.

조선

태조 초에 충청도라 호칭하고 좌우 도로 분할되었다. 인조 때 공청도로, 이어서 공홍도公洪道와 충청도로 각각 개칭되었다가 뒤에 충청도로 다시 칭하였다. 1777년(정조 1) 공청도共淸道로, 1825년(순조 25) 공청도公淸道로 개칭되었다. 1834년 충청도로 다시 호칭되었으며, 1896년(건양 1) 다시 좌우 도로 분할했다가 남북 도로 군을 나누었다.

(1) 충청북도

삼한	삼국	통일신라	고려	조선	대한제국	1945년	현재
	국원성國原城 · 낭자곡성 狼子谷城 (국원소경 國原小京)	중원경 中原京	충주忠州	충주목忠州牧	충주군 忠州郡	충주군 忠州郡	충주시忠州市
	상당현上黨縣 (서원소경 西原小京)	서원경西原京	청주淸州	청주목淸州牧	청주군 淸州郡	청주군 淸州郡	청주시淸州市 청원군淸原郡
	살매현薩買縣	청천현靑川縣	청천현靑川縣				

삼한	삼국	통일신라	고려	조선	대한제국	1945년	현재
		청연현淸淵縣	청당현淸塘縣	청안현淸安縣	청안군 淸安郡		
	도서현道西縣 (도익都益)	도서현都西縣	도안현道安縣				
	일모산군 一牟山郡	연산군燕山郡	연산군燕山郡	문의현文義縣	문의군 文義郡		
	내토군奈吐郡	내제군奈堤郡	제주군堤州郡 (제주堤州)	제천현堤川縣	제천군 堤川郡	제천군 堤川郡	제천시堤川市
	사열이현 沙熱伊縣	청풍현淸風縣	청풍현淸風縣	청풍군(부) 淸風郡(府)	청풍군 淸風郡		
	적산현赤山縣	적산현赤山縣	단산현丹山縣	단양군丹陽郡	단양군 丹陽郡	단양군 丹陽郡	단양군丹陽郡
	을아단현 乙阿旦縣	영춘현永春縣	영춘현永春縣	영춘현永春縣	영춘군 永春郡		
			어상천현 於上川縣				
	상모현上芼縣		장연현長延縣	연풍현延豐縣	연풍군 延豐郡	괴산군 槐山郡	괴산군槐山郡
			장풍현長豐縣				
		청연현淸淵縣	청당현靑塘縣	청안현淸安縣	청안군 淸安郡		
	도서현道西縣 (도익都益)	도서현都西縣	도안현道安縣				
	잉근내군 仍斤內郡 (성지매 省知買)	괴양군槐壤郡	괴주군槐州郡	괴산군槐山郡	괴산군 槐山郡		
	잉홀현仍忽縣	음성현陰城縣	음성현陰城縣	음성현陰城縣	음성군 陰城郡	음성군 陰城郡	음성군陰城郡
	금물노군 今勿奴郡 (만노萬弩· 전지前知)	흑양군黑壤郡 (황양黃壤)	진주鎭州	진천현鎭川縣	진천군 鎭川郡	진천군 鎭川郡	진천군鎭川郡
	굴산현屈山縣 (돌산堗山)	기산현耆山縣	청산현靑山縣	청산현靑山縣	청산군 靑山郡	옥천군 沃川郡	옥천군沃川郡
	고시산군 古尸山郡	관성군管城郡	관성군管城郡	옥천군沃川郡	옥천군 沃川郡		
	조비천현	양산현陽山縣	양산현陽山縣				

삼한	삼국	통일신라	고려	조선	대한제국	1945년	현재
	助比川縣						
	소리산현 所利山縣	이산현利山縣	이산현利山縣				
	아동호현 阿冬號縣	안정현安貞縣	안읍현安邑縣				
	길동군吉同郡	영동군永同郡	영동군永同郡	영동군永同郡	영동군 永同郡	영동군 永同郡	영동군永同郡
	소나현召羅縣	황간현黃澗縣	황간현黃澗縣	황간현黃澗縣	황간군 黃澗郡		
	삼년산군 三年山郡	삼년군三年郡	보령군保齡郡	보은현報恩縣	보은군 報恩郡	보은군 報恩郡	보은군報恩郡
	미곡현未谷縣	매곡현昧谷縣	회인현懷仁縣	회인현懷仁縣	회인군 懷仁郡		

(2) 충청남도

삼한	삼국	통일신라	고려	조선	대한제국	1945년	현재
	웅천熊川 (→웅진도독부 熊津都督府)	웅주熊州	공주公州	공주목公州牧	공주군 公州郡	공주군 公州郡	공주시公州市
불운국 不雲國	벌음지현 伐音支縣 (→부림富林)	청음현淸音縣	신풍현新豊縣				
	노사지현 奴斯只縣	유성현儒城縣	유성현儒城縣				
	소비포현 所比浦縣	적오현赤烏縣	덕진현德津縣				
	열야산현 熱也山縣 (→노산주 魯山州)	니산현尼山縣	니산현尼山縣	니산현尼山縣 (노성魯城)	노성군 魯城郡	논산군 論山郡	논산시論山市
	덕근군德近郡	덕은군德殷郡	덕은군德恩郡	은진현恩津縣	은진군 恩津郡		
	가지내현 加知奈縣	시진현市津縣	시진현市津縣				

삼한	삼국	통일신라	고려	조선	대한제국	1945년	현재
	황등야산군 黃等也山郡	황산군黃山郡	연산군連山郡	연산현連山縣	연산군 連山郡		
신흔국 臣釁國	진현현眞峴縣 (정현貞峴)	진령현鎭嶺縣	진잠현鎭岑縣	진잠현鎭岑縣	진잠군 鎭岑郡	대전부 大田府	대전광역시 大田廣域市
	우술현雨述縣 (후천朽淺)	비풍군比豊郡	회덕현懷德縣	회덕현懷德縣	회덕군 懷德郡		
	두잉지현 豆仍只縣	연기현燕岐縣	연기현燕岐縣	연기현燕岐縣	연기군 燕岐郡	연기군 燕岐郡	연기군燕岐郡
	구지현仇知縣 (→구지九遲)	금지현金池縣	전의현全義縣	전의현全義縣	전의군 全義郡		
	대목악군 大木岳郡	대록군大麓郡	목주군木州郡	목천현木川縣	목천군 木川郡	천안군 天安郡	천안시天安市
			천안부天安府	천안군天安郡	천안군 天安郡		
	감매현甘買縣 (제천梯川)	순치현馴雉縣	풍세현豐歲縣				
월(목)지국 月(目)支國	사산현蛇山縣	사산현蛇山縣	직산현稷山縣	직산군稷山郡	직산군 稷山郡		
			경양현慶陽縣				
	탕정군湯井郡	탕정군湯井郡	온수군溫水郡	온양현(군) 溫陽縣(郡)	온양군 溫陽郡	아산군 牙山郡	온양시溫陽市 아산시牙山市
	굴직현屈直縣	기양현祈梁縣	신창현新昌縣	신창현新昌縣	신창현 新昌縣		
염로국 冉路國	아술현牙述縣	음봉현陰峰縣	아주현牙州縣	아산현牙山縣	아산군 牙山郡		
	벌수지현 伐首只縣 (→우래于來)	당진현唐津縣	당진현唐津縣	당진현唐津縣	당진군 唐津郡	당진군 唐津郡	당진군唐津郡
	혜군槥郡	혜성군槥城郡	혜성군槥城郡	면천군沔川郡	면천군 沔川郡		
	기군基郡	부성군富城郡	부성현富城縣	서산군瑞山郡	서산군 瑞山郡	서산군 瑞山郡	서산시瑞山市 태안군泰安郡
치리국국 致利鞠國	지육현知六縣	지육현地育縣	지곡현地谷縣				
	성대호현 省大號縣	소태현蘇泰縣	소태군蘇泰郡	태안군泰安郡	태안군 泰安郡		
			정해현貞海縣	해미현海美縣	해미군		

삼한	삼국	통일신라	고려	조선	대한제국	1945년	현재
					海美郡		
	여촌현餘村縣	여읍현餘邑縣	여미현餘美縣				
	오산현烏山縣 (→마진馬津)	고산현孤山縣	예산현禮山縣	예산현禮山縣	예산군 禮山郡	예산군 禮山郡	예산군禮山郡
	금물현今勿縣	금무현今武縣	덕풍현德豐縣	덕산현德山縣	덕산군 德山郡		
	마시산군 馬尸山郡	이산군伊山郡	이산현伊山縣				
지침국 支侵國 감해비리국 監奚卑離國	임존성任存城 (지삼촌 只彡村) (→지심支潯)	임성군任城郡	대흥군大興郡	대흥현(군) 大興縣(郡)	대흥군 大興郡		
		임성군任城郡 에 병합	홍주洪州	홍주목洪州牧	홍주군 洪州郡	홍성군 洪城郡	홍성군洪城郡
			흥양현興陽縣				
			합덕현合德縣				
	사평현沙平縣	신평현新平縣	신평현新平縣				
사로국 駟盧國	사시량현 沙尸良縣 (사라沙羅)	신양현新良縣	여양현驪陽縣 (여양黎陽)				
	우견현牛見縣	목우현目牛縣	고구현高丘縣				
	결기군結己郡	결성군潔城郡	결성현結城縣	결성현結城縣	결성군 潔城郡		
				(충청도 수영 水營 속지)	오천군 鰲川郡	보령군 保寧郡	보령시保寧市
	신촌현新村縣 (사촌沙村) (→산곤散昆)	신읍현新邑縣	보령현保寧縣	보령현保寧縣	보령군 保寧郡		
만로국 萬盧國	사포현寺浦縣	남포현藍浦縣	남포현藍浦縣	남포현藍浦縣	남포군 藍浦郡		
	고량부리현 古良夫里縣 (→인덕麟德)	청정현靑正縣	청양현靑陽縣	청양현靑陽縣	청양군 靑陽郡	청양군 靑陽郡	청양군靑陽郡
	열기현悅己縣 (두릉윤성 豆陵尹城)	열성현悅城縣	정산현定山縣	정산현定山縣	정산군 定山郡		

삼한	삼국	통일신라	고려	조선	대한제국	1945년	현재
	소부리군 所夫里郡 (사비泗比) (→동명주도 독부東明州都督府)	부여군扶餘郡	부여군扶餘郡	부여현扶餘縣	부여군 扶餘郡	부여군 扶餘郡	부여군扶餘郡
	가림군加林郡	가림군加林郡	가림현嘉林縣	임천군林川郡	임천군 林川郡		
	대산현大山縣	한산현翰山縣	홍산현鴻山縣	홍산현鴻山縣	홍산군 鴻山郡		
	진악산현 珍惡山縣	석산현石山縣	석성현石城縣	석성현石城縣	석성군 石城郡		
비미국 卑彌國	비중현比衆縣 (→빈문濱汶)	비인현庇仁縣	비인현庇仁縣	비인현庇仁縣	비인군 庇仁郡	서천군 舒川郡	서천군舒川郡
	설림군舌林郡 (설리정 舌利停)	서림군西林郡	서림군西林郡	서천군舒川郡	서천군 舒川郡		
	우두성牛頭城	마산현馬山縣	한산현韓山縣	한산군韓山郡	한산군 韓山郡		
							금산군錦山郡 (1963년 전라북도에서 편입)

5 | 전라도全羅道

삼국

변한卞韓의 중심지로서 뒤에 백제의 영토가 되었으며, 660년 백제의 멸망으로 한때 웅진도독부가 설치되어 당나라의 속령이 되었고, 676년 당을 축출한 신라의 영토가 되었다.

후삼국

891년 견훤의 건국으로 후백제의 영토가 되었다. 당시 궁예의 장사將師로 있던 왕건의 활약으로 면과 남해안, 현 나주와 영광 일원이 태봉의 관할이 되었다. 뒤에 왕건이 건국하자 고려의 영토가 되었고 995년(성종 14) 관제 제정으로 전국이 10개의 도로 분할되어 강남도江南道와 해양도海陽道로 분할되었다. 그 뒤에 전라도라 했으나 부목 중심의 통치 형식에 따라 명확한 도 구분 없이 이 지역 일대에 대한 통칭이었다.

고려

891년(진성 5) 견훤은 이 지방이 구 백제 땅이라 하여 완산完山(현 전주)에서 나라를 세워 후백제라 칭하였으나 그 아들 신검神劍 때에 고려 태조가 이를 정복하고 안남도호부安南都護府를 두었다. 995년(성종 1)에는 순주淳州, 마주馬州 등을 9주 43현으로 강남도江南道로 하고, 나주羅州, 광주光州, 정주靜州 등을 해양도海陽道로 하였다가, 1018년(현종 9)에 두 도를 합하여 전라도라 칭하고 안렴사按廉使를 전주에 두었다.

조선

태조 초에 전라도라 칭하고 좌우 도로 분할되었다가 인조 때 전라도로 개칭되었다. 그 후 한때 광남도光南道로 개칭되었다가 1728년(영조 4) 전광도全光道로 개칭되었다. 1738년 전라도로 다시 불리었고, 1896년(건양 1) 다시 좌우 도로 분할되었다가 좌합座合된 뒤 남북 도로 분할되었다.

(1) 전라북도

삼한	삼국	통일신라	고려	조선	대한제국	1945년	현재
불사분사국 不斯濆邪國	완산完山(완산주完山州·비사벌比斯伐·비자화比自火)	전주全州	전주全州	전주부全州府	전주군 全州郡	전주부 全州府 완주군 完州郡	전주시全州市 완주군完州郡
	두이현豆伊縣 (왕무往武)	두성현杜城縣	이성현伊城縣				
	소력지현 所力只縣	옥야현沃野縣	옥야현沃野縣				
	우소저현 于召渚縣	우주현紆州縣	우주현紆州縣				
	내리아현 乃利阿縣	이성현利城縣	이성현利城縣				
	난등량현 難等良縣	고산현高山縣	고산현高山縣	고산현高山縣	고산군 高山郡		
	지벌지현 只伐只縣 (지부지 只夫只)	운제현雲梯縣	운제군雲梯郡				
	구지산현 仇只山縣 (→당산唐山)	금구현金溝縣	금구현金溝縣	금구현金溝縣	금구군 金溝郡	김제군 金堤郡	김제시金堤市

삼한	삼국	통일신라	고려	조선	대한제국	1945년	현재
			역량현 櫟陽縣				
	야서이현 也西伊縣	야서현野西縣	거야현 巨野縣				
	벽골군碧骨郡 (→벽성辟城)	김제군金堤郡	김제군金堤郡	김제군金堤郡	김제군 金堤郡		
	수동산현 首冬山縣	평고현平皐縣	평고현平皐縣				
	두내산현 豆乃山縣 (→순모淳牟)	만경현萬頃縣	만경현萬頃縣	만경현萬頃縣	만경군 萬頃郡		
	무근촌현 武斤村縣	무읍현武邑縣	부윤현富潤縣				
	대시산군 大尸山郡	태산군泰山郡	태산군泰山郡	태인현泰仁縣	태인군 泰仁郡	정읍군 井邑郡	정주시井州市 정읍시井邑市
	빈굴현賓屈縣	빈성현斌城縣	인의현仁義縣				
초산도비리국楚山塗卑離國	정촌현井村縣	정읍현井邑縣	정읍현井邑縣	정읍현井邑縣	정읍군 井邑郡		
	고사부리군 古沙夫里郡 (→고사주 古四州)	고부군古阜郡	고부군古阜郡	고부군古阜郡	고부군 古阜郡		
	도실군道實郡	순화군淳化郡 (순화淳化)	순창군淳昌郡	순창군淳昌郡	순창군 淳昌郡	순창군 淳昌郡	순창군淳昌郡
	악평현礫坪縣 (적성赤城 · 적성硳城)	적성현赤城縣 (적성磧城)	적성현赤城縣				
			복흥현福興縣				
	잉혜군盻仍郡	임실군任實郡	임실군任實郡	임실현任實縣	임실군 任實郡	임실군 任實郡	임실군任實郡
	돌평현堗坪縣 (누평淚坪)	구고현九皐縣	구고현九皐縣				
고납국 古臘國	고룡군古龍郡	남원소경 南原小京	남원부南原府	남원부南原府	남원군 南原郡	남원군 南原郡	남원시南原市
	거사물현 居斯勿縣	청웅현靑雄縣	거녕현居寧縣 (거녕巨寧)				

삼한	삼국	통일신라	고려	조선	대한제국	1945년	현재
	모산현母山縣(아영성 阿英城)	모산현母山縣	운봉현雲峯縣	운봉현雲峯縣	운봉군 雲峯郡		
	우평현雨坪縣	고택현高澤縣	장수현長水縣	장수현長水縣	장수군 長水郡	장수군 長水郡	장수군長水郡
	백해군伯海郡(백이伯伊)	벽계현壁溪縣	장계현長溪縣				
	난진아현 難珍阿縣(월량月良)	진안현鎭安縣	진안현鎭安縣	진안군鎭安郡	진안군 鎭安郡	진안군 鎭安郡	진안군鎭安郡
	마돌현馬突縣(마진馬珍)	마령현馬靈縣	마령현馬靈縣				
	물거현勿居縣	청거현淸渠縣	청거현淸渠縣	용담현龍潭縣	용담군 龍潭郡		
	적천현赤川縣	단천현丹川縣	주계현朱溪縣	무주현(부) 茂朱縣(府)	무주군 茂朱郡	무주군 茂朱郡	무주군茂朱郡
		무풍현茂豊縣(무산茂山)	무풍현茂豊縣				
	진내군進乃郡(진잉을 進仍乙)	진례군進禮郡	진례현進禮縣	금산군錦山郡 이성현伊城縣	금산군 錦山郡 부리현 富利縣	금산군 錦山郡	금산군錦山郡(1963년 충청남도로 이관)
			두시이현 豆尸伊縣				
	진동현珍同縣(진동珍洞)	진동현珍同縣	진동현珍同縣	진산군珍山郡	진산군 珍山郡		
			완산현捖山縣				
건마국 乾馬國	금마저군 金馬渚郡	금마군金馬郡	금마군金馬郡	익산군益山郡	익산군 益山郡	익산군 益山郡	익산시益山市
여래비리국 如來卑離國	지량소현 只良肖縣	여량현礪良縣(여양礪陽)	여량현礪良縣	여산현礪山縣	여산군 礪山郡		
	알야산현 閼也山縣	야산현野山縣	낭산현朗山縣				
		함열현咸悅縣의 도내산道乃山 은소銀所	용안현龍安縣	용안현龍安縣	용안군 龍安郡		

삼한	삼국	통일신라	고려	조선	대한제국	1945년	현재
			풍제현豊堤縣				
감해국 感奚國	감물아현 甘勿阿縣 (→노산魯山)	함열현咸悅縣	함열현咸悅縣	함열현咸悅縣	함열현 咸悅郡		
	시산군屎山郡 (피산陂山)	임피군臨陂郡	임피현臨陂縣	임피현臨陂縣	임피군 臨陂郡	군산부 群山府	군산시群山市
임소반국 臨素半國	마서량현 馬西良縣	옥구현沃溝縣	옥구현沃溝縣	옥구현沃溝縣	옥구군 沃溝郡	옥구군 沃溝郡	
	부부리현 夫夫里縣	회미현澮尾縣	회미현澮尾縣				
	개화현皆火縣 (계발戒發)	부령현扶寧縣	부령현扶寧縣	부안현扶安縣	부안군 扶安郡	부안군 扶安郡	부안군扶安郡
모로비리국 牟盧卑離國	모량부리현 毛良夫里縣 (→무할無割)	고창현高敞縣	고창현高敞縣	고창현高敞縣	고창군 高敞郡	고창군 高敞郡	고창군高敞郡
	상노현上老縣 (→좌노佐魯)	장사현長沙縣	장사현長沙縣	무장현茂長縣	무장군 茂長郡		
	송미지현 松彌知縣	무송현茂松縣	무송현茂松縣				
	상칠현上漆縣 (→좌찬佐贊)	상질현尙質縣	상질현尙質縣	흥덕현興德縣	흥덕군 興德郡		

(2) 전라남도

삼한	삼국	통일신라	고려	조선	대한제국	1945년	현재
	노지奴只 (무진주 武珍州)(→무진도독부武珍都督府)	무주武州	해양현海陽縣	광주목光州牧 (무진군 武珍郡)	광주군 光州郡	광주부 光州府 광산군 光山郡	광주광역시 光州廣域市
	무시이군 武尸伊郡 (→모지牟支)	무령군武靈郡	영광군靈光郡	영광군靈光郡	영광군 靈光郡	영광군 靈光郡	영광군靈光郡
	아노현阿老縣	갈도현碣島縣	능창현陵昌縣				
	고록지현	염해현鹽海縣	염해현鹽海縣				

삼한	삼국	통일신라	고려	조선	대한제국	1945년	현재
	古祿只縣						
	소비혜현 所非兮縣	임계현林溪縣	임계현林溪縣				
	물아혜군 勿阿兮郡	무안군務安郡	무안현務安縣	무안현務安縣	무안군 務安郡	목포부 木浦府	목포시木浦市 무안군務安郡
					지도군 智島郡	무안군 務安郡	
	굴내현屈乃縣 (→군라軍那)	함풍현咸豊縣	함풍현咸豊縣	함풍현咸豊縣	함평군 咸平郡	함평군 咸平郡	함평군咸平郡 신안군新安郡
	부지현夫只縣 (→다지多只)	다기현多岐縣	모평현牟平縣				
	도제현道際縣 (음해陰海 · 대봉大峰)	해제현海際縣	해제현海際縣				
불미(지)국 不彌(支)國	발나군發羅郡 · 통의군通義郡(→대방주帶方州)	금산군錦山郡 (금성錦城)	나주羅州	나주목羅州牧	나주군 羅州郡	나주군 羅州郡	나주시羅州市
	복룡현伏龍縣 (배룡盃龍)	용산현龍山縣	복룡현伏龍縣				
	두힐현豆肹縣 (→죽군竹軍)	회진현會津縣	회진현會津縣				
	수천현水川縣 (수입이 水入伊)	여황현艅艎縣					
			흑산현黑山縣				
			영산현榮山縣				
	반내부리현 半奈夫里縣 (→반나半那)	반남군潘南郡	반남현潘南縣				
	아노곡현 阿老谷縣	야노현野老縣	안노현安老縣				
	아차산현 阿次山縣	압해군壓海郡	압해군壓海郡				
	거지산현	안피현安波縣	장산현長山縣				

삼한	삼국	통일신라	고려	조선	대한제국	1945년	현재
	居知山縣 (굴지산 屈支山)						
	미동부리현 未冬夫里縣	현웅현玄雄縣	남평군南平郡	남평현南平縣	남평군 南平郡		
	실어산현 實於山縣	철치현鐵治縣	철치현鐵治縣				
	굴지현屈支縣	기양현祈陽縣	창평현昌平縣	창평현昌平縣	창평군 昌平縣	담양군 潭陽郡	담양군潭陽郡
			갑향현甲鄕縣				
	추자혜군 秋子兮郡 (→고서皐西)	추성군秋成郡	담양군潭陽郡	담양부潭陽府	담양군 潭陽郡		
	율지현栗支縣	율원현栗原縣	원율현原栗縣				
	고시이현 古尸伊縣 (→사반주 沙半州)	갑성군岬城郡	장성군長城郡	장성현(부) 長城縣(府)	장성군 長城郡	장성군 長城郡	장성군長城郡
구사오단국 臼斯烏旦國	구사진혜현 丘斯珍兮縣 (→귀차貴且)	진원현珍原縣	진원현珍原縣				
	과지현菓支縣 (과지果支)	옥과현玉菓縣	옥과현玉果縣	옥과현玉果縣	옥과군 玉果郡	곡성군 谷城郡	곡성군谷城郡
	욕내군慾乃郡	곡성군谷城郡	곡성군谷城郡	곡성현谷城縣	곡성군 谷城郡		
	구차례현 仇次禮縣	구례현求禮縣	구례현求禮縣	구례현求禮縣	구례군 求禮郡	구례군 求禮郡	구례군求禮郡
	마로현馬老縣	희양현晞陽縣 (희양曦陽)	광양현光陽縣	광양현光陽縣	광양군 光陽郡	광양군 光陽郡	광양시光陽市
	삽평군歃平郡 (사평沙平)	승평군昇平郡	순천부順天府	순천부順天府	순천군 順天郡	순천군 順天郡	순천시順天市
	둔지현遁支縣	부유현富有縣	부유현富有縣				
	분차군分嵯郡 (파지성波知城)(→분차주 分嵯州)	분령군分嶺郡	낙안군樂安郡	낙안군樂安郡	낙안군 樂安郡		

삼한	삼국	통일신라	고려	조선	대한제국	1945년	현재
			고흥현高興縣	흥양현興陽縣 (고흥高興)	흥양군 興陽郡	고흥군 高興郡	고흥군高興郡
	조조례현 助助禮縣	충렬현忠烈縣	남양현南陽縣				
	비사현比史縣	백주현栢舟縣	태강현泰江縣				
	죽군현竹軍縣	죽군현竹軍縣	두원현荳原縣				
			풍안현豊安縣				
			도화현道化縣				
			도양현道陽縣				
	오차현烏次縣	오아현烏兒縣	장흥부長興府	장흥부長興府	장흥군 長興郡	장흥군 長興郡	장흥군長興郡
	고마미지현 古馬彌知縣	마읍현馬邑縣	수녕현遂寧縣				
	계천현季川縣	계수현季水縣	장택현長澤縣				
	마사량현 馬斯良縣 (→귀화歸化)	벌노현伐勞縣	회령현會寧縣				
	복홀군伏忽郡	보성군寶城郡	보성군寶城郡	보성군寶城郡	보성군 寶城郡	보성군 寶城郡	보성군寶城郡
	파부리현 波夫里縣	부리현富里縣	복성현福城縣				
	동노현冬老縣	조양현兆陽縣	조양현兆陽縣				
	두부지현 豆夫只縣	동복현同福縣	동복현同福縣	동복현同福縣	동복군 同福郡	화순군 和順郡	화순군和順郡
			수촌현水村縣				
			압곡현鴨谷縣				
	잉리아현 仍利阿縣	여미현汝湄縣 (해빈海濱)	화순현和順縣	화순현和順縣	화순군 和順郡		
	이능부리현 爾陵夫里縣 (죽수부리 竹樹夫里 · 인부리仁夫里)	능성군綾城郡	능성현綾城縣	능성현綾城縣 (능주목 綾州牧)	능주군 綾州郡		
	동음현冬音縣	탐진현耽津縣	탐진현耽津縣	강진군康津郡	강진군 康津郡	강진군 康津郡	강진군康津郡
구해국 拘奚國	도무군道武郡	양무군陽武郡	도강현道康縣				
	월내군月奈郡	영암군靈巖郡	영암군靈巖郡	영암군靈巖郡	영암군	영암군	영암군靈巖郡

삼한	삼국	통일신라	고려	조선	대한제국	1945년	현재
					靈巖郡	靈巖郡	
	고미현古彌縣	곤미현昆湄縣	(진도현 珍島縣)				
	색금현塞琴縣	침명현浸溟縣 (몰빈沒濱)	해남현海南縣	해남군海南郡	해남군 海南郡	해남군 海南郡	해남군海南郡
	고서이현 古西伊縣	고안현固安縣 (동안同安)	죽산현竹山縣				
	황술현黃述縣	황원현黃原縣	황원군黃原郡				
			옥산현玉山縣				
			옥천현玉泉縣				
					완도군 莞島郡 (영암靈巖, 강진康津, 해남海南, 장흥長興의 여러 섬으로 신설)	완도군 莞島郡	완도군莞島郡
	인진도군 因珍島郡	진도군珍島郡	진도현珍島縣	진도군珍島郡	진도군 珍島郡	진도군 珍島郡	진도군珍島郡
	압산현押山縣 (→도산徒山)	뇌산군牢山郡	가흥현嘉興縣				
	매구리현 買仇里縣	첨탐현瞻耽縣	임회현臨淮縣				
	원촌현猿村縣	해읍현海邑縣	여수현麗水縣	여수현(군) 麗水縣(郡)	여수군 麗水郡	여수군 麗水郡	여수시麗水市
	돌산군突山郡	노산현盧山縣	돌산현突山縣		돌산군 突山郡		

6 | 경상도慶尙道

삼국

부족국가 형태의 상대 신라上代新羅가 경주 일대를 중심으로 웅거하였다. 서남쪽 낙동강에서 이산異山에 이르는 지역은 가야 제국伽倻諸國이 나누어 지배하다가 뒤에 신라의 영토로 병합하였다.

고려

왕건의 건국으로 고려 영토가 되었고 995년(성종 14) 관제 제정으로 전국이 10개의 도로 분할될 때 영남도嶺南道(경주를 중심으로 한 경상북도와 충주 일부), 영동도嶺東道(경주를 중심으로 한 경상남도 동남부 일대), 산남도山南道(진주를 중심으로 한 낙동강 서쪽 일대)로 분할한 뒤에 경상진주도慶尙晉州道, 경상주도慶尙州道, 진합주도晉陜州道, 경상진안상진안도慶尙晉安尙晉安道 등으로 불렀으나 명확한 도 구분 없이 이 지역 일대에 대한 통칭이었다. 1332년(충숙 1) 경상도로 호칭하였다.

조선

태조 초에 경상도로 호칭되고 좌우 도로 분할하였다. 1519년(중종 14) 다시 좌우 도로 분할(낙동강 동쪽을 우도右道, 서쪽을 좌도以西)되었으나 폐합하였다. 1592년(선조 25) 임진왜란으로 도로가 불통되자 좌우 도로 분할, 이듬해 속합 되었다. 1896년(건양 1) 다시 좌우 도로 분할 되었다가 남북 도로 분할되었다.

(1) 경상북도

삼한	삼국	통일신라	고려	조선	대한제국	1945년	현재
근기국 勤耆國	근오지현 斤烏支縣	임정현臨汀縣	연일현延日縣	연일현(군) 延日縣(郡)	연일군 延日郡		포항시浦項市
	지답현只沓縣	기립군鬐立郡	장기현長鬐縣	장기현(군) 長鬐縣(郡)	장기군 長鬐郡		
	아혜현阿兮縣	청하현淸河縣	청하현淸河縣	청하현(군) 淸河縣(郡)	청하군 淸河郡		
	퇴화군退火郡	의창군義昌郡	흥해군興海郡	흥해군興海郡	흥해군 興海郡		
진한辰韓의 6부촌 部村	서야벌徐耶伐	신라新羅	경주慶州	경주군慶州郡	경주군 慶州郡	경주군 慶州郡	경주시慶州市
	서형산군 西兄山郡	상성군商城郡	상성현商城縣				
	모혜현芼兮縣	기계현杞溪縣	기계현杞溪縣				
	동잉음현 東仍音縣	신광현神光縣	신광현神光縣				
	비화현比火縣	안강현安康縣	안강현安康縣				
	악지현惡支縣	약장현約章縣	약장현約章縣				
	생서량군	동안군東安郡					

삼한	삼국	통일신라	고려	조선	대한제국	1945년	현재
	生西郎郡						
	모화군毛火郡	임관군臨關郡					
		장진현長鎭縣	장진현長鎭縣				
주조마국 走漕馬國 · 감문국 甘文國	지품천현 知品川縣	지례현知禮縣	지례현知禮縣	지례현(군) 知禮縣(郡)	지례군 知禮郡	김천군 金泉郡	김천시金泉市
		금산현金山縣	금산현金山縣	금산군金山郡	금산군 金山郡		
	금물현今勿縣	어모현禦侮縣	어모현禦侮縣				
감문국 甘文國	감문군甘文郡	개녕군開寧郡	개녕군開寧郡	개녕현(군) 開寧縣(郡)	개녕군 開寧郡		
기저국 己柢國 · 불사국 不斯國	고타야군 古陀耶郡	고창군古昌郡	안동부安東府	안동부(군) 安東府(郡)	안동군 安東郡	안동군 安東郡	안동시安東市
			감천현甘泉縣				
		길안부곡 吉安部曲	길안현吉安縣				
		퇴곶부곡 退串部曲	내성현柰城縣				
	구령현駒令縣 · 소라현 召羅縣	가야향加也鄕	춘양현春陽縣				
		덕산부곡 德山部曲	재산현才山縣				
	일직현一直縣	직녕현直寧縣	일직현一直縣				
	열혜현熱兮縣	일계현日谿縣					
	하지현下枝縣	영안현永安縣	풍산현豊山縣				
	매곡현買谷縣	선곡현善谷縣	예안군禮安郡	예안현(군) 禮安縣(郡)	예안군 禮安郡		
		지도부곡 (知道部曲)	의인현宜仁縣				
진한辰韓에 예속	일선군一善郡	숭선군嵩善郡	일선현一善縣	선산군善山郡	선산군 善山郡	선산군 善山郡	구미시龜尾市
		병정군竝井郡	해평현海平縣				
	이대지현	급산군岌山郡	흥주興州	순흥군順興郡	순흥군	영주군	영주시榮州市

삼한	삼국	통일신라	고려	조선	대한제국	1945년	현재
	伊代只縣				順興郡	榮州郡	
	이벌지현 伊伐只縣	인풍현隣豊縣		기주현(군) 基州縣(郡)	풍기군 豊基郡		
기저국 己柢國		기목진基木鎭	기주현基州縣				
	적아현赤牙縣	은정현殷正縣	은풍현殷豊縣				
	내기군柰己郡	내영군柰靈郡	순안현順安縣	영주군榮州郡	영주군 榮州郡		
	사정화현 史丁火縣	신령현新寧縣	신령현新寧縣	신령현(군) 新寧縣(郡)	신령군 新寧郡	영천군 永川郡	영천시永川市
	매열차현 買熱次縣	면백현面白縣					
		(이지은소 梨旨銀所)	이지현梨旨縣				
	절야화현 切也火縣	임고군 臨皐郡	영천永川	영천군永川郡	영천군 永川郡		
	도동화현 道同火縣	도동현道同縣					
골벌국 骨伐國 (골화국 骨火國)	골화현骨火縣	임천현臨川縣					
	추량화현 推良火縣	현효현玄驍縣	현풍현玄豊縣	현풍현玄風縣	현풍군 玄風郡	대구부 大邱府	대구광역시 大邱廣域市
	달구화현 達句火縣 (달불성 達弗城)	대구현大丘縣	대구현大丘縣	대구군大邱郡	대구군 大邱郡	달성군 達城郡	달성군達城郡
	위화군喟火郡	수창군壽昌郡	수창군壽昌郡				
	다사지현 多斯只縣	하빈현河濱縣	하빈현河濱縣				
	설화현舌火縣	화원현花園縣	화원현花園縣				
	상화촌현 上火村縣	풍각현豊角縣	풍각현豊角縣				
	치성화현	해안현解顔縣					

삼한	삼국	통일신라	고려	조선	대한제국	1945년	현재
	雉省火縣						
			의흥현義興縣	의흥현(군)	의흥군	군위군	군위군軍威郡
		부림현缶林縣	부계현缶溪縣	義興縣(郡)	義興郡	軍威郡	
	노동멱현	군위현軍威縣	군위현軍威縣	군위현(군)	군위군		
	奴同覓縣			軍威縣(郡)	軍威郡		
	모혜현芼兮縣	효령현孝靈縣	효령현孝靈縣				
	아화옥현	비옥현比屋縣	비옥현比屋縣	비안현(군)	비안군	의성군	의성군義城郡
	阿火屋縣			比安縣(郡)	比安郡	義城郡	
소문국	태문군台文郡	문소군聞韶郡	의성군義城郡	의성현(군)	의성군		
召文國				義城縣(郡)	義城郡		
	구화현仇火縣	고구현高丘縣					
	칠파화현	진보현眞寶縣	보성부甫城府	진보현(군)	진보군	청송군	청송군靑松郡
	漆巴火縣			眞寶縣(郡)	眞寶郡	靑松郡	
	조람현助攬縣	진안현鎭安縣					
	청기현靑己縣	적선현積善縣	청부현靑鳧縣	청송군靑松郡	청송군		
			송생현松生縣		靑松郡		
	병화혜현	녹무현綠武縣	안덕현安德縣				
	併火兮縣						
		고은현古隱縣	영양군英陽郡	영양현(군)	영양군	영양군	영양군英陽郡
			청기현靑杞縣	英陽縣(郡)	英陽郡	英陽郡	
	우시군于尸郡	유린군有隣郡	예주禮州	영해군寧海郡	영해군	영덕군	영덕군盈德郡
					寧海郡	盈德郡	
	야시홀현	야성군野城郡	영덕현盈德縣	영덕현(군)	영덕군		
	也尸忽縣			盈德縣(郡)	盈德郡		
압량국	압량군押梁郡	장산군獐山郡	장산군獐山郡	경산현(군)	경산군	경산군	경산시慶山市
押梁國				慶山縣(郡)	慶山郡	慶山郡	
	노사화현	자인현慈仁縣	자인현慈仁縣	자인현(군)	자인군		
	奴斯火縣			慈仁縣(郡)	慈仁郡		
	마진량현	여량현餘粮縣	(구사부곡				
	麻珍良縣		仇史部曲)				
			하양현河陽縣	하양현(군)	하양군		
				河陽縣(郡)	河陽郡		
이서국	오야산현	오악현烏嶽縣	청도군靑道郡	청도군靑道郡	청도군	청도군	청도군靑道郡
伊西國	烏也山縣				靑道郡	靑道郡	
	경산현驚山縣	형산현荊山縣					

삼한	삼국	통일신라	고려	조선	대한제국	1945년	현재
	솔이산현 率伊山縣	소산현蘇山縣					
	구도성仇刀城	오악현烏嶽縣					
대가야 大加倻	대가야군 大加倻郡	고령군高靈郡	고령현高靈縣	고령현(군) 高靈縣(郡)	고령군高靈郡	고령군 高靈郡	고령군高靈郡
	가시혜현 加尸兮縣	신복현新復縣					
벽진가야 碧珍伽倻	벽진군碧珍郡 (본피本彼)	신안현新安縣	경산부京山府	성주군星州郡	성주군 星州郡	성주군 星州郡	성주군星州郡
	적산현狄山縣	도산현都山縣					
	이이현二利縣	성산군星山郡	가리현加利縣				
	사동화현 斯同火縣	수동현壽同縣	인동현仁同縣	인동현仁同縣	인동군 仁同郡	칠곡군 漆谷郡	칠곡군漆谷郡
	대목현大木縣	계자현谿子縣	약목현若木縣				
	팔거리현 八居里縣	팔리현八里縣	팔거현八莒縣	칠곡현(군) 漆谷縣(郡)	칠곡군 漆谷郡		
사벌국 沙伐國	사벌주沙伐州	상주尙州	상주尙州	상주군尙州郡	상주군 尙州郡	상주군 尙州郡	상주시尙州市
	내미지현 乃彌知縣	화창현化昌縣					
	음리화현 音里火縣	청효현靑驍縣	청리현靑里縣				
		대정부곡 大井部曲	공성현功成縣				
		임하촌林下村	영순현永順縣				
	답달비군 答達匕郡	화녕군化寧郡	화녕군化寧郡				
	도량현刀良縣	도안현道安縣	중모현中牟縣				
	근품현近品縣	가유현嘉猷縣	산양현山陽縣				
	무동미지현 武冬彌知縣	단밀현單密縣	단밀현單密縣				
고령가야 古寧伽倻	고동람군 古冬攬郡	고령군古寧郡	함창군咸昌郡	함창현(군) 咸昌縣(郡)	함창군 咸昌郡		
근기국 勤耆國	관문현冠文縣	관산현冠山縣	문경군聞慶郡	문경현(군) 聞慶縣(郡)	문경군 聞慶郡	문경군 聞慶郡	문경시聞慶市

삼한	삼국	통일신라	고려	조선	대한제국	1945년	현재
	가해현加害縣	가선현嘉善縣	가은현加恩縣				
	호측현虎側縣	호계현虎溪縣	호계현虎溪縣				
		축산竺山	용궁군龍宮郡	용궁현龍宮縣	용궁군 龍宮郡	예천군 醴泉郡	예천군醴泉郡
	수주현水酒縣	예천군醴泉郡	기양현基陽縣	예천군醴泉郡	예천군 醴泉郡		
	난산현蘭山縣	안인현安仁縣					
	달기현達己縣	다인현多仁縣	다인현多仁縣				
기저국 己柢國	고사마현 古斯馬縣	옥마현玉馬縣	봉화현奉化縣	봉화현(군) 奉化縣(郡)	봉화군 奉化郡	봉화군 奉化郡	봉화군奉化郡
무릉武陵·우릉羽陵·우릉芋陵·우산국于山國				울릉도鬱陵島	울릉도 鬱陵島	울도鬱島	울릉도鬱陵島
							울진군蔚珍郡 (1963년 강원도에서 편입)

(2) 경상남도

삼한	삼국	통일신라	고려	조선	대한제국	1945년	현재
	거칠산국 居漆山國 (화증현 火甑縣)	동래군東萊郡 (동평현 東平縣)	동래군東萊郡	동래군東萊郡	동래부 東萊府	부산부 釜山府	부산광역시 釜山廣域市
			동평현東平縣		동래군 東萊郡	동래군 東萊郡	양산시梁山市
	삽량주歃良州	양주良州	양주梁州	양산군梁山郡	양산군 梁山郡	양산군 梁山郡	
	웅지현熊只縣	웅신현熊神縣 (완포莞浦)	웅신현熊神縣 완포현莞浦縣	웅천현熊川縣	웅천군 熊川郡	마산부 馬山府	마산시馬山市 진해시鎭海市
			진해현鎭海縣	진해현(군) 鎭海縣(郡)	진해군 鎭海郡	창원군 昌原郡	창원시昌原市
	굴백군屈白郡	의안군義安郡	의안군義安郡	창원군昌原郡	창원군 昌原郡		
골포국	골포현骨浦縣	합포현合浦縣	합포현合浦縣				

삼한	삼국	통일신라	고려	조선	대한제국	1945년	현재
骨浦國							
			(견내량 見乃梁)	진남군鎭南郡	진남군 鎭南郡		
진한辰韓에 예속	굴아화현 屈阿火縣	하곡현河曲縣	울주蔚州	울산군蔚山郡	울산군 蔚山郡	울산군 蔚山郡	울산광역시 蔚山廣域市
	율목포栗木浦	동진현東津縣					
	우화현于火縣	우양현虞陽縣					
	거지화현 居知火縣	헌양현巘陽縣	헌양현巘陽縣	언양현(군) 彦陽縣(郡)	언양군 彦陽郡		
고령가야 古寧伽倻	거열주居烈州	강주康州	진주晋州	진주군晋州郡	진주군 晋州郡	진주부 晋州府	진주시晋州市
		걸촌현屈村縣				진양군 晋陽郡	
		반성현班城縣	반성현班城縣				
		(유질부곡 有疾部曲)	참선현彰善縣				
	일선현一善縣	상선현尙善縣	영선현永善縣				
고자국 古自國 (고차국 古嵯國)	상부裳部	거제군巨濟郡	거제현巨濟縣	거제현(군) 巨濟縣(郡)	거제군 巨濟郡	통영군 統營郡	거제시巨濟市 통영시統營市
	송변현松邊縣	남수현南垂縣	송변현松邊縣		용남군 龍南郡		
	거로현巨老縣	아주현鵝洲縣	아주현(군) 鵝洲縣(郡)				
	매진이현 買珍伊縣	명진현溟珍縣	명진현溟珍縣				
고자미동국 古資彌凍國	사물현史勿縣	사수현史水縣	사주泗州	사천현(군) 泗川縣(郡)	사천군 泗川郡	사천군 泗川郡	사천시泗川市
			곤명현昆明縣	곤남군昆南郡	곤남군 昆南郡		
		하읍현河邑縣					
		성량현省良縣					
구사국 狗耶國	금관군金官郡	금해소경 金海小京	금주金州	김해군金海郡	김해군 金海郡	김해군 金海郡	김해시金海市
	장함현獐含縣	의령현宜寧縣	의령현宜寧縣	의령현(군) 宜寧縣(郡)	의령군 宜寧郡	의령군 宜寧郡	의령군宜寧郡

삼한	삼국	통일신라	고려	조선	대한제국	1945년	현재
	주오촌朱烏村	신이현辛尒縣	신번현新繁縣				
아라가야 阿羅伽倻	칠토현漆吐縣	칠제현漆隄縣	칠원현漆原縣	칠원현(군) 漆原縣(郡)	칠원군 漆原郡	함안군 咸安郡	함안군咸安郡
		성법부곡 省法部曲	귀산현龜山縣				
아시량국 阿尸良國	아시촌阿尸村	함안군咸安郡	함안군咸安郡	함안군咸安郡	함안군 咸安郡		
	소현召縣	현무현玄武縣					
불사국 不斯國	서화현西火縣	상약현尙藥縣	영산현靈山縣	영산현(군) 靈山縣(郡)	영산군 靈山郡	창녕군 昌寧郡	창녕군昌寧郡
			계성현桂城縣				
	비자화군 比自火郡	화왕군火王郡	창녕군昌寧郡	창녕군昌寧郡	창녕군 昌寧郡		
변한弁韓의 땅, 가락국 駕洛國에 예속	추화군推火郡	밀성군密城郡	밀성군密城郡	밀양군密陽郡	밀양군 密陽郡	밀양군 密陽郡	밀양시密陽市
		수산부곡 守山部曲	수산현守山縣				
	추포현推浦縣	밀진현密津縣					
고자미동국 古資彌凍國 · 소가야 小伽倻	고자군古自郡	고성군固城郡	고성현固城縣	고성현(군) 固城縣(郡)	고성군 固城郡	고성군 固城郡	고성군固城郡
	문화량현 蚊化良縣						
	전야산군 轉也山郡	남해군南海郡	남해군南海郡	남해군南海郡	남해군 南海郡	남해군 南海郡	남해군南海郡
	내포현內浦縣	난포현蘭浦縣	난포현蘭浦縣				
	평서산현 平西山縣	평산현平山縣	평산현平山縣				
	한다사군 韓多沙郡	하동군河東郡	하동군河東郡	하동현(군) 河東縣(郡)	하동군 河東郡	하동군 河東郡	하동군河東郡
낙노국	다소사현	악양현嶽陽縣					

삼한	삼국	통일신라	고려	조선	대한제국	1945년	현재
樂奴國	多少沙縣						
		화개현花開縣					
	궐지현闕支縣	궐성현闕城縣	강성현江城縣	진성현(군)	진성군	산청군	산청군山靑郡
	적촌현赤村縣	단읍현丹邑縣	단읍현丹邑縣	珍城縣(郡)	珍城郡	山靑郡	
	지품천현 知品川縣	산음현山陰縣	산음현山陰縣	산음현(군) 山陰縣(郡)	산음군 山陰郡		
변한국 弁韓國에 예속	속함현速含縣	천영군天嶺郡	함양현含陽縣	함양군咸陽郡	함양군 咸陽郡	함양군 咸陽郡	함양군咸陽郡
	마리현馬利縣	이안현利安縣	이안현利安縣	안음현(군) 安陰縣(郡)	안음군 安陰郡		
	남내현南內縣	여선현餘善縣	감음현感陰縣				
	거열군居烈郡	거창군居昌郡	거창군居昌郡	거창군居昌郡	거창군 居昌郡	거창군 居昌郡	거창군居昌郡
	가소현加召縣	함음현咸陰縣	가조현加祚縣				
다라국 多羅國 · 초팔국 草八國	대양주군 大良州郡	강양군江陽郡	합주陜州	합천군陜川郡	합천군 陜川郡	합천군 陜川郡	합천군陜川郡
산반해국 散半奚國	적화현赤火縣	치로현治爐縣	치로현治爐縣				
초팔국 草八國	초팔혜현 草八兮縣	팔계현八谿縣	초계현草谿縣	초계군草谿郡	초계군 草谿郡		
	가주화현 加主火縣	가수현嘉壽縣	가수현嘉壽縣	삼가현(군) 三嘉縣(郡)	삼가군 三嘉郡		
	삼기현三岐縣	삼기현三岐縣	삼기현三岐縣				

7 | 제주도濟州道

삼국

본래 탐라국耽羅國(탐모라耽牟羅 · 둔라屯羅)은 해상의 유우민流寓民으로 이루어졌는데 『고려사』高麗史 지리지에 따르면 신라 때에 고을나의 후손들이 신라에 내조來朝하여 왕이 각각 성주星主, 왕자王子, 도내都內의 호를 주고 국호를 탐라라 칭하게 하였다고 한다. 그 후 백제의 동성왕東城王에게 공물을 바치지 않아 498년(동성 20) 공략하려 하였더니 사신을 보내 사죄하였다고 하며 이후부터 백제에 예속된 것으로 보인다.

고려

1105년(숙종 10)에 탐라국이라고 개칭하여 고려의 군현郡縣이 되었다. 의종 때에 강등되어 현령관縣令官이 되었으나 이후부터는 점차 자치적인 지역에서 직할시로 변해갔다. 1279년(충렬왕 5)에 원은 처음으로 제주도에 목마장牧馬場을 설치하였으며 1284년(충렬왕 10)에 군민안무사軍民安撫司라 개칭하여 몽고의 직할시로 만들었다가 1294년에 원에 요청하여 탐라를 반환받고 제주濟州라 개칭하였다.

조선

1402년(태종 2)에 성주 고봉례高鳳禮와 왕자 문충세文忠世가 와서 성주와 왕자의 칭호가 분에 넘친다고 하여 성주를 좌도지관左道知管, 왕자를 우도지관右道知管이라 고쳤다. 1466년(세조 12)에는 목사로 고치고 진鎭을 설치하였으나 1905년(광무 9)에 목사의 제도를 폐지하고 군수를 두었다.

(1914년 3월 대정 · 정의의 2군을 폐하고 제주군에 병합할 때 추자도楸子道를 완도군莞島郡으로부터 제주군에 편입하였다. 1930년 12월에는 제주면을 읍으로 승격하고 1946년 8월 15일 전라남도로부터 분리해서 도道로 승격하였으며, 1955년 9월에는 북제주군에서 제주읍을 제주시로 승격했다.)

삼한	삼국	통일신라	고려	조선	대한제국	1945년	현재
		탐라국耽羅國	탐라국耽羅國				제주도濟州道 (1946년 8월 전라남도 제주군이 승격) 제주시濟州市 서귀포시 西歸浦市
			귀덕현歸德縣				
			매일현買日縣				
			고내현高內縣				
			애월현涯月縣				
			곽지현郭支縣				
			명월현明月縣				
			신촌현新村縣				
			함덕현咸德縣				
			금녕현金寧縣				
			토산현兎山縣	정의현旌義縣	정의군 旌義郡		
			호아현狐兒縣				
			홍로현洪爐縣				
			예래현猊來縣	대정현大靜縣	대정군 大靜郡		

8 | 평안도平安道

삼국

본래 단군이 평양성平壤城에 도읍을 정하고 고조선을 건국한 곳으로서, 위씨조선衛氏朝鮮이 차지했다가 뒤에 한사군漢四郡이 되어 한의 속령이 되었다. 313년 고구려 영토가 되고 이후 그 중심지로 등장하였다. 뒤에 나당 연합군에 의해 고구려가 망하자 당이 속령으로 되었다가 신라에 의해 수복되었으나 평안북도는 대부분 야인들이 점거하였다. 그 후 후삼국 시대에 태봉의 영토가 되었다.

고려

왕건의 건국으로 고구려의 영토가 되었으나 평안북도의 대부분을 잃고, 995년(성종 14) 관제를 제정할 때 패서浿西로 호칭되었다. 말기에 점차 잃어버린 영토를 수복하였다.

조선

태종 때 평안도로 호칭(건양 1)하고 남북 도로 분할하였다.

(1) 평안북도

삼한	삼국	통일신라	고려	조선	대한제국	1945년	현재
		(서경西京 압록부鴨綠付에 속함)	박주博州 (박주군博州郡에 속함)	박주군博州郡	박주군 博州郡	박주군 博州郡	박천군博川郡
			가주嘉州 (신도군 信都郡)	가산군嘉山郡	가산군 嘉山郡		
			수주隋州	정주군定州郡	정주군 定州郡	정주군 定州郡	정주군定州郡
			곽주郭州 (장이현 長利縣)	곽산군郭山郡	곽산군 郭山郡		
			태주泰州 (광화현 光化縣)	태주군泰州郡	태주군 泰州郡	태주군 泰州郡	태천군泰川郡
			구주龜州	구성군龜城郡	구성군 龜城郡	구성군 龜城郡	구성군龜城郡

삼한	삼국	통일신라	고려	조선	대한제국	1945년	현재
			안의현安義縣				
			선주宣州 (통주通州)	선천군(부) 宣川郡(府)	선천군 宣川郡	선천군 宣川郡	선천군宣川郡
			철주鐵州	철산군鐵山郡	철산군 鐵山郡	철산군 鐵山郡	철산군鐵山郡
			용주龍州	용천군(부) 龍川郡(府)	용천군 龍川郡	용천군 龍川郡	용천군龍川郡
			유등정현 柳井等縣				
			의주義州 (용만현 龍灣縣 · 화의和義)	의주목義州牧	의주군 義州郡	의주군 義州郡 신의주부 新義州府	의주군 義州郡 신의주시 新義州市
			정주靜州				
			인주麟州 (사인현 舍仁縣)				
			영주靈州				
			위원진威遠鎭				
			영덕진寧德鎭				
			정융진定戎鎭				
			영삭진寧朔鎭				
			삭주朔州	삭주부朔州付	삭주군 朔州郡	삭주군 朔州郡	삭주군朔州郡
			창주昌州	창성군(부) 昌城郡(府)	창성군 昌城郡	창성군 昌城郡	창성군昌城郡
			이성부泥城府				
			음동陰潼	벽동군碧潼郡	벽동군 碧潼郡	벽동군 碧潼郡	벽동군碧潼郡
			벽단碧團				
			두목리豆木里	이산군(부) 理山郡(府) (초산부 楚山府)	초산군 楚山郡	초산군 楚山郡	초산군楚山郡
			이산군理山郡	위원군渭原郡	위원군	위원군	위원군渭原郡

삼한	삼국	통일신라	고려	조선	대한제국	1945년	현재
			(도계보 都溪堡)		渭原郡	渭原郡	
				자성군慈城郡	자성군 慈城郡	자성군 慈城郡	자성군慈城郡
				무창군茂昌郡	후창군 厚昌郡	후창군 厚昌郡	후창군厚昌郡
			강계부江界府	강계부江界府	강계군 江界郡	강계군 江界郡	강계시江界市
			희주熙州 (청새진 淸塞鎭 · 위주威州)	희천군熙川郡	희천군 熙川郡	희천군 熙川郡	희천시熙川市
			운주雲州 (운중雲中)	운산군雲山郡	운산군 雲山郡	운산군 雲山郡	운산군雲山郡
			연산부延山府	영변부寧邊府 (연산부 延山府)	영변군 寧邊郡	영변군 寧邊郡	영변군寧邊郡
			무주撫州				
			위주渭州				

(2) 평안남도

삼한	삼국	통일신라	고려	조선	대한제국	1945년	현재
	평양성 平壤城	(서경西京 압록부府鴨綠 에 속함 : 이하 같음)	서경西京 · 평양부平壤府	평양부平壤府	평양군 平壤郡	평양부 平壤府 대동군 大同郡	평양직할시 平壤直轄市
			강서현江西縣	강서현江西縣	강서군 江西郡	강서군 江西郡	남포특급시 南浦特級市
			함종현咸從縣	함종현(부) 咸從縣(府)	함종군 咸從郡		
				증산현甑山縣	증산군 甑山郡		
			용강현龍岡縣	용강현龍岡縣	용강군 龍岡郡	진남포부 鎭南浦府	

삼한	삼국	통일신라	고려	조선	대한제국	1945년	현재
					용강군 龍岡郡		
			삼화현三和縣	삼화현三和縣	삼화군 三和郡		
			순화현順和縣	순안현順安縣	순안현 順安縣	평원군 平原郡	평원군平原郡
			영청현永淸縣	영유현永柔縣 (영녕현 永寧縣)	영유군 永柔郡		
			평로진平虜鎭				
			통해현通海縣				
			숙주肅州 (평원부 平原部 · 통덕진 通德鎭)	숙천부肅川府	숙천부 肅川府		
			자주慈州 (대안주 大安州)	자산군慈山郡	자산군 慈山郡	순천군 順川郡	순천시順川市
			은주殷州 (흥덕군 興德郡)	은산현(부) 殷山縣(府)	은산군 殷山郡		
			장흥진長興鎭				
			귀화진歸化鎭				
			순주順州 (정융군 靜戎郡)	순천군順川郡	순천군 順川郡		
			안주安州 (안북도호부 安北道護府 · 영주寧州)	안주목安州牧	안주군 安州郡	안주군 安州郡	안주군安州郡
			안융진安戎鎭 (안인진 安仁鎭)				
			개주价州	개천군价川郡	개천군	개천군	개천시价川市

삼한	삼국	통일신라	고려	조선	대한제국	1945년	현재
			(안수진 安水鎭 · 조양진 朝陽鎭 · 연주連州)		价川郡	价川郡	
			덕주德州 (요원군 遼原郡 · 장덕진 張德震)	덕천군德川郡	덕천군 德川郡	덕천군 德川郡	덕천시德川市
			영원진寧遠鎭	영원군寧遠郡	영원군 寧遠郡	영원군 寧遠郡	영원군寧遠郡
			맹주孟州 (철옹현 鐵甕縣)	맹산현孟山縣	맹산군 孟山郡	맹산군 孟山郡	맹산군孟山郡
			양암진陽巖鎭	양덕현陽德縣	양덕군 陽德郡	양덕군 陽德郡	양덕군陽德郡
			수덕진樹德震				
			성주成州 (강덕剛德)	성천부成川府	성천군 成川郡	성천군 成川郡	성천군成川郡
			강동현江東縣	강동현江東縣	강동군 江東郡	강동군 江東郡	강동군江東郡
			삼등현三登縣	삼등현三登縣	삼등군 三登郡		
	식달현息達縣	토산현土山縣	토산현土山縣 (상원군 祥原郡)	상원군祥原郡	상원군 祥原郡	중화군 中和郡	중화군中和郡
	가화압加火押	당악현唐嶽縣	중화현中和縣	중화군(부) 中和郡(府)	중화군 中和郡		
	부사파夫斯波	송현현松峴縣					

9 | **함경도**咸鏡道

삼국

고대 동부여東扶餘의 요지로서 뒤에 고구려의 영토가 되었다.

고려

1107년(예종 3)에 윤관尹瓘의 여진 토벌로 6성六城이 설치되고 야인을 추방한 뒤에 6성을 돌려보내면서 말기까지 원나라의 쌍성총관부雙城摠管府가 설치되어 그 속령이 되었으나, 공민왕 때 완전히 수복하였다.

조선

1413년(태종 13)에 영길도永吉道로 호칭하였고 1416년에 함길도咸吉道로, 1470년(성종 10)에 영안도永安道로 개칭하였다. 1509년(중종 4) 함경도가 되고 고종 때 남북 도로 분할이 확정되었다. 군사상 두만강 일대 등 북방 경계의 방비를 전담하는 북도 병마절도사兵馬節度使, 그 이남의 관할 구역을 맡은 남도 병마절도사가 있었으나 행정상 구획과는 무관하다.

(1) 함경북도

삼한	삼국	통일신라	고려	조선	대한제국	1945년	현재
				부령군富寧郡 부거현富居縣	부령군 富寧郡	청진부 清津府 부령군 富寧郡	부령군 富寧郡
				경흥군慶興郡	경흥부 慶興府	경흥군 慶興郡	은덕군恩德郡
				명천군明川郡	명천군 明川郡	명천군 明川郡	명천군明川郡
				회령군會寧郡	회령군 會寧郡	나진부 羅進府 회령군 會寧郡	회령시會寧市
				종성군鍾城郡	종성군 鍾城郡	종성군 鍾城郡	종성군鍾城郡
				경성군鏡城郡	경성군 鏡城郡	경성군 鏡城郡	경성군鏡城郡
		발해渤海 남경南京 (해부海府에 속함)	길주吉州	길주군吉州郡	길주군 吉州郡	길주군 吉州郡 성진군 城津郡	길주군吉州郡
			영주英州				
			웅주雄州				
			선화진宣化鎭				

삼한	삼국	통일신라	고려	조선	대한제국	1945년	현재
			통태진通泰鎭				
			평융진平戎鎭				
			숭녕진崇寧鎭				
			진양진眞陽鎭				
			공험진公嶮鎭				
				경원군慶源郡	경원군 慶源郡	경원군 慶源郡	새별군
				온성군穩城郡	온성군 穩城郡	온성군 穩城郡	온성군穩城郡
				무산군茂山郡	무산군 茂山郡	무산군 茂山郡	무산군茂山郡

(2) 함경남도

삼한	삼국	통일신라	고려	조선	대한제국	1945년	현재
	천정군泉井郡	정천현井泉縣	의주宜州	덕원군德源郡	원산부 元山府 덕원부 德源府	원산부 元山府	원산시元山市
	매시달현 買尸達縣	산산현蒜山縣					
	동허현東墟縣	유거현幽居縣					
	부사달현 夫斯達縣	송산현松山縣					
		진명현鎭溟縣					
		용진현龍津縣					
			함주咸州	함흥부(군) 咸興府(郡)	함흥군 咸興郡	함흥부 咸興府 흥남부 興南府 함주군 咸州郡	함흥시咸興市
			덕주德州				
			고주高州	고원군高原郡	고원군 高原郡	고원군 高原郡	고원군高原郡
			애수진隘守鎭				
			홍헌진洪獻鎭	홍원군洪原郡	홍원군	홍원군	홍원군洪原郡

삼한	삼국	통일신라	고려	조선	대한제국	1945년	현재
					洪原郡	洪原郡	
			북청주北靑州	북청부(군) 北靑府(郡)	북청군 北靑郡	북청군 北靑郡	북청군北靑郡
				신흥군新興郡	신흥군 新興郡	신흥군 新興郡	신흥군新興郡
				풍산군豊山郡	풍산군 豊山郡	풍산군 豊山郡	풍산군豊山郡
	비열홀比列忽	삭정군朔庭郡	등주登州	안변부(군) 安邊府(郡)	안변군 安邊郡	안변군 安邊郡	안변군安邊郡
	원곡현原谷縣	서곡현瑞谷縣	서곡현瑞谷縣				
	가지달현 加支達縣	청산현菁山縣	문산현汶山縣				
	어지탄현 於支呑縣	익계현翊溪縣	익곡현翼谷縣				
			위산현衛山縣				
	살한현薩寒縣	상한현霜寒縣	상음현霜陰縣				
			복영현福靈縣				
	기연현岐淵縣	파천현派川縣	파천현派川縣				
	곡포현鵠浦縣	곡포현鵠浦縣	학포현鶴浦縣				
			영풍현永豊縣				
		발해渤海 남경南京 남해부南海府 에 속함	문주文州	문천군文川郡	문천군 文川郡	문천군 文川郡	문천시文川市
			운림진雲林鎭				
	장령진長嶺鎭		화산和山	영흥부(군) 永興府(郡)	영흥군 永興郡	영흥군 永興郡	금야군金野郡
			장평진長平鎭				
			요덕진耀德鎭				
			영인진寧仁鎭				
			정변진靜邊鎭				
			영흥진永興鎭				
			정주定州	정평군定平郡	정평군 定平郡	정평군 定平郡	정평군定平郡
			예주預州				
			장주長州				
			원흥진元興鎭				
				이원군利原郡	이원군	이원군	이원군利原郡

삼한	삼국	통일신라	고려	조선	대한제국	1945년	현재
					利原郡	利原郡	
			복주福州	단천군端川郡	단천군 端川郡	단천군 端川郡	단천시端川市
			갑주甲州	갑산군甲山郡	갑산군 甲山郡	갑산군 甲山郡 혜산군 惠山郡	갑산군甲山郡
				삼수군三水郡	삼수군 三水郡	삼수군 三水郡	삼수군三水郡
					장진군 長津郡	장진군 長津郡	

10 | **황해도**黃海道

삼국

고대 마한의 영토로서 후삼국 시대에 고구려의 영토가 되었다. 한때 고구려를 정벌한 당나라의 속령으로 되었다가 신라의 영토가 되었으며 후삼국 시대에는 태봉의 요지가 되었다.

고려

왕건의 건국으로 고려의 영토가 되었고 995년(성종 14) 관제 개혁으로 전국이 10개의 도로 분할될 때 개성부開城府 일대를 제외한 경기도와 통합되어 개내도開內道라 호칭되었다. 뒤에 해서도海西道로 불렀으나 명확한 도 구분 없이 이 지역에 대한 통칭이었다.

조선

태조 초 풍해도豊海道라 불렀다가 태종 때 관제를 제정하게 되자 황해도라 호칭되었다. 광해군 때 황연도黃延道로 했다가 다시 황해도로 개칭하였다.

삼한	삼국	통일신라	고려	조선	대한제국	1945년	현재
	내미홀군 內米忽郡	폭지군暴池郡	해주海州 (안서도호부 安西都護府)	해주海州	해주군 海州郡	해주부 海州府 벽성군 碧城郡	1896년 폐지
	장연長淵	장연현長淵縣	장연현長淵縣	장연현(부) 長淵縣(府)	장연군 長淵郡	장연군 長淵郡	장연군長淵郡

삼한	삼국	통일신라	고려	조선	대한제국	1945년	현재
			해안현海岸縣				
	곡도鵠島	곡도鵠島	백령진白翎鎭				
	마경이麻耕伊	청송현靑松縣	청송현靑松縣	송화현松禾縣	송화군 松禾郡	송화군 松禾郡	송화군松禾郡
	판마곶板麻串	가화현嘉禾縣	가화현嘉禾縣				
			가천현加天縣				
	웅한이熊閑伊	영녕현永寧縣	영녕현永寧縣				
	구을현仇乙縣		풍주豊州	풍천군(부) 豊川郡(府)			
	율구栗口	율구현栗口縣	은율현殷栗縣	은율현殷栗縣	은율군 殷栗郡	은율군 殷栗郡	은율군殷栗郡
			장명현長命縣	장연군長連郡	장연군 長連郡		
			연풍현連豊縣				
		양악군楊岳郡	안악군安岳郡	안악군安岳郡	안악군 安岳郡	안악군 安岳郡	안악군安岳郡
		궐구현闕口縣	유주儒州	문화현文化縣	문화군 文化郡	신천군 信川郡	신천군信川郡
		승산현升山縣	신주信州	신천현(군) 信川縣(郡)	신천군 信川郡		
	식성군息城郡	중반군重盤郡	안주安州 (재령현 載寧縣)	재령군載寧郡	재령군 載寧郡	재령군 載寧郡	재령군載寧郡
			삼지현三支縣				
	휴암군鵂嵒郡	서암군栖巖郡	봉주鳳州	봉산군 鳳山郡	봉산군 鳳山郡	봉산군 鳳山郡	봉산군鳳山郡
	동홀冬忽	취성군取城郡	황주黃州	황주목黃州牧	황주군 黃州郡	황주군 黃州郡	황주군黃州郡
			철화현鐵和縣				
	오곡군五谷郡	오관군五關郡	동주洞州	서흥부瑞興府	서흥군 瑞興郡	서흥군 瑞興郡	서흥군瑞興郡
	대곡군大谷郡 (다지홀 多知忽)	영풍군永豊郡	평주平州	평산부平山府	평산군 平山郡	평산군 平山郡	평산군平山郡
	동삼홀군 冬彡忽郡	해고군海皐郡	염주鹽州	연안부延安府	연안군 延安郡	연백군 延白郡	연백군延白郡

삼한	삼국	통일신라	고려	조선	대한제국	1945년	현재
	(동선홀 冬善忽)						
	치악성雉岳城	구택현雊澤縣	백주白州	백천군白川郡	백천군 白川郡		
	굴압현屈押縣	강음현江陰縣	강음현江陰縣	금천군金川郡	금천군 金川郡	금천군 金川郡	금천군金川郡
	우봉현牛峯縣	우봉군牛峯郡	우봉현牛峯縣				
	오사함달현 烏斯含達縣	토산군兎山郡	토산현兎山縣	토산현兎山縣	토산군 兎山郡		
		신은현新恩縣	신은현新恩縣	신은현新恩縣 (→신계현 新溪縣)	신계군 新溪郡	신계군 新溪郡	신계군新溪郡
	수곡성현 水谷城縣 (매차홀 買且忽)	단계현檀溪縣	협계현俠溪縣	협계현俠溪縣			
	장새현獐塞縣 (길소어 吉所於)	장새현獐塞縣	수안현遂安縣	수안군遂安郡	수안군 遂安郡	수안군 遂安郡	수안군遂安郡
	십곡성현 十谷城縣 (덕돈홀 德頓忽 · 곡성谷城)	진서현鎭瑞縣	곡주谷州	곡산군(부) 谷山郡(府)	곡산군 谷山郡	곡산군 谷山郡	곡산군谷山郡
	옹진甕津	옹진현甕津縣	옹진현甕津縣	옹진군(현) 甕津郡(縣)	옹진군 甕津郡	옹진군 甕津郡 (1945 년 말 경기도로 이관)	옹진군甕津郡 (한국 전쟁 이후 남한 경기도 옹진군과 분리)
	부진이付珍伊	수강현水康縣	수강현水康縣	강령현康翎縣	강령군 康翎郡		

◉ 연표

서기 1123 ~ 1146년

한국사	주변국 정세
1123년(인종仁宗 1)癸卯 1월 이자량(李資諒) 죽음. 6월 송나라, 국신사(國信使) 노윤적(路允迪) 등을 보내옴. 7월 김고(金沽) 죽음. 8월 요나라에 사신을 보냈으나 이르지 못하고 돌아옴. 10월 백고좌도량(百高座道場)을 회경전(會慶殿)에서 베품.	선화宣和 5-보대 保大 3-금金 태종太宗 천회天會 1 4월 금나라, 연(燕)·탁이(涿易) 등의 땅을 송나라에 나누어 줌. 7월 금나라 태조 죽음.
1124년(仁宗 2)甲辰 2월 최홍재(崔弘宰), 유배됨. 7월 이자겸(李資謙)을 조선공(朝鮮公)에 책봉하고, 숭덕부(崇德府)를 설치. 8월 이자겸, 셋째 딸을 왕에게 바침. 9월 왕, 안화사(安和寺)·현화사(玄和寺)에 행차.	宣和 6-保大 4-天會 2 1월 서하(西夏), 금나라에게 칭번(稱藩)함. 6월 면부전(免夫錢)을 징수.
1125년(仁宗 3)乙巳 1월 이자겸, 또다시 넷째 딸을 왕에게 바침. 4월 왕, 이자겸 집에 행차하여 술을 마심. 5월 금나라에 진숙(陳淑) 등을 보냈으나 칭신(稱臣)치 않는다고 국서(國書)를 받지 않음. 8월 왕 서경(西京)에 행차. 10월 임유문(林有文) 죽음.	宣和 7-保大 5-天會 3 1월 요나라, 금나라 멸망당함(9왕, 210년). 10월 야율대석(耶律大石), 서요국(西遼國)을 세움.
1126년(仁宗 4)丙午 2월 김찬(金粲) 등이 이자겸을 죽이려 했으나 이루지 못함. 2월 이자겸, 궁궐을 불태우고 왕을 자기 집에 모셔 모해하려 함. 5월 왕, 이자겸을 잡아 유배시킴. 5월 송나라 사신 와서 금나라를 치게 함. 윤 11월 반야도량(般若道場)을 중화전(重華殿)에서 베품. 12월 이자겸 죽음.	흠종欽宗 정강靖康 1-天會 4 1월 이강(李綱), 금나라 군사를 막음. 2월 이강 파면. 9월 금군(金軍), 경사(京師)를 함락시킴.
1127년(仁宗 5)丁未 1월 금나라, 고수(高隨)를 보내어 왕의 생신을 축하. 3월 척준경(拓俊京)·최식(崔湜) 등을 유배보냄. 3월 유신지교(惟新之敎) 15조(條) 반포. 10월 죽은 이자겸 일파가 빼	남송南宋 고종高宗 건염建炎 1-天會 5 3월 금나라, 장방창(張邦昌)을 세워 초제(楚帝)라 함. 4월 금나라, 송나라 흠종(欽宗)을 데리고 북으로 감. 5월 고종(高宗), 남경(南京)에서 즉위.

한국사	주변국 정세
앗은 토전(土田)을 원래 주인에게 돌려줌. 11월 봉엄사(奉嚴寺) 낙성(落成). 12월 김인존(金仁存) 죽음.	
1128년(仁宗 6)戊申 4월 원효(元曉)·의상(義湘)·도선(道詵)에게 봉증(封贈). 4월 척준경 등을 전리(田里)에 귀양 보냄. 8월 묘청(妙淸)·백수한(白壽翰) 등의 주청(奏請)으로 왕, 서경(西京)에 행차. 신궁(新宮)을 임원역(林原驛)의 땅에 상정(相定)함.	**建炎 2-天會 6** 1월 금나라, 동경에 쳐들어옴. 11월 금나라, 처음으로 국사(國史)를 찬수(撰修).
1129년(仁宗 7)乙酉 2월 서경의 새 궁궐(太和宮) 낙성됨. 2월 묘청 등 칭제 건원(稱帝建元)을 청함. 4월 불골(佛骨)을 대안사(大安寺)에서 맞이하여 인덕궁(仁德宮)에 안치. 11월 금나라에 사신을 파견하여 서표(誓表)를 올림. 서적소(書籍所)를 둠.	**建炎 3-天會 7** 7월 항주(杭州)를 임안부(臨安府)로 고침. 9월 금군(金軍), 남경(南京)을 함락. 12월 금군, 임안을 함락.
1130년(仁宗 8)庚戌 4월 송의 사신 와서 본국 사신의 입조(入朝)를 그만두게 함. 4월 곽여(郭輿) 죽음. 12월 금나라에 사신을 파견하여 보주(保州)에 들어간 사람을 추색(追索)치 말 것을 청함. 액호도감(額號都監)을 둠.	**建炎 4-天會 8** 4월 한세충(韓世忠), 금군을 쳐부숨. 9월 금나라, 유예(劉豫)를 세워 제제(齊帝)라 함. 10월 진회(秦檜), 금나라로부터 돌아옴.
1131년(仁宗 9)辛亥 3월 노장(老莊)의 학문을 금함. 5월 백관(百官)에게 태조(太祖)의 『계백료서』(誡百遼書)를 보관케 함. 8월 서경에 임원궁성(林原宮城)을 쌓고, 궁중에 팔성당(八聖堂)을 둠. 첨사부(詹事府)를 둠. 고려 명종(明宗) 출생(~1202년).	**남송南宋 고종高宗 소흥紹興 1-天會 9** 8월 진회(秦檜), 대신이 됨. 처음으로 견전관자(見錢關子) 설치됨.
1132년(仁宗 10)壬子 1월 평양의 궁궐을 수리함. 4월 김부일(金富佾) 죽음(1071년~). 8월 임원애 상서하여 묘청 등을 죽일 것을 청함. 11월 신하를 서경에 보내어 어의(御衣)를 받들어 법사(法事)를 행하게 함. 무사자(無嗣者)의 노비는	**紹興 2-天會 10** 12월 이강(李綱), 파면됨. 처음으로 호남(湖南)에서 월춘전(月椿錢)을 얻음.

한국사	주변국 정세
관청에 속하게 함.	
1133년(仁宗 11)癸卯 1월 무학(武學)의 취사(取士) 및 제호(齊號)를 정파(停罷)함. 2월 원자(元子) 철(徹)을 왕태자에 책봉. 11월 문공유(文公裕) 등이 상소하여 묘청 등을 멀리할 것을 청함.	紹興 3-天會 11 7월 박학굉사과(博學宏詞科) 설치됨. 10월 이성(李成), 경서제군(京西諸郡)을 함락시킴.
1134년(仁宗 12)甲寅 1월 적전(籍田)의 제사에 처음으로 대성악(大晟樂)을 사용. 2월 서경(西京) 행차. 3월 태화궁(太華宮)에 거처를 옮김. 5월 임완(林完), 묘청을 처벌할 것을 상소. 사심관(事審官) 차견(差遣)의 수(數)를 정함. 김부식, 서경 천도(西京遷都) 반대.	紹興 4-天會 12 3월 오개(吳玠)·오린(吳璘), 올출(兀朮)의 군사를 쳐부숨. 5월 악비(岳飛), 형남제치사(荊南制置使)를 겸함. 10월 한세충(韓世忠), 금군을 쳐부숨.
1135년(仁宗 13)乙卯 1월 묘청 등이 서경에서 반란을 일으킴. 1월 김부식을 보내어 정지상(鄭知常)·백수한(白壽翰) 등을 죽이고 서경을 치게 함. 1월 서경 사람, 묘청 등을 죽이고 항복. 1월 서경의 조광(趙匡) 등 재차 반란을 일으킴.	紹興 5-天會 13 6월 악비(岳飛), 호상(湖湘)을 평정. 11월 금나라 호사호(胡沙虎), 몽고를 침.
1136년(仁宗 14)丙辰 2월 서경 함락되자 조광 자살. 서경 평정. 4월 서경의 관료를 줄임. 경기(京畿) 4도(道)를 없애고 6현(縣)을 둠. 9월 지첩사(持牒使) 김치규(金稚規)를 송나라의 명주(明州)에 보냄. 10월 김부의(金富儀) 죽음.	紹興 6-天會 14 9월 악비(岳飛), 유예(劉豫)를 당주(唐州)에서 쳐부숨.
1137년(仁宗 15)丁巳 1월 금나라, 사신을 보내어 생신을 축하함. 7월 이공수(李公壽) 죽음. 9월 왕, 장원정(長源亭)에 출어(出御)해 10월에 돌아옴. 문공인(文公仁) 죽음.	紹興 7-天會 15 3월 왕륜(王倫), 봉영자궁사로 금나라에 파견.
1138년(仁宗 16)戊午 4월 흥왕사(興王寺)에 행차, 5월 여러 전각(殿閣) 및 궁문(宮門)의 이름을 고치고 액호(額號)를 내림. 10월 새 대궐에 돌아옴. 11월 유방우(劉邦遇)를 금나라에 보내어 만수절(萬壽節)을 축하함. 12월 서경 유수(西京留守)의 관속(官屬)을 증치(增置).	紹興 8-천권天眷 1 8월 금, 관제(管制)를 반포.

한국사	주변국 정세
1139년(仁宗 17)乙未 1월 금나라 야율녕(耶律寧)을 보내어 왕의 생신을 축하. 최사전(崔思全) 죽음. 10월 불정도량(佛頂道場)을 명인전(明人殿)에 베풂.	紹興 9-天眷 2 6월 오개 죽음. 서하(西夏)의 숭종(崇宗) 건순(乾順) 죽고 인효(仁孝), 왕위를 물려받음.
1140년(仁宗 18)庚申 4월 체례복장(諦禮服章)의 제(制)를 조정(詔定)함. 6월 공 · 상 · 악인(工商樂人)의 자손은 유공자(有功者)라도 벼슬하지 못하게 함. 10월 박순충(朴純冲)을 금나라에 보내어 희종의 생신을 축하함.	紹興 10-天眷 3 7월 악비, 주선진(朱仙鎭)에서 금군을 쳐부숨.
1141년(仁宗 19)辛酉 4월 승려 징엄(澄儼-원명국사) 죽음. 4월 여러 도감(都監) 각 색관(色官)의 상회의(相會儀)를 정함. 7월 명주도(溟州道) 감창사(監倉使) 이양실(李陽實), 울릉도의 이상한 과핵목엽(菓核木葉)을 바침. 9월 백고좌도량(百高座道場)을 궁중에 베풂.	紹興 11-금金 희종熙宗 황통皇統 1 10월 진회(秦檜), 악비를 옥에 가둠. 금나라와 화해하고 신(臣)을 칭함. 12월 금나라에 땅을 나누어 줌.
1142년(仁宗 20)壬戌 2월 김거공(金巨公)을 금나라에 보냄. 5월 금나라, 책명사(册命使)를 보내 옴. 6월 봉은사(奉恩寺)에 행차. 11월 8도에 사신을 보내어 주현(州縣) 관리(官吏)의 역량을 살피게 함. 12월 봉은사 중수(重修)를 마침.	紹興 12-皇統 2 9월 진회, 위국공(魏國公)에 피봉. 8월 태후 위씨(韋氏), 금나라에서 돌아옴.
1143년(仁宗 21)癸亥 5월 연덕궁(延德宮), 불에 탐. 11월 이덕수(李德壽)를 금나라에 보내어 방물(方物)을 바침. 천녕(川寧) 등 6현(縣)에 감무(監務)를, 일선(一善) 등 7현(縣)에 현령(縣令)을 둠.	紹興 13-皇統 3 1월 악비의 집에 태학(太學)을 만듦. 12월 3관(三館)을 다시 둠.
1144년(仁宗 22)甲子 2월 척준경 죽음. 7월 왕자 탁(倬-신종) 출생. 11월 박의신(朴義臣) · 고형부(高螢夫)를 금나라에 파견. 12월 승려 학일(學一-원응 국사) 죽음. 서경(西京) 및 동서주 진(東西州鎭)에 입거(入居)하는 군인은 본관(本貫)의 잡역을 면제하여 줌.	紹興 14-皇統 4 4월 처음으로 야사(野史) 금지됨. 12월 송나라 사신 왕륜, 금인(金人)에게 피살.
1145년(仁宗 23)乙丑 2월 서경 대동문, 불에	紹興 15-皇統 5 7월 장준(張浚), 연주(連州)로 쫓

한국사	주변국 정세
탐. 5월 이지저 죽음. 5월 소재도량을 수문전(修文殿)에서 베품. 8월 김정순(金正純) 죽음. 12월 김부식이 편찬한 『삼국사기』(三國史記) 50권을 올림.	겨남. 모둔 군(郡)의 잡세(雜稅)를 관대히 함.
1146년(仁宗 24)丙寅 1월 왕, 병(病)이 생김. 2월 연등회에서 노래를 금함. 3월 무언(巫言)에 따라 김제군(金堤郡)의 벽골지(碧骨池) 둑을 헐어버림. 왕 승하하고, 태자 현(晛-의종) 즉위. 12월 다음해부터 연등회를 정월망(正月望)에 열기로 함.	**紹興 16-皇統 6** 9월 유예(劉豫) 죽음. 12월 금나라, 서요(西遼)에 사신을 보냄.

서기 1147 ~ 1170년

한국사	주변국 정세
1147년(의종毅宗 1)丁卯 4월 왕, 외제석원(外帝釋院)에 행차. 8월 임원준 죽음. 8월 승봉시(升補試)를 처음으로 시작함. 11월 서경 사람 이숙(李淑) 등 모역하여 복주(伏誅)됨. 12월 당고종 자매(堂姑從姉妹) · 당질녀(堂姪女) · 형손녀(兄孫女)의 상혼(相婚)을 금함.	**紹興 17-皇統 7** 12월 금나라, 몽고와 화해함.
1148년(毅宗 2)戊辰 1월 제석도량(帝釋道場)을 수문전(修文殿)에서 베품. 5월 이심(李深) 등이 송인(宋人)과 통모(通謀)하여 고려 지도를 진회(秦檜)에게 바치고 복주(伏誅)됨. 11월 김수웅(金守雄)의 국사이장(國史移藏)의 공을 추증(追贈)함. 12월 김부식 벼슬을 내놓고 물러남.	**紹興 18-皇統 8** 6월 금나라 적고내, 대신이 됨. 11월 호전(胡銓), 해남(海南)에 귀양감.
1149년(毅宗 3)己巳 1월 연등회를 베품. 8월 5군(軍)을 고쳐 3군으로 함. 8월 봉확식(烽㨫式)을 정함. 9월 윤언이(尹彥頤) 죽음. 10월 옥룡사(玉龍寺)에 선각 국사(先覺國師) 도선(道詵)의 비(碑)를 세움.	**紹興 19-해릉왕海陵王 천덕天德 1** 12월 적고내, 희종(熙宗)을 죽이고 제위에 오름.

한국사	주변국 정세
1150년(毅宗 4)庚午 1월 연등회를 베풂. 9월 남경(南京)에 행차. 9월 구장(毬場)을 북원(北園)에 만듦. 수주(樹州)를 안남도호부(安南都護府)로 고침.	**紹興 20-天德 2** 1월 시전(施全), 진회(秦檜)를 죽이려다 피살됨. 4월 금왕(金王), 종실 대신(宗室大臣)을 많이 죽임. 역전과(力田科) 설치됨.
1151년(毅宗 5)辛未 2월 김부식, 3월 정습명(鄭襲明) 죽음. 5월 내시 낭중 정서(鄭敍-정과정)를 귀양 보냄. 6월 한림학사(翰林學士)를 명하여 『책부원구』(冊府元龜)를 교정(校定)시킴. 문첩소(文牒所)를 보문각(寶文閣)에 처음으로 둠.	**紹興 21-天德 3** 3월 금나라 궁실(宮室)을 연경(燕京)에 둠.
1152년(毅宗 6)壬申 2월 개경 내에 자녀 소산(恣女所產)의 한직(限職)을 부기(付記)함. 3월 승려의 자손은 서·남반(西南班) 7품직에 한하게 함. 4월 간관(諫官), 복합(伏閤)하여 격구(擊毬)를 간지(諫止)함. 4월 왕의 연유관희(宴遊觀戲)가 법도가 없음.	**紹興 22-天德 4** 5월 양양(襄陽)에 홍수 일어남. 12월 금나라 소덕 황후(昭德皇后) 자살.
1153년(毅宗 7)癸酉 3월 보제사(普濟寺)에 행차하여 오백나한재(五百羅漢齋)를 베풂. 4월 승려 교웅(敎雄) 죽음. 4월 원자 홍(弘)을 왕태자로 책봉. 4월 내외 문무 양반에 산직(散職)을 더하고 전시(田柴)를 내림. 12월 이인실 죽음.	**紹興 23-정원貞元 1** 3월 금나라, 연경(燕京) 천도하여 중도(中都)라 하고 변(汴)을 남경(南京)이라 함.
1154년(毅宗 8)甲戌 1월 왕의 동생 민(旼-신종)을 평량후(平涼候)로 책봉. 5월 과거법을 다시 개정. 6월 금나라, 양(羊) 2천 마리를 보내옴. 9월 서경 중흥사(重興寺)를 다시 지음. 10월 홍주(洪州) 소태현(蘇泰縣)의 하구를 팠으나 다 마치지 못함.	**紹興 24-貞元 2** 5월 금나라, 처음으로 교초고(交鈔庫)를 둠. 12월 서요(西遼)의 인종(仁宗) 죽음.
1155년(毅宗 9)乙亥 1월 연등회를 베풂. 11월 금나라, 사신을 보내어 왕의 생신을 축하함. 12월 송나라, 우리나라 표풍인(漂風人) 30여 명을 송환함. 12월 유필(庾弼) 죽음.	**紹興 25-貞元 3** 10월 진회, 죽음.
1156년(毅宗 10)丙子 3월 김존중(金存中) 죽음.	**紹興 26-정륭正隆 1** 5월 흠종(欽宗), 금나라에

한국사	주변국 정세
4월 왕, 흥왕사에 행차. 8월 한진(韓縉)을 금나라에 보냄. 9월 임원후(任元厚) 죽음. 10월 충허각(冲虛閣)에서 곡연(曲宴)함. 12월 문공원(文公元) 죽음. 12월 기복도량(祈福道場)을 설치.	서 죽음. 일본에 호겐(保元)의 난 일어남.
1157년(毅宗 11)丁丑 1월 왕, 동생 익양후(翼陽候)의 집을 빼앗아 이궁(離宮)을 지음. 2월 고조기(高兆基) 죽음. 4월 궐동(闕東)의 이궁낙성, 또 민가 50여 구를 무너뜨려 태평정(太平亭)을 만듦. 5월 김유립(金柔立)을 보내어 우릉도(羽陵島-鬱陵島)를 조사케 함.	
1158년(毅宗 12)戊寅 6월 왕, 여러 신하를 불러 정함(鄭諴)의 고신(告身)에 서명할 것을 독촉. 9월 백주(白洲)에 별궁 중흥궐(重興闕)을 창건. 9월 재차 정함을 권지합문지후(權知閤門祗候)로 삼음. 11월 양원준(梁元俊) 죽음.	**紹興 28-正隆 3** 9월 왕강중(王剛中), 사천(四川) 제치사(制置使)가 됨. 10월 금나라, 변궁(汴宮)을 둠.
1159년(毅宗 13)乙卯 1월 정함, 왕에게 잔치 때 의대를 바침. 2월 신숙(申淑), 벼슬을 버리고 전리(田里)로 돌아감. 3월 왕충 죽음. 5월 신숙 소환됨. 11월 팔관회를 베풂. 여러 목감장(牧監場)의 축마료식(畜馬料式)을 정함.	**紹興 29-正隆 4** 2월 금나라, 남침을 꾀함. 일본 헤이지(平治)의 난.
1160년(毅宗 14)庚辰 1월 연등회를 베풂. 3월 왕, 흥왕사에 행차. 6월 금나라, 야율림(耶律琳)을 사신으로 보내옴. 7월 신숙과 최함 죽음. 10월 승려 3만 명을 구정(毬庭)에서 3일간 먹임.	**紹興 30-正隆 5** 12월 탕사퇴(湯思退) 파면, 처음으로 회자(會子)를 사용함.
1161년(毅宗 15)辛巳 3월 동계(東界) 선덕진(宣德鎭)의 병고(兵庫) 300여 칸 불에 탐. 8월 왕, 흥왕사에 행차. 10월 함음현(咸陰縣)사람 자화(子和) 등, 정서(鄭敍)의 처 임씨(任氏)를 무고(誣告)함. 10월 함음현을 부곡(部曲)으로 강등.	**紹興 31-금金 세종世宗 대정大定 1** 7월 금나라 변(汴)으로 천도함.
1162년(毅宗 16)壬午 3월 간관이 상소하여 별궁 공헌(貢獻)을 청파(請罷)하였으나 듣지 않음.	**紹興 32-大定 2** 윤 2월 유기(劉琦) 죽음.

한국사	주변국 정세
5월 이천(李川)·동주(東州)·선주(宣州) 등지에서 도적이 일어남. 8월 최윤의(崔允儀) 죽음. 12월 왕, 인지재(仁智齋)에 행차. 금나라에 사신을 보내어 등극을 축하함.	
1163년(毅宗 17)癸未 2월 왕이 천수(天壽)·홍원(洪圓) 두 절에 행차, 몹시 취하여 유숙함. 7월 송나라 상인 와서 공작(孔雀)·진완(珍琓) 등을 바침. 8월 좌정언 문극겸(文克謙)을 좌천시킴. 11월 팔관회를 베풂.	**효종孝宗 융흥隆興 1-大定 3** 11월 화금(和金)의 득실(得失)을 집의(集議)함. 12월 탕사퇴(湯思退)와 장준(張浚) 대신이 됨.
1164년(毅宗 18)甲申 3월 조동희(趙冬曦) 등을 송나라에 보내어 유동기(鍮銅器)를 바침. 7월 백료 서사(百僚庶士)의 근태(勤怠)를 조사하여 보고하고, 또 환시(宦侍) 등의 옥사(屋舍)의 영조(營造)를 금함.	**隆興 2-大定 4** 7월 양회(兩淮)의 경비를 없애버림. 10월 금나라 군사, 회(淮)을 건넘. 11월 금나라, 여진문자(女眞文字)로써 『경사』(經史)를 번역.
1165년(毅宗 19)乙酉 3월 금나라 대부영장(大夫營將), 인주(麟州)·정주(靜州) 경내를 침범하고 방수장(防守將)을 잡아감. 4월 왕, 관란사(觀瀾寺)에 가 예성강에서 배 타고 유희함. 11월 왕, 몰래 경복사(景福寺)에 행차.	**남송南宋 효종孝宗 건도乾道 1-大定 5** 2월 진강백(陳康佰) 죽음. 6월 왕강중(王剛中) 죽음.
1166년(毅宗 20)丙戌 4월 김영석(金永錫) 죽음. 10월 승려 3만 명을 구정(毬庭)에서 먹임. 11월 팔관회를 베품.	**乾道 2-大定 6** 12월 섭옹(葉顒)과 위기 대신이 됨. 제국용사(制國用使) 설치됨.
1167년(毅宗 21)丁亥 1월 대령후(大寧候) 경(暻)의 가동(家蛸), 나언(羅彥) 등 4명을 죽임. 3월 중미정(衆美亭)의 남지(南池)에서 잔치하고 즐김. 4월 하청절(河淸節) 관계로 만춘정(萬春亭)에 행차. 9월 남경(南京), 10월 용흥사(龍興寺)에 행차.	**乾道 3-大定 7** 11월 섭옹과 위기(魏杞) 파면. 진준경(陳俊卿), 참지정사가 됨. 일본의 다이라 기요모리(平淸盛), 태정대신(太政大臣)이 됨.
1168년(毅宗 22)戊子 3월 서경에 행차. 3월 문필화영(文筆華英)의 선비를 주천(奏薦)시킴. 4월 부벽루(浮碧樓)에 행차하여 신기군(神騎軍)의	**乾道 4-大定 8** 2월 장불(蔣巿),대신이 됨. 10월 진준경(陳俊卿), 대신이 됨.

한국사	주변국 정세
농마희(弄馬戱)를 구경함. 11월 탐라 안무사(安撫使) 조동희(趙冬曦), 양수(良守) 등의 모반을 평정.	
1169년(毅宗 23)乙丑 1월 소재도량을 선경전(宣慶殿)에서 베풂. 2월 삼계초(三界醮)를 베풂. 3월 서경에 행차. 7월 대간(臺諫), 복합(伏閤)하여 이궁(離宮) 행차의 빈번함을 논함. 7월 금나라, 양(羊) 2천 마리를 보내옴. 12월 김영윤(金永胤) 죽음.	**乾道 5-大定 9** 1월 양회(兩淮)의 둔전(屯田)을 처리함.
1170년(毅宗 24)庚寅 4월 왕이 너무 자주 놀러 다녀서 대장군 정중부(鄭仲夫) 등 흉모를 꾀함. 8월 왕이 보현원에 행차. 정중부 · 이의방 등 난을 일으켜 문신을 많이 죽임. 9월 정중부 등 왕 및 태자를 내쫓고 왕의 동생 익양공 호(皓)를 맞아들임.	

서기 1171 ~ 1197년

한국사	주변국 정세
1171년(명종明宗 1)辛卯 1월 이의방 등이 한순(韓順) · 한공(韓恭) 등을 살해. 1월 이고(李高), 모역하다 사형됨. 4월 채원(蔡元), 조신(朝臣)을 죽이려다 피살됨. 7월 금나라, 순문사(詢問使)를 보내옴. 10월 궁궐에 불이 나서 전우(殿宇)가 모두 타버림. 덕소(德素), 왕사(王師)가 됨.	**乾道 7-大定 11** 5월 유공(劉珙)을 다시 부름.
1172년(明宗 2)壬辰 2월 연등회를 베풂. 5월 금나라, 책봉사(冊封使)를 보내옴. 6월 56현(縣)에 각각 감무(監務)를 둠. 12월 불정도량(佛頂道場)을 명인전(明仁殿)에서 베풂.	**乾道 8-大定 12** 2월 좌우복야(左右僕射), 좌우승상(左右丞相)으로 바뀜. 11월 금나라, 금은갱야세(金銀坑冶稅) 폐지.
1173년(明宗 3)癸巳 4월 원자 숙(璹)을 태자로 책봉. 4월 평두량 도감(平斗量都監)을 둠. 8월	**乾道 9-大定 13** 5월 금나라, 여진(女眞)에서 한성(漢城)으로 고치는 것을 금함. 10월 금나라,

한국사	주변국 정세
김보당(金甫當), 군사를 일으킴. 9월 김보당 등을 잡아 죽임. 10월 이의민, 전왕(前王)을 경주에서 죽임. 10월 3경(京), 4도호(都護), 8목(牧) 이하 군현관역(郡縣館驛)에 이르기까지 무인을 임용.	회령부(會寧府)를 상경(上京)으로 고침.
1174년(明宗 4)甲午 1월 중흥사 등의 승려 2천 명, 이의방을 죽이려다 실패. 5월 삼소(三蘇)에 궁궐을 짓게 함. 9월 조위총(趙位寵), 군사를 일으킴. 10월 윤인첨(尹鱗瞻)을 보내어 조위총을 치게 함. 12월 이의방 피살됨. 12월 정중부, 문하시중이 됨.	**남송南宋 효종孝宗 순희淳熙 1-大定 14** 5월 이천조(李天祚), 안남국왕(安南國王)에 피봉.
1175년(明宗 5)乙未 5월 전왕 의종(毅宗)을 장사 지냄. 6월 관군(官軍), 연주(連州)를 함락하고 서경을 침. 10월 조위총, 금나라에 사람을 보내 내속(內屬)할 것을 청함. 12월 정중부에게 궤장(軉杖)을 내림. 영양(英陽) 등 10현(縣)에 감무(監務)를 둠.	**淳熙 2-大定 15** 8월 탕방언(湯邦彥), 금국신의사(金國申議使)가 됨. 9월 섭형(葉衡), 파면됨. 주자(朱子) 『근사록』(近思錄)을 지음.
1176년(明宗 6)丙申 1월 망이 · 망소이 등이 난을 일으킴. 2월 장정(壯丁)을 뽑아 남적(南賊)을 치게 함. 2월 금나라 병선(兵船), 동해안에서 노략질함. 6월 서경을 함락하고 조위총을 잡아 죽임. 9월 남적, 예산(禮山)을 함락.	**淳熙 3-大定 16** 4월 금나라, 처음으로 외부학(外府學) · 경부여진학(京府女眞學)을 둠. 6월 주희(朱熹), 백록동서원(白鹿洞書院)의 중건을 청함.
1177년(明宗 7)丁酉 1월 망이 · 망소이 등 항복. 3월 망이 등 또 난을 일으킴. 4월 남적, 아주(牙州-현 아산)를 함락. 5월 조위총의 나머지 무리 난을 일으킴. 7월 망이 등 잡힘. 9월 이의민을 보내어 서적(西賊)을 치게 함.	**淳熙 4-大定 17** 3월 금나라, 하북산동(河北山東)의 조세를 면함. 서요(西遼)의 직로(直魯) 즉위.
1178년(明宗 8)戊戌 1월 이의민, 서적(西賊) 3백여 명을 참살. 1월, 다시 2월 보름에 연등회를 열기로 결정. 4월 서경의 관제를 다시 고침. 10월 박제검(朴齊儉), 서적을 투항시킴. 별례기은	**淳熙 5-大定 18** 3월 사호(史浩), 우승상(右丞相)이 됨. 11월 사호 그만두고 조웅(趙雄) 대신함.

한국사	주변국 정세
도감(別例祈恩都監)을 설치.	
1179년(明宗 9)乙亥 2월 서경에서 난이 다시 일어남. 4월 이부(李富), 서적(西賊)의 유종(遺種)을 꾀어 죽임. 6월 승려 종린(宗璘-현오 국사) 죽음. 9월 경대승(慶大升), 정중부와 송유인(宋有仁)을 죽임. 9월 경대승, 도방(都房)을 둠. 11월 최충렬(崔忠烈), 왕에게 팔관 경비(八關經費)의 폐해를 말함.	**淳熙 6-大定** 19 주희(朱熹), 상소하여 시사(時事)를 논함. 일본의 다이라(平淸盛), 법황(法皇)을 잡아 가둠.
1180년(明宗 10)庚子 1월 경성에 도적이 일어남. 2월 궁궐을 시영(始營)함. 6월 내폐(內嬖) 춘명(春明) 죽음. 공주 둘을 입내(入內) 시킴. 11월 강안전(康安殿)의 중신(重新) 완료. 12월 경대승, 허광(許光) · 김광립(金光立)을 죽임.	**淳熙 7-大定** 20 5월 주필대(周必大), 참지정사가 됨. 일본의 미나모토노(源賴政), 군사를 일으킴.
1181년(明宗 11)辛丑 1월 사경원(寫經院)에 불이 남. 1월 문리 산관(文吏散官)의 연한제(年限制)를 정함. 3월 한신충(韓信忠) 등 난을 꾀하여 유배됨. 4월 이의민, 병을 구실로 경주로 돌아감. 7월 경시서(京市署), 두곡(斗斛)을 정함. 9월 범장 낙직자(犯贓落職者) 990명 복직.	**淳熙 8-大定** 21 8월 왕회(王淮), 대신이 됨. 12월 주희(朱熹)의 사창법(社倉法)을 제로(提路)에 내림.
1182년(明宗 12)壬寅 2월 최충렬 죽음. 2월 관성(管城) · 부성(富城)의 두 현을 폐지. 3월 전주(全州)의 기두(旗頭) · 죽동(竹同) 등 난을 일으킴. 죽동 등을 죽이고 난을 평정. 9월 목친전(穆親殿) 및 여정궁(麗正宮) 이룩됨. 관성에서 민란 일어남.	**淳熙 9-大定** 22 9월 주회를 강남제형(江南提刑)으로 함. 주회 사절함. 도학(道學)을 금함.
1183년(明宗 13)癸卯 1월 연등회를 베풂. 5월 중방(重房), 동반 관직(東班官職)을 줄일 것을 주청. 7월 경대승 죽음. 8월 경대승의 일당을 잡아 먼 섬에 유배. 11월 왕태후 임씨(任氏) 죽음.	**淳熙 10-大定** 23 3월 이도(李燾) 『속자치통감장편』(續資治通鑑長編)을 올림. 6월 도학(道學)을 금함. 일본 미나모토노(源義仲), 다이라씨(平氏)의 군을 부숨. 다이라씨, 천황을 받들고 서국(西國)으로 도망.
1184년(明宗 14)甲辰 1월 문관 시직(文官試職)	**淳熙 11-大定** 24 3월 금나라 세종(世宗), 회령

한국사	주변국 정세
의 녹(祿)을 줄임. 2월 이의민 소환. 5월 금나라, 제전사(祭奠使)를 보내옴. 9월 송저(宋貯)·최기후(崔基厚) 등 6명을 먼 섬에 유배. 11월 팔관회를 베풀고, 구정(毬庭)에서 관악(觀樂)함.	(會寧)으로 감. 일본 이치노타니(一谷)의 싸움.
1185년(明宗 15)乙巳 1월 이지명(李知命), 거란사(契丹絲) 5백 속(束)을 바침. 3월 왕, 〈소상팔경도〉(瀟湘八景圖)를 그림. 6월 15일 환관 최동수(崔東秀) 등 불상(不詳)을 씻기 위해 동류수(東流水)에 머리를 감고 회음(會飮)함. 이를 유두음(流頭飮)이라 칭함. 8월 호부(戶部)의 판적고(版籍庫) 불에 탐.	**淳熙 12-大定 25** 4월 금나라 세종(世宗), 연경(燕京)으로 돌아옴. 일본 단노우라(壇捕)의 싸움. 다이라씨(平氏) 멸망. 미나모토(源義仲), 여러 나라에 슈고(守護) 지토(地頭)를 둠.
1186년(明宗 16)丙午 4월 여경문(麗京門) 완성(落成). 5월 송나라, 표류된 이한(李漢) 등 6명을 돌려보냄. 9월 좌창(左倉)이 비어 다른 관청의 은포(銀布)를 꾸어서 반록(頒祿)함. 10월 무관을 내시원(內侍院) 및 다방(茶房)에 겸속시킴.	**淳熙 13-大定 26** 일본의 미나모토(源義經), 무쓰(陸奥)로 달아남.
1187년(明宗 17)丁未 2월 소재도량을 선경전(宣慶殿)에 설치. 7월 조원정(曺元正) 등 난을 꾀하여 처형됨. 9월 순주(順州)의 귀화소에 안치한 도적 수백 명 흩어져 노략질하고 다님. 11월 서경의 사당 불에 탐.	**淳熙 14-大定 27** 10월 고종 죽음. 12월 금나라, 여진인이 남인(南人)의 의복을 입는 것을 금함. 일본, 기록소(記錄所)를 다시 설치.
1188년(明宗 18)戊申 2월 악공(樂工)의 타사(他事)에 도거(逃居)한 자를 본업에 돌아가게 함. 3월 5도 안찰사로 하여금 수령의 치적을 순찰하게 함. 7~8월 동북계(東北界) 여러 성(城)에 홍수. 10월 왕, 외제석원(外帝釋院)에 행차.	**淳熙 15-大定 28** 2월 보궐(補闕)과 습유(拾遺)의 관(官)을 다시 설치. 6월 주회(朱淮)를 병부낭관(兵部郎官)으로 하나 곧 그만둠.
1189년(明宗 19)乙酉 1월 서북면 병마사(西北面兵馬使), 금제(金帝) 세종(世宗)의 죽음을 알림. 3월 봉위사(奉慰使)를 금나라에 보냄. 3월 금나라, 고상사(告喪寺) 보내옴. 5월 정수강(鄭守剛)·이규보(李奎報) 등을 시취(試取). 9월 문	**淳熙 16-大定 29** 1월 금나라 세종(世宗) 죽음. 2월 효종(孝宗), 태자 돈(惇)에게 왕위를 줌. 일본의 미나모토노(源頼朝), 오우를 평정.

한국사	주변국 정세
극겸(文克謙) 죽음.	
1190년(明宗 20)庚戌 8월 경령전(慶靈殿)에서 추석 잔치를 베풂. 9월 경령전에서 중양절(重陽節)을 베풂. 10월 백좌인왕회(百座仁王會)를 베풂. 12월 강순의(姜純義)를 남로 착적사(南路捉賊使)로 임명. 수태사(守太師) 이하 백관의종(百官儀從)의 구사(丘史)의 인원수를 정함.	남송南宋 광종光宗 소희紹熙 1-章宗 明昌 1 3월 금나라, 처음으로 제거(制擧) 및 광사과(宏司科)를 둠.
1191년(明宗 21)辛亥 1월 이지명(李知命) 죽음. 8월 외방 역군(外方役軍)을 나누어 삼번(三番)으로 함.	紹熙 2-金 章宗 明昌 2 7월 금나라, 탄일(坦鎰)을 상서우승(上書右丞)으로 함.
1192년(明宗 22)壬子 4월 최선(崔詵) 등 『자치통감』(資治通鑑)을 교정하고 조인(雕印)함. 5월 공사(公社)의 잔치를 베풀 때 유밀과(油蜜菓)의 사용을 금함. 8월 송상(松商), 와서 『태평어람』(太平御覽)을 바침. 12월 승려 지칭(智稱) 죽음. 진(瞋-고종) 출생.	紹熙 3-明昌 3 윤 2월 미나모토노 요리토모(院賴朝), 정이 대장군(征夷大將軍)이 되어 막부 정치(幕府政治)를 시작.
1193년(明宗 23)癸丑 3월 어사대, 화조잡미(和租雜米)의 사용을 금함. 7월 대장군 전존걸(全存傑)·이지순(李至純) 등으로 남적(南賊)을 치게 함. 9월 두경승(杜景升), 감수국사(監修國史)가 됨. 11월 최인(崔仁), 남로 착적 병마사(南路捉賊兵馬使)가 되어 남적을 침.	紹熙 4-明昌 4 3월 금나라, 금지(禁地)의 경작(耕作)을 완화.
1194년(明宗 24)甲寅 2월 남적 우두머리 김사미(金沙彌), 항복을 청했으나 참살함. 12월 남로 병마사, 적을 밀성(密城)에서 격파함. 8월 남적 괴, 이순(李純) 등 4인을 보내어 항복을 청함. 12월 남로 병마사, 적의 괴수 효심(孝心)을 사로잡음.	紹熙 5-明昌 5 7월 태황후, 가왕(嘉王) 확(擴)을 황제로 즉위케 함. 8월 주희(朱熹)를 시강(侍講), 조여우(趙汝愚)를 우승상(右丞相)으로 함.
1195년(明宗 25)乙卯 8월 서경 중흥사(重興寺) 탑에 불이 남. 9월 공사(公私)의 숙채(宿債)를 면하게 함. 상주(尙州)에 공검대제(恭儉大題)를	寧宗 慶元 1-明昌 6 2월 조여우 파면. 11월 조여우를 영주(永州)로 귀양 보냄.

한국사	주변국 정세
쌓음. **1196년(明宗 26)丙辰** 4월 최충헌, 이의민을 죽이고 그 삼족(三族)을 주멸함. 4월 최충헌, 조신(朝臣)을 많이 죽임. 5월 최충헌, 봉사십조(封事十條)를 상주함. 7월 최공권(崔公權) 죽음. 8월 왕, 연경궁(延慶宮)으로 이어(移御)함.	**慶元 2-承安 1** 8월 위학(僞學)을 금함. 12월 주희의 벼슬을 삭제.
1197년(明宗 27)丁巳 9월 최충헌 형제, 왕을 폐하고 아우 평량공(平涼公) 민(旼-신종)을 왕으로 세움. 10월 최충헌, 아우 충수(忠粹)를 죽임. 11월 두경승(斗景升), 귀양지 자연도(紫燕島-현 영종도)에서 죽음. 안동부(安東府)를 도호부(都護府)로 고침.	**慶元 3-承安 2** 윤 6월 유정(留正) 좌천. 8월 금나라, 서지국(胥地國)을 면관(免官). 12월 위학(僞學)을 기록함.

서기 1198 ~ 1204년

한국사	주변국 정세
1198년(神宗 1)戊午 1월 산천비보도감(山川裨補都監)을 둠. 5월 만적(萬積) 등이 공사(公私)의 노예를 모아 난을 일으키다 처형됨. 5월 이의민의 사제(沙堤)를 무너뜨림. 김해(金海)의 현종원(縣鐘院)을 중창(重客).	
1199년(神宗 2)己未 2월 명주(溟州) 및 동경에서 민란이 일어나 주군(州郡)을 침략함. 3월 동경 등적의 괴수를 타일러서 항복 시킴. 6월 최충헌, 문무(文武)의 전주(銓注)를 총관. 수양장도감(輸養帳都監) 및 오가도감(五家都監)을 둠.	
1200년(神宗 3)庚申 4월 진주의 향리 정방의(鄭方義) 등 난을 일으킴. 5월 밀성(密城)의 관노(官奴) 50여 명, 운문적(雲門賊)에 들어감. 8월 전주(全州)의 잡족인(雜族人), 난을 일으킴. 8월 정방의, 합주적(陜州賊)을 깨뜨리고 더욱 세력	

한국사	주변국 정세
을 떨침. 최충헌, 도방(都房)을 둠.	
1201년(신종 4)辛酉 3월 진주(晉州)의 도적을 평정하고 정방의(鄭方義)를 죽임. 10월 백좌회(百座會)를 구정에서 베풂.	남송南宋 영종寧宗 가태嘉泰 1- 금金 경종章宗 태화 泰和 1 3월 임안(臨安)에 큰 불. 내만(내蠻)의 곡출불(曲出佛), 서요(西遼)를 멸함.
1202년(신종 5)壬戌 3월 역어(譯語)를 시취(試取). 8월 경주(慶州)의 도적을 선유(宣諭). 10월 탐라 모반하고 별초군 난을 일으킴. 12월 탐라 안무사, 적괴(賊魁)의 처형을 아룀. 경주에서 패좌(孛佐) 등 일어나 운문(雲門)·울진(蔚珍) 등 도적과 함께 주군을 침범.	嘉泰 2-泰和 2 12월 한차주(韓侘胄)에게 태사(太師)를 더함. 일본 미나모토(源賴家) 정이 대장군이 됨.
1203년(신종 6)癸亥 1·2월 경주의 도적들 각지에서 노략질함. 4월 경주 도적 우두머리 잡힘. 7월 운문산(雲門山)의 적괴 패좌를 죽임. 8월 태백산 적괴 아지(阿之) 사로잡힘. 9월 부석사(浮石寺)와 부인사(符仁寺)의 승도, 난을 꾀하다 섬으로 유배됨.	嘉泰 3-泰和 3 7월 전함을 만들고 수군(水軍)을 둠. 일본, 호조 도키마사(北條時政), 미나모토 요리토모(源賴朝) 폐함. 미나모토노 사네토모(源實朝), 정이 대장군이 됨.
1204년(신종 7)甲子 1월 태자 덕(悳-희종) 내선(內禪)을 받아 즉위. 같은 달 왕 죽음(1144년~). 6월 동경 유수를 지경 주사(知慶主事)로 고침. 7월 이광실(李光實) 등 30여 명 유배 보냄. 11월 원자 지(祉-창원군)를 태자로 함.	嘉泰 4-泰和 4 12월 재상이 국용사(國用使)를 겸함.

서기 1205 ~ 1211년

한국사	주변국 정세
1205년(희종 1)乙丑 1월 최충헌에게 내장전(內莊田) 1백 결(結)을 내림. 5월 이인로·이규보 등 각각 정기(亭記)를 지음. 12월 최충헌을 진강군 개국후(晉康郡開國侯)로 삼음.	개희開禧 1-泰和 5 7월 한차주, 평장군국사(平章軍國事)가 됨. 9월 금나라에 사신을 보냄. 일본 호조 요시토키(北條義時) 집권.
1206년(희종 2)丙寅 1월 최충헌에게 부(府)를 세워주기 위하여 도감을 둠. 3월 최충헌을 진강	開禧 2-泰和 6-몽고蒙古 태조太祖 1 1월 서하(西夏)의 이안전(李安全) 자립. 5월 금나라를 침.

한국사	주변국 정세
후(晉康侯)로 봉하고 부를 세워 흥녕(興寧)이라 함. 4월 금나라, 책사(册使)를 보내옴.	몽고의 철목진(鐵木眞), 알난하반(斡難河畔)에서 즉위하여 칭기즈칸(成吉思汗)이라 칭함.
1207년(희종 3)丁卯 1월 기양도량(祈禳道場)을 중방과 장군방에 설치. 5월 최충헌, 그의 생질 박진재(朴晋材)를 유배 보냄. 12월 이규보를 권보직한림(權補直翰林)으로 삼음.	開禧 3-泰和 7-太祖 2 1월 오희(吳曦), 촉왕(蜀王)이라 칭함. 11월 사미원 등 한차주를 죽임.
1208년(희종 4)戊辰 2월 왕, 최우의 집에 행차. 6월 이규보를 직한림(直翰林)으로 삼음. 7월 대시(大市)의 좌우 장랑(長廊) 1천8명을 개영(改營)함. 10월 최우의 집에 행차하여 격구를 시킴. 11월 팔관회를 베풂.	남송南宋 영종寧宗 가정嘉定 1-泰和 8-太祖 3 1월 금나라와 화의함. 10월 사미원(史彌遠), 대신이 됨. 11월 금나라 장종(章宗) 죽고 위왕(衛王) 영제(永濟) 즉위.
1209년(희종 5)己巳 2월 연등회를 베풂. 3월 왕, 최충헌의 집에 행차. 4월 최충헌, 우복야 한기(韓琦) 등 9명을 죽임. 5월 최선(崔詵) 죽음. 10월 왕, 묘통사(妙通寺)에 행차하여 마리지천도량(摩利支天道場)을 베풂. 교정도감(敎定都監)을 설치.	嘉定 2-금金 위소왕衛紹王 대안大安 1-太祖 4 5월 몽고군, 서하에 침입. 이안전 항복.
1210년(희종 6)庚午 3월 승려 지눌(知訥) 죽음. 4월 최충헌, 활동리(闊洞里)에 집을 세움. 8월 왕, 법운사(法雲寺)에 행차하여 인왕도량(仁王道場)을 베풂. 12월 명종의 태자 숙(璹-개명정)을 강화로부터 소환.	嘉定 3-大安 2-太祖 5 8월 서하, 금나라 가주(葭州)에 쳐들어옴.
1211년(희종 7)辛未 5월 김양기, 금나라에 사신으로 가다가 몽고병에게 피살. 12월 최충헌, 왕을 폐하고 한남공 정(貞-강종)을 세움. 12월 최충헌, 왕준명(王濬明) 등을 유배 보냄. 탐라현의 석천촌(石淺村)을 귀덕현(歸德縣)으로 고침.	嘉定 4-大安 3-太祖 6 4월 금나라, 몽고에 화의를 요구하나 허락하지 않음. 서하의 양종(襄宗) 이안전 죽음. 5월 몽고, 금나라 서경을 빼앗음. 윤 9월 몽고, 거용관(居庸關)으로 들어와 약탈함.

서기 1212 ~ 1213년

한국사	주변국 정세
1212년(강종 1)壬申 1월 왕자 진(고종高宗), 안악현(安岳縣)에서 돌아옴. 1월 최충헌의 흥녕부를 진강부(晉康府)로 고침. 2월 이의(李儀)를 금나라에 보내어 전왕의 손위를 알림. 7월 금나라, 봉책사(封册使)를 보내옴. 7월 원자 진을 왕태자로 책봉.	**嘉定 5-숭녕崇寧 1-太祖** 7 3월 금나라, 호사호(胡沙虎)를 쫓아냄.
1213년(강종 2)癸酉 2월 연등회를 베품. 8월 왕 죽고 왕태자 진 즉위. 윤 9월 노육부(盧育夫)를 금나라에 보내 왕의 죽음을 알림.	**嘉定 6-崇寧 2-太祖** 8 3월 야율유가(耶律留哥), 금나라에 반하여 요나라라 칭함. 8월 금나라 호사호, 그 왕을 죽이고 승왕(昇王) 구(珣)를 세움.

서기 1214 ~ 1259년

한국사	주변국 정세
1214년(고종 1)甲戌 1월 왕의 생일을 경운전(慶雲節)이라 함. 1월 최충헌의 아내 임씨(任氏)를 수성택주(綏成宅主), 왕씨(王氏)를 정화택주(靜和宅主)로 함. 5월 왕, 혼당(魂堂)에 행차하여 사우제(四虞祭)를 행함.	**嘉定 7-선종宣宗 정우貞祐 1-太祖** 9 4월 금나라와 몽고 화의. 5월 금나라, 변(汴)으로 천도함.
1215년(고종 2)乙亥 4월 소재도량을 선경전에서 5일간 베품. 5월 이규보, 우정언 지제고(右正言知制誥)가 됨. 8월 최충헌, 전왕을 교동으로 옮김. 지눌의 『간화결의론』(看話決疑論) 편찬.	**嘉定 8-貞祐 2-太祖** 10 몽고, 동관(潼關)을 치나 이기지 못함.
1216년(고종 3)丙子 윤 7월 금나라 동경 총관부, 포선만노(蒲鮮萬奴)의 반역을 알리며 양식과 마필(馬匹)을 구함. 8월 거란 유종(遺種), 압록강을 건너 침입. 9월 김취려, 연주(延州)에서 거란병을 대파함. 10월 3군, 위주성(渭州城) 밖에서 패전.	**嘉定 9-貞祐 3-太祖** 11 4월 야율유가, 몽고에 굴복. 10월 몽고, 동관에서 이김. 금나라 포선만노(浦鮮萬奴), 요동에서 모반하여 동진국(東眞國)을 세움.
1217년(고종 4)丁丑 1월 흥왕사 등의 승려들, 최충헌을 해하려다 이루지 못함. 3월 5군(軍), 태조탄(太祖灘)에서 거란병에게 대패. 5월 거란	**嘉定 10-흥정興定 1-太祖** 12 6월 금나라, 송나라에 쳐들어감. 12월 몽고, 서하를 침.

한국사	주변국 정세
병, 동주(東州) · 원주(原州) 등을 침략. 5월 최광수(崔光秀), 서경에서 반란을 일으키나 곧 피살됨. 7월 김취려 등 거란병을 제주(堤州)에서 크게 깨뜨림.	
1218년(고종 5)戊寅 8월 거란병 또다시 침입하나 9월 조충(趙冲) 등이 거란병을 깨뜨림. 거란병, 강동성(江東城)으로 들어감. 12월 몽고 원수 합진(哈眞), 동진병과 함께 거란병을 친다고 하며 군량(軍糧)을 청함. 거란 포로, 거란장(契丹場)에 집단 거주하도록 함.	**嘉定 11-興定 2-太祖 13** 5월 금나라 장군 장유(張柔), 몽고에 항복. 12월 금나라, 송나라 화의 요청을 거절함.
1219년(고종 6)己卯 1월 조충과 김취려, 몽고 및 동진병과 합력하여 강동성 함락시킴. 1월 왕, 몽고 왕의 강화를 청하는 조서를 받음. 9월 몽고 사신 와서 수공(輸貢)을 독촉. 9월 최충헌 죽음. 10월 의주의 수졸 모반함.	**嘉定 12-興定 3-太祖 14** 6월 조양(棗陽)에서 금군(金軍)을 부숨. 칭기즈칸, 서정(西征)의 길에 오름. 몽고군, 터키에 원정. 일본 미나모토 피살되고 미나모토씨(源氏) 망함.
1220년(고종 7)庚辰 2월 금나라 장수 우가하(亏哥下), 의주(義州)의 도적을 잡아 죽이고 함송(函送)함. 3월 이인로 죽음. 4월 김취려 등을 보내어 의주 유민을 안집(安集) 시킴. 9월 조충 죽음. 9월 몽고의 사신 또 와서 수공을 독촉함.	**嘉定 13-興定 4-太祖 15** 9월 송 · 하나라 연합군, 금나라를 공격하나 이기지 못함.
1221년(고종 8)辛巳 5월 최우를 진양후로 봉함. 8월 몽고 사신 저고여 와서 황태제(皇太弟) 조(釣)의 말을 전하며 금품을 요구. 9월 몽고 사신 연이어 와서 물품을 요구. 윤 12월 재추(宰樞), 최우의 집에 모여 몽고 방비를 의론.	**嘉定 14-興定 5-太祖 16** 5월 동평(東平), 몽고에게 함락. 12월 송나라, 몽고에 사신을 보냄. 일본, 승구(承久)의 난. 인도에 몽고군 침입(~1222).
1222년(고종 9)壬午 1월 의주(宜州), 화주(和州), 철관(鐵關)에 성을 쌓음. 3월 불정도량(佛頂道場)을 베품. 7월 의주 도적 한순(韓恂)의 무리 또다시 동진병을 끌어들여 의주를 침범함. 8월 몽고 사신 31명 옴. 내소사(來蘇寺) 동종(銅鐘) 제작.	**嘉定 15-원광元光 1-太祖 17** 2월 금나라, 또다시 송나라를 공격함.

한국사	주변국 정세
1223년(고종 10)癸未 5월 일본인, 금주(金州)에 침입. 7월 최우, 나성(羅城)을 수축. 8월 최우, 황금 13층 탑을 만들어 흥왕사에 둠. 거란의 난 때 불에 탄 묘향산 보현사(普賢寺) 장육소상(丈六塑像) 재건.	**嘉定 16-元光 2-太祖 18** 3월 몽고의 목화리(木華梨), 해주(解州)에서 죽음. 12월 금나라 선종(宣宗) 죽음.
1224년(高宗 11)甲申 1월 동진국(東眞國), 사람을 보내어 양국의 교역을 청함. 4월 김의원(金義元) 죽음. 7월 이극인, 최우를 모살하려다 피살. 11월 몽고 사신 저고여(著古輿) 등 함신진(咸新鎭)에 이름. 금나라의 연호를 정지함.	**가정嘉定 17-애종哀宗 정대正大 1-太祖 19** 10월 서하, 금나라와 화의. 일본, 호조(北條泰時) 집권. 몽고군, 남러시아의 제후(諸侯)를 칼카 강변에서 쳐부숨.
1225년(高宗 12)乙酉 1월 몽고 사신 저고여, 돌아가다 압록강 밖에서 피살. 몽고, 고려를 의심하여 절교. 6월 동진(東眞) 사람 와서 여진소자(女眞小字)를 전함. 6월 최우, 정방(政房)을 자기 집에 설치함. 왕륜사의 장육금상전(丈六金像殿)을 새롭게 고침.	**이종理宗 보경寶慶 1-正大 2-太祖 20** 1월 사미원(史彌遠), 제왕(濟王) 횡을 죽임. 2월 이전(李全), 난을 일으킴. 6월 사미원, 위국공(魏國公)에 피봉.
1226년(高宗 13)丙戌 1월 김희제, 금나라 장수 우가하의 군사를 대파. 석성(石城)을 함락시킴. 1월 왜구, 경상도 연해(沿海)에 침입. 5월 조영수(趙永綏), 서경에서 난을 꾀하고 복주됨. 6월 왜, 금주(金州)에 침입.	**寶慶 2-正大 3-太祖 21** 3월 몽고, 이전을 청주(靑州)에서 포위. 7월 서하(西夏) 헌종(獻宗) 이덕왕(李德旺) 죽음. 일본의 후지와라, 쇼군(將軍)이 됨.
1227년(高宗 14)丁亥 3월 최우, 전왕을 교동(喬桐)으로 옮기고 김희제 · 주연지(周演之) 등을 죽임. 5월 일본국 적선(賊船)의 침입을 사죄하고 수호(修好)와 교역을 청함. 9월 『명종실록』(明宗實錄) 이룩됨. 박인(朴寅)을 일본에 보내어 교빙함.	**寶慶 3-正大 4-太祖 22** 5월 이전, 몽고에 항복. 6월 칭기즈칸, 서하를 멸함. 10월 칭기즈칸, 육반산(六盤山)에서 죽음.
1228년(高宗 15)戊子 7월 동진병(東眞兵) 천여 명, 장평진(長平鎭)에 머묾. 8월 문무 4품 이상에 비변(備邊)의 장책(長策)을 자문. 8월 최우, 사전(私田) 7백여 결(結)을 제아(諸衙)에 속하게	**소정紹定 1-正大 5-太祖 23** 8월 금나라 장군 진화상(陳和尙), 대창원(大昌源)에서 원군(元軍)을 크게 부숨.

한국사	주변국 정세
함. 11월 박인, 일본으로부터 돌아옴.	
1229년(高宗 16)乙丑 2월 동진, 함주(咸州)에 와서 화친을 청함. 4월 삼사(三司)의 문장고(文張庫) 불에 탐. 5월 동진, 화주(和州)에 침입. 7월 승려 지겸(至謙-정각 국사) 죽음. 11월 최우, 가병(家兵)을 사열(査閱)함.	紹定 2-正大 6-태종太宗 1 3월 몽고, 태종(太宗) 즉위. 12월 몽고, 처음으로 산부(算賦)를 정함.
1230년(高宗 17)庚寅 1월 금의(琴義) 죽음. 5월 도둑이 대묘 구실(大廟九室)의 옥책(玉册)을 훔쳐 감. 7월 대창(大倉)의 팔품(八稟) · 지고(地庫), 다 타버림. 7월 최우, 가병을 사열. 8월 우(瑀)의 아우 향(珦), 폄소(貶所) 홍주(洪州)에서 난을 일으키고 잡혀 옥사.	紹定 3-正大 7-太宗 2 2월 몽고, 십로과세소(十路課稅所)를 세움. 일본, 새로 세우는 장원(莊園) 금지.
1231년(高宗 18)辛卯 7월 최우의 처 정씨(鄭氏) 죽음. 8월 몽고 원수 살례탑 쳐들어와 철주(鐵州)를 함락. 9월 몽고병 구주(龜州)를 포위함. 11월 몽고병 평주(平州)를 쳐 빼앗고 선의문(宣義門) 밖에 와서 머뭄. 12월 몽고와 강화함.	紹定 4-正大 8-太宗 3 1월 이전 사형당함. 5월 조범(趙范) 등 회안(淮安) 회복. 10월 촉나라 군사 몽고에 항복.
1232년(高宗 19)壬辰 1월 살례탑, 다루가치(達魯花赤) 72인을 두고 되돌아감. 1월 충주(忠州)의 관노, 난을 일으킴. 6월 강화(江華)로 천도함. 9월 충주를 평정. 12월 살례탑, 또 다시 내침. 처인성(處仁城)에서 사살됨. 『초조대장경』(初雕大藏經) 몽고병의 침입으로 타버림.	紹定 5-開興 · 天興 1-太宗 4 10월 몽고, 툴루이(拖雷) 죽음. 12월 몽고 및 송, 금나라를 칠 것을 의논. 일본, 체계적 법전 『정영식목』(貞永式目)을 정함.
1233년(高宗 20)癸巳 3월 금나라에 사신을 보냈으나 길이 막혀 돌아옴. 4월 몽고, 왕이 강화도에서 나와 내조(來朝)할 것을 요구. 6월 서경(西京)의 필현보(畢賢甫)와 홍복원(洪福源) 등 배반함. 12월 최우, 가병(家兵)을 보내어 서경을 치고 현보를 잡아 죽임.	紹定 6-天興 2-太宗 5 6월 몽고, 낙양(洛陽) 함락. 9월 몽고, 동진(東眞)을 멸함.
1234년(高宗 21)甲午 1월 궁궐 및 백사(百司)를 영조(營造). 3월 조숙창(趙叔昌)을 죽임. 5월 김	단평端平 1-말제末帝 천흥天興 3-太宗 6 1월 금나라 멸망. 송나라 군사, 변으로 진군.

한국사	주변국 정세
취려 죽음. 6월 승려 원소(圓炤) 죽음. 7월 어의(御衣)를 남경(南京) 가궐(假闕)에 봉안(奉安) 시킴. 10월 최우를 진양후(晋陽候)로 봉함.	
1235년(高宗 22)乙未 1월 원자 전(佺)을 왕태자로 책봉. 윤 7월 몽고 원수 탕구(唐古)의 선봉대, 안변(安邊)에 이름. 8월 몽고병, 용강(龍岡)·함종(咸從)·삼등(三登)·용진진(龍津鎭)·동주성(洞州城) 등을 함락. 12월 최우, 강화(江華) 연안을 더 쌓음.	**端平 2-太宗 7** 1월 정비를 몽고 통호사(蒙古通好使)로 함. 2월 몽고, 화림(和林)에 성을 쌓음. 5월 진덕수(眞德秀) 죽음.
1236년(高宗 23)丙申 6월 몽고병, 압록강을 건너 서북계(界)의 제성(諸城) 및 황(黃)·신(信)·안(安) 등 3주(州) 장악. 8월 몽고병, 남경·평택·아산 등지에 분둔(分屯). 10월 몽고병, 전주·고부(古阜)의 경계에 이름. 대장경판 재조에 착수.	**端平 3-太宗 8** 3일 양양(襄陽), 모반하여 몽고에게 항복함.
1237년(高宗 24)丁酉 8월 전왕 희종(熙宗) 죽음. 김경손(金慶孫), 초적(草賊) 이연년(李延年)의 난 평정. 강화(江華)에 외성을 쌓음. 이규보 치사(致仕).	**가희嘉熙 1-太宗 9** 2월 주희의 『통감강목』(通鑑綱目) 진강(進講). 몽고 장군 바투(拔都), 모스크바·키에프를 점령.
1238년(高宗 25)戊戌 윤 4월 몽고병, 동경(東京-현 경주)에 이르러 황룡사 탑을 불태움. 5월 조현습(趙玄習)·이원우(李元祐) 등 2천여 명을 거느리고 몽고병에게 항복. 12월 장군 김보정(金寶鼎) 등을 몽고에 보내어 철병(撤兵)을 요구.	**嘉熙 2-太宗 10** 2월 몽고군, 노주를 포위. 10월 맹공(孟珙), 영주를 회복. 몽고, 대극서원(大極書院)을 연경(燕京)에 세움.
1239년(高宗 26)己亥 4월 몽고 사신 와서 친조(親朝)를 조유(詔諭). 4월 몽고병 철병. 8월 몽고, 보가파하(甫加派下) 등을 보내 왕의 친조를 독촉함. 10월 몽고, 이듬해에 친조할 것을 조유함. 12월 신안공(新安公) 전(佺)을 몽고에 보냄.	**嘉熙 3-太宗 11** 1월 사숭지(史嵩之), 대신이 됨. 3월 맹공(孟珙), 양양(襄陽)을 회복. 12월 최여지 죽음.
1240년(高宗 27)庚子 4월 조수(朝脩)·김성보(金成寶)를 몽고에 보냄. 9월 전(佺), 몽고 사신	**嘉熙 4-太宗 12** 2월 맹공을 사천 선무사(四川宣撫使)로 하여 둔전(屯田)을 일으킴. 몽고 장군 바

한국사	주변국 정세
과 함께 몽고제(蒙古帝)의 조서(詔書)를 가지고 돌아옴. 12월 송언기(宋彦琦) 등을 몽고에 보냄.	투, 러시아 제후 정복.
1241년(高宗 28)辛丑 4월 족자(族子) 영녕공(永寧公) 준(綧)을 왕자라 칭하여 몽고에 보내어 뚤루게(禿魯花-볼모)로 삼음. 4월 몽고 원수 탕구(唐古), 사람을 보내옴. 8월 탕구, 사람을 재차 보냄. 9월 이규보 죽음. 이규보의 『동국이상국집』(東國李相國集) 간행.	**남송南宋 이종理宗 순우淳祐 1-몽고蒙古 태종太宗 13** 11월 몽고 태종(太宗) 죽음. 성도(城都) 반란, 몽고에 항복. 몽고, 라이크니츠에서 독일군 대파.
1242년(高宗 29)壬寅 5월 송언기(宋彦琦) 등을 몽고에 보냄. 9월 지방의 각 주현(州縣)에 심검사(審檢使)를 보냄. 10월 최위에게 식읍(食邑)을 더 주고 공(公)으로 진작(進爵).	**淳祐 2-황후칭제皇后稱制 1** 1월 몽고군, 촉나라로 들어감. 7월 몽고군, 회수(淮水)를 건너 쳐들어옴. 일본, 호조 야스토키(北條泰時) 죽고, 호조 쓰네토키(經時) 집권. 몽고군, 소아시아 침입.
1243년(高宗 30)癸卯 1월 최우, 송백공(宋白恭) 등 30여 명을 죽임. 1월 최우, 이(怡)라고 이름을 고침. 2월 지방에 순문사(巡問使) 및 권농사(勸農使)를 파견. 8월 세조(世祖)·태조(太祖)를 강화(江華)에 이장함. 9월 일본, 방물(方物)을 바쳐옴.	**淳祐 3-皇后稱制 2** 2월 여개(余玠)를 사천제치사(四川制置使)로 함. 3월 몽고 중서령(中書令) 야율초재(耶律楚材) 죽음.
1244년(高宗 31)甲辰 2월 신안공(新安公) 전(佺)의 딸을 태자비로 삼음. 2월 최이, 가면극 등 잡희(雜戲)를 공람. 7월 몽고 사신 아토(阿土) 등 옴. 8월 강안전(康安殿)을 다시 지음.	**淳祐 4-皇后稱制 3** 6월 여문덕(呂文德)을 회서초무사(淮西招撫使)로 함. 9월 사숭지(史嵩之)를 다시 기용. 12월 범종(范鍾)·두범(杜範), 대신이 됨.
1245년(高宗 32)乙巳 3월 왕, 건성사(乾聖寺)에 행차. 4월 박수(朴隨) 등을 몽고에 보냄. 5월 최이, 종실(宗室) 이상 및 재추(宰樞)를 자기 집에서 향연(饗宴)함. 10월 전(佺)을 몽고에 보냄.	**淳祐 5-皇后稱制 4** 4월 두범 죽음. 몽고군, 회서(淮西)를 공격하여 약탈함. 6월 서원걸(徐元杰) 죽음.
1246년(高宗 33)丙午 5월 단오 때 남녀의 추천고취(擲韆鼓吹)의 놀이를 금함. 5월 왕, 선원사(禪源社)에 행차. 5월 권형윤(權衡允)을 울릉도의 안무사로 삼음. 5월 곡주(谷州)·수덕(樹德) 두 곳에 은공(銀貢)을 감해 줌.	**淳祐 6-정종定宗 1** 7월 몽고의 정종(定宗) 귀유(貴由) 즉위. 9월 맹공 죽음. 몽고군, 경호강회(京湖江淮)를 침범. 일본, 호조 도키요리(北條時賴) 집권.

한국사	주변국 정세
1247년(高宗 34)丁未 6월 최이, 서자 만전(萬全)을 환속시켜 항(抗)이라 개명하고 호부상서를 시킴. 7월 몽고 장수 아모간(阿母侃), 군사를 거느리고 염주(鹽州)에 와서 머무름. 안서대도호부(安西大都護府) 해주(海州)를 해주목(海州牧)으로 고침.	淳祐 7-定宗 2 4월 조규(趙葵), 추밀사가 됨. 일본의 미우라(三浦)씨 망함.
1248년(高宗 35)戊申 2월 몽고에 사신을 보냄. 3월 북계 여러 성(城)의 민가를 옮겨 해도(海島)에 입보(入保)시킴. 3월 최항을 추밀원 지주사로 삼음. 10월 양반으로 하여금 송도(松都)를 윤번(輪番)으로 지키게 함.	淳祐 8-定宗 3 4월 몽고, 정종(定宗) 죽음.
1249년(高宗 36)己酉 6월 안전(安東)을 몽고에 보냄. 8월 몽고, 또다시 왕의 출륙 친조(出陸親朝)를 조유(詔諭)함. 9월 동진군(東眞軍)이 동계(東界)에 침입하자 별초군을 보내어 이를 격파. 11월 최이 죽음. 최항, 대신 정권을 장악.	淳祐 9-황후칭제皇后稱制 1 일본의 막부, 히키쓰케슈(引付衆)를 둠. 일본의 건장사(建長寺) 창건.
1250년(高宗 37)庚戌 1월 승천부(昇天府)에 궁궐을 지음. 3월 북계 주현(北界州縣)의 민호(民戶)를 서경(西京) · 기내(機內) 및 서해도(西海道)에 내사(內徙) 시킴. 6월 몽고 사신, 출륙(出陸)의 상황을 조사. 8월 강도(江都)에 중성(中城)을 쌓음.	淳祐 10-皇后稱制 2 3월 가사도(賈似道), 양회제치대사(兩淮制置大使)가 됨.
1251년(高宗 38)辛亥 3월 최항, 계모 대씨(大氏)를 유배보내고 김경손(金慶孫)을 죽임. 6월 몽고, 홍복원(洪福源)을 고려군민장관(高麗軍民長官)으로 삼음. 9월 대장경 조판을 끝냄. 11월 금주(金州)에 성을 쌓아 왜구에 대비.	淳祐 11-몽고蒙古 헌제憲宗 1 2월 몽고의 헌종(憲宗) 몽케(蒙哥) 즉위. 7월 쿠빌라이(忽必烈)에게 한남(漢南)을 총관 시킴.
1252년(高宗 39)壬子 5월 승천부에 성랑(城廊)을 쌓음. 7월 여러 산성에 방호별감(防護別監)을 보냄. 8월 충실도감(充實都監)을 두고 한인(閑人) · 백정(白丁)을 점열하여 각 영의 군대에 보	淳祐 12-憲宗 2 8월 쿠빌라이, 대리(大理)에 원정. 일본의 무네타카 친왕(崇尊親王), 정이 대장군이 됨.

한국사	주변국 정세
충. 10월 또 다시 서경 유수관(西京留守官)을 둠.	
1253년(高宗 40)癸丑 7월 북계 병마사, 몽고병의 도강(渡江)을 알림. 8월 몽고병, 양산성(木山城) 및 동주산성(東州山城) 함락. 8월 몽고병, 전주(全州)에 이름. 9월 야굴(也窟)에게 군사를 되돌릴 것을 요청. 12월 안경공(安慶公) 창(倀)을 몽고에 보냄.	寶祐 1-憲宗 3 7월 여개(余玠) 죽음. 12월 쿠빌라이, 대리를 멸하고 토번을 항복시킴. 일본의 승려 니치렌(日蓮), 법화종(法華宗)을 창도.
1254년(高宗 41)甲寅 1월 아모간(阿母侃), 군사를 돌이킴. 7월 몽고 장수 차라대(車羅大), 군사를 거느리고 도강(渡江). 8월 창(倀) 몽고 사신과 함께 돌아옴. 9~10월 차라대, 충주산성 · 상주산성을 쳤으나 실패. 몽고에 붙잡혀 간 남녀 20만여 명에 이름.	寶祐 2-憲宗 4 쿠빌라이, 염희헌(廉希賢)을 경조 선무사(京兆宣撫使)에 임명.
1255년(高宗 42)乙卯 1월 차라대, 옛 수도(舊京) 보정문(保定門) 밖에 와서 머뭄. 4월 몽고병, 의주(義州) · 정주(靜州) 경계에 와서 머뭄. 8월 몽고 병기(兵騎), 승천부(昇天府)에 이름. 경성(京城) 병력 수비. 10월 충주(忠州)에서 몽고병을 깨뜨림.	寶祐 3-憲宗 5 7월 몽고, 서남이(西南夷) 평정. 일본, 건장사의 종을 주조.
1256년(高宗 43)丙辰 1월 수군(水軍)을 남하시켜 몽고병을 막게 함. 3월 입암산성(笠巖山城)에서 몽고병을 깨뜨림. 6월 차라대, 해양(海陽) 무등산(無等山)에 머무름. 8월 차라대, 갑곶강(甲串江) 밖에 이름. 12월 유민(流民)에게 토전(土田)을 양급함.	寶祐 4-憲宗 6 몽고, 개평(開平)에 성을 쌓음. 정원봉(程元鳳) 대신이 됨.
1257년(高宗 44)丁巳 4월 원주(原州)의 도적 안열(安悅) 등 모반하였으나 실패. 윤 4월 최항 죽음. 최의, 정권 계승. 6월 몽고병, 남경(南京) · 직산(稷山) 등지에 이름. 9월 급전도감(給田都監)을 둠. 8월 김식(金軾)을 차라대 둔소(屯所)에 보내어 태자의 친조를 대신함.	寶祐 5-憲宗 7 몽고, 양양(襄陽)을 침. 몽고 헌종(憲宗), 송나라 정벌에 오름.

한국사	주변국 정세
1258년(高宗 45)戊午 2월 몽고병, 의주(義州)에 성을 쌓음. 3월 유경(柳璥) 등 최의를 죽이고 정권을 왕에게 돌림. 6월 몽고 여수달(余愁達) 등이 군대를 거느리고 평주(平州)에 와 머무름. 7월 몽고, 홍복원을 죽임. 8월 차라대 옛 수도에 머무름. 몽고, 쌍성총관부(雙城摠管府)를 둠.	寶祐 6-憲宗 8 2월 훌라구, 서역 여러 나라를 평정. 4월 정원봉(程元鳳) 파면. 몽고군, 바그다드 점령, 아바스조(朝) 멸망(750년~).
1259년(高宗 46)乙未 2월 마니산(摩尼山)에 이궁(離宮)을 세움. 4월 태자 전(倎), 몽고로 떠남. 4월 삼랑성(三郎城) 및 신니동(神尼洞)에 가궐(假闕)을 세움. 6월 강도(江都)의 내외성(內外城)을 헐어 버림. 6월 왕 죽음. 11월 옛 수도에 궁궐을 세움.	개경開慶 1-憲宗 9 2월 몽고장 올량합합(兀良哈合), 담주(潭州)를 포위. 7월 몽고 헌종, 합주(合州)의 진중(陣中)에서 죽음.

서기 1260 ~ 1274년

한국사	주변국 정세
1260년(원종元宗 1)庚申 2월 관민(官民)으로 하여금 옛 수도에 집을 짓게 함. 3월 태자 귀국하여 4월 강안전(康安殿)에서 즉위. 6월 왕, 식(植)으로 이름을 고침. 7월 최자(崔滋) 죽음. 7월 왕자 심(諶)을 태자로 책봉.	남송南宋 이종理宗 경정景定 1-몽고蒙古 세조世祖 중통中統 1 3월 쿠빌라이, 개평에서 즉위. 4월 아릭부가(阿里不哥), 화림(和林)에서 즉위.
1261년(元宗 2)辛酉 1월 왕전(王佺) 죽음. 4월 태자 심을 몽고로 보냄. 5월 시사의 물가를 절정(折定)함. 9월 몽고에서 태자 돌아옴. 몽고, 요양(遼陽)의 옛성을 수리하여 안무고려군민총관부(按撫高麗軍民總管俯)를 둠.	景定 2-中統 2 10월 쿠빌라이, 아릭부가를 부수고 북방 평정.
1262년(元宗 3)壬戌 6월 몽고, 파사부(婆娑府)의 둔전군(屯田軍)을 압록강 서쪽으로 이주 시킴. 9월 몽고 사신이 와서 요자(摱子) 및 동 그릇(好銅) 2만 근(斤)을 구함. 10월 미륵사(彌勒寺) 및 공신당(功臣堂)을 중영(中營).	景定 3-中統 3 8월 몽고 사천택(史天澤), 제남(濟南)을 함락. 9월 몽고, 아출(阿朮)을 정남 도원수(征南都元帥)로 함.

한국사	주변국 정세
1263년(元宗 4)癸亥 2월 금주(金州-현 김해군)에 왜구 침입. 4월 일본에 사신을 보내어 해적을 금하게 함. 6월 표착(漂着)한 일본관 상선(日本官商船)을 호송. 몽고, 영녕공(永寧公) 준(綧)을 안무고려군민총관으로 삼아 심주(瀋州)를 다스리게 함.	景定 4-中統 4 1월 몽고, 요슈를 대신으로 함. 2월 공전(公田)을 매수하고 관원(官員)을 둠.
1264년(元宗 5)甲子 5월 몽고 사신 와서 왕의 친조를 재유(再諭). 8월 김준(金俊)을 교정별감으로 삼음. 8월 왕, 몽고로 감. 10월 왕, 연경에 이르러 황제를 만남. 12월 왕 귀국. 행종도감(行從都監)을 둠.	景定 5-원元 세조世祖 지원至元 1 8월 몽고, 연경(燕京)을 중도(中都)로 함. 10월 이종(理宗) 죽음.
1265년(元宗 6)乙丑 1월 김준을 시중으로 함. 7월 왜, 남쪽 해안에 쳐들어옴. 7월 삼별초군을 보내어 이를 막게 함. 10월 김준을 해양후(海洋候)에 봉함. 11월 왕, 백좌인왕도량(百座仁王道場)을 친히 베품.	도종度宗 함순咸淳 1-至元 2 4월 고사도(賈似道), 위국공(魏國公)에 피봉. 6월 강만리(江萬里)를 참정(參政)으로 함. 9월 몽고, 안동(安童)을 대신으로 함.
1266년(元宗 7)丙寅 2월 몽고, 심주(瀋州)를 세워 고려의 항민(降民)을 살게 함. 11월 몽고, 신사(軍信使) 흑적(黑的)을 보내 일본에 안내할 것을 조유(詔諭). 12월 송군비(宋君斐) 등이 흑적 등과 함께 일본으로 감. 12월 제주 성주(濟州星主)를 몽고에 보냄.	咸淳 2-至元 3 1월 남송, 강만리를 파면함. 일본의 효조(北條時宗), 쇼군 무네타카 친황 폐함.
1267년(元宗 8)丁卯 1월 송군비, 몽고 사신과 함께 돌아옴. 8월 흑적 등 또다시 와서 일본 통호(日本通好)의 조서(詔書)를 전함. 8월 반부(潘阜)를 일본에 보내 몽고서(蒙古書) 및 국서(國書)를 전함. 10월 신(神)·희(熙)·강(康) 3대의 실록을 편수.	咸淳 3-至元 4 12월 여문환(呂文煥), 지양양부(知襄陽府)가 됨.
1268년(元宗 9)戊辰 7월 반부, 일본으로부터 돌아옴. 또 그를 몽고로 보내어 사유(事由)를 상주(上奏)하게 함. 8월 몽고에 주함(舟艦)의 영조	咸淳 4-至元 5 9월 아출(阿朮) 등 양양(襄陽)을 포위. 일본, 몽고의 사신을 물리침. 일본의 호조 도키무네(北條時宗) 집권.

한국사	주변국 정세
(營造)를 보고. 12월 반부 등 몽고 국사(蒙古國使) 흑적 등과 함께 일본으로 감. 12월 김준을 족주(族誅).	
1269년(元宗 10)己巳 3월 흑적 등 돌아옴. 4월 세자 심(諶), 몽고에 입조. 5월 흥선도(興善島) 소장의 국사(國史)를 진도(珍島)로 옮김. 6월 임연(林衍), 왕을 폐하고 안경공(安慶公) 창(淐)을 세움. 11월 왕 복위. 전민변정도감(田民辨整都監)을 둠.	咸淳 5-至元 6 몽고, 파스파(八思巴)가 지은 몽고 문자를 사용. 파스파를 대보법황(大寶法皇)으로 함. 여문덕 죽음.
1270년(元宗 11)庚午 1월 몽고병, 세자의 청에 의하여 서경(西京)에 와 머무름. 2월 몽고, 서경에 동녕부(東寧府)를 세움. 2월 임연 죽음. 6월 배중손(裵仲孫) 등이 삼별초를 거느리고 모반함. 8월 삼별초 진도(珍島)로 들어감.	咸淳 6-至元 7 1월 몽고의 염희헌(廉希憲) 파면. 3월 몽고, 허형(許衡)을 중서좌승(中書左丞)으로 함.
1271년(元宗 12)辛未 3월 몽고 흔도(忻都) 등이 와서 봉주(鳳州)에 경략사(經略使)를 두고 군사를 머물게 함. 5월 김방경(金方慶), 몽고군과 함께 진도를 함락. 5월 삼별초의 나머지 무리 탐라로 들어감.	咸淳 7-至元 8 5월 몽고, 가정제로(嘉定諸路)에 쳐들어옴. 11월 몽고, 국호를 원(元)으로 고침. 일본에 몽고 사신 조양필(趙良弼) 입국. 베니스의 마르코 폴로, 동방 여행 시작(~1295년).
1272년(元宗 13)壬申 2월 세자, 변발 · 호복하고 돌아옴. 2월 전함병량도감(戰艦兵糧都監)을 둠. 6월 삼별초, 탐라를 근거로 주위를 노략질함. 6월 동서학당별감(東西學堂別監)을 둠. 12월 초군별감(抄軍別監)을 지방에 파견.	咸淳 8-至元 9 11월 마연란(馬延鸞) 파면.
1273년(元宗 14)癸酉 1월 경상도에서 전함(戰艦)을 만들게 함. 2월 김방경을 보내어 원장(元將)과 함께 탐라를 공격하게 함. 4월 탐라를 평정. 윤 6월 원나라, 탐라에 다루가치 총관부(達魯花赤摠管府)를 둠. 방고감전별감(房庫監傳別監)을 둠.	咸淳 9-至元 10 2월 여문환, 양양(襄陽)에서 원나라에 항복. 7월 원나라의 허형 파면.
1274년(元宗 15)甲戌 1월 원나라, 사신을 보내	咸淳 10-至元 11 1월 원나라 백안, 좌승상이

한국사	주변국 정세
어 전함 3백 척을 만들게 함. 3월 결혼도감(結婚圖監)을 둠. 4월 원나라, 쌀 2만 석을 보내옴. 5월 원나라의 정동병(征東兵), 1만5천 명 옴. 6월 왕 죽음. 10월 김방경, 원의 장수 흔도(忻都)와 함께 일본을 정벌하나 이기지 못함.	됨. 7월 탁종(度宗) 죽고, 태후 집정. 원나라 장군 사천택(史天澤)과 백안 크게 쳐들어옴.

서기 1275 ~ 1308년

한국사	주변국 정세
1275년(충렬忠烈 1)乙亥 1월 동정 원수(東征元帥) 흔도 등 북쪽으로 돌아감. 6월 흰옷을 입지 못하게 함. 7월 군기조성도감(軍器造成都監)을 둠. 8월 조관(朝官) 복장을 고침.10월 관제(官制)를 고침. 12월 반전도감(盤纏都監)을 둠.	공종恭宗 덕우德祐 1-至元 12 1월 범문호(范文虎) 등 원나라에 항복함. 2월 사천택 죽음. 문천상(文天祥), 근왕(勤王)의 군사를 일으킴. 고사도 피살. 마르코 폴로, 원나라에 이르러 세조를 만남.
1276년(忠烈 2)丙子 3월 선지(宣旨)를 왕지(王旨), 짐(朕)을 고(孤), 사(赦)를 유(宥), 주(奏)를 정(呈)으로 고침. 윤 4월 차자색(箚子色)을 처음으로 둠. 5월 통문관(通文館)을 둠. 9월 세조(世祖)·태조(太祖)의 재궁(梓宮)을 강화(江華)로부터 복장(複葬)함.	단종端宗 경염景炎 1-至元 13 문천상, 복주(福州)에서 단종(端宗)을 받듦.
1277년(忠烈 3)丁丑 1월 왕자 원(蝶)을 왕세자로 책봉. 2월 왕륜사(王輪寺) 장륙소상(丈六塑像) 이룩됨. 2월 농무도감(農務都監)을 둠. 5월 승려 육연(六然). 강화에서 유리와(琉璃瓦)를 번조(燔造)함. 5월 『고종실록』(高宗實錄)을 찬수.	景炎 2-至元 14 8월 문천상의 병사 괴멸됨. 11월 장세걸(張世傑), 황제를 받들고 수산(秀山)으로 달아남.
1278년(忠烈 4)戊寅 2월 김방경 유배 됨. 2월 원나라의 의관을 착용하고 개체(開剃)하게 함. 4월 왕·공주·세자, 원으로 감. 9월 왕과 공주 돌아옴. 10월 김방경을 다시 등용. 12월 녹과전(祿科田)을 개급(改給). 공사 노비(公私奴婢)의 방량(放良)을 금함.	제병帝昺 상흥祥興 1-至元 15 4월 단종, 강주(蛇州)에서 죽음. 6월 황제, 애산(厓山)으로 옮겨감. 문천상, 원나라 병사에게 잡힘.

한국사	주변국 정세
1279년(忠烈 5)己卯 2월 사패전(賜牌田)을 녹과전에 충당치 못하게 함. 3월 도병마사(都兵馬使)를 도평의사(都評議使)로 고침. 4월 원에 이리간(伊里干)의 설치를 청함. 6월 원나라, 전함 9백 척을 만들게 함. 7월 이리간에 부민(富民)을 옮겨 둠.	祥興 2-至元 16 2월 장세걸의 군사, 애산에서 괴멸. 남송 멸망. 일본, 원나라 사신 주복(周福) 등을 죽임.
1280년(忠烈 6)庚辰 3월 왕, 지공(紙貢)을 제(除)하게 함. 8월 왕, 원나라로 가서 일본을 칠 방책을 진술. 10월 좌우창(左右倉)의 재정이 다 떨어짐. 11월 3군 5차(三軍五車)를 사열. 11월 조인규 등을 원에 보내어 일본 정벌 준비의 완료를 알림.	至元 17 1월 장홍범(長弘範) 죽음. 8월 요슈 죽음. 11월 수시력(授時曆)을 사용. 염희헌 죽음.
1281년(忠烈 7)辛巳 3월 김방경 등 합포(合浦)로 향함. 5월 흔도와 홍다구 및 김방경 등 일본을 침. 8월 동정군(東征軍), 패하여 합포로 돌아옴. 윤 8월 흔도와 홍다구 등 북쪽으로 돌아감. 10월 원, 진변만호부(鎭邊萬戶府)를 금주(金州)에 두게 함.	至元 18 3월 허형 죽음. 7월 원나라, 일본에 원정. 일본 고안(弘安)의 싸움.
1282년(忠烈 8)壬午 1월 원나라, 정동행중서성(征東行中書省)을 폐함. 3월 합포를 진수(鎭戍)케 함. 6월 은병(銀甁)의 절미가(折米價)를 정함. 11월 원나라, 사람을 보내어 전함을 수리. 합포를 회원현(會原縣)으로 고침.	至元 19 3월 아합마(阿合馬) 피살. 12월 주청(朱淸), 장헌에게 해운(海運)을 시작하게 함. 일본 원각사(圓覺寺) 창건.
1283년(忠烈 9)癸未 3월 요양(遼陽), 북경에 사람을 보내어 유민을 데려옴. 3월 승려 견명(見明-일연)을 국존(國尊)으로 함. 4월 사심관(事審官)을 그만둠. 6월 원, 왕을 정동중서성좌승상(征東中書省左丞相)으로 함. 8월 원나라에서 남녀 광대 옴.	至元 20 6월 관리의 봉급을 올림. 11월 원나라, 면(緬)을 격파.
1284년(忠烈 10)甲申 1월 원나라, 쌍성(雙城)에 도망한 고려 사람을 돌려 보냄. 6월 원나라, 군	至元 21 11월 초법(鈔法)을 시행. 안동(安童)을 대신으로 노세영(盧世榮)을 우승(右丞)으로 함.

한국사	주변국 정세
사를 보내어 제주(濟州)를 지키게 함. 10월 원부(元傅)와 허공(許珙) 등 『고금록』(古今錄)을 편찬. 과주(果州)의 용산처(龍山處)를 부원현(富原縣)으로 승격.	일본 호조 사다토키(北條貞時) 집권.
1285년(忠烈 11)乙酉 3월 사패전(賜牌田)으로서 본래 소유자가 있는 논밭 모두 돌려주게 함. 8월 황보기(皇甫琦) 죽음. 10월 계점사(計點使) 및 별감(別監)을 지방에 파견함. 12월 원나라 사신 와서 조선(造船)을 독려. 원나라, 화살 만드는 수공업자 10명을 보내옴.	至元 22 2월 규조소(規措所)를 세움. 11월 노세영(盧世榮) 사형.
1286년(忠烈 12)丙戌 1월 원나라, 일본 정벌을 그만둔다는 조서를 보내옴. 8월 사람을 동진(東眞)에 보내어 유민을 돌려 보냄. 11월 오양우(吳良遇) 등에게 국사(國史)를 찬수시킴.	至元 23 1월 원나라, 일본 정벌을 단념. 2월 한인(漢人)의 병기 휴대를 금함.
1287년(忠烈 13)丁亥 2월 원부(元傅), 죽음. 3월 합포 수군(合浦戍軍), 원으로 돌아감. 4월 화폐를 쓰기 위하여 은동(銀銅)을 합주(合鑄)함을 금함. 4월 원의 지원보초(至元寶杪)를 통용시킴. 12월 허공(許珙) 등에게 명하여 동녀(童女)를 고르게 함.	至元 24 윤 2월 상서성(尙書省)을 둠. 처음으로 국자감(國子監)을 둠. 3월 지원초(至元杪)를 사용함. 4월 내안(乃顔) 반란. 호삼성(胡三省) 죽음.
1288년(忠烈 14)戊子 2월 마축자장별감(馬畜滋長別監)을 둠. 4월 원나라, 고려에게 군사 5천명과 군량을 건주(建州)로 보낼 것을 청함. 5월 원나라, 조정병(助征兵)을 철령(鐵嶺)에 옮겨 주둔하게 함. 11월 원나라 처녀를 바침. 전민변정도감을 둠.	至元 25 2월 송나라의 고궁(故宮)을 부수어 불사(佛寺)로 함. 9월 징리사(徵理司)를 둠.
1289년(忠烈 15)乙丑 4월 안향(安珦), 원의 유학제거(儒學提擧)가 됨. 7월 승려 일연(一然) 죽음. 7월 원나라, 징병하러 옴. 10월 원나라, 조정군(助征軍)을 그만두게 함. 11월 유경(柳璥) 죽음. 11월 왕, 공주, 세자 원나라로 감.	至元 26 1월 대운하의 일부인 회통하(會通河) 개통(開通). 6월 카이두(海都), 화림(和林)에 쳐들어 옴. 사방득(謝枋得) 죽음.

한국사	주변국 정세
1290년(忠烈 16)庚寅 3월 왕, 공주, 세자 원나라로부터 돌아옴. 3월 원나라, 동녕부(東寧府)를 폐함. 9월 원나라에 처녀를 바침. 11월 국사 문적(國史文籍)을 강화(江華)로 옮김. 12월 합단(哈丹)의 병사 수만 명 화주(和州)·등주(登州)를 함락 시킴. 12월 왕, 강화로 피난함.	至元 27 11월 만호부(萬戶府)를 증치(增置)하고 강남(江南)을 지킴. 안동, 파면.
1291년(忠烈 17)辛卯 1월 합단, 원주(原州)에 이름. 원충갑 등 합단의 무리 격파. 4월 원나라의 원병(援兵) 옴. 5월 아군, 원의 군사와 함께 연기(燕岐)에서 합단의 무리 크게 무찌름. 6월 원나라, 강남미(江南米) 10만 섬을 보내옴.	至元 28 1월 상가(桑哥) 파면. 2월 징리사(徵理司)를 폐지. 상서성(尙書省)을 중서성(中書省)에 병합. 7월 상가, 사형.
1292년(忠烈 18)壬辰 1월 개경(開京)으로 환도. 5월 세자, 원나라로부터 돌아옴. 7월 염세 별감(鹽稅別監)을 경상·전라·충청도에 보냄. 8월 세자를 원나라에 보냄. 개국사(開國寺) 불에 탐.	至元 29 1월 혜하(惠河) 개통. 윤 3월 안남 입공(入貢).
1293년(忠烈 19)癸巳 3월 첨의사사(僉議使司)를 도첨의사사(都僉議使司)로 개칭. 6월 원나라, 강남미 20척을 실어 보내옴. 8월 원나라, 또다시 일본을 공격하려고 파두아(波豆兒)를 보내어 조선(造船)을 감독시킴. 10월 왕과 공주 원으로 감. 왕, 거(昛)로 이름을 고침.	至元 30 1월 안동 죽음. 4월 유인(劉因) 죽음. 일본, 재판소 진서탐제(鎭西深題) 설치.
1294년(忠烈 20)甲午 1월 원제(元帝) 죽고, 일본 원정 중지됨. 5월 왕, 원제(元帝)에게 탐라의 환속(還屬) 등을 청함. 6월 원제(元帝), 공주를 안평 공주(安平公主)에 책봉. 11월 탐라 환속되므로 탐라의 왕자 및 성주(星主)에게 예물을 줌.	至元 31 1월 세조(世祖) 죽음. 황손 칭기스칸(테무친), 상도(上道)에서 즉위.
1295년(忠烈 21)乙未 1월 원나라, 몽고 글자 교수(敎授)를 보내옴. 3월 원, 사신을 보내어 탐라의 말(馬)을 가져감. 윤 4월 탐라를 제주(濟州)로 고침. 윤 4월 쌀 2만여 섬을 요양(遼陽)으로 보냄. 8월 김방경에게 상락군 개국공(上洛郡開國	성종成宗 원정元貞 1 윤 4월 선법(選法)을 고침. 5월 강남(江南)의 현(縣)을 주(州)로 함. 마르코 폴로, 이탈리아에 돌아옴. 이탈리아의 프란체스코, 중국 포교 사업에 종사(~1368년).

한국사	주변국 정세
公)을 내림.	
1296년(忠烈 22)丙申 2월 원, 단사관(斷事官)을 보내 탐라의 마축(馬畜)을 구처(區處) 시킴. 3월 원의 사신 와서 관역(館驛)을 정리. 3월 경사교수도감(經史敎授都監)을 둠. 6월 왕과 공주, 원나라로 감. 11월 세자, 보탑실련 공주와 결혼.	元貞 2 2월 불홀출(不忽朮), 평장군국사(平章軍國事)가 됨. 6월 관리에 수구조격(受賕條格)을 반포.
1297년(忠烈 23)丁酉 왕, 원에게 요(遼)·심(瀋)의 피로(被虜)와 유민(流民)의 귀국을 청함. 4월 원나라, 요양로(遼陽路)의 피로와 유민을 돌려보냄. 5월 왕과 공주, 원에서 돌아옴. 5월 공주 병으로 죽음. 10월 세자, 원으로 감.10월 조인규(趙仁規) 등을 원나라에 보내어 전위(傳位)를 청함.	원元 성종成宗 대덕大德 1 1월 야선첩목아(也先帖木兒), 대신이 됨. 10월 상올아(牀兀兒), 답로홀하(答魯忽河)에서 해도(海都)를 쳐부숨.
1298년(忠烈 24)戊戌 1월 세자(충선왕) 왕위에 오르고, 충렬왕을 태상왕(太上王)으로 함. 4월 정방(政房)을 그만둠. 5월 관제(官制)를 고침. 같은 달 조인규(趙仁規)와 조비(趙妃) 등을 옥에 가둠. 7월 또다시 관제를 고침. 8월 원나라, 태상왕을 다시 왕으로 삼음. 12월 관제를 복구함.	大德 2 3월 장구사(張九思), 대신이 됨.
1299년(忠烈 25)己亥 4월 원, 조인규를 안서(安西)에 유배. 6월 흰 갓(白笠)·흰옷(白衣)을 금함. 10월 원나라, 활리길사(闊里吉思)를 정동행중서성 평장사(征東行中書省平章事)로 삼아 왕과 국사(國事)를 함께 관리 시킴.	大德 3 마르코 폴로의 『동방견문록(東方見聞錄)』 나옴.
1300년(忠烈 26)庚子 4월 왕, 원나라로 감. 5월 동녀(童女)를 원에 바침. 8월 김방경 죽음(1212년~). 10월 이승휴(李承休) 죽음. 10월 활리길사, 본국의 노비법을 개혁하려 하나 왕이 이를 막음.	大德 4 5월 불홀출 죽음. 음서격(蔭敍格)을 경정(更正)함.
1301년(忠烈 27)辛丑 3월 원나라, 활리길사를 해임함. 3월 원나라, 탐라 군민 만호부(軍民萬	大德 5 정동행성(征東行省)을 없애 버림.

한국사	주변국 정세
戶府)를 둠. 5월 관명(官名)이 원조(元朝)와 같은 것을 모두 고침. 5월 원에 사신을 보내어 탐라 총관부의 폐지를 청함. 6월 전민변정사(田民辯正司)를 둠.	
1302년(忠烈 28)壬寅 7월 진양필(秦良弼)을 원나라에 보내어 동녀를 바침. 8월 원, 요(遼) · 심(瀋)의 인물을 분간(分揀). 11월 동지밀직사사(同知密直司事) 유보(兪甫)를 합포에 출진(出鎭)시킴. 12월 왕, 원나라로 감.	大德 6 유심(劉深) 등을 파면.
1303년(忠烈 29)癸卯 5월 왕 돌아옴. 윤 5월 김문정(金文鼎), 선성 10철(先聖十哲)의 상(像)을 가지고 원으로부터 돌아옴. 8월 홍자번(洪子藩) 등, 오기(吳祁)를 잡아 원으로 보냄. 9월 왕, 전왕(충선)의 환국을 막으러 원나라로 감.	大德 7 3월 운남분성(雲南分省)을 쳐부숨. 김이상(金履祥) 죽음.
1304년(忠烈 30)甲辰 2월 황포(黃袍) · 황산(黃傘)을 다시 사용. 3월 외오문자(畏吾文字)로 인한 옥사 일어남. 5월 안향(安珦)의 건의로 국학섬학전(國學贍學錢)을 둠. 6월 국학 대성전(國學大成殿) 이룩됨. 7월 강남의 승려 소경(紹瓊) 옴.	大德 8 10월 해산(海山)을 회령왕(懷寧王)으로 함.
1305년(忠烈 31)乙巳 4월 왕, 승려 소경으로부터 보살계(菩薩戒)를 받음. 9월 안서왕(安西王), 사람을 보내어 동녀(童女)를 구함. 11월 왕, 원나라로 감. 12월 원, 사람을 보내어 사경승(寫經僧)을 구함. 12월 조인규를 방환(放還).	大德 9 2월 천수만령사(天壽萬寧寺) 창건.
1306년(忠烈 32)丙午 7월 한희유(韓希愈) 죽음. 8월 전 왕비 홍씨(洪氏) 죽음. 9월 안향(安珦) 죽음(1234년~). 9월 홍자번, 원나라에서 죽음. 왕유소 등 부자(父子)를 이간 시킴.	大德 10 1월 강남(江南) 백운종(白雲宗)을 도승록사(都僧錄司)에서 파면. 5월 또다시 정동행성을 둠.
1307년(忠烈 33)丁未 3월 전왕, 충렬왕을 경수사(慶壽寺)로 옮김. 3월 국정(國政), 전왕에게 돌아감. 4월 전(琠) · 왕유소(王惟紹) 등을 사형 시	大德 11 1월 성종(成宗) 죽고, 황후 집정.

한국사	주변국 정세
킴. 9월 전왕, 16세 이하 13세 이상인 여자의 혼인을 제한. 12월 선대(先代)의 실록(實錄) 185책을 원에 보냄.	
1308년(忠烈 34)戊申 5월 원제(元帝), 전왕을 심양왕(瀋陽王)에 봉함. 7월 왕 죽음. 8월 전왕 즉위. 9월 제궁(諸宮)·관명(官名)을 고치고 또 궁주(宮主)를 옹주(翁主)로 고침. 10월 처음으로 5부(部)에 점호(點戶)를 시작함. 윤 11월 외종형제의 통혼(通婚)을 금함.	**원元 무종武宗 지대至大 1** 1월 아사불화(阿沙不花)를 우승상(右丞相)으로 함. 11월 무종(武宗), 전국의 둔전(屯田)을 조사.

서기 1309 ~ 1313년

한국사	주변국 정세
1309년(충선忠宣 1)己酉 2월 각염법(榷鹽法)을 세움. 2월 충헌왕(忠憲王-고종)의 실록을 찬수. 4월 밀직(密直)·중방(重房) 복구됨. 8월 5부(部)의 민가에 개와(蓋瓦) 시킴. 응방(鷹坊)을 또 다시 둠.	**至大 2** 6월 성직자의 부세(賦稅)를 징수. 8월 상서성을 다시 둠. 9월 지대은초(至大銀鈔)를 쓰고 처음으로 주전(鑄錢)함.
1310년(忠宣 2)庚戌 4월 원, 왕을 심왕(瀋王)에 봉함. 5월 원나라, 엄인(閹人)·동녀(童女)를 구함. 5월 왕, 세자 감(鑑)을 죽임. 7월 원, 보탑실련 공주를 한국 장공주(韓國長公主)로 함. 8월 제사(諸司) 및 주군(州軍)의 호(號)를 고침.	**至大 3** 대도 유수(大都留守) 아르슬란(阿兒思蘭)을 죽임. 중도(中都)에 성을 쌓음.
1311년(忠宣 3)辛亥 1월 쇄권 별감(刷卷別監)을 둠. 2월 원나라에 엄인을 바침. 4월 선군(選軍)을 다시 둠. 11월 충경왕(忠敬王-원종) 실록을 찬수. 장경(藏經)을 원에 보냄. 권담(權聸) 죽음(1228년~).	**至大 4** 1월 무종(武宗) 죽음. 5월 팔백식부(八白息婦)를 침.
1312년(忠宣 4)壬子 6월 원나라, 우리나라에 행성(行省)을 두지 않기로 함. 6월 자모법(字母法)을 쓰지 않고 사채업자의 추징을 금함. 8월	**인종仁宗 황경皇慶 1** 이맹(李孟) 그만두고, 장규(張珪)가 대신이 됨.

한국사	주변국 정세
쇄권 별감을 지방에 보냄. 9월 승인 추고별감(僧人推考別監)을 둠. 10월 엄인을 원에 바침.	
1313년(忠宣 5)癸丑 3월 왕, 강릉 대군(江陵大君) 도(燾)에게 전위(傳位)함. 또 연안군(延安君) 고(暠)를 둘루게로 함. 9월 상왕(上王), 왕, 공주 귀국. 11월 왕사(王師) 정오(丁午)를 국통(國統), 승려 혼구(混丘)를 왕사로 삼음.	皇慶 2 11월 처음으로 과거를 시행.

서기 1314 ~ 1330년

한국사	주변국 정세
1314년(충숙忠肅 1)甲寅 1월 태조(太祖) 이래의 실록을 약찬(略撰). 2월 오도순방계정사(吾道巡訪計定使)를 보내어 전부(田賦)를 양정(量定). 6월 권부(權傅) 등 성균관에 모여 새로 사들인 서적 1,800여 권을 고열(考閱)함. 7월 원, 송나라의 비각(秘閣) 소장의 서적 4천여 권을 보냄.	연우延祐 1 9월 철목질아(鐵木迭兒), 대신이 됨. 12월 관민(官民) 거복(車服)의 제도를 정함.
1315년(忠肅 2)乙卯 1월 원나라, 조칙을 내려 귀천(貴賤)의 복색(服色)을 정함. 1월 동당(東堂)을 응거시(應擧試)로 고침. 9월 공주, 원나라에 감. 12월 공주, 원에서 병사함. 지공거(知貢擧)를 고시관(考試官)으로 고침.	延祐 2 1월 백성의 질고(疾苦)를 순문(巡問)시킴. 11월 무종(武宗)의 아들 화세날을 주왕(周王)으로 운남(雲南)에 출진시킴.
1316년(忠肅 3)丙辰 2월 상왕(上王), 심왕(瀋王)의 자리를 고(暠)에게 전하고 태위왕(太尉王)이라 칭함. 3월 벼슬아치 및 승려의 상업 행위를 금함. 7월 왕, 역린진팔랄 공주(亦燐眞八剌公主-복국 장공주)와 결혼. 10월 왕, 공주와 함께 원으로부터 돌아옴.	延祐 3 3월 곽수경 죽음. 10월 조맹 한림학사 승지가 됨. 일본 호조 다카(北條高時) 집권.
1317년(忠肅 4)丁巳 1월 왕, 영왕(營王)의 청으로 동녀(童女)를 친히 뽑음. 3월 원의 사신 와서 군기소(軍器所), 궁노 도감(弓弩都監) 및 강화(江	延祐 4 2월 군현(郡縣)에 의창(義倉)을 둠. 일본, 승려 일령(一寧) 죽음.

한국사	주변국 정세
華)의 군기(軍器)를 검열. 4월 민지 『본조편년강목』(本朝編年綱目)을 찬진(撰進). 8월 구재삭시(九齋朔試)를 둠.	
1318년(忠肅 5)戊午 2월 제주 백성 반란을 일으켜 성주(星主) 왕자를 쫓음. 4월 사심관(事審官) 폐지. 5월 제폐사목소(除弊事目所)를 둠. 6월 제폐사목소를 찰리변위도감(拶理辨違都監)으로 고쳤다가 폐지. 6월 제주의 도적을 평정.	延祐 5 2월 금자(金子)의 불경(佛經)을 베낌. 강남의 다세(茶稅)를 늘임.
1319년(忠肅 6)乙未 3월 상왕(上王), 남유(南遊)와 종신(從臣)에게 『행록』(行錄) 1권을 짓게 함. 6월 안향(安珦)을 문묘(文廟)에 모심. 9월 사심관(事審官)이 차지한 토지와 민호(民戶) 몰수. 9월 구전(口傳)하여 이창(李敞)을 당후관(堂後官)으로 함.	延祐 6 4월 철대질아(鐵大迭兒)를 태자 태사(太子太師)로 함.
1320년(忠肅 7)庚申 8월 감시(監試)를 거자시(擧子試)로 고침. 원, 상왕을 토번(吐蕃)으로 귀양 보냄. 12월 정방(政房)을 다시 둠. 화자거집전민추고도감(火者據執田民推考都監)을 둠.	延祐 7 1월 인종(仁宗) 죽음. 2월 강남의 백운승(白雲僧)을 환속시킴.
1321년(忠肅 8)辛酉 3월 찰리변위도감을 다시 둠. 4월 왕, 원으로 감. 10월 상왕, 토번에 도착. 최해(崔瀣), 원의 제과(制科)에 등제하여 요양로개주판관(遼陽路蓋州判官)이 됨.	원元 영종英宗 지치至治 1 6월 시정(時政)을 망언(妄言)함을 금함. 일본, 기록소를 다시 설치.
1322년(忠肅 9)壬戌 3월 원제(元帝), 심왕의 참언(讒言)으로 왕을 꾸짖고 국왕의 인(印)을 빼앗음. 8월 권한공 등 백관을 모아 심왕을 세울 것을 청하여 중서성에 상소하였으나 받지 않음. 토산현(土山縣)을 상원군(詳原郡)으로 승격.	至治 2 6월 조맹부 죽음. 7월 철대질아 죽음.
1323년(忠肅 10)癸亥 2월 원나라, 상왕을 타사마(朶思麻)로 옮김. 3월 심왕 고(暠), 사람을 보내어 제명(帝命)으로써 제창(諸倉)을 봉함. 9월 원나라 황제 피살, 상왕 소환됨. 개국사(開國寺)	至治 3 2월 대원통제(大元通制)를 반포. 4월 조역법(助役法) 시행. 8월 철실(鐵失), 영종(英宗) 및 배주(拜住)를 죽임.

한국사	주변국 정세
중건.	
1324년(忠肅 11)甲子 1월 원제(元帝), 왕에게 국왕 인장(印章)을 줌. 8월 왕, 금동(金童) 공주와 결혼. 11월 상왕, 사람을 보내어 백성을 계유(戒諭). 안축(安軸), 원의 제과(制科)에 급제하여 요양로개주판관이 됨.	태정제泰定帝 태정泰定 1 1월 도첩목이(圖帖睦爾)를 소환하여 회왕(懷王)으로 함. 3월 태정제(泰定帝) 아속길팔(阿速吉八)을 황태자로 함. 일본, 쇼추(正中)의 난 일어남.
1325년(忠肅 12)乙丑 5월 왕 및 공주, 원나라로부터 돌아옴. 5월 상왕, 원에서 죽음. 10월 공주, 용산행궁(龍山行宮)에서 죽음. 10월 평양에 기자사(箕子祠)와 숭인전(崇仁殿)을 세움.	泰定 2 6월 대신(大臣)의 군무(軍務) 겸령(兼領)을 고침.
1326년(忠肅 13)丙寅 7월 민지 죽음. 7월 『편년강목』(編年綱目)을 편찬.	泰定 3 기내(機內) · 하북(河北) · 산동(山東)에 기근(饑饉).
1327년(忠肅 14)丁卯 5월 왕, 심왕에게 선위(禪位)하려 함. 5월 한종유(韓宗愈) 등 간신을 물리치고 선위는 실행되지 않음. 11월 윤석(尹碩) 이하를 1등 공신, 정만길(鄭萬吉) 이하를 2등 공신으로 하여 논밭과 장획(臧獲)을 내림.	
1328년(忠肅 15)戊辰 2월 세자 정(禎)을 원에 보냄. 7월 원나라, 심왕당(瀋王黨)의 참소를 듣고 매로(買驢) 등을 보내어 왕을 꾸짖게 함. 7월 호승(胡僧) 지공(指空), 연복정(延福亭)에서 설계(設戒). 12월 반전도감(盤纏都監)을 둠.	치화致和 천순제天順帝 천순天順 1 문종文宗 천력天曆 1 태정제 죽음. 천순제(天順帝) 즉위. 도첩목이의 군사, 상도(上都)를 함락. 천순제 행방불명.
1329년(忠肅 16)己巳 3월 도적, 금마군(金馬郡)의 마한조(馬韓祖) 무강왕릉(武康王陵)을 발굴. 6월 유청신(柳淸臣), 원에서 죽음. 10월 김지경(金之鏡)을 원에 보내어 세자 정(禎)에게 전위할 것을 청함.	명종明宗 천력天曆 2 1월 명종(明宗), 화림(和林)의 북(北)에서 즉위. 7월 명종 죽음.
1330년(忠肅 17)庚午 2월 원제(元帝), 세자 정을 왕으로 함. 2월 원의 사신 와서 국왕의 인을 가져감. 3월 왕 역련진반(亦憐眞班-덕녕 공주)과 결혼. 정승(政丞)을 중찬(中贊), 평리(評理)를	원元 문종文宗 지순至順 1 5월 활철백 및 탈목아(脫木兒) 피살.

한국사	주변국 정세
참리(參理)로 고침. 고시관(考試官)을 또다시 지공거(知貢擧)로 고침.	

서기 1331년

한국사	주변국 정세
1331년(충혜忠惠 1)辛未 4월 처음으로 새 소은병(小銀瓶)을 쓰고, 구병(舊甁)의 사용을 금함. 8월 기내(機內)의 사급전(賜給田)을 없애고, 녹과전(祿科田)에 충당. 9월 『충경왕실록』(忠敬王室錄)을 지음. 이학도감(吏學都監)을 둠.	**至順** 2 운남(雲南)의 난을 평정. 6월 오징(吳澄) 죽음. 일본 겐코(元弘)의 난 일어남.

서기 1332 ~ 1339년

한국사	주변국 정세
1332년(충숙忠肅 복위 1)壬申 2월 상왕 복위. 3월 원나라, 군기(軍器)를 수검(搜檢). 3월 김지경(金之鏡) 옥사. 4월 행저(行邸)의 용도(用度)가 부족하여 백관(百官)과 부인(富人)에게 과렴(科斂).	**영종寧宗 지순至順** 3 8월 문종, 상도(上都)에서 죽음. 10월에 영종 즉위하여 11월에 죽음. 일본 고곤 천황(光嚴天皇) 즉위.
1333년(忠肅 2)癸酉 3월 원나라, 왕의 환국을 독촉. 6월 이곡(李穀), 원의 제과에 등제하여 한림국사원 검열관(翰林國史院檢閱官)이 됨. 공주(公主)를 목(牧)으로 함.	**순제順帝 원통元統** 1 8월 연첩목아(燕帖木兒) 죽음. 6월 순제(順帝), 상도(上都)에서 즉위. 일본 호조씨(北條氏) 망함.
	元統 2 일본, 기록소(記錄所) · 잡소 결단소(雜訴決斷所) 등을 둠.
1335년(忠肅 4)乙亥 3월 원나라, 고려의 잉첩(剛妾)을 선취(選取)함을 금지시킴. 7월 원나라, 단사관(斷事官)을 보내어 어향사(御香使) 탑사불화(塔思不花)를 죽임. 11월 왕의 휘를 도(燾)에서 만(卍)으로 고침. 윤 12월 이곡(李穀), 동녀 징발의 금지를 청함.	**지원至元** 1 7월 백안, 황후를 죽임. 11월 과거를 없애버림. 일본의 아시카가(足利尊氏), 반란을 꾀함.

한국사	주변국 정세
1336년(忠肅 5)丙子 3월 왕, 전왕의 공신전(功臣田)을 거두어 돌려줌. 10월 왕, 한인(漢人) 노강충(盧康忠) 등의 참소를 듣고 원으로 감. 12월 원나라, 전왕이 불근(不勤)하다 하여 본국으로 돌아가게 함.	至元 2 4월 첩목아불화(帖木兒不花)를 평장정사(平章政事)로 함. 일본, 아시카가, 입경(入京)하여 광명원(光明院)을 받들어 세움. 일본 천황, 요시노(吉野)로 옮김.
1337년(忠肅 6)丁丑 5월 원나라, 한인(漢人)·남인(南人) 및 우리나라 사람이 군기(軍器)를 허장(虛藏)함을 금함. 9월 전왕, 주위의 무리를 거느리고 자주 미행(微行). 12월 원제(元帝), 병기(兵器)를 걷지 않도록 하고 또 기마(騎馬)를 허락.	至元 3 1월 광동(廣東)의 주광경(朱光卿), 하남(河南)의 봉호(棒胡) 등 병사를 일으켰으나 곧 평정됨. 한인(漢人) 및 남인(南人)이 병기를 갖지 못하게 함. 일본 고묘 천황 즉위.
1338년(忠肅 7)戊寅 6월 술(酒)을 금함. 7월 환자(宦者)·동녀(童女) 및 말(馬)을 구함. 7월 원나라, 사람을 보내어 불경지(佛經紙)를 구함.	至元 4 일본의 아시카가, 정이 대장군이 됨.
1339년(忠肅 8)乙卯 3월 왕 죽음. 5월 전왕, 원나라 집사자(執事者)에게 뇌물을 주고 복위를 꾀함. 8월 조적 등 심왕 고(暠)와 모역하다 사형됨. 11월 원나라 사신이 와서 국인(國印)을 전왕에게 줌. 11월 왕을 원나라로 잡아감.	至元 5 10월 백안을 대승상(大丞相)으로 함. 백안, 담왕(嬴王)을 죽임. 일본, 북전친방(北畠親房), 『신황정통기』(神皇正統記)를 지음.

서기 1340 ~ 1344년

한국사	주변국 정세
1340년(충혜忠惠 복위 1)庚辰 1월 원나라, 왕을 형부(刑部)에 가둠. 3월 왕을 석방하여 4월 왕 돌아옴. 4월 원나라, 고려인 기씨(奇氏)를 제2황후에 봉함. 4월 이조년을 정당문학으로 삼음. 6월 최해(崔瀣) 죽음(~1287년).	至元 6 2월 백안 죽음. 12월 다시 과거를 시행.
1341년(忠惠 2)辛巳 2월 환자(宦者) 고용보(高龍普)를 완산군(完山君)으로 함. 5월 원나라, 왕의 아우 강릉 대군(江陵大君) 기(祺-공민왕)를 불러들임. 윤 5월 현효도 사형됨. 12월 이조년, 왕의	원元 순제順帝 지정至正 1 4월 호광(湖廣)·연남(燕南)·산동(山東)에 군사 일어남. 일본, 천룡사선(天龍寺船)을 원나라에 보냄.

한국사	주변국 정세
황음(荒淫)을 간하고 벼슬을 그만둠.	
1342년(忠惠 3)壬午 2월 황, 제고(諸庫)의 포(布)를 내놓고 개시(開市). 3월 이인복, 원나라 제과에 급제. 6월 윤석(尹碩) 이하에게 공신호(功臣號)를 내리고, 땅과 노비를 줌. 7월 우탁 죽음.	至正 2 1월 금구하(金口河)를 개통. 3월 대동(大同)에 기근. 일본 아시카가(足利尊氏), 오산십찰(五山十刹)을 둠.
1343년(忠惠 4)癸未 3월 직세(職稅) 및 선세(船稅)를 징수. 5월 이조년 죽음. 5월 원의 사신 와서 송·요·금 3국의 사적(事蹟)을 구함. 6월 기인법(其人法)을 다시 행함.	至正 3 1월 요양(遼陽)에 반란. 3월 탈탈(脫脫)에게 송, 요, 금 3국의 삼사(三史)를 짓게 함. 7월 변양(汴梁)에 홍수.
1344년(忠惠 5)甲申 1월 왕, 악양(岳陽)에서 죽음. 2월 원자 흔(昕), 원에서 즉위. 5월 보흥고(寶興庫), 내승(內乘), 응방(鷹坊)을 없애버림. 6월 서연(書筵)을 둠. 8월 숭문관(崇文館)을 만듦. 8월 과거법을 고침. 12월 정방 없앰.	至正 4 1월 수령 출척법(守令黜陟法)을 정함. 5월 탁극탁(托克托) 파면, 아로도(阿魯圖) 우승상이 됨.

서기 1345 ~ 1348년

한국사	주변국 정세
1345년(충목忠穆 1)乙酉 1월 정방을 다시 둠. 5월 단오(端午)의 척석희(擲石戲)를 금함. 7월 심왕 고, 죽음. 8월 경기지역 토전(土田)의 경리(經理)를 고쳐 직전(職田)을 고루 나누어줌. 11월 팔관회를 베풂.	至正 5 5월 한림학사 감규(甘揆) 죽음. 9월 사신을 보내어 천하(天下)를 순행(巡行) 시킴. 일본 북조(北朝), 정화(貞和)로 개원(改元).
1346년(忠穆 2)丙戌 3월 동계(東界) 우릉도인(芋陵島人) 옴. 6월 연복사(演福寺) 종(鐘) 이룩됨. 10월 이제현 등에게 『편년강목』(編年綱目)을 증수(增修)하고 또 충렬, 충선, 충숙 3조(三朝)의 실록을 편찬케 함. 승려 보우(普愚) 원나라에 유학.	至正 6 5월 섬서(陝西)에 기근. 주금(酒禁)을 행함. 윤 10월 호광(湖廣)의 요(嘹), 난을 일으킴.
1347년(忠穆 3)丁亥 2월 정치도감(整治都監)을 두고 지방의 전토(田土)를 정비케 함. 3월 정치	至正 7 6월 마찰아태(馬札兒台)를 서령(西寧)으로 내쫓음. 철목아탑실(鐵木兒塔失) 죽음.

한국사	주변국 정세
도감, 기황후(奇皇后)의 족제(族弟) 기삼만(奇三萬)을 잡아 가둠. 곧 옥사. 7월 원의 사신 와서 기삼만의 사인(死因)을 국문함. 10월 해야도감(孩兒都監)을 둠.	
1348년(忠穆 4)戊子 2월 진제도감(賑濟都監)을 두고 굶주린 사람에게 죽(粥)을 먹임. 4월 전라도의 쌀을 조운(漕運)하여 경기, 충청, 서해도의 굶주린 사람을 먹임. 6월 안축(安軸) 죽음(1282년~). 12월 왕 죽음. 12월 이제현을 원에 보냄.	至正 8 2월 행도수감(行都水監)을 운성(鄆城)으로 세움. 8월 우집(虞集) 죽음. 11월 방국진(方國珍), 군사를 일으킴. 일본 하내(河內) 시조나와테(四條畷)의 싸움.

서기 1349 ~ 1351년

한국사	주변국 정세
1349년(충정忠定 1)己丑 5월 원제(元帝), 원자 저(昛)에게 왕위를 계승케 함. 7월 왕 죽음. 7월 저, 원나라로부터 돌아와 즉위. 8월 정치도감 폐지. 10월 강릉 대군 기(祺), 원에서 위왕(衛王)의 딸 노국 공주(魯國公主)와 결혼.	至正 9 11월 알근해수(斡勤海壽)의 벼슬을 빼앗음. 일본 아시카가 모토우지(足利基氏), 관동(關東管領)이 됨.
1350년(忠定 2)庚寅 2월 왜구, 고성 · 거제 등지에 첫 입구(入寇). 4월 왜선(倭船), 순천부(順天府)에 침입하여 조선(漕船)을 노략질. 6월 왜, 합포(合浦)에 입구. 9월 덕녕 공주, 원으로 감. 왜구로 인하여 진도현(珍島縣)을 내지(內地)로 옮김.	至正 10 11월 초법을 개정. 일본 북조(北朝), 관응(觀應)으로 개원.
1351년(忠定 3)辛卯 1월 이곡 죽음. 8월 왜선 백여 척, 경기 지방을 노략질. 10월 원나라, 강릉 대군 기(祺)를 왕으로 함. 10월 왕, 이제현을 섭정승(攝政丞)으로 삼음. 11월 남해에 왜구 들어옴. 12월 왕, 공주 원으로부터 돌아옴. 12월 왕 즉위.	至正 11 5월 유복통(劉福通) · 서수휘(徐壽輝) 등 군사를 일으킴(紅巾賊). 10월 서수휘(徐壽輝), 기수(蘄水)에서 황제를 칭함.

한국사	주변국 정세
1352년(공민恭愍 1)壬辰 1월 왕, 이연종(李衍宗)의 간언(諫言)으로 변발(辮髮)을 그만둠. 2월 정방을 폐지. 3월 전왕, 강화에서 죽음. 9월 조일신(趙日新), 난을 일으킴. 10월 조일신 사형됨. 예의추정도감(禮儀推正都監)을 둠.	**至正** 12 1월 서수휘의 군사, 한양을 함락함. 2월 곽자흥(郭子興) 등 군사를 일으킴. 일본 북조(北朝) 후광엄원(後光嚴院) 책립, 문화(文和)로 개원.
1353년(恭愍 2)癸巳 3월 원나라 단사관(斷事官)이 와서 조일신의 무리를 처형. 8월 원의 사신 만만태자(蠻蠻太子) 등 옴. 11월 전민별감(田民別監)을 모든 도(道)에 보냄. 12월 쇄권도감(刷卷都監) 폐지. 길재(吉再) 출생(~1419년).	**至正** 13 5월 장사성(張士誠), 고우(高郵)에서 성왕(誠王)이라 칭함. 주원장(朱元璋), 저주(滁州)에서 군사를 일으킴.
1354년(恭愍 3)甲午 3월 이색(李穡), 원의 전시(殿試)에 등제. 4월 왜구, 전라도 조선(漕船)을 노략질함. 7월 유탁(柳濯)·염제신(廉悌臣) 등 군사 2천여 명을 거느리고 원으로 감. 최해의 『졸고천백』(拙藁千百) 간행.	**至正** 14 9월 탁극탁(托克托)으로 하여금 장사성(張士城)을 무찌르게 함. 합마(哈麻)의 참언으로 탁극탁의 벼슬을 없애버림.
1355년(恭愍 4)乙未 3월 전라도에 왜구 들어옴. 5월 권겸(權謙), 인당(印璫), 최영(崔瑩) 등 원나라로부터 돌아옴. 11월 전주(全州)를 부곡(部曲)으로 함. 의성창(義成倉)을 다시 내빙고(內氷庫)로 고침. 최해 『동인지문』(東人之文) 편집.	**至正** 15 2월 유복통(劉福通), 한림아(韓林兒)를 송나라 황제로 칭함. 12월 합마, 탁극탁을 죽임. 일본의 종량친왕(宗良親王), 시나노(信濃)에서 반란.
1356년(恭愍 5)丙申 4월 승려 보우(普愚)를 왕사(王師)로 삼음. 5월 정동행성이문소(征東行省理問所)를 폐지. 5월 압록강 서쪽의 8참(站)을 공략하고 쌍성(雙城) 등지를 도로 찾게 함. 6월 원의 연호를 정지. 7월 또 관제를 고침. 『수릉엄경』(首楞嚴經) 사본 이룩됨.	**至正** 16 7월 주원장, 오공국(吳公國)이라 칭함.
1357년(恭愍 6)丁酉 9월 염철 별감(鹽鐵別監)을 지방에 보냄. 9월 왜구, 승천부(昇天府)에 침입. 9월 왜구로 인해 조운(漕運)이 끊어짐. 윤 9월 이인복에게 『고금록』(古今錄)을 편수시킴. 10월 삼년상(三年喪)을 행하게 함. 12월 전선(銓	**至正** 17 5월 주원장, 영국(寧國) 등의 여러 도시를 함락. 8월 장사성(張士城) 항복. 12월 명옥진(明玉珍), 성도(城都)를 함락. 구양현(歐陽玄) 죽음.

한국사	주변국 정세
選)을 이 · 병부(吏兵部)에 복귀.	
1358년(恭愍 7)戊戌 3월 경도 외성(京都外城)을 보수함. 4월 최형(崔瑩)을 양광 · 전라도 왜구 체복사(倭寇體覆使)로 삼음. 5월 왜구, 교동(喬桐)을 불태움. 7월 서강(西江)에 성을 쌓음. 12월 원나라에 인삼을 바침.	至正 18 상도(上都), 홍건적에게 점령됨.
1359년(恭愍 8)乙亥 2월 홍건적, 글을 보내옴. 5월 예성강(禮成江) · 옹진(甕津)에 왜구 침범. 11월 용(遼) · 심(瀋)의 유민 2천3백여 호 귀순. 12월 홍건적, 압록강을 건너 각지를 노략질하고 서경을 함락. 제군(諸軍) 및 승병(僧兵)을 보내어 막게 함.	至正 19 10월 진우량(陳友諒), 서수휘(徐壽煇)를 강주(江州)에 물리치고 스스로 한왕(漢王)이라 칭함. 일본 『신천재집』(新千載集) 간행. 일본 지쿠고강(筑後川)의 싸움 일어남.
1360년(恭愍 9)庚子 1월 제군, 서경을 수복. 2월 이방실(李芳實) · 안우 등 홍건적을 격파. 3월 홍건적, 서해도에 침입. 7월 왕, 임진현(臨津縣) 백악(白岳)에 행차하여 천도지(遷都地)를 살핌. 11월 백악의 신궁(新宮)에 이거. 설손(楔遜) 죽음.	至正 20 5월 한왕 진우량(陳友諒), 서수휘를 죽이고 황제를 칭함. 12월 양적왕 아리적첩목아(阿里翟帖木兒)의 반란 일어남.
1361년(恭愍 10)辛丑 1월 최영을 서북면 도순찰사로 함. 2월 이자춘(李子春)을 동북면 병마사로 함. 3월 장사성(張士城), 사신을 보내옴. 4월 요양성 총관 고가노(高家奴), 사신을 보내 공물을 바침. 4월 경상도에 왜구 침입. 4월 이자춘 죽음. 6월 흰 옷(白衣) · 흰 갓(白笠)을 금함. 9월 정동성(征東省)을 다시 둠. 9월 독로강 만호(禿魯江萬戶) 박의(朴儀) 모반함. 10월 이성계, 박의를 잡아 죽임. 10월 홍건적 10만 명 삭주(朔州) · 이성(泥城)에 침입. 11월 홍언박(洪彥博), 문하시중이 됨. 11월 이성계, 홍건적 대파, 12월 홍건적, 절령책(岊嶺柵)을 격파하고 곧 경성을 함락. 12월 왕, 복주(福州)에 이름.	원元 순제順帝 21 8월 주원장(朱元璋), 강주(江州)에서 이김. 8월 진유량(陳友諒), 무창(武昌)으로 달아남. 6월 찰한첩목아(察罕帖木兒), 산동(山東)을 회복. 아리곤첩목아(阿里袞帖木兒) 사형됨. 찰한첩목아 대신이 됨. 12월 일본의 관군(官軍), 세 번째로 동경(京都)을 수복. 이어 의전(義詮) 또 입경.

한국사	주변국 정세
1362년(恭愍 11)壬寅 1월 정세운(鄭世雲) · 안우(安祐) 등 홍건적을 대파. 경성을 수복. 김용(金鏞), 왕명을 거짓으로 꾸며 정세운을 죽임. 나하추(納哈出)를 유인하여 삼살(三撒) · 홀면(忽面) 지방을 침략. 2월 환관 고용복(高龍福) 처형. 같은 달 김용(金鏞), 안우(安祐) · 이방실(李芳實)을 죽임. 2월 관제(管制)를 고침. 4월 복주목(福州牧)을 안동 대도호부로 함. 6월 안경우(安慶遇), 서북면 도병마사가 됨. 7월 이성계, 함흥평야에서 나하추를 대파. 8월 탐라의 목호(牧胡), 반란을 일으킴. 금살도감(禁殺都監) 설치. 예문춘추관(藝文春秋館)을 예문관으로 개칭. 녹전봉상색(祿轉捧上色) 설치.	**順帝 22** 1월 이사제(李思齊)등 장양필(張良弼)을 공격하다가 패함. 3월 명옥진(明玉珍), 운남(雲南)을 함락하고 5월 농촉왕(濃蜀王)을 칭함. 6월 찰한첩목아, 전풍(田豊)에게 피살. 11월 확곽첩목아(擴廓帖木兒), 전풍을 죽임. 일본의 의전, 가와고에(越中)의 관군을 침. 일본 북조(北朝) 개원(改元).
1363년(恭愍 12)癸卯 1월 왕, 청주(淸州)에 있다가 2월 흥왕사에 돌아옴. 윤 3월 김용 일당 행궁을 침범함. 최영(崔瑩) 등이 적당(賊黨)을 소탕. 왕 입경(入京). 윤 3월 김용, 밀성군(密城郡)에 유배되어 4월 사형됨. 4월 왜선 200여 척이 교동(橋桐)에 정박하자 수안현(守安縣)을 도원수로 서북면에 보내 덕흥군(德興君)에게 대비하도록 함. 12월 덕흥군, 요동에 진수. 문익점(文益漸), 원에서 목화씨를 가져옴.	**順帝 23** 1월 명옥진 등 성도(成都)에서 황제를 칭하고(~1366년) 국호를 하(夏)라 함. 확곽첩목아와 이라(李羅) 서로 다툼. 7월 진유량(陳友諒), 주원장과 싸워 패해 죽고 그 아들 리(理)가 왕이 됨. 장사성, 오(吳)의 왕을 칭함.
1364년(恭愍 13)甲辰 1월 최유, 원병(元兵) 1만으로써 덕흥군을 받들고 압록강을 건너 의주를 포위. 1월 여진의 삼선(三船) · 삼개(三介) 등, 화주(和州) 이북을 침략. 1월 이성계, 최유의 군사를 달천(達川)에서 대파. 2월 이성계, 삼선 · 삼개 등을 대파. 화주 · 함주(咸州) 지방 수복. 2월 서북면 도원수 경천흥(慶天興) 등 개선. 3월 경상도 해변에 왜구 침입. 5월 장사성(張士誠)에 보빙(報聘). 5월 경상도 도순문사 김속명(金續	**順帝 24** 1월 주원장, 스스로 오나라 왕이 됨. 2월 한주(漢主) 진우량(陳友諒), 오나라에 항복. 3월 주원장, 관제(管制)를 정함. 4월 리라첩목아(李羅帖木兒), 군사를 일으켜 대궐에 침입.

한국사	주변국 정세
命), 진해(鎭海)에서 왜구 3천 명 대파. 6월 전라도에 왜인 만호부(倭人萬戶府)를 둠. 10월 원나라, 최유를 압송하여 11월 사형 시킴.	
1365년(恭愍 14)乙巳 1월 원나라에 사신을 보내 복흥군(福興君)의 압송을 요청. 2월 노국 공주 죽음. 3월 교동(橋洞) · 강화(江華)에 왜구 침입. 3월 왜구, 창릉(昌陵)에서 세조 초상을 훔쳐 감. 4월 왕, 죽은 노국 공주의 초상을 그림. 5월 승려 편조(遍照)를 사부(師傅)로 삼고 국정에 참여케 함. 7월 편조를 진평후(眞平候)에 봉함. 8월과 10월 방국진(方國珍), 사신을 보내옴. 12월 신돈(辛旽), 영도첨의사사(領都僉議司事)가 됨.	順帝 25 3월 원(元)의 태자, 군사를 내어 리라첩목아를 무찌름. 윤 10월 확곽첩목아에게 여러 도(道)의 군마(軍馬)를 다스리게 함.
1366년(恭愍 15)丙午 1월 정운경(鄭云敬) 죽음. 2월 하남왕(河南王)에게 사신 전녹생(田祿生)을 보냄. 4월 정추(鄭樞) 등 신돈의 비행을 상소. 5월 왜구, 교동(橋洞)에 주둔하면서 약탈함. 5월 전민변정도감 설치, 신돈을 판사(判事)로 함. 8월 심왕(瀋王), 사신을 보내옴. 8월 궁중에 문수회(文殊會)를 둠. 9월 양천현(陽川縣)에 왜구. 11월 김일(金逸)을 일본에 보내 해구(海寇)의 엄금을 청함. 11월 하남왕(河南王) 보빙(報聘).	至正 26 3월 명옥진 죽고, 아들 승(昇)이 황제를 칭함. 4월 오왕(吳王), 회안(淮安)의 여러 지방을 공격하여 빼앗음. 9월 오나라의 군사, 장사성(張士誠)을 쳐 호주(湖洲)의 여러 지방을 빼앗음. 12월 한림아(韓林兒) 죽고, 송나라 망함. 첩목아(티무르), 후사인을 죽이고 발크를 차지함(~1366년).
1367년(恭愍 16)丁未 1월 원나라, 사신을 보내 영릉(永陵)을 비롯하여 공신호와 시호를 내림. 3월 사은사(謝恩使) 백한룡(白漢龍), 성절사(聖節使) 왕중귀(王重貴) 원나라에 감. 3월 왜구, 강화를 약탈. 4월 신돈, 왕에게 천도를 권함. 왕, 신돈을 시켜 평양의 지세를 보게 함. 4월 임박(林樸), 제주도를 선무. 5월 국학(國學)을 다시 지음. 7월 이제현 죽음. 8월 천희(千禧)를 국사(國師), 선현(禪顯)을 왕사(王師)로 함. 10월 원장(元將) 나하추, 사신을 보내옴. 10월 경천흥(慶天	至正 27 9월 오나라 왕 주원장, 장사성을 잡음. 10월 오나라, 서달(徐達) 등을 보내어 북벌. 12월 오나라, 방국진을 항복시킴. 일본 아시카가 모토우지(足利基氏) 죽고, 아들 우니미츠(滿氏), 관령(管領)이 됨.

한국사	주변국 정세
興) 등 신돈 제거를 위해 모의하다 발각되어 유배됨. 12월 이색(李穡), 성균 대사성(成均大司成)이 됨. 12월 성균관에 9재(齋)를 둠. 호복제(胡服制) 폐함.	
1368년(恭愍 17)戊申 1월 일본, 사신을 보내옴. 2월 국자감시를 폐지. 4월 왕, 구제(九齊)에 가서 친시(親視). 7월 일본, 사신을 보내옴. 윤 7월 강구사(講究使) 이하생(李夏生)을 쓰시마에 보냄. 9월 신돈, 유숙(柳淑)과 김달상(金達詳)을 죽임. 9월 왕, 원나라가 오왕(吳王)에 망하자 백관에게 명과의 수교를 의논케 함. 10월 신돈, 김정(金定) 등을 죽임. 11월 명 태조에 사신 장자온(狀子溫)을 보냄. 11월 신돈, 조인(趙璘)과 김원명(金元命)을 죽임.	명明 태조太祖 홍무洪武 1-북원北元 순제順帝 지정至正 28 1월 오나라 왕 주원장, 황제가 되어 국호를 명(明)이라 함. 4월 명나라의 서달(徐達) · 상우춘(常遇春), 원나라 군사를 크게 무찌름. 8월 원나라 순제(順帝), 대도(大都)로부터 개평(開平)으로 달아남. 서달, 대도에 입성. 북원(北元)이 생김. 일본 아시카가 요시미쓰(足利義滿), 쇼군(將軍)이 됨. 금릉(金陵)을 남경(南京), 개봉(開封)을 북경(北京)이라 함.
1369년(恭愍 18)乙酉 1월 나하추 · 홍보보(洪寶寶), 사신을 보내옴. 4월 명(明), 사신을 보내옴. 5월 원의 연호를 폐함. 5월 명에 사신을 보냄. 6월 관제를 개정. 8월 만호(萬戶) · 천호(千戶)를 서경 · 이성 · 강계 등지에 둠. 9월 제주 항복, 목사(牧使)를 둠. 11월 왜구, 충청도에서 조선(漕船)을 약탈. 11월 신돈, 왕의 정무 섭행(攝行). 12월 이성계, 동북면원수 지문하성사(東北面元帥知門下省事)로 됨. 12월 이성계를 보내 동녕부(東寧府)를 친 후 북원(北元)과 절교키로 함. 원의 향시(鄕試) · 회시(會試) · 전시(殿試) 제도를 시행.	洪武 2-至正 29 1월 왜구, 산동에 침입. 6월 상우춘(常遇春), 개평(開平)에서 이김. 원나라 황제, 화림(和林)으로 달아남. 7월 상우춘 죽음. 도종의(陶宗儀) 죽음. 티무르 제국 성립(~1500년).
1370년(恭愍 19)庚戌 1월 이성계, 우라 산성(于羅山城)을 공파(攻破). 2월 내포(內浦) · 선주(宣州)에 왜구. 2월 나하추, 사신을 보내어 방물(方物)을 바침. 4월 명나라, 도사(道士)를 보내어 산천(山川)을 제사함. 5월 명 사신 설사(偰斯), 왕	洪武 3-至正 30 1월 서달(徐達) · 이문충(李文忠)으로 하여 북벌(北伐) 시킴. 서달, 확곽첩목아를 심아욕(沈兒瑠)에서 무찌름. 원나라 순제, 응창(應昌)에서 죽음. 첩목아, 사마르칸드에 서울을 정함.

한국사	주변국 정세
을 책봉. 7월 명의 대통력(大統曆)에 따라 홍무(洪武) 연호를 씀. 8월 복색(服色)을 바꾸기로 함. 8월 이성계 등 원나라의 동녕부를 침. 11월 요성(遼城)을 공격하여 항복시킴. 12월 왕, 보평청(報平廳)을 시찰.	
1371년(공민 20)辛亥 2월 여진 천호(千戶) 이두란첩목아(李豆蘭帖木兒) 항복함. 3월 해주(海州)에 왜구 침입. 이인복 · 이색 등에게 『본조금경록』(本朝金鏡錄) 증수케 함. 6월 친시(親試)를 실시. 7월 왜구 예성강에 침입하여 병선 40여 척을 불사름. 7월 신돈의 일당 기현 · 최사원 등을 잡아 죽이고, 곧 신돈을 수원에 유배한 후 처형함. 7월 이성계, 지문하부사(知門下府事)가 됨. 유탁 등 신돈 일당 사형됨. 8월 혜근, 왕사가 됨. 9월 오로산성(五老山城)을 공격하여 원나라 추밀부사 합자불화(哈剌不花)를 사로잡음. 12월 응방(鷹坊)을 폐함.	洪武 4-북원北元 소종昭宗 선광宣光 1 탕화(湯和)와 부우덕(傅友德)에게 하나라 명승(明昇)을 치게 함. 6월 명승 항복하고 하나라 망함. 일본 후원융 천황(後圓融天皇) 즉위.
1372년(공민 21)壬子 1월 어선불화, 나하추, 고가노 등이 이성(泥城) 강계(江界) 등지에 침범. 2월 배천(白川)에 왜구 침입. 2월 호발도 등 이성과 강계에 침입. 2월 조인벽(趙仁壁), 가주(家州)의 도적 평정. 3월 사신 오계남(吳季南) 명나라에 말을 바침. 3월 순천과 장흥 등지에 왜구 침입. 3월 탐라 모반함. 4월 안우경(安遇慶) 죽음. 6월 관제 개혁. 제주 항복. 같은 달 왜구, 이성계를 원수로 하여 안변(安邊)과 함주(咸州)에서 대비. 10월 자제위 설치. 11월 명나라에 탐라의 말 50필을 바침. 11월 응방을 다시 둠.	洪武 5-宣光 2 1월 진리(陳理), 명승을 고려로 쫓아 보냄. 등유(鄧愈), 호남 광서(湖南廣西)의 만족(蠻族)을 침. 관직의 하나로 다마사(茶馬司)를 둠. 12월 왕의(王褘) 피살.
1373년(공민 22)癸丑 2월 북원(北元) 사신 옴. 2월 경상도 도순문사(都巡問使), 구산현(龜山縣)의 왜구 수백 명을 죽임. 2월 장자온(張子溫), 정	洪武 6-宣光 3 2월 과거를 정지하고 어진 인재를 찾아서 등용함. 육과 급사중(六科給事中)을 둠. 3월 서달(徐達) 등에게 산서(山西)의 북평(北

한국사	주변국 정세
료위(定遼衛)에 가서 조로경색(朝路梗塞)을 추궁. 5월 강안전(康安殿)에 기우도량(祈雨道場)을 둠. 6월 한양부(漢陽府)에 왜구 들어와 살상과 약탈 심하게 자행함. 7월 우(禑), 강녕부원대군(江寧府院大君)이 됨. 7월 교동(喬桐)과 서강(西江)에 왜구 침입. 8월 의용좌우군(義勇左右軍)을 설치. 8월 동서 강창(江倉)에 축성. 9월 왜구, 해주 목사(海州牧使) 엄익겸(嚴益謙)을 죽임. 10월 최영(崔瑩), 육도 도순찰사(六道都巡察使)가 됨. 윤 11월 도총도감(都摠都監) 설치. 정릉(正陵)과 인희전(仁熙殿)에 공변도감(供辨都監) 설치.	平)을 지키게 함. 6월 경사성(京師城) 이룩됨. 윤 11월 『대명률』(大明律)을 만듦.
1374년(공민 23)甲寅 2월 정비(鄭庇) 등을 명나라에 보내 육로로 조견할 것을 청함. 4월 이인복 죽음(1308년~). 3월 경상도에 왜구 침입해 병선 40척을 불사름. 4월 염제신(廉悌臣), 문하시중이 됨. 4월 명나라 사신 와서 탐라의 말 2천 필을 요구함. 5월 격구와 석전 놀이를 금함. 6월 염제신 유배되고 경복흥(慶復興) 문하시중이 됨. 7월 탐라, 명나라에 말을 바칠 것 불응하여 최영 등에게 탐라를 치게 하여 8월 평정됨. 9월 환자 최만생 등 왕을 살해하고 강녕 대군 우 즉위. 9월 최만생 등 사형됨. 11월 김의(金義), 명사(明使) 채빈(蔡斌)을 개주참(開州站)에서 죽임. 12월 백문보(白文寶) 죽음.	洪武 7-宣光 4 4월 남옥(藍玉), 흥화(興和)를 쳐 빼앗음. 5월 대명일력(大明日曆) 이룩됨. 7월 이문충(李文忠), 고주(高州)를 쳐 빼앗음. 11월 복제(服制)를 정함.

서기 1375 ~ 1388년

한국사	주변국 정세
1375년(폐왕廢王 우禑 1)乙卯 1월 서연(書筵)을 둠. 2월 상평제용고(常平濟用庫) 설치. 2월 통신사 나흥유(羅興儒) 일본에 감. 3월 명나라에 말	洪武 8-宣光 5 1월 전국에 사학(社學)을 세움. 4월 유기(劉基) 죽음. 8월 확곽첩목아(擴廓帖木兒) 죽음. 10월 나하추, 요동을 치나 패함. 도위

한국사	주변국 정세
3백 필을 바침. 5월 이보림(李寶林), 대사헌이 됨. 5월 북원 사신 옴. 5월 등경광(藤經光)이 거느린 왜인 다수 항복. 7월 후지, 해상으로 도망감. 이로부터 왜구 심해짐. 9월 이성 원수(泥城元帥) 최공철(崔公哲) 휘하 2백여 명 모반한 후 압록강을 건너 달아남. 10월 요심(遼瀋)의 초적(草賊) 40여 명 안주(安州)에 침략하나 잡아 죽임. 11월 제주민 반란하나 곧 평정.	지휘사사(都衛指揮使司)를 도지휘사사(都指揮使司)로 고침.
1376년(廢王 禑 2)丙辰 1월 첨설직(軠設職)으로서 군사에게 상(賞) 줌. 3월 조민수(曺敏修), 진주에 들어온 왜구 10여 명을 죽이고 격퇴. 5월 승려 혜근(惠勤) 죽음. 5월 제주 적수(賊首), 김중광(金仲光) 등 13명을 잡아 죽임. 7월 부여, 공주 등지에 출몰한 왜구를 최영이 홍산(鴻山)에서 대파. 9월 고부(古阜), 태산(泰山) 등지에서 왜구들이 관아를 불사르고 전주(全州)를 함락. 윤 9월 왜구로 인하여 조운(漕運)을 그만둠. 10월 일본, 승려 양유(良柔)를 사신으로 보냄. 10월 부령(扶寧)의 왜구를 대패시킴. 12월 나하추, 사신을 보내와 백금 및 양(羊)을 바침.	洪武 9-宣光 6 1월 탕화(湯和)에게 연안(延安)을 지키게 함. 행성(行省)을 승선포정사사(承宣布政使司)로 고침. 11월 섭백거(葉伯巨)를 죽임. 12월 원나라의 유신(遺臣) 채자영(蔡子英)을 화림(和林)에 돌아가게 함.
1377년(廢王 禑 3)丁巳 2월 북원, 책봉사(册封使) 보내옴. 2월 북원 연호 선광(宣光)을 사용함. 3월 이자송(李子松)을 북원에 보내 책명(册命)을 없앰. 3월 교동과 강화의 사전(私田)을 없애버림. 5월 왜구로 인해 도읍을 내지(內地)로 옮기려고 철원(鐵原)을 상지(相地) 시킴. 5월 이성계, 지리산에서 왜구를 대파. 박위(博滋), 황산강에서 왜구를 격파. 6월 안길상(安吉詳)을 일본에 보내 금구(禁寇)를 요청. 7월 북원, 정료위(定療衛)의 협공을 청함. 9월 정몽주 일본에 가서 또 금구를 요청. 10월 화통도감(火㷁都監) 설치. 이	洪武 10-宣光 7 1월 송염(宋濂), 벼슬에서 물러남. 4월 등유(鄧愈), 토번을 쳐 평정함. 7월 통정사사(通政使司)를 둠. 9월 호유용(胡惟庸)과 왕광양(王廣洋)을 좌우 승상(左右丞相)으로 함. 11월 등유 죽음.

한국사	주변국 정세
해에 황해 · 경기 · 삼랑 지방에 왜구가 심함.	
1378년(廢王 禑 4)戊午 1월 신경(新京)에 상지(相地). 일본 규슈(九州) 절도사 원요군(源了俊), 승려 신홍(信弘)을 보내 왜구를 잡음. 9월 홍무(洪武) 연호를 다시 사용. 10월 이자용(李子庸)을 일본에 보내 도적을 금해줄 것 요청. 10월 명나라에 하정사와 사은사를 보냄. 11월 왜승(倭僧) 신홍 귀국. 12월 좌소 조성도감(左蘇造成都監)을 설치. 12월 고가노(高家奴), 병사 4만을 강계(江界)에 인솔하고 항복함. 12월 정지(鄭地), 전라도 순문사가 됨. 이 해 역시 왜구가 심함.	洪武 11-宣光 8 1월 명나라 왕자 5명을 왕에 봉함. 4월 원나라의 애유식리달(愛猷識里達-소제) 죽고, 동생 태고첩목아(脫古帖木兒) 즉위. 11월 명나라 양중명(楊仲明), 남만(南蠻)의 반란을 평정.
1379년(廢王 禑 5)己未 1월 명나라 사신 옴. 2월 일본, 승려 법인(法印)을 보내와 토물(土物)을 바침. 2월 좌소(左蘇)에의 이도(移都)를 중지. 3월 명나라 사신, 북원과의 교빙을 듣고 요동(遼東)에서 되돌아감. 5월 진주 · 풍천(豊川)에 왜구(倭寇) 침략해 관아와 민가를 불살라 버림. 윤 5월 일본해도포착관(日本海盜捕捉官), 왜구와의 전투에서 패함. 6월 북원사(北元使), 개원(改元)을 전함. 8월 요동도사(遼東都司), 호사(胡使)의 압송을 요구. 9월 왜구로 인해 해인사 소장의 역대 실록을 선주(善州) 득익사(得益寺)로 옮김.	洪武 12-탈고사첩목아脫古思帖木兒 천원天元 1 1월 명나라 목영(沐英), 조주번(阽州蕃)을 무찌름. 정옥(丁玉), 송주번(松州蕃)을 평정함. 7월 이문충을 영대도독부사(領大都督府事)로 함. 11월 대령(大寧) 평정. 12월 왕광양(王廣洋) 사사(賜死). 원나라의 유신(遺信) 백안자중을 부름. 백안자중, 오지 않고 자살.
1380년(廢王 禑 6)庚申 1월 견명사(遣明使) 이무방(李茂方)과 배언(裵彦) 돌아옴. 2월 북원의 사신, 왕을 대위(大尉)에 책봉. 3월 윤환(尹桓), 문하시중이 됨. 4월 요동(遼東)에 윤주의(尹周誼)를 보내 입조(入朝)의 허용을 청함. 명나라, 윤주의를 잡아 경사(京師)에 압송. 4월 최영, 해도 도통사(海道都統使)를 겸함. 6월 왕, 처음으로 보평청(報平廳)에 가서 정사(政事)를 살핌. 8월 창왕(昌王) 출생. 8월 왜선 5백 척 진포구(鎭	洪武 13-天元 2 1월 명나라 호유용(胡惟庸) 모반하여 그 무리와 함께 사형 당함. 중서성을 없애고 대도독부를 오군도독부(五軍都督府)로 고침. 9월 사보관(四輔官)을 둠. 11월 송염 죽음. 몽고 티무르, 페르시아를 침(~1393년).

한국사	주변국 정세
浦口-현 충남 서천군)에 들어와 약탈하고 살생을 저지름. 화포를 사용해 왜구를 격퇴함. 8월 왜구, 선주(善州)와 상주(尙州) 불태움. 9월 이성계, 운봉(雲峯)에서 왜구를 대파. 9월 경복흥(景福興), 배소(配所)에서 죽음.	
1381년(廢王 禑 7)辛酉 1월 이인임, 문하시중이 됨. 3월 견명사(遣明使) 권중화(權仲和), 요동에 이름. 요동 도사(都司), 세공 부족으로 되돌려 보냄. 4월 전민변위도감(田民辯僞都監) 설치. 7월 보주(甫州) 보문사(普門寺) 소장의 사적(士籍)을 충주 개천사(開川寺)로 옮김. 8월 경성(京城) 물가 등귀하여 경시서(京市署)에서 물가를 정함. 9월 중외(中外)의 관인(官印)을 다시 주조함. 10월 하정사 김유(金庾), 명나라에 감. 11월 이해(李海)를 명나라에 보내 말 933필을 바침. 왜구의 노략질이 심함.	**洪武 14-天元 3** 12월 명나라 부우덕(傅友德) 등 원나라 군사를 백석강에서 크게 무찌름. 부역적(籍)을 정함. 원나라의 양왕(梁王), 보령(普寧)으로 달아나 자살.
1382년(廢王 禑 8)壬戌 1월 요동 호발도(胡拔都), 의주를 약탈한 후 달아남. 2월 반전색(盤纏色)을 설치해 세공(歲貢)에 대비케 함. 윤 2월 김동불화(金同不花), 소관(所管)의 인민을 거느리고 항복해 옴. 4월 양수척(楊水尺), 떼를 지어 영해군(寧海郡)에서 난을 일으키나 곧 평정하고 여러 주에 분치함. 4월 김유 · 정몽주 등 명나라에 세공을 바침. 5월 합주(陜州)의 사노(私奴), 난을 일으키나 곧 잡혀 사형당함. 7월 이성계, 동북면 도지휘사가 됨. 12월 절급도감(折給都監) 설치. 이 해에도 왜구의 노략질 여전함. 승려 보우 죽음(1301년~).	**洪武 15-天元 4** 명나라, 운남(雲南)을 평정. 4월 금의위(錦衣衛)를 둠. 8월 과거를 다시 실시함. 10월 도찰원(都察院) 관제를 고쳐 정함. 11월 전각대학사(殿閣大學士)를 둠. 일본, 북조(北朝) 후소송(後小松) 천황 즉위.
1383년(廢王 禑 9)癸亥 1월 나하추, 수호(修好)를 요청. 1월 요동 도사(都司), 차사(差使) 나하추의 압송을 요청. 2월 승려 혼수(混修), 국사(國	**洪武 16-天元 5** 2월 명나라, 전국의 학교에 공사(貢士)하게 함. 3월 부우덕 서울에 돌아옴. 목영(牧英)을 운남(雲南)에 머물러 지키게 함. 10

한국사	주변국 정세
師)가 됨. 3월 경상도에 둔전(屯田)을 둠. 3월 조민수, 문하시중이 됨. 5월 해도 원수(海道元帥) 정지(鄭地), 왜구를 대파. 6월 충주 개천사(開川寺) 소장의 사적을 죽주(竹州) 칠장사(七長寺)에 옮김. 7월 요(遼)·심(瀋)의 초적(草賊), 단주(端州)를 약탈. 8월 이성계, 길주 평야에서 호발도를 대파. 8월 김유 등을 명나라에 사신으로 보냄. 11월 명나라, 김유 등을 세공 관계로 가둠. 12월 진헌반전색(進獻盤纏色)을 설치. 이 해에도 왜구의 노략질이 심함.	월 서달(徐達) 등을 소환.
1384년(廢王 禑 10)甲子 5~6월 명나라에 세공마(歲貢馬) 3천 필을 바침. 7월 정몽주를 명나라에 사신으로 보냄. 8월 명나라에 세공마 천 필을 바침. 9월 최영, 문하시중이 됨. 10월 명나라 정료위(定遼衛), 압록강 개시(開市)를 요청. 10월 북원사(北元使), 화령부(和寧府)에 이르나 돌려보냄. 11월 임견미(林堅味), 문하시중이 됨. 12월 이성계 동북면 도원수가 됨. 12월 추징색(推徵色)을 설치, 군현(郡縣)의 공부(貢賦)를 받아들임. 12월 무예도감(武藝都監)을 둠. 왜구의 노략질이 심함.	**洪武 17-天元 6** 1월 탕화(湯和), 왜구를 막음. 3월 이문충 죽음. 7월 내관(內官)의 외사(外事) 관여를 금함. 과거(科擧) 취사식(取士式)을 반포.
1385년(廢王 禑 11)乙丑 4월 명나라, 사신 김유(金庾) 등을 석방하여 돌려보냄. 통빙(通聘)을 허용. 5월 명나라에 사은사를 보내어 시호(諡號)와 승습(承襲)을 청함. 5월 김유, 청주에 유배됨. 9월 명책사(明册使)가 와서 공민왕에게 증시(贈諡)하고 왕을 책봉. 9월 동북면 도원수 이성계 함주(咸州)에서 왜구를 대파. 10월 조민수 등 사은사로 명에 감. 11월 경상도 순문사 박위(朴葳), 왜구를 다수 죽임. 12월 명나라에 말 천 필, 포(布) 만 필 등을 세공으로 바침. 왜구 여전히	**洪武 18-天元 7** 2월 서달 죽음. 3월 한림(翰林)에 진사(進士)를 뽑아 들임. 9월 고주만 반란. 초왕(楚王) 정(楨) 및 탕화에게 이를 평정하도록 함. 12월 면(緬)의 선위사(宣慰使) 사윤발(思倫發)의 반란을 평정.

한국사	주변국 정세
창궐.	
1386년(廢王 禑 12)丙寅 2월 정몽주를 명나라에 보내어 관복과 세공을 감할 것을 청함. 4월 김속명(金續命) 죽음. 7월 정몽주 명에서 돌아옴. 7월 이행 등을 탐라에 보냄. 8월 명에 사신을 보내어 세공의 감축을 사(謝)함. 8월 승려의 승마를 금함. 국사(國師)는 제외. 12월 명나라의 사신 고가노(高家奴), 동래(東來)한 심양(瀋陽) 군민(軍民) 4만여 호를 돌려보내고 말 3천 필을 사들임.	洪武 19-天元 8 7월 시무(時務)에 단련된 선비를 기용함. 12월 풍승(馮勝)에게 변경을 지키게 함. 7월 일본, 오산(五山)의 반열(班列)을 정하여 남선사(南禪寺)를 그 첫째로 함.
1387년(廢王 禑 13)丁卯 1월 백관(百官)의 봉(俸)을 감함. 2월 설장수(煡長壽)를 명에 보내어 심양 유민 4만여 호에 대한 진정을 함. 4월 이행(李行), 탐라 성주(耽羅星主) 고신걸(高臣傑)을 데려옴. 6월 원복(元服)을 폐하고 명제(明制)에 따름. 8월 정지(鄭地), 쓰시마(對馬)와 이키(壹岐) 두 섬의 정벌을 청함. 9월 요동에서 둔전우(屯田牛)를 사감. 11월 사전(私田)의 반조(半祖)를 거두어 군량(軍糧)에 충당. 12월 정몽주를 원나라에 보내 조빙(朝聘)을 청함.	洪武 20-天元 9 1월 풍승과 부우덕 등에게 나하추를 무찌르게 함. 1월 금의위(錦衣衛)의 형구(形具)를 불태움. 6월 나하추, 명나라에 항복. 8월 남옥(藍玉)을 풍승(馮勝)에 대신하게 함. 9월 상세(商稅)를 과함.
1388년(廢王 禑 14)戊辰 1월 염흥방(廉興邦)과 임견미(林堅味) 사형됨. 1월 최영, 문하시중이 됨. 1월 정몽주 요동에서 되돌아옴. 1월 전민변정도감을 설치. 2월 왕, 최영과 요동의 공격을 밀의. 3월 명나라 사신, 강계(江界)에 철령위(鐵嶺衛) 설치를 알림. 3월 최영을 팔도 도통사(八道都統使), 조민수를 좌군 도통사, 이성계를 우군 도통사로 함. 3월 좌우 군 평양을 출발. 3월 명나라의 연호 홍무(洪武) 사용을 금함. 5월 좌우 군 위화도에 주둔. 이성계 회군. 6월 홍무 연호를 다시 사용. 6월 이성계, 왕을 폐하고 왕자	洪武 21-북원北元 야속질아也速迭兒 1 3월 목영(沐英), 사윤발(思倫發)을 무찌름. 4월 원주(元主), 탈고사첩목아(脫古思帖木兒)를 무찌름. 9월 월주만(越州蠻) 반란하자, 목영 등에게 공격하게 함. 10월 원나라 야속질아(也速迭兒), 탈고사첩목아를 죽임.

한국사	주변국 정세
창(昌)을 세움. 10월 급전도감(給田都監) 설치. 12월 최영을 죽임(1316년~).	

서기 1389 ~ 1395년

한국사	주변국 정세
1389년(폐왕廢王 창昌 1-공양恭讓 1)己巳 1월 경상도 원수 박위, 쓰시마를 정벌. 왜선 3백 척을 불사름. 7월 이색, 판문하부사(判門下府事)가 됨. 8월 유구국(琉球國), 사신을 보내옴. 8월 주군(州郡)에 의창(義倉)을 둠. 11월 이성계, 왕을 폐하고 정창군(定昌君) 요(搖)를 세움. 11월 폐왕(廢王) 우(禑)와 창(昌)을 서인(庶人)으로 함. 11월 명나라에 사신을 보내어 즉위를 고함. 12월 이색 부자(父子)를 파면, 조민수를 서인(庶人)으로 함. 12월 폐왕 우와 창을 죽임. 12월 관제를 개혁. 『묘법연화경』(妙法蓮華經)의 사경(寫經) 이룩됨.	洪武 22-也速迭兒 2 1월 대종정원(大宗正院)을 종인부(宗人府)로 고침. 2월 호광(湖廣)의 하득충(夏得忠), 난을 일으켜 잡혀 죽음. 5월 태녕(泰寧), 복여(福餘), 타안(朶顔)의 삼위(三衛)를 오랑캐(兀良哈)에 둠.
1390년(恭讓 2)庚午 1월 경연관(經筵官)을 둠.1월 조민수와 권근 유배. 2월 이색을 고문함. 2월 대간 면계법(臺諫面啓法)을 폐지. 4월 이색 유배됨. 4월 경시(京市)의 공장(工匠)을 부적(付籍). 5월 윤이(尹彛)·이초(李初)·이색을 하옥(下獄). 6월 정도전 등을 명나라에 사신으로 보냄. 7월 명나라, 윤이와 이초를 유배보냄. 9월 한양(漢陽)으로 천도. 9월 공사 전적(公私典籍)을 불태움. 11월 이색을 풀어줌. 11월 이성계, 영삼사사(領三司事)가 됨. 12월 왜구로 인해 국사(國史)를 죽주(竹州) 칠장사(七丈寺)에서 충주로 옮김. 군자사(軍資寺) 설치.	洪武 23-也速迭兒 3 1월 전왕 강(棡)과 연왕(燕王) 태(棣)에게 북벌토록 함. 4월 담왕(潭王) 재(梓) 자살. 5월 이선장(李善長) 사사(賜死). 일본, 등지사(等持寺)를 10찰(刹)의 첫째로 함.
1391년(恭讓 3)辛未 1월 이성계, 삼군도 총제	洪武 24-也速迭兒 4 4월 왕자 10명을 왕에 봉

한국사	주변국 정세
사(三軍都摠制使)가 됨. 1월 각도(各道) 목부(牧夫)에 유학교수관(儒學敎授官)을 둠. 2월 왕, 남경으로부터 환도. 2월 풍저창(豊儲倉)과 광흥창(廣興倉)을 서강(西江)에 세움. 4월 명나라 사신 와서 말과 엄인을 구함. 5월 복제(服制)를 정함. 5월 과전법 제정. 7월 시암(현 타이), 사신을 보내와 토산물을 바침. 8월 경도(京都)의 내성(內城)을 축조. 9월 세자(世子), 명나라에 사신으로 감. 12월 이색, 영예문 춘추관사로 기용됨. 경기(京畿)를 좌우 도로 나눔.	함. 8월 황태자에게 산시(陝西)를 순무(巡撫) 시킴. 10월 풍견(馮堅)을 첨도어사(僉都御史)로 함. 일본, 내야(內野)의 회전(會戰).
1392년(恭讓 4-조선朝鮮 태조太祖 1)壬申 1월 서적원(書籍院)을 설치. 2월 정몽주, 신정률(新定律)을 올림. 2월 노비결송법(奴婢決訟法) 제정. 3월 동북(東北) 오랑캐에게 초유(招諭)함. 3월 세자, 명나라에서 돌아옴. 4월 정몽주 피살(1337년~). 7월 배극렴(裵克廉) 등 이성계를 왕으로 추대, 공양왕, 왕위를 물려줌. 같은 달 17일 이태조 수창궁(壽昌宮)에서 즉위. 7월 문무백관의 제를 정함. 8월 전왕을 공양군(恭讓君)으로 봉하여 간성군(奸城郡)에 둠. 8월 계자(季子) 방석(芳碩)을 왕세자로 함. 8월 개국공신을 정함. 10월 전조사(前朝史)를 찬수시킴. 9월 국사(國師) 혼수(混修) 죽음. 11월 배극렴 죽음(1325년~).	**洪武 25** 4월 황태자 표(票) 죽음. 건창위 지휘사(建昌衛指揮使) 월로첩목아(月魯帖木兒), 반란을 일으킴. 남옥(藍玉)에게 피살. 9월 윤문(允炆)을 세워 황태손으로 함. 방효유(方孝儒)를 한중교수(韓中敎授)로 함. 일본, 후귀산(後龜山) 천황 북조(北朝)의 천황에게 양위. 몽고의 티무르, 바그다드 침략.
1393년(太祖 2)癸酉 2월 왕, 계룡산에 가서 신도(新都)의 지세를 살핌. 2월 국호를 조선(朝鮮)이라 고침. 3월 연복사(演福寺) 5층 탑 완성. 5월 명나라 사신 황영기(黃永奇) 등 옴. 5월 이성(泥城)과 강계(江界) 등지에 투항해 온 여진족을 돌려보냄. 5월 각 도(道)의 군적(軍籍)을 올림. 6월 시암, 사신을 보내옴. 7월 명나라, 고려인의 왕래를 금함. 8월 도성(都城)을 수축하고 갑주	**洪武 26** 2월 남옥(藍玉) 피살. 3월 진왕(晉王) 강(棡)·연왕(燕王) 태(棣)에게 산서(山西)·북평(北平)의 군사를 절제(節制)시킴. 9월 정제(鄭濟)를 좌서사(左庶士), 왕근(王勤)을 우서사(右庶士)로 함.

한국사	주변국 정세
(甲州)에 축성. 9월 삼군총제부(三軍摠制府)를 의흥삼군부(義興三軍府)로 개칭. 10월 육학(六學)을 둠. 11월 각 도계 수관(道界首官)을 정함. 12월 계룡산 신도 공사 중지하고 천도지를 다시 구함.	
1394년(太祖 3)甲戌 2월 권중화(權仲和) 등 『동국역대제현비록촬요』(東國歷代諸賢秘錄撮要)를 편찬. 2월 부위제(府衛制) 개혁. 관직명을 개칭. 3월 제주에 교수관(敎授官)을 둠. 4월 명나라 사신 와서 말 1만 필을 구함. 공양군(恭讓君) 부자(父子) 및 왕시를 모두 죽임. 5월 정도전(鄭道傳), 『조선경국전』(朝鮮經國典)을 편찬. 6월 금은(金銀) 사용의 한계를 정함. 7월 『음양산정도감』(陰陽刪定都監)을 설치. 7월 경기 각 포(浦)의 수비를 강화. 8월 도읍을 한양으로 정함. 9월 『신도궁궐조성도감』(新都宮闕造成都監) 설치. 9월 승려 조구(祖丘), 국사(國師)가 됨. 9월 시중을 정승으로 개칭. 10월 한양에 천도.	**洪武 27** 1월 전국의 식량을 거둬 빈민에게 대여함. 8월 수리(水利)를 법제(法製)화 함. 11월 부우덕 피살. 12월 왕필(王弼) 피살. 일본의 아시카가 요시모쓰, 태정대신(太政大臣)이 되고, 아들 요시모치(義持)에게 쇼군직(將軍織)을 물려 줌.
1395년(太祖 4)乙亥 1월 정도전 등 『고려사』(高麗史) 37권 찬진(撰進). 2월 예문춘추관(藝文春秋館) 설치. 2월 서반(西班)의 관계를 고침. 4월 전제(田制) 개혁. 6월 한양부를 한성부로 함. 6월 정도전, 『경제문감』(經濟文鑑) 편찬. 6월 양광도, 서해도, 강릉, 교주도의 명칭을 고침. 7월 주 · 부 · 군 · 현에 권농관(勸農官)을 둠. 9월 대묘(大廟)와 신궁(新宮) 이룩됨. 윤 9월 도성조축도감(都城造築都監) 설치. 10월 신궁을 경복궁으로 함. 12월 과거식(科擧式)을 상정(詳定). 12월 노비변정도감(奴婢辨正都監)을 세움. 경기 좌우 도의 군 · 현을 개정.	**洪武 28** 1월 목춘(沐春), 월주(越州)의 반만(叛蠻)을 공략해 평정. 2월 풍승(馮勝) 사사(賜死). 8월 양문(楊文) 등에게 용주(龍州)의 토관(土官) 조종수(趙宗壽)를 무찌르게 함. 탕화(湯和) 죽음. 몽고의 티무르, 킵차크한국(欽察汗國)을 정복.

◉ 색 인

ㄱ

ㄴ

참고문헌

『진성이씨온혜종파보소 眞城李氏溫惠宗派譜所』, 이제교 · 이은식 외 5인, 회상사, 1981년